BUSINESS ADMINISTRATION CLASSICS 工商管理经典译丛

R 人大经管

工商管理经典译丛

LAW FOR BUSINESS STUDENTS

商 法

—— 商科学生用

（第7版）

阿历克斯·亚当斯（Alix Adams） 著

罗晓强 译

中国人民大学出版社

·北京·

《工商管理经典译丛》
出 版 说 明

随着中国改革开放的深入发展，中国经济高速增长，为中国企业带来了勃勃生机，也为中国管理人才提供了成长和一显身手的广阔天地。时代呼唤能够在国际市场上搏击的中国企业家，时代呼唤谙熟国际市场规则的职业经理人。中国的工商管理教育事业也迎来了快速发展的良机。中国人民大学出版社正是为了适应这样一种时代的需要，从1997年开始就组织策划《工商管理经典译丛》，这是国内第一套与国际管理教育全面接轨的引进版工商管理类丛书，该套丛书凝聚着100多位管理学专家学者的心血，一经推出，立即受到了国内管理学界和企业界读者们的一致好评和普遍欢迎，并持续畅销数年。全国人大常委会副委员长、国家自然科学基金会管理科学部主任成思危先生，以及全国MBA教育指导委员会的专家们，都对这套丛书给予了很高的评价，认为这套译丛为中国工商管理教育事业做了开创性的工作，为国内管理专业教学首次系统地引进了优秀的范本，并为广大管理专业教师提高教材甄选和编写水平发挥了很大的作用。据统计，本丛书现已成为目前国内管理院校和企业培训中采用率最高、影响最大的引进版教材。其中《人力资源管理》（第六版）获第十二届“中国图书奖”；《管理学》（第四版）获全国优秀畅销书奖。

进入21世纪后，随着经济全球化和信息化的发展，国际MBA教育在课程体系上进行了重大的改革，从20世纪80年代以行为科学为基础，注重营销管理、运营管理、财务管理到战略管理等方面的研究，到开始重视沟通、创业、公共关系和商业伦理等人文类内容；并且增加了基于网络的电子商务、技术管理、业务流程重组和统计学等技术类内容。另外，管理教育的国际化趋势也越来越明显，主要表现在师资的国际化、生源的国际化和教材的国际化方面。近年来，随着我国MBA和工商管理教育事业的快速发展，国内管理类引进版教材的品种越来越多，出版和更新的周期也在明显加快。为此，我们这套《工商管理经典译丛》也适时更新版本，增加新的内容，同时还将陆续推出新的系列和配套的案例教材、教学参考书，以顺应国际管理教育发展的大趋势。

本译丛入选的书目，都是培生教育出版集团、美国麦格劳-希尔教育出版公司、圣智学习出版公司、约翰威立出版公司等世界著名的权威出版机构畅销全球的工商管理教材，被世界各国（地区）的著名大学商学院和管理学院所普遍选用，是国际工商管理教育界最具影响力的教科书。本丛书的作者，皆为美国管理学界享有盛誉的著名教授，他们的这些教材，经过了美国和世界各地数千所大学和管理学院教学实践的检验，被证明是论述精辟、视野开阔、资料丰富、通俗易懂，又具有生动性、启发性和可操作性的经典之作。本译丛的译者，大多是国内各著名大学的优秀中青年学术骨干，他们大都曾留学欧美，在长期的教学研究和社会实践中积累了丰富的经验，具有较高的翻译水平。

本丛书的引进和运作过程，从市场调研与选题策划、每本书的推荐与论证、对译者翻译水平的考察与甄选、翻译规程与交稿要求的制定、对译者质量的严格把关和控制，到版式、封面和插图的设计等各方面，都坚持高水平和高标准的原则，力图奉献给读者一套译文准确、文字流畅、从内容到形式都保持原著风格的工商管理精品图书。

本丛书参考了国际上通行的MBA和工商管理专业核心课程的设置，并充分兼顾了我国管理各专业现行通开课与专业课程设置，以及企业管理培训的要求，故适应面较广，既可用于管理各专业不同层次的教学，又可供各类管理人员培训和个人自学使用。

为了本丛书的出版，我们成立了由中国人民大学、北京大学、中国社会科学院等单位专家学者组成的编辑委员会，德高望重的袁宝华同志、黄达教授和中国人民大学校长纪宝成教授，都给了我们强有力的支持，使本丛书得以在管理学界和企业界产生较大的影响。许多我国留美学者和国内管理学界著名专家教授，参与了原著的推荐、论证和翻译工作，原我社编辑闻洁女士在这套书的总体策划中付出了很多心血。在此，谨向他们致以崇高的敬意并表示衷心的感谢。

愿这套丛书为我国MBA和工商管理教育事业的发展，为中国企业管理水平的不断提升继续做出应有的贡献。

中国人民大学出版社

译者序

本书的作者阿历克斯·亚当斯作为一名拥有30多年教学经验的法学教授，曾面对许多拥有不同知识背景的学生，对于如何使非法学专业的学生迅速掌握作为英美法重要组成部分的英国法律的基本概念和思维方式，有着丰富的经验和一套行之有效的教学方法。

由于原书是供商学院学生使用的法学教材，因此在内容上，亚当斯教授针对商学院的教学特点，重点选择了合同法、商品交易法、劳动法、公司法以及知识产权法等与日常商事活动关系密切的几大类法律。而且，正如亚当斯教授在前言中所说，对于那些初次接触英国法律的非法学专业学生，想要理解和掌握相关知识体系是非常困难的。但本书力求使用通俗的语言、鲜活的案例以及简明的结构，使得商学院或者其他专业的学生能够在本书的帮助下，对英国法律乃至英美法系有基本了解。

本书从学习技巧以及英国法律的基本概念入手，对整个英国法律的立法渊源、司法体系及司法程序进行了全方位的介绍，由此引出具体部门法作为主线，整体脉络非常清晰。对于本书的目标读者，即非法学专业的学生而言，这是一本很好的英美法学通识教材，而且，即便对于法学专业的学生，本书也可帮助他们快速了解英国法律体系。

具体到每个章节，均包括基本知识结构、主要概念等内容，辅以大量案例和相关新闻报道。特别值得一提的是，作为判例法国家的代表，英国法律本身由海量的案例组成，而本书在案例的选择与编排上可谓煞费苦心，既选取了在整个英国法律发展过程中最具代表性的经典案例，也与时俱进地选取了不少近年来发生的有一定社会影响的案例，同时，案例的事实部分尽量简明扼要，判决部分则进一步突出了法官的逻辑思维过程，这样的编排，对于非法学专业的学生迅速掌握核心知识非常有效。

目前，虽然我国各类法学教材大行其道，但针对非法学专业学生的法律通识类教材还较少，我希望本书的出版可以成为一次契机，促使我国相应门类的教材能够得到一定程度的发展。

本书共6编，分别是：第Ⅰ编“导论：开启学习之旅”，第Ⅱ编“合同法、代理法及商品销售法”，第Ⅲ编“侵权法”，第Ⅳ编“劳动法的相关要素”，第Ⅴ编“公司法导论”以及第Ⅵ编“知识产权法的一般原则”。全书有26章。

在本书翻译的过程中，我的妻子邹欣睿女士给予我很大的帮助和鼓励。同时，我在清华大学时的同学好友孙佳慧、王伟龙、刘凌颐、楼菁晶、陈晴、陈力、刘月锋、徐春欣、陈涛等人，就部分用语的翻译及有关背景资料给我提供了重要意见。此外，我还得到了中国人民大学出版社工商管理分社编辑的大力协助，在此一并表示感谢。

因时间紧迫，加之译者水平有限，错译或纰漏之处，敬请读者不吝赐教。

罗晓强

前言

我教授法学这门课程已有30多年，遇到过不同的学生，从参加普通中等教育考试的学生到大学的研究生，这些经历让我清楚地了解学生在理解和掌握相关法律概念时可能遇到的困难。如果法学只是一系列密集课程体系中的一个分支，这样的课程安排对于学生学习和掌握法律知识是非常困难的。我希望这本教材能够满足这些学生的需要。在教材的编排上，我在没有过多删减主要内容的前提下，尽可能增强可读性。

同时，我在书中尽可能使用通俗易懂的语言来表述较为简单的法学知识。而且，我希望本书不仅能够成为读者学习法律的引路人，同时也能给他们带来一些乐趣，并鼓励他们在学习法律的道路上更上一层楼。法学是我所热爱的学科，我希望通过自己的努力，或多或少地令大家也对这门学科产生哪怕一点儿兴趣。

在这里我要向培生出版社表达诚挚的谢意，在他们的帮助下，本书的最新版本及时面世。特别要感谢我的发行人Zoe Botterill，她一直给予我支持和帮助，令我受益良多。同时，我也要特别感谢本书的编辑助理Playford，感谢她为我所做的一切。

最后，我还要诚挚地感谢我的妻子Cherry Potts。正是她长期以来在情感上给予我支持和鼓励，陪伴我度过编撰本书最关键的一段时光。她还耐心地给予我很多技术上的支持，这对于我这样一位电脑门外汉来说，是十分重要的。

阿历克斯·亚当斯

目　录

第Ⅰ编

导论：开启学习之旅

Introduction：Getting started

第1章 学习技巧

导 言

本章的目的是帮助读者掌握学好法学所必需的技巧，本章的具体内容包括以下四个部分：（1）开始学习；（2）良好的学习习惯；（3）法学作业的写作；（4）复习与考试技巧。

1.1 开始学习

1.1.1 摈弃固有的错误理念

你们中的大部分人将一起首次踏上法学的学习之旅。你也许会感到有些紧张，毕竟，法学给人的感觉往往是艰深难懂甚至有些无聊。实际上，在你开始学习（特别是按照本章的建议进行学习）之后，就会发现法学远比你想象的要有趣得多。与通常人们的想象不同，学习法学的核心并不是专注于古老、枯燥而又精确的法律规则本身，你学习的大部分时间将与颇具时代感的案例打交道。案例的当事人之所以会对簿公堂，正是由于法律本身没有精确到即使脱离法庭也能将纠纷予以解决的地步。本书更多地着眼于法律如何适用于现实生活的具体情况，这也将帮助你在相应的情形下回想起相关的法律原则。对这些法律原则的理解以及对其含义的准确表达，是解答本书课后习题进而获得理想成绩的核心条件。

牢记每一个案例的名称并能一字不差地引用法律原文，这非常了不起，但对于学习法学来讲，这只是锦上添花，而非必不可少。

1.1.2 法律与你息息相关

请记住，法律作为社会的必要组成部分，一直在不断地发展并反作用于社会本身。举例来说，直到1935年，机动车驾照考试在英国才成为必要性考试，毕竟当年的道路安全不像今天这样受到重视。而且，在当时，无论是机动车的数量和速度，还是由此导致的交通事故数量，与今天都不可同日而语。可以说，法律无时无刻不在影响着你的生活。法律决定着一位学生能否获得助学贷款，决定着你享受国家医疗服务体系的权利，也决定着作为一名普通的消费者、企业主、雇主或者雇员的你，所应享有的权利和承担的责任。

1.1.3 开阔你的眼界

如果你并不认为学习法学只是课上听讲和阅读相关文献，那么你的学习必定会更有收获。我们经常在媒体上看到各类法律对社会施加影响的报道和讨论。这些报道有助于你理解法律如何产生效果（或者没有产生效果），重温所学的知识。建议你时刻关注新闻，阅读有影响的报纸，收看或收听相关的电视和广播节目。互联网是一个非常不错的搜索工具。在第3～第26章末的“网络学习”部分，作者推荐了一些网站，大家可以登录浏览。

1.1.4 系统性学习

随着知识的积累，学习也会变得更加容易。学习法学，更像是一次没有看到图案全貌的拼图游戏：虽然已经确立了相应的框架，但初期的进展依然非常缓慢，不过只要保有足够的耐心，就一定能够得到回报。一旦图案本身渐渐成型，你将发现把不同的图组合到一起越来越容易。因此，后面的任务完成起来也会变得更加容易和高效。

不要把每部分知识割裂开来逐个击破，随后再将这些内容逐渐淡忘。要深刻挖掘各部分知识之间的联系，这不仅有助于记忆，而且有助于加深理解。考试和作业也许只能针对某一个问题或者多个知识点。发现各个知识点之间的联系，对于学习取得效果十分重要。为了帮助你完成这一目标，本书会频繁地将有关知识点交叉引用，以便前后对照。在每一章的结尾，本书都会罗列一些值得深入思考的问题。认真思考并和同学一起讨论这些问题，将会对你的学习有所帮助。

1.1.5 通过阅读与实践来促进知识的运用

有的人（非律师）曾对作者说，法学是一项纸面化的工程。这使法学听起来有点类似于折纸游戏，但这种说法道出了法学的一些本质。同时具备深度和广度的阅读，是学习法学过程中不可或缺的，同时，反复练习考试所要求的写作技巧也是学习中的重要环节。

希望你能够感受到本书的易读性。但如果你是一名初学者，那么第一次阅读就希望能完全理解本书的全部内容，恐怕是不现实的。对于某些难以理解的章节，要做好反复阅读的准备。每一章的小结部分能帮助你理解本章的核心知识点。通常，在首次阅读某一较难的主题时，尝试在没有完全理解有关内容的情况下，形成一个本主题的知识框架图，这对于你理解有关内容大有帮助，也会令相关内容在后续的阅读中更为明晰。

尽量多进行写作练习。作业给大家提供了犯错误的机会，与其在考试中犯错误，倒不如令它们暴露在作业中。尝试完成每章的测验和习题，将课程问题的答案落实到纸面上，并为参与相关讨论做好准备。这些比单纯听别人讲述答案更有意义，也更有趣味性。

1.2　良好的学习习惯

1.2.1　制定学习计划

与天才的灵光一现相比，学习的成功更取决于良好的安排和合理的计划。让你自己置身于一个结构合理的计划之中，对你是非常有用的，但这一过程不一定很容易。这就像第一次背井离乡，开启一段全新的旅程，所有的风景都那么令人神往，但这些新奇的事物也会令人望而却步或心生紧张，甚至会引发思乡的情绪。但是，无论如何，合理的安排肯定会让你的学习受益。

1.2.2　照顾好自己

这是你的首要任务。不要忘记大脑也是身体的一部分！这一结论显而易见，却需要反复强调，因为很多学生都会忽视合理的膳食、睡眠以及休息的重要性。全新的课程，繁重的课业压力，对社交生活的追求以及课余的兼职工作，这些在大部分学生的眼中更为重要，而那些对于健康有益的要求则很容易被忽视。你们中的大多数人，特别是成熟的学生，会将保持自身健康放在首要的位置。

无论如何，请保持膳食平衡和充足的睡眠。你必须接受这样一个事实：你会经常需要额外的帮助。如果你生病或者遇到可能影响你的学习的其他问题，请如实告知你的任课教师或者个人导师，他们通常会伸出援手。同时，学校里提供服务的咨询机构对于你的学习也很有帮助。

1.2.3　注重时间管理

每周拿出一定的时间来自学是十分重要的，这对于课堂学习是一种非常重要的补充。也许这样说不太公平，但你从课堂上获得的知识很难超过你所需知识总量的 5%，剩下的 95%则需要依靠你自己。课堂听讲只是你理解相关知识的第一步，你必须利用课余时间，通过阅读相关材料、准备并参加课余辅导来巩固刚刚学到的知识。这是你值得投入时间来完成的工作。

为自己制定一张具有现实性目标的学习时间表。在课程的前期，以周为单位的阶段性高效学习比长时间的持久战更有效。

上课或者参加辅导一定要准时，这样既可以保证你从中充分获益，也可以避免由于你的迟到而打扰其他的同学。

时刻关注日期，重点注意提交作业的时间。你肯定不想因为迟交而使得自己的作业被拒收，或者在某个下午匆匆赶到考场发现这门考试已经在上午结束了。

1.2.4 做笔记

你的课堂笔记是极其重要的，最好不要过于简略，因为想要在事后补齐笔记往往难以实现。使用活页纸的一边记笔记，这样可以在课后阅读课本时，在笔记的空白处补充相应内容。不要记录不必要的内容，如果你的老师已经提供了相应的课程大纲，你就没有必要记录多余的内容。

在阅读课本的过程中，你肯定会试图做些记录，这时应用自己的话将有关读书笔记记录在书的页边空白处。那些被特别标记的笔记一定要进行追本溯源式的整理，因为这些内容也许会被引用来完成相关的作业。

如果某些内容是舶来品，那么请一定用引号加以标注，这样可以防止你在将来的作业中将这些内容当成是自己的原创而加以利用，否则你可能会因为剽窃而遭受惩罚（具体内容参见 1.3 节）。

1.2.5 阅读

图书馆是你的第二个家。在每堂课后，你应当迅速阅读教材的相关章节及教师推荐的相关案例和资料，这是非常重要的。最初你也许会觉得不堪重负，但如果能够坚持下来，你就会逐渐适应。而且，在阅读过程中，不必强求理解每一个单词。如果你在课程的初期便遭遇瓶颈，那么建议你不要与前几个主题多做纠缠，继续阅读课程的相关文献，问题自然就会迎刃而解。

如果你需要通读你选择的教材，参阅相关资料通常会有所帮助。请充分利用索引或者附录的内容来寻找有用的材料，而且，不要对浏览产生恐惧。在线阅读 pdf 文件的时候，你可以利用搜索工具，这将有效帮助你锁定所需的内容。

到目前为止，本部分的内容都是关于如何高效学习的建议。你也许会遇到某一个学习起来非常困难的特定知识点，究其原因，可能是这部分内容难以引起你的兴趣，可能是内容非常复杂，也可能两者兼而有之。有的时候，你的生活中遭遇了困境，也会对学习造成障碍。此时，就需要从最基础的地方开始，逐一掌握这些基本的知识点。保持对基础知识的熟练掌握要比搁置这些难点效果更好，因为你目前的这种状态说明，“只见树木，不见森林”对你而言只是暂时的。

1.2.6 检验你的学习成果

不断检验你的学习成果是一个很好的主意。本书通过以下四种途径来帮助你对你的学习进程进行检验：

1. 本章小结：本书中的要点起到触发器的作用，在阅读时，读者应该立刻记起本章中更多的内容。

2. 核心术语：检查自己是否真正掌握了这些术语的含义，并尝试用自己的语言对其进行描述。

3. 测验：这一部分内容可以检测你对本章重要基础知识的掌握程度。

4. 加入学习小组：与同学组成非正式的学习小组来讨论相关的作业和论文，可以使学习变得更加有趣，同时也对每个人很有帮助。表达自己的见解是一种检验自己是否真正理解所学知识的好方法。在讨论中，提出一个能够自圆其说的答案，既是一次很好的学术锻炼机会，也是对辅导课程的一种积极准备。学习小组的成员在考试临近时，可以互相鼓励和支持，当然，在大家共同努力的过程中也会成为很好的朋友。

1.3 法学作业的写作

1.3.1 总体建议

在我们研究具体的法学作业的写作技术之前，对专业层面的法律文书的撰写要求进行了解是很有用的。

写作风格

请牢记，你撰写的并非私人文件。无论你对自己的论述多么富有热情，请避免使用“我认为”或“我相信”之类的表述。要习惯使用第三人称的表达方式，同时尽可能采用“可能认为”之类的表述。

证据

支持你的观点：对引用的资源要进行明确的标注，包括相关案例内容、法案的具体章节、参考书的名称和页码、报纸文章的具体日期和网站的地址。确保你能提出明确的观点，而不仅仅是给出一系列判例或其他资源的名称。你必须标明你所引用的证据是如何支撑你的观点的。尽可能使用第一手资料，这意味着包括使用首次出版的文献。例如，如果你引用一个判例，那么你应该在脚注中标明这一判例出自哪一份法律报告，而不是标明你第一次在哪本教材中看到这一判例。脚注是一种标明参考资料的简明方式，而且不受正文字数的限制。最好不要使用过多的参考资料。也许你看到过一些文献，其脚注的篇幅甚至超过了正文。不要尝试使用这样的花招来规避字数限制，这不会逃过教师的慧眼。

禁止抄袭

简单来说，抄袭意味着将别人的劳动成果据为己有。一个典型的例子是大量引用文献而不标明出处。另外，保留原文结构但进行个别文字上的调整也被视为抄袭。

使用引号对引用的内容进行清晰的标注就可以避免被视为抄袭。否则，你写的每句话都应当是你的原创，无论这样做有多么困难。在学习一门课程的初期阶段，对别人的作品进行过度借鉴的诱惑始终存在。但是通过不断的练习，随着对新概念的理解日益深入，你的自信会与日俱增，表达能力也会取得长足进步。

到目前为止，我们都在讨论所谓的无意抄袭，尽管这种抄袭也会导致你的作业成绩被降等。令人遗憾的是，目前有一小部分学生开始进行国际化的抄袭，并从中获利。这类抄袭是一种欺骗行为，在某些严重的案例中，这将会招致包括永久除名在内的严厉惩罚。不要抱着侥幸心理来自欺欺人。从教师推荐的素材中明目张胆地抄袭，教师肯定会有所察觉，此外，现在应用于实践中的各类针对抄袭的检测手段也可以识破抄袭者的伎俩。

作业的提交要求

你的学生手册将会详细论述关于课程作业提交的有关要求。一定要知晓并理解这些要求，违反这些要求将会影响你的课程成绩。每所学校或者机构都有自己特别的要求。关键在于细节，所以请一定搞清楚你所在学校的作业要求，包括作业提交的时间、地点以及以何种形式提交。在提交作业时做到及时是十分关键的，错过提交最后期限的作业一般情况下会被退回，除非你能为迟交作业提供一个合理的且有证据支持的理由。借口与理由是两码事。尽量给自己留出充裕的时间以避免在最后的时刻手忙脚乱，比如由于电脑死机或者交通问题而导致作业迟交。尽管我们生活在一个电子时代，但你仍然会被要求提交纸质作业，而非通过电子邮件的方式提交电子版作业。对于字体字号会有明确的规定，对于封面的样式也有相应的要求，在提交作业之前，请务必仔细检查每一个细节。

1.3.2 法学作业的写作技巧

你的书面作业主要采取以下两种形式：

1. 问题或“情境式”作业：此类作业以一个基本的情境为基础，你被要求在这个情境中对具体的法律原则加以应用并推导出一个合理的结论。

2. 研讨式作业：论文或报告。

这两种作业均可以测试你的知识和能力，但它们所要求的答案却是截然不同的两种类型。因此，我们首先需要弄清楚，在学术层面，两种作业的要求是什么，有什么共通点。

情境式问题

对于这类问题，优秀的答案需要满足以下要求：

- 对于相关联的法律要点进行精确解释。
- 基于给定的事实，依据法律进行分析，并推断出最可能的结果。

有时，给定的事实部分会被刻意模糊化，这样做的目的是希望学生分情况进行回答。能否给出合理的理由支持你的判断，是回答问题是否成功的关键。详细论述与问题相关的一般性的法律原则并由此确定胜诉方，通常并不是最好的答案，需要对你如何得出结论进行详细分析才能得到高分。以下这些小技巧会给予你一定的帮助：

1. 通读整个问题并思考其所涉及的法律。锁定问题所涉及的具体法律领域并掌握其中各当事方的名称和关系，是回答问题的关键。对“争点”，也就是问题情境中可以适用法律的关键事实加以重点关注，同时翻看教材和课堂笔记，确保你准确理解问题中涉及的相关法律条款。

2. 简单记录在情境中与当事各方行为相关的一系列法律条款。如果情境中的事实部分过于复杂，以图表的方式呈现当事各方的人物关系对于分析问题将会很有帮助。

3. 现在完整地写下你的答案吧。建议在开篇首先对各方当事人所面临的问题进行概述，并由此引出法律得以介入的原因。接下来，进入第一个争点并分析与之相关的法律条款，这里法律本身不要占过大篇幅。如果出题人已经对某一特定时点的法律前提予以明确，就没必要对这个前提进行讨论。比如，一个有关合同的问题已经明确指出，一方提出了要约并明确了价格，那么此时你没必要就要约本身是否存在加以讨论或考量。要将每个法条与相应事实相联系并解释其中的含义。你不用考虑证据的效力能否在现实生活中被认定。比如，一个涉及邮递合同中有关承诺的案例，你没必要考虑要约方能否就信件本身被顺利投递加以举证，只需要依据邮递规则对可能出现的结果加以分析就可以了。在完成这个分析之后，进入下一个争点，重复刚才的分析过程。

4. 在论述具体的法律规定时，应指明其主要的出处。提及相关案例或法律规定时，为了表明你正在引用该法律规定，通常会以“依法”等字眼来表述。这里并不需要对案件的事实部分加以解释，虽然一个简短的概述通常对于强调人物关系以及区分有关争点问题和非争点问题是有作用的。

5. 以小结的方式进行总结收尾。小结是作业必备的一部分，同时也会令你的答案看起来更加明晰。在考试中，如果时间不足，总结部分就不太重要了，因为它毕竟没有包含任何新的内容。请牢记，没有绝对正确或错误的答案。考试的目的是对你的逻辑思维能力进行考核。每一道题目都可能对应多种解释，每种解释都可能导致不同的结果。对你的答案要进行仔细的检查，在必要时进行修补和改动，相关的技巧稍后介绍。

我们将通过对下面问题的分析来具体运用前面提到的解题方法（本题为第5章的“课后作业”），斜体字部分就是争点。

> 艾丽斯向戴安娜发出一个要约，她要于周一将自己的钢琴以500欧元的价格卖出。戴安娜作出回应：“*如果我能凑够这笔钱，我就会买。*”艾丽斯答*应在周六之前不会将钢琴卖给其他任何人*，同时戴安娜可以在*周日中午前任何时间接收钢琴*。周三，戴安娜打电话给艾丽斯的女儿雅典娜，并留下了口信：*她凑够了钱并将在周日上午接收钢琴。但雅典娜忘记传递这个口信了。*周四，朱诺拜访了艾丽斯，并表示自己可以出600欧元购买这架钢琴。艾丽*斯接受了这一要约*。这一天的晚些时候，艾丽斯给*戴安娜寄了一封信，告知她不能从自己这里购买钢琴了*。而邮递员墨丘利将信送至错误的地址，导致戴安娜*没有收到这封信*，因此她于周六上午十点，*雇了一辆面包车来接收*钢琴。
>
> 从法律角度给艾丽斯提出建议。

本题所引出的法律问题

1. 无条件的承诺是合同成立的核心。
2. 未经慎重考虑的口头允诺不具有合同上的约束力。
3. 承诺必须被传递出去。
4. 承诺可以在生效前被撤回。

5. 通知当事人是撤回生效的必要条件。

请注意，题目已经明确告诉你，艾丽斯发出了一个要约，因此你没必要对要约是否存在进行讨论。

与各个争点相关联的具体法律规定

1. 如果：附条件的承诺不具有效力，因此这一合同不成立。

2. 答应：艾丽斯没有义务使其要约直到周六依然有效，除非戴安娜付钱使要约仍然有效（Routledge v Grant，1928）。

3. 戴安娜凑够了钱并将要接收钢琴：愿意作出承诺?

4. 雅典娜忘记传递这个口信了：承诺是否被有效传递？（Entores v Miles Far East Corporation；Brinkibon）

5. 寄了一封信……没有收到：可能的撤回要先于承诺的期限（Payne v Cave）。通知是必要的（Dickinson v Dodds）。以邮件的方式将承诺撤回，只有在邮件被收到后，撤回才能生效（Byrne v Van Tienhoven）。

6. 雇了一辆面包车：以行为的方式作出的承诺有效（Brogden v Metropolitan Railway），在要约撤回之前，戴安娜以口头方式作出了承诺，结果如何？承诺生效，合同即成立。因此艾丽斯违反了合同约定，她必须赔偿由此造成的戴安娜的损失。

撰写各类作业

很多学生会有这样一个错误的认识：写论文和报告比回答问题更容易。但是要想出色地回答一个问题，其实并不容易，你只有通过严密细致的分析才能发现问题所在，才可以明白哪些信息是你所需要的。回答问题并不要求你将所有的知识点都知无不言，遗漏了重点或者没有进行必要的分析会导致失分。请务必牢记以下要点：

1. 确保你真正理解了问题。请仔细对问题进行分析，寻找关键词。这些关键词告诉了你什么样的信息是必要的，以及如何组织你的答案。“如何”一词有以下含义：对比、讨论、区分、评价、论述优缺点以及解释。有时，你被要求以备忘录或者报告的形式组织这些信息。作答时应使用合适的标题和副标题，如果需要，可以使用数字来标记。

2. 开展研究。除了检查你所学到的知识点，你还需要借助其他额外资源进行研究，并做笔记。

3. 合理组织你的答案。你需要首先简单罗列答题要点，然后逐一展开来完成答案。

4. 独立完成。请牢记前文对于抄袭危害性的警告，在回答具体问题时，应使用自己的语言，并对引用的资源进行标注，要做到这一点，就需要反复阅读答案并在必要时进行修正。

5. 对全文进行调整。稍作休息之后再进入这一步。通读你的作业可以使你精益求精，这还不包括对拼写错误之类明显的问题进行修正。也许你需要删减或者调整文字位置以使得作业的行文更具逻辑性。现在是对答案中那些重复啰唆的内容以及某些不确定的内容和词语进行检查的时候了。你很可能发现仍然有很多工作要做：你是否仍然满足字数的要求？所有的引用资源是否都已经标记？

6. 最后的检查。最后再一次通读你的作业全文，并确保你已经满足学生手册中规定的所有相关要求。

1.4 复习与考试技巧

几乎没有人会很享受考试的过程。但是，每个人都可以通过充分的复习和尽可能高效的应试表现，使自己在考试中不必面临过大的压力，同时尽可能有所收获。本章接下来的内容似乎都是显而易见的道理，但这都是作者从一位教师那里获得的经验之谈，而且，学生们也都认为，这些在压力下容易被忽视的简单道理，其实对于应试本身具有非常大的帮助。与学习中的其他事情相比，良好的计划和安排是确保你发挥自身潜能的关键。

1.4.1 复习

有效的准备是成功的关键，而缺乏这种准备将会影响你的信心进而影响你的考场表现。以下这些技巧也许会给予你一定的帮助：

时间规划

制定可行的时间表

这张时间表必须考虑到其他可能分散你精力的事情以及普通人的注意力极限。持续时间较短的阶段性学习（30～50 分钟）通常更有效率。长时间不间断的学习没有太大意义，除了令人称赞，就只有令己头疼而已。

学习优先

如果有选择的机会，请尽可能地把学习时间安排在一天当中你的注意力容易集中之时。如果安排在其他时间，将是一种浪费。将零散的时间汇聚成更有效率的学习时段很重要。如果你有家庭事务需要解决，请尽量抽出时间学习，毕竟这在你的生活中也非常重要。对你有好处的事情，从长远看也会令你的家庭获益。如果你外出工作，请给学习预留时间，甚至可以考虑占用你的假期。

严格遵守时间表

确保你的复习涵盖了教学大纲的全部内容，同时不要在你不太自信的部分停滞不前，这对于复习十分重要。尽可能严格遵守时间表，如果有必要，也尽量使时间表更为灵活、合理。如果已经将时间分配给相关的知识点，就不要再进行调换、修改或者反复检查之前的知识点是否已记住，你应当按部就班地进行复习。

复习技巧

通读是关键

你复习的主要目标是巩固所学的知识。确保每个主题最基本的知识你都了然于胸，这些是记忆的基本点，对于其他次要的知识点，这些基础知识就像磁石和根基。如果你已经复习完全部内容，可以选择阅读一些全新的内容以避免可能产生的厌烦情绪。如果你已经准备得非常充分，可以考虑抽出时间吸收新的知识。

过度复习的情况是可能出现的，尽管只有少数学生可能遇到。如果你的时间紧张或者复习的内容复杂，建议你最好集中围绕某一类明确的资源（比如课堂笔记或讲义）进行复习。

不要被所谓安全的“开卷”考试迷惑。允许携带教材参加考试，并不意味着你在复习时可以忽视它。最优秀的学生发现，与对知识点进行实际应用相比，闭卷考试要容易得多。在限制时间的考试中，由于有一定的压力，你很难有时间从一本书中找到所需的全部素材。在这种情况下，书本最大的用处在于确定法规的具体内容和案例的名称。确定具体的考试规则，确保在书中做标记是允许的。如果可以这样做，那么请在课本上进行适当的标记，谨慎地使用参考书。

阅读笔记

这样做的最大好处是可以帮助你在阅读时集中注意力，同时在复习的最后时刻集中火力。将每个主题的要点进行罗列，将案例压缩为能够概括主要事实的几句话，可以自己组织具体的语言。如果你能完成以上这些工作，证明你对核心知识点已经理解了，那么，你就可以更容易地记住它们。这也是一个很好的检测机会，看看自己组织的语言何时可以派上用场。

知识自测

在完成一个主题的复习之后，你可以尝试寻找一些相关的题目。简单写下答案的提纲或者进行一次计时的纸面作答。请充分利用课本上的测验题目。参考答案也许是一种答题上的指导，但不是百分之百地可靠，因此请谨慎参照。遇到具体问题可以向别人请教，如果这个人是同学是最理想的，当然也可以是其他长期交往的朋友或者家人。如果你加入了一个学习小组，那么请鼓励小组定期开展活动。如果你还不是某个小组的成员，那么现在是时候加入了。这有助于使你回答问题更有条理。

为目标而奋斗

我们中的大多数人都认为考试是一件很困难的事情。究其原因，这很大程度上源于我们对考试感到陌生，因为这毕竟不是我们习以为常的事情。但是，制定一个在考试期间有效利用时间的计划是可行的。你在辅导课上遇到的问题与考试的内容最为接近。了解过去的论文的形式和内容，对于考试也很有意义。请仔细研究平时所做习题的出题方式。对你要回答的问题进行挑选，避免在那些目的不明确的题目上浪费时间。明确不同类型题目的优劣。请牢记，尽管回答覆盖多个知识主题的题目更容易得到高分，但这同样需要一个合理的篇幅。如果题目本身集中在一个很小的知识领域，那么在你时间不充足时遇到这类题目比较有利，因为你可以在很短的时间内将要点回答出来。没必要对这些技巧过于推崇，但毫无疑问，研究过去的试卷的形式和内容，实际分析答题流程，并合理利用时间，将会在考试时给予你一定的帮助。

保持良好的精神状态

考试季总是令大多数学生压力倍增、心力交瘁。尽管从某种程度上讲，这是不可避免的，但有很多方法可以对其加以缓解。让身体保持良好的状态就是其中之一，在充足睡眠、适度锻炼以及合理膳食的前提下，你的大脑的运转效率也会提高。

给自己一些奖励：在学习间歇休息的时候做一些自己喜欢的事情。如果条件允许，可以通过网络与同学联络，这可以有效防止孤独感的产生，也会使你意识到自己并非一个人在战斗。请记住，压力也具有积极的意义，大部分人在一定的压力下反而能够表现得更加出色。过于放松也会影响复习的效率。不要害怕向教师或者私人导师寻求帮助，他们对于帮助学生备考有着丰富的经验。你会发现，学校的咨询服务对你是非常有帮助的。

1.4.2 考试

无论准备得多么充分，只要不能在考场上出色发挥，你就无法取得好成绩。一些应试技巧可以帮助你在考试时保持冷静并充分发挥自己的实力。一些技巧虽然显而易见，但值得优先考虑，以便在白热化的考试氛围中不被你忽视。

1. 确保自己知道考试地点以及如何到达。

2. 提前到达并带齐全部考试用品。

3. 别急急忙忙开始答题。请先通读试卷，阅读考试注意事项并对你比较喜欢的题目进行标记。

4. 从你最擅长的题目开始作答。但应确保这的确是你希望作答的题目，毕竟在压力之下，人很容易犯错。

5. 组织好你的答案。使用20%～25%的时间进行答卷的总体规划是比较合理的，特别是在题目非常复杂的情况下。一般应当反复阅读题目，并在开始作答之前列出答题的要点。一定确保自己的回答是针对出题者所问，而不是你自己希望作答的内容。不能找到题目的要点是失分的重要原因。确保答案尽可能全面，检查你是否抓住了问题的每一个争点。如果能抓住全部争点，其得分比只针对一两个争点展开论述要高。每一题的得分点可能比较分散，如果你对要点有所遗漏，就意味着失分。

对于简单的题目，确保对关键词进行了正确的分析，它们揭示了题目所包含的具体知识点以及可行的答题方式。时刻注意考试时间。给每道题分配相应的答题时间并严格遵守。请记住，大部分人在每道题前一半的作答时间内就已经获得了该题大部分的分数。如果你发现时间不够用，请优先以列笔记的方式回答那些还没有开始做的题目。如果你无法对每道题都作答，那么你可能丢掉了相当一部分分数（也许是每题分值的20%～25%）。

6. 在考试结束之前不要离开考场。尽可能利用时间检查答案，修改拼写错误，保证每道题目的题号正确。如果在你完成考卷之后还有剩余时间，那么证明一定有什么地方存在错误，请利用这些时间对错误进行修正。检查已经完成的答案，看看是否有地方需要修改。如果发现还有题目没有作答，请尝试写出一些答案，这也许会使你获得超过及格线的关键分数（或者是足以让自己脱颖而出的分数）。即便题目难到一定程度，也不要提前离场，你已经完成了整个课程的学习（通常付出了极大的努力），只要没有临阵脱逃，你就没有什么可失去的。就算什么都没有回答出来，交了白卷，你也获得了一个对其进行剖析的机会。如果你压一匹马赢，那么你会在比赛结束前就射死它吗？

7. 尽可能保持卷面清晰。不要照抄题目，这只会浪费时间。你可以按任何自己喜欢的顺序作答，但是一定保证每道题的序号是正确的。每道题用一张全新的答题纸，这样可以留出足够的空间，以便在考试快结束时添加那些一开始遗忘的要点。最好使用黑色墨水，注意你的书写，如果有时间，在引用的案例和法条的下面画上横线。这些都是考官希望看到的。请牢记，考官要批改数百份考卷，清晰的卷面将会受到考官的偏爱。

1.5 总 结

希望前文提到的学习技巧能够对你大部分课程的学习有所帮助，祝你享受这个学习的过程并取得不错的成绩。

第 2 章 法的本质

导　言

也许本章内容并不在你的阅读计划之中，你可能更愿意跳过本章直接进入具体的法律专题。但是，在开始系统学习之前，认真阅读本章内容，将会使你对英国法律体系中具体法律的特征有更深刻的理解，这一体系是在经历了漫长历史沿革后逐渐形成的。同时，这也将帮助你更好地理解今天的法律运行方式。本章还将对你在未来的学习中会遇到的一些核心术语进行介绍，为你的学习打下良好的基础。

学习目标

在完成本章的学习之后，你应该能够：

1. 理解法律规则的特征。
2. 了解英国法的特征。
3. 明确法律的目的。
4. 能够区分民法和刑法。
5. 自信地使用基本的法律术语并了解其含义。

2.1　什么是法

法可以被定义为：由国家制定，借由司法机关赋予约束力，并依靠国家强制力保证实施的，以制裁处罚为主要手段的实体性规则。以下是对该定义的详细分析。

2.1.1 规则

规则是规范行为的指令。规则告诉我们什么能做，什么不能做。有时候规则会允许一些附条件的行为。例如，擅自扩大商业地产的行为是违法的，但获得了相关部门的允许则是合法的；商店通常不能卖酒，但如果商店获得了相关的执照，该销售行为就是合法的。

2.1.2 由国家制定

在英国，议会负责制定绝大部分法律。这类法律通常称为议会立法或制定法。就目前的情况来看，欧盟在这类法律的制定中扮演着越来越重要的角色，在某种程度上，英国议会已经不再具有完全的立法独立性。1998 年的《人权法案》（Human Rights Act）规定，《欧洲人权公约》（European Convention on Human Rights）具有直接的强制力，可以作为英国法院的审判依据。

2.1.3 国家的司法权

任何国家的法律只能在其领土范围内有效。英国议会制定的法律，在全英国范围内有效，但本书所涉及的相关法律，其效力范围主要局限于英格兰和威尔士。

2.1.4 国家强制力

一起法律纠纷需要通过法院或法庭经由正式渠道加以解决。国家或者执政党对具体的纠纷提供了具有强制力的解决方式。

判决或者惩罚的施行，其目的在于补偿受害者或者惩戒违法者。

2.2 英国法律的特征

英国法律的一些独有特点使其与欧盟其他国家的法律具有较大差别。

2.2.1 英国法律发展缓慢，且在长达几个世纪的时间里没有受到其他国家的影响

英国法律体系的起源可以追溯到 1066 年诺曼征服时期。尽管与当时相比，今天的英国法律发生了巨大的变化，但这种发展总体上是逐步的和渐进式的。因此，英国法律的整体发展兼具杂乱和保守的特点。英国现今的法律体系虽然更多地体现出法律的现代化进程，但其中确实保留了部分古老的文献，比如，最高法院的两个部门依然沿用了其在中世纪的名称：王座法院（现称王座分庭）以及衡平法院（现称衡平分庭）。

2.2.2 较少受到罗马法的影响

英国法律几乎没有受到罗马法原则的影响，而这些原则正是欧洲其他国家法律的基石，同时也对苏格兰地区的法律施加了重要的影响。

2.2.3 法官的造法权

法官在很长一段时间里都是主要的立法者，直到 18 世纪后，他们的这一角色才逐渐被议会所取代。今天，资深法官依然拥有有限的立法权，他们可以将具体案件中的审判原则作相应延伸并加以使用。而欧洲其他国家的法官只拥有对各自国家法律条文的解释权。

2.2.4 遵循判例的原则

在审理案件时，英国法院的法官一定要寻找上级法院的**判例**（precedent）（之前的判决）并在自己审理的案件中加以应用，这与欧洲其他国家的法官不同，在这些国家里，判例只有指导作用，而不是必须应用于审判之中。

2.2.5 对抗性

英国的法庭诉讼过程具有很强的**对抗性**（adversarial）。整个庭审在本质上非常接近一场竞赛，裁判（即法官）的主要任务是确保证据规则被有效遵守并决定最终的获胜方。案例的名称也很像足球比赛的赛程表，如：Bloggs v Snodgrass。起诉方承担主要的举证责任，能够提供具备足够证明力的证据的一方将最终赢得诉讼。法官在举证过程中几乎不起作用，因为过多的司法介入会导致判决借由上诉而被改判。对于这一诉讼过程还有另外一种说法，即整个对抗性的核心在于提供事实而非挖掘真相。

欧洲大陆国家法官的主要功能则在于**纠问**（inquisitorial），这在庭审过程中赋予了法官较大的权力，包括传唤并询问目击证人。近年来，在审理较为复杂的案件时，虽然英国的法官被鼓励更多地介入庭审过程，但这与真正的纠问式诉讼还存在很大的区别。

2.3 我们为什么需要法律

任何社会或居于其中的团体，无论规模多小，都需要制定规则来达到一定目

判例：先前的司法判决，可能对之后的案件产生影响。
对抗性：诉讼过程中，法官在直接对立的双方当事人之间扮演裁判的角色。
纠问：法官积极参与举证过程并对证人进行问询。

的，这些目的具体包括：保护成员个人安全，使成员生活更为便捷，以及对成员之间的关系加以规制。一个富庶的工业国家需要完备的法律体系来实现以下一系列目标。图 2—1 展示了法律的具体分类。

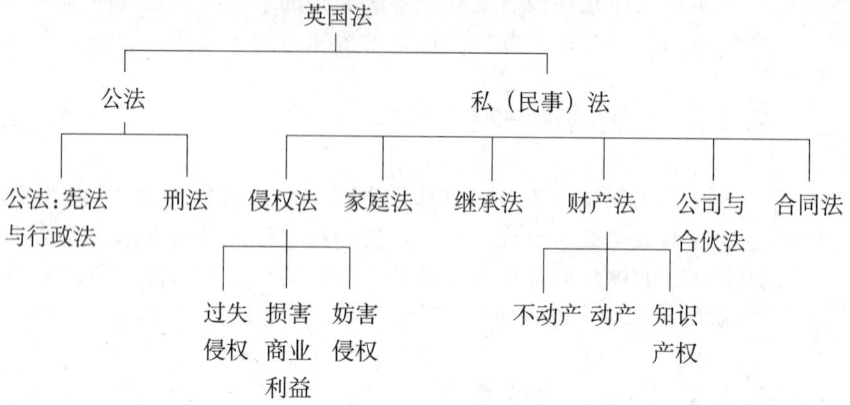

图 2—1　英国法的分类

一个法律体系需要满足以下功能：

1. 规定政府架构及司法程序：宪法。

2. 规定各类公共服务及作为其基础的税收征收与使用：行政法、财税法。

3. 规范并发展经济：行政法、民法以及刑法。

4. 促进社会稳定、保障国家安全：刑法。

5. 赋予个人在人际交往中的权利义务以及规定保障权利实现的手段：民法。民事法律责任或者通过各方签订的契约产生（合同法），或者由法律直接规定（侵权法）。

6. 赋予社会成员之间的关系及交易以法律上的正当性：合同法、继承法、公司与合伙法以及家庭法。

2.4　刑法与民法的区别

在学习的初期，理解刑法与民法的区别十分重要。同一事实可能同时违反刑法与民法的规定，并产生双重责任。但由于这两种法律具有不同的立法目的，因此它们在诉讼程序以及处罚上具有根本的区别（见表 2—1）。“生活实例”专栏中的例子很好地体现了这些关键性的区别。

表 2—1　　刑法与民法的区别总结

	刑事法律	民事法律
目的	对那些反社会以及给公众带来危险的有意识行为进行规范。 为国家惩戒违法者提供机制。	赋予个人法律权利以使其调控民事主体之间正式与非正式的法律关系。 赋予法律主体实现由民事关系中产生的民事权利的途径。

续前表

	刑事法律	民事法律
诉讼程序	通常由警方启动整个程序，但某些诉讼也由其他相关机构执行，如当地政府、税务部门或者海关。 作为例外情形，个人也可以自行起诉。 在案件审判过程中，受害人通常不作为诉讼的当事方。 案件一旦受理，就会进入地方法庭或者王座分庭进行审理。 超越一切合理性怀疑是认定有罪的关键。	民事诉讼的应诉方是可能的违法者，起诉方则是认定应诉方违法的一方。 民事案件，即使整个流程已开始，也可能最终不会进入庭审程序。 很多民事起诉最终都通过诉讼外的渠道得到解决，根本不具备引发诉讼的威胁。 其他一些情况下，在进入审判阶段前，当事一方就撤诉了。 大部分民事案件都由地方法庭、高等法院或者一些专门的特别法庭进行审理。 原告证明被告应负法律责任，必须满足盖然性的举证标准。
处罚	处罚的设置更多地关注违法者，其目的在于保护社会免受刑事违法行为的侵害。 其最终目的在于惩戒犯罪，保护社会在未来免受反社会行为的危害。 具体的处罚手段包括在一段时间内剥夺违法者的自由，或者对其进行改造。这对于未来可能的犯罪者具有一定的威慑作用。	目的在于满足受害者的需要，通常要求违法者对受害者遭受的损失进行赔偿，目前这种赔偿通常由保险机构支付。 例外情况是，法院通过强制命令或其他相同效果的救济手段，迫使违法者实际改正其违法行为，这一做法在家庭暴力案件中较为常见。

生活实例

艾丽斯与霍勒斯一道在肥猫酒吧（Fat Cat Wine Bar）享用了一顿麻辣龙虾午餐。但之后两个人都食物中毒了，他们认为这是由于餐厅卫生状况不佳所致。

刑事诉讼过程

R v 肥猫酒吧

根据1990年的《食品安全法案》（Food Safety Act），销售不卫生的食物是刑事违法行为，这一法律的立法目的在于保障公共安全，并对相应违法行为加以规制和惩罚。

在这类案件中，通常由地方政府的贸易部门而非警察来扮演起诉方的角色，诉讼地点则是当地的治安法院。起诉方承担相应举证责任以证明肥猫酒吧的违法行为。具体来讲，起诉方要证明食物的毒性来自龙虾本身，同时起诉方提供的所有证据都要达到排除任何合理性怀疑的程度。

如果肥猫酒吧最终被证实违法，那么它将被处以罚款。罚款将会被全额支付给法院，而非受害者。

民事诉讼过程

霍勒斯 v 肥猫酒吧

艾丽斯 v 肥猫酒吧

霍勒斯与艾丽斯将会依据所遭受的健康损害提出赔偿。由于两个人均为自由职业者，因此两个人的损失除了因疾病带来的痛苦和不便之外，还包括他们相应的误工损失。

现将两起独立的诉讼加以合并：作为这顿午餐的买单者，霍勒斯将会起诉肥猫酒吧违约，因为龙虾显然没有达到合格食品应有的品质；而艾丽斯虽然同样遭受了劣质食品的危害，但并未与肥猫酒吧形成合同关系，因此她只能对肥猫酒吧提起过失侵权诉讼或起诉酒吧违反了1987年的《消费者保护法案》（Consumer Protection Act）。

霍勒斯与艾丽斯可以在郡法院提起诉讼，他们必须对肥猫酒吧是肇事者这一事实进行举证，并达到相应的盖然性标准。盖然性作为民事诉讼的举证标准，低于刑事诉讼的相关举证要求，因此在这一民事诉讼中，法院仅仅要求当事人证明：肥猫酒吧是民事责任人的可能性要大于其不是民事责任人的可能性。

如果霍勒斯与艾丽斯最终胜诉，那么肥猫酒吧将会对他们遭受的病痛以及相关经济损失进行赔偿，这里的经济损失具体包括医药费以及误工损失。另外，作为与肥猫酒吧签订合同的一方，霍勒斯还有权要求酒吧返还当日的餐费。

2.5 法律的变迁

法律是不断变化的，能够意识到这一点非常重要。几乎没有什么原则是一成不变的。这些改变实际上反映了大环境下社会、经济、政治甚至技术的发展。

2.5.1 社会变化

在过去的50年里，人们价值观的变化影响了相当一部分法律的发展，其中包括离婚法的改革、堕胎的合法化以及通过全新立法来防止性别、种族、性取向、残疾、宗教、信仰以及年龄上的歧视。

2.5.2 政治变化

没有法定权威的政府是无法施行任何新政的。这意味着法律必须具有一定的持续性，因此通常很少发生改变。水、煤气及电力等公用事业的私有化，是通过修订过去的法律、改变相应的国有化规定来完成的。

2.5.3 经济和技术变化

许多法律的规制对象集中在工商业，其中包括对工作安全和健康进行规范的法律，这些法律在很大程度上都受到经济和技术变化的影响。由于行业实践的变化，原有的危险消失，取而代之的是出现了新的危险。例如，内燃机的商业开发引发了道路交通法的重大发展。实践中，这种影响与政局的变化是相互联系的：因为经济或社会的重大事件同样也是政策关注的焦点。

2.6 法律核心词汇

本书并非针对律师的专业书籍。但是，下面会对一些法律上常用的术语进行解释，这对于学习中的速记很有帮助。在每一个特定的专题里，你也会在每一章发现相应的关键术语及其相关解释。在你完成一章的学习并进行复习时，通读这些关键术语是非常有帮助的。

2.6.1　原告和被告

具体是指民事案件（诉讼）中的参与主体。**原告**（claimant）对**被告**（defendant）进行起诉（将其作为对簿公堂的对象）。

2.6.2　检方和辩方

具体是指刑事案件中的参与主体。**辩方**（defence）有时也称被告或**被指控人**（accused）。检方有时也称**皇家**（Crown），这反映了刑事诉讼是由国家以王室的名义提起的。这也是刑事判例通常缩写为 R v 的原因。

2.6.3　上诉方和被上诉方

具体是指上诉案件中的参与主体。上诉方是指将下级法院的判决上诉至上级法院的人。原先下级法院判决的案件的胜诉人即为被上诉方。

2.6.4　普通法

普通法可能有两种含义，相关含义要根据具体的上下文来明确。

2.6.5　与成文法相对的判例法

普通法（common law）的最初发展可以追溯到诺曼征服后的几个世纪，当时的英格兰不存在中央集权的司法体系，因而各地的法律千差万别。王室指定的法官接受了将全国各地适用（因此称为“普通”）的法律整合成一个完整体系的任务。这一法律由一些在日常审判中逐渐形成的基本原则发展而来。在这种背景下，普通法就是法官造法。

2.6.6　与衡平法原则相对的判例法及成文法

民法赋予法院一定的自由裁量权，这不仅关系到当事人的司法权利，还关乎

原告：提起诉讼的人。

被告：民事或刑事诉讼的对象。

辩方：刑事诉讼针对的具体人或其代理人。

被指控人：刑事诉讼针对的人。

皇家：刑事诉讼的公诉人。

普通法：在本书中有多重含义，指适用于整个英格兰地区的法律，更多地指法官造法而非成文法，也指非衡平法。

能否为当事人之间的纠纷寻找一个公平合理的解决方法。自由裁量规则是**衡平法**（law of equity）的一部分。这些法律仅对那些守法且同时具有一定道德水准的人提供救济。

衡平法原则对法院颁布的命令进行规制，其中包括禁令和合同的具体救济方式，相关内容在本书后面的章节会详细论述。衡平法原则是信托及抵押相关法律的基础，其原因在于这些规则是为了给交易的弱势方提供保护，以免其受到放贷方和受托人滥用权利的波及。

衡平法起源于14世纪，它最初由上议院大法官为了弥补普通法系统中的明显瑕疵逐渐发展而来。上议院大法官在很长一段时间内既是牧师又是律师，使得此类法律对于道德因素颇为重视，这对于今天的民事审判依然起着十分重要的作用。这一法律的原则与其他普通法（在这里指成文法和判例法）原则共同存在，在依据普通法原则或有关救济规定可能产生不公平结果时，衡平法原则就会在法庭的自由裁量中扮演重要角色。

衡平法：基于道德原则对普通法作出的补充，并依据现实救济赋予法院更多自由裁量的权力。

本章小结

1. 法的定义

国家颁行的具有权威的实体性规则，通过法院判决的方式具有相应的强制力。

2. 英国法律的特征

历史悠久，未受罗马法的影响并经过长期发展逐渐形成，法官具有造法权力和相当的权威，整个庭审是对抗式的。

3. 刑法与民法的区别

刑法具有国家赋予的强制力，其目标在于保护公众免受反社会行为的危害。民法赋予个体调整自身正式和非正式关系的权利，这些权利可以通过司法程序具备强制执行力。

课后测验

1. 法律与规则的区别有哪些？

2. 在给出刑事判决时，法院希望达到什么目的？

3. 通过提起民事诉讼，民事诉讼起诉人希望达到什么目的？

4. 斯帕罗饮酒过度，导致其驾驶的出租车撞上了芬奇的卡车。出租车上的乘客雷恩受伤，芬奇的卡车也被损坏。霍克警官目击了这一事故。分析这一案件中最可能导致的法律后果。

参考答案见书末的附录。

第3章 法的制定

导 言

本章介绍法律的起源以及法律是如何制定的。目前存在的三种重要的法律来源是：(1) 欧洲法；(2) 议会；(3) 法院。

欧盟和英国议会是法律最主要的来源，但法院也扮演着次要（尽管十分重要）的造法角色。同时，法院还是关键的制定法的解释者。自从所规定的义务在英国国内的法院变得具有强制执行的效力，《欧洲人权公约》对英国法产生越来越重要的影响。

企业所有者的权利和义务，从企业设立和经营到转让和终止的每个时点，都由法律以不同的形式加以规制。例如，2006 年的《公司法》(Companies Act) 规定了公司的设立和终止；1890 年的《合伙企业法案》(Partnership Act) 规定了合伙的形成和解散。在企业经营的过程中，所有者与被雇佣者的关系则被包括 1996 年的《劳动权利法案》(Employment Rights Act) 和 2010 年的《权利法案》(Equality Act) 在内的许多成文法规制，并且欧盟法律在这个问题上有很大的影响力。商品及服务的买卖由合同法规定，合同法由许多的成文法及一部分的法官造法组成。侵权法绝大部分都是法官造法（普通法）。

学习目标

在完成本章的学习之后，你应该能够：

1. 说出英国法的各个来源。
2. 区分欧盟不同组织的功能。
3. 区分欧共体的规章、指引、判决。
4. 描述议会立法的过程。

5. 解释英国法院中遵循判例原则的具体运用。
6. 描述解释成文法的不同司法规则。
7. 评价 1988 年的《人权法案》对英国法律发展的影响。

3.1 欧洲法

自 1973 年英国加入当时的欧洲经济共同体（European Economic Community，EEC），欧洲经济共同体（以下简称欧共体）的法律就成为英国法律的来源之一。1992 年关于欧盟的条约（《马斯特里赫特条约》（Meastricht Treaty））正式将欧共体改名为欧盟，这一变动着重强调了欧共体的目标并不局限于经济领域。《马斯特里赫特条约》标志着欧盟的诞生。欧盟由三大“支柱”组成。居于首要地位的支柱是由现存的三大共同体构成的，它们是：欧洲煤钢共同体（European Coal and Steel Community，ECSC）、欧洲原子能条约共同体（European Atomic Energy Treaty Community，EURATOM）和欧洲经济共同体。这三大共同体一起组成了欧共体。围绕着这一中心支柱的其余两大支柱，分别是共同外交与安全政策（Common Foreign and Security Policy，CFEP）、在刑事犯罪领域的警察与司法合作（Police and Judicial Cooperation in Criminal Matters，PJCCM）。这三大支柱支撑起了欧盟首要的宪法秩序。然而，共同体的法律的有效范围只局限于共同体之内；共同外交与安全政策与在刑事犯罪领域的警察与司法合作由政府间的合作决定。这意味着，第二、第三支柱是处于第一支柱及经济共同体组织的司法管辖权（尤其是法院）之外的。同时，第二、第三支柱相关的条约在国内法院都是不能直接强制执行和对抗国内法律的。因此，尽管欧盟的范围超越了欧共体，但前者发源于后者。欧共体的法律是商事法律的重要来源，并且在本书中你会在许多相关领域看到其影响，例如产品安全法和劳动法。欧盟现在有 27 个成员国。

1972 年的《欧共体法案》（European Communities Act）第 2 章指出，欧洲法是英国法的一部分。当两者发生冲突时，英国法优先。对于欧洲法存有争议的焦点，应当由英国国内法庭向欧共体法院寻求解释，或者遵循现有判决中确立的准则做出决定。

3.1.1 欧盟的组织机构

理事会

部长理事会

（请注意，部长理事会也称“欧盟理事会”或者“理事会”。千万不要将其与欧洲理事会弄混淆，因为这两者是截然不同的。）**部长理事会**（Council of Ministers）是共同体最主要的立法机构，并且成员国能够在其中直接表达所关心的利

部长理事会：欧盟的机构，由各成员国相关会议议题领域的部长组成。

益。它由“每个成员国派出的一名部长级别、有权代表成员国的代表”组成。代表会随着讨论主题的不同而更换。如果是总理事长会议，则会员国的代表通常是外交部长。其他部长参加相关领域的会议。例如，一个关于共同农业政策制定的会议，将会由成员国的农业部长参加。部长理事会的主席主持会议。主席职位每六个月轮换一次，由成员国的国家元首或政府首脑担任。

欧洲理事会

1974年，欧共体的领导人一致同意召开最高政治规格的常规会议，这便形成了**欧洲理事会**（European Council）。欧洲理事会的定期会面最初都是非正式的，直到《单一欧洲法案》（Single European Act）第2条赋予其合法的基础。《马斯特里赫特条约》的第4条对欧洲理事会的组成和职能做出了详细规定。欧洲理事会由各成员国的国家元首或政府首脑组成。理事会每年至少举行两次会议，就共同体的主要问题进行讨论，与部长理事会相比，会议氛围略微轻松。会议由现任的部长理事会主席主持，各成员国外交部长以及该委员会的一名成员协助。欧洲理事会的主要职能是，为欧盟的发展提供必要动力，并确定发展的大政方针。

欧盟委员会

欧盟委员会由每个成员国提名一名候选人组成，是一个拥有立法权限的执行和政策制定主体。理事会大多数重要的决定都是基于委员会的建议作出的。目前，委员会拥有委员27名，一旦被提名，对于委员们来说，共同体利益将高于其所属国家利益。

欧洲议会

欧洲议会（European Parliament）由736名成员组成，每名成员都由各个国家有投票权的公民直接选举产生（英国目前有72人）。议会对委员会进行民主监督，任命委员会的主席，批准委员会成员的任职。因此，欧盟委员会对欧洲议会负责。议会可以颁布“谴责公告”，要求委员会辞职。与理事会一起，议会采纳委员会的立法建议，制定法律。

欧洲法院

欧洲法院（European Court of Justice）由25名法官和8名法务官组成。如果法院有要求，在理事会成员全体一致同意的情况下，可以增加法务官的人数。法官和法务官由成员国的政府共同任命，任期为6年，可以连任。他们都是从法律专家中挑选出的，因而其独立性毋庸置疑。同时，他们具备能够胜任其各自国家最高司法官员的素质和能力。法官们选出其中一名担任法院的院长。院长的任期为3年，可以连任。院长主持法院的工作，领导法院的工作人员。庭审和法庭上重要问题的审议都在院长的主持下进行。

法务官协助法庭的工作。他们在开庭时对所有案件发表独立和公正的意见。在开庭时，争论的法律问题是确定的，除非法庭同意，案件一旦开始审理就不再

欧洲理事会：欧盟的机构，由各成员国的外交部长组成。

欧洲议会：欧盟的机构，其成员由各成员国的公民选举产生。

欧洲法院：欧盟的机构，审理来自或针对成员国或欧盟的案件。

提出新的法律问题。法务官的职责与公诉人或其他类似的人员不同。

欧洲法庭有两项职能：

1. 就成员国的法院提出的有关欧盟法律问题进行解释。这是受到成员国最高上诉法庭的委托，当欧盟法律中的某项原则的意义不清楚时，由欧洲法庭做出解释。

2. 对于由欧盟机构、成员国或者个人提出的，违反欧盟法律规定的责任和义务的案件，进行判决。

法庭作出的判决会立即生效。欧洲法庭的判决优先于任何与其相冲突的国内立法。成员国负有执行欧洲法庭判决的义务，当国内法与欧洲法庭的判决冲突时，应修改国内法。如果某一成员国不执行欧洲法庭的判决，将会受到其他成员国对其施加的压力。自从《马斯特里赫特条约》颁布之后，任何不遵守欧洲法庭判决的成员国都会受到惩罚。随着时间的推移，欧洲法庭的任务越来越繁重。因此，1987年《单一欧洲法案》创建了初审法院（Court of First Instance，CFI）。初审法院目前由25名法官组成，其中每个成员国至少有1名法官。法官由成员国的政府共同任命，任期为6年，可以连任。初审法院没有固定的法务官。所有经过初审法院审理的案件，享有向欧洲法庭上诉的权利，但必须基于法律理由。

3.1.2 欧洲法的法律渊源

条约

最重要的条约是1957年的《罗马条约》（Treaty of Rome）和1992年的《马斯特里赫特条约》。后者经2009年的《里斯本条约》（Treaty of Lisbon）修订，标志着欧盟的成立。1997年的《阿姆斯特丹条约》（Treaty of Amsterdam）和2003年的《尼斯条约》（Treaty of Nice）也对欧盟的形成有重要影响，具体而言，其改变和丰富了成员国的义务。条约中规定的许多义务对于各成员国的公民具有直接的强制力，而不论相关的成员国是否通过立法的方式去实施这些条约。这类具有直接执行力的义务，包括《罗马条约》第119条（现在是第141条），在就业过程中男性、女性应受到平等对待。

规章

规章（regulation）是为了确保在共同体的成员国实施相同的法律。规章一旦通过，在所有的成员国立即生效。

指引

指引（directive）是欧共体中最主要的法律来源。它适用于所有成员国，目的在于协调各成员国的法律，使之逐渐趋同但并不雷同。指引所要达到的目的必须实现，但采用的具体方式方法由各成员国自行决定。因此，指引需要由各成员国的议会执行。立法执行的方式反映了各成员国的法律和社会习俗。

规章：作为欧盟的法律，在英国直接有效。

指引：作为欧盟的法律，协调各成员国的法律，只有成员国通过相应的国内法，指引才能生效。

成员国执行指引有一定的时间限制，但如果该指引的适用范围十分有限，时间限制也就不那么严格。当指引的措辞十分清楚并且没有争议时，欧洲法院允许成员国的个人对机构违反尚未在国内生效的指引提起诉讼。

判决

判决（decision）仅影响特殊的成员国、法人或者个人。它赋予特定方实施一定行为的权利，或者不得实施一定行为的义务。

3.1.3　欧盟成员对英国法律的影响

到目前为止，最主要的影响体现在贸易、工业、就业、环境以及金融服务领域。欧盟成员的身份，对英国商法的很多方面有重大的影响。这在本书的许多地方将会有所体现。

由于欧洲法律的范围随着新条约的增加得到扩大，因此它对英国法律、政治和社会的影响也在不断增大。1999 年 5 月 1 日开始生效的《阿姆斯特丹条约》，赋予欧盟核心成员国的公民自由就业和公民权，就此打破了欧盟成员国公民自由迁徙的最后障碍，并且强化了安全保障。这对于人权也有重大影响。它要求将现有非歧视的原则在就业领域予以扩展，涉及性别、种族、民族乃至宗教信仰、年龄和性取向。关于这些问题的指引已经向成员国发出，并且正逐步得到执行。（详情参见第 18 章。）

该条约还促进了公民个人信息的保护。条约中涉及的安全问题对于刑法以及刑事程序也有影响。因为条约要求所有成员国的警察和法官在打击恐怖主义、侵害儿童、运输毒品、腐败、诈骗等犯罪方面加强合作。同时，条约还要求成员国在涉及种族主义以及歧视的问题上合作更加紧密，以促进法律和社会的公平。

3.2　议　会

目前大多数英国法律都是由国会直接制定或授权制定的。**直接（议会/首要）立法**（direct（parliamentary/primary）legislation）组成了法令。法令是经过下议院和上议院的特定程序，随着法案的通过而形成的。**间接（授权）立法**（indirect（delegated）legislation）是由经议会通过特定授权法赋予立法权的机构（通常是政府部门或地方权力部门）制定的。

3.2.1　法案是如何制定的

大部分立法都是由政府部门的部长提议的，但后座议员有一定的机会提出

判决：欧盟的法律，仅针对某一特定的国家。

直接立法：议会直接制定的法律/法案。

授权立法：经议会法案授权特定部门制定的法律。

普通议员议案（Private Members' Bills）。这些通常是涉及非党派政治的议题。实践中，极少有普通议员的议案变成法律，因为对他们开放的议会时间极其有限。

立法前阶段

一项政府法案出台之前，通常会签发**绿皮书**（Green Paper）。绿皮书的内容为立法建议的讨论稿。经过与相关利益集团的磋商讨论，形成法令草案基本原则的**白皮书**（White Paper）得以签发。

议会程序

在议会的第一阶段会介绍和首次阅读立法草案。大多数草案经过的程序是先经过下议院讨论，再经过上议院讨论。包括财政法案在内，所有重要的、争议性的法案都是从下议院开始讨论的。首次阅读的目的在于正式宣告法案的存在，并且确定第二次阅读的日期。

第二次阅读时则会有全程的辩论。辩论从提出立法建议的部长的演讲开始，由相关的影子部长作出回应。随后，对此感兴趣的参会人员可以发表意见。最后进行投票。如果该项法案得到多数人的赞同，那么将进入委员会审议阶段。

在委员会审议阶段，由不同党派按比例任命25～45名委员，逐条审议该草案。他们可能会提出修改意见。（某些法案需要下议院和上议院共同审议，它们没有经过报告阶段，而直接进入第三次阅读。）

在委员会审议之后，委员会报告其发现（报告阶段），就修改的部分进行辩论，也可能对法案做进一步修改。

在草案的第三阶段，会围绕法案的核心观点做简短辩论。在下议院，仅对法案进行文字上的修改（语法或句法）；更大的修改在上议院进行。

等草案到达上议院（或转给其他议院），再重复一遍以上讨论过程。请注意，1911年和1949年的《议会法案》（Parliament Act）规定，上议院不能直接驳回一项草案，但它可以将财政法案以外的其他法案延迟一年审议。财政法案仅能迟延一个月。迟延是上议院十分重要的权力。正因为上议院可以延迟法案审议，政府通常会为了使其政策得以通过而寻求妥协。

接下来，草案进入考虑阶段。在立法程序往下进行之前，上议院和下议院必须考虑和同意对方所有的修改意见。这可能是一个漫长的过程，当法案十分复杂、存有争议时，上议院和下议院可能会不断提出不同意见和进一步修改的意见，直到对方同意法案的措辞表达和有争议的条款。

在草案成为议会的法案，并经通过形成法律之前，它必须得到国王的同意。按照惯例，这只是一种形式：沿袭数百年来由国王扮演主动立法角色的传统。

议会通过的法案，实施日期通常在法案本身中有规定，无论该法案是全部实施还是部分实施。

普通议员议案：由后座议员提出的与部长抗衡的议案（政府议案）。

绿皮书：新的立法建议的讨论文件。

白皮书：详细的立法建议，并且附有立法目的的解释。

3.2.2 委托/授权立法

委托立法是指，由议会以外的其他机构，在法案规定了授予其立法权的前提下进行的间接立法。你将在本书后面的章节中看到委托立法的具体范例，例如 1974 年的《工作健康与安全法案》(Health and Safety at Work etc. Act)。

在实践中，每年都有大量的委托立法，在数量上甚至超过了直接立法。这些立法是中央和地方政府机构实施其政策的手段。每年大约有超过 2 000 部规章被制定。这些规章所起的作用很多，例如，限制利益分配，提高快餐商业领域要求的卫生标准，保护本地公园不受噪音污染。

委托立法主要有四种类型：

1. 枢密院令。1939 年和 1984 年的《紧急权力法案》(Emergency Powers Acts)，赋予枢密院在国家紧急情况下制定法律的权力。

2. 法定文件。这些是由政府部门为实施议会法案确立的政策中的一般原则而制定的。1974 年的《消费信贷法案》(Consumer Credit Act) 赋予部长制定具体规则以保护用户和潜在用户的信贷工具的权力。这类法律文件每年大约有 3 000 多份。

3. 欧盟法的实施细则。1972 年的《欧洲共同体法案》的第 2 章赋予部长和政府部门执行指引和条约条款的权力。例如，1999 年的《消费者合同条例》(Consumer Contracts Regulations) 中的不公平条款就是在这种权力下创造的。

4. 地方性法规。地方性法规是由地方的行政管理机构和其他有立法权的机构制定的，例如，伦敦地铁及轨道管理部门负责制定具体规则，来管理自己的相应设备。

委托立法的运用在一定程度上是存在争议的。然而，总的来说，它在实践中利大于弊。委托立法的优点是：

1. 节省议会立法的时间。议会的立法过程十分缓慢，并且经常拖延。议会发现很难完成其每年的立法计划，并且没有足够的时间就执行政府政策所需规章的细节进行充分辩论。

2. 专家意见。许多规章的制定征求了专家意见，而不是普通议员的意见。相关规章不为一般人所知，比如如何更好地管理屠宰场，或者在香肠中放入多大比例的猪肉合适。

3. 灵活性。这些规则产生、修订或废止的程序更为灵活和及时。

4. 立法可以发生在议会闭会期间。这有助于中央和地方政府在议会闭会期间正常工作和运转。

委托立法的缺点是：

1. 缺乏议会控制。由于政府政策的细节都由相关的政府部门作出规定，因此议会提问和辩论的权力被剥夺。大多数委托立法都不是非常审慎的。虽然是基于议会授权的，但大多数都是“否定决议”程序。这意味着，只有在发布一项禁令的特定时期，委托立法才会被执行。例外的情况是，实施的法案需要议会正面支持该规章制度。

2. 大量且频繁的改变。委托立法每年的数量巨大，即使是律师也很难了解其最新的所有的改变。了解所有的变化将会给运营中的公司增加成本，除非发布规章的主体向公众宣传。

3.3 法　院

3.3.1 制定法律的权力

法院制定的法律是判例法，有时也称普通法。19 世纪以前，法院一直是最重要的造法者，但是 19 世纪之后由于社会对不同类型造法的需求，其地位被议会取代。判例法的发展具有一定的偶然性且较为缓慢，只有在法院审理具有一定相关性的案件时，有关法律才会得到一定的发展。从这一点来看，判例法促进法律发展的作用有限，因为法院造法只能局限于之前已经发生的案件；它们无法针对未来可能出现的具有不同事实的案例进行立法。这使得在一个需要对未来可能出现的问题进行立法的成熟的工业社会里，与成文法相比，判例法显得更为独特。

如今大量的民事和刑事法律都是成文法。因此全新的法律原则都是通过这种方式发展的，而大部分普通法也做了相应的修正（转化为成文法形式）。目前中级法院还保留着有限的立法权，主要集中在侵权法和合同法等不以成文法为主的领域。例如，过失侵权法的具体发展主要是通过法官实现的，这将在本书第14～第 15 章详细论述。

3.3.2 解释法律的权力

由于大多数法律都是成文法，因此法院的主要任务是对议会制定法和委托立法加以解释和运用。当执行这项权力时，法院必须尊重议会作为最高立法主体的权威。法官对一个法律条文的解释，将表明议会对存在争议的法律问题所持的观点。

法条中使用的文字是解释的主要对象，并且限制了法院解释的自由。如果成文法有明显的漏洞，并且因此导致不公平的结果，那么法院无权以造法的形式对这一漏洞加以弥补，除非法条内容有合理解释的空间。否则，法院能做的就是提请议会修订法律。

法官有许多资源和工具可用来帮助解释法律。

内部解释

这些都是从成文法中发现的。在所解释的法律条文中，其用语可能包含各种特殊的含义，这种情况很常见。例如，1957 年的《占有人责任法案》（Occupiers' Liability Act），将“住所”定义为任何“固定或者可移动的结构”（参见第 15 章）。

外部解释

这些都是来自法条之外的资料。包括：

（a）1978年的《解释法案》（Interpretation Act）。用立法的方式规定了法律解释中常见的术语、短语的指引。

（b）法律委员会的报告或者政府的调查报告。这些均对立法的必要性进行了阐释，因而可以从中了解立法原意。

（c）议会报告。1993年之前，法院都拒绝将议会记事报告中有关法律条文的制定程序作为证据。有以下三个主要的反对理由：

- 国家立法和司法的职能可能混淆。
- 短兵相接的议会辩论不可能提供客观的解释。
- 确定议会记事录所需的研究，会增加相当大的诉讼成本。

Pepper v Hart（1993，HL）

法院（多数意见）认为：法院可以在以下条件都满足的前提下，参考议会记事录：

- 有争议的立法是模棱两可或含糊不清的，或者用语的表面含义将会导致荒谬的结果。
- 议会记事录的摘要是由相关部长的讲话或者其他法案组成的。
- 摘要的含义十分清楚。

Pepper v Hart之后被很多判例引用，但是它在多大程度上有用尚未可知。法案中有争议的部分并没有被辩论过。即使曾经对此有过辩论，并且可能做出过评论，法条本身依然是模棱两可、令人困惑的。

成文法解释的司法原则

司法机关对成文法进行解释的做法有：

（a）体系解释。**体系解释**（contextual approach）是指任何有争议的用语都必须将法条作为一个整体进行解释（根据上下文进行解释）的方式。一个模糊、晦涩甚至看上去毫无意义的词语，当结合周围的内容进行审议时，其重要性可能变得十分清晰。**同类解释法则**（ejusdem generis rule）是体系解释的组成部分。普通的词汇，例如"其他动物"、"他人"或者"他物"，本身是没有意义的，它们的意义必须参考其修饰的前面的词。因此，如果"其他动物"之前出现的词汇是"猫、狗和豚鼠"，那么可以合理假设它们包括其他任何作为家庭宠物的动物。有时扩大解释有助于达到成文法立法目的。因此，在Flack v Baldry（1988）案中，用高压电子枪发出的电击，被解释为符合1968年的《枪支法案》（Firearms Act）中规定的"任何有毒液体、气体或者其他物品"。

（b）文义解释。**文义解释**（literal rule）要求在没有歧义或含义清楚时，法院必须采纳用语的字面含义，即使这样会导致荒谬的结论。

本案中运用的规则被法院正当化了，因为法院代替议会对法条引起的实际问题做了修正。法院的任何不正当行为都被认为是对议会权威的反映。

体系解释：一种法条解释方式，指一个法条中含义模糊的用语，要根据其具体的语境解释其含义。

同类解释法则：如果某一类人或事已经由法律加以界定，那么同类的人或事也应遵循法律规定的解释。

文义解释：一种法条解释方式，指法条中的用语必须按照其字面含义解释。

Fisher v Bell（1961）

被告店主在其商店的橱窗里展示了一把"弹簧刀"（刀片可伸缩的刀具），被指控违反了1959年的《攻击性武器禁止法案》(Restriction of Offensive Weapons Act）第1章第1条的规定，要约出售进攻性武器。

法院认为：被告人无罪，因为合同法规定，陈列货物只是"要约邀请"，并不是出售的"要约"（参见第4章）。

（c）黄金法则。**黄金法则**（golden rule）是针对文义解释产生的极端荒谬的结论加以弥补的一种解释方式。如果法条的含义是模棱两可的，为了避免出现荒谬的结论，法院将会采用相对合理的解释。

Adler v George（1964）

一位核裁军运动的示威者闯入了一个军事基地的哨所，根据1920年的《官方保密法案》（Official Secrets Act），他被认定在军事禁区附近妨碍英国军队。这里的争议在于，他已经进入了基地内部，因此妨碍行为不是发生在军事禁区附近，而是发生在军事禁区里。

法院认为：根据文义解释驳回原告的指控将会导致荒谬的结果；"附近"必须被解释为包括该地点本身，而不是仅指其周围。

Smith v Hughes（1960）

一名妓女透过窗户诱惑街上经过的绅士接受其服务，被指控为"在街上引诱卖淫"。

法院认为：立法的目的在于，阻止公开场合的卖淫行为对人们造成的干扰。由于被告的行为影响到街上的人们，因此该行为显然属于1959年的《街道犯罪法案》（Street Offences Act）的管辖范围。

（d）补缺法则。**补缺法则**（mischief rule）是一条来源于16世纪的规则，它允许法庭采纳一种追求法条立法意愿的意思。法庭会对具体法案颁行前的相关法律进行检查，以便发现这一法案所要解决的有关问题。然后，法案会给出解决这些问题的具体方法。

这一法则由于文义解释的出现而在很大程度上被摒弃。从19世纪到20世纪前70年，文义解释在司法判决中占统治地位。

（e）目的解释。**目的解释**（purposive approach）在一定程度上与补缺法则类似，但是比后者影响更广。目的解释始于英国加入欧共体之时。其他成员国的法庭已经有使用目的解释的传统，欧洲法院也是如此。目的解释要求法院在解释法条时不局限于文字本身的含义，而要发现其背后的一般目的。为了实现这一点，法院需要查阅相关的外部文献资料，例如政府推动改革的报告。接下来的案例能很好地说明目的解释。

黄金法则：一种法条解释原则，即当根据文义解释出现两种结论时，采纳相对合理的解释。

补缺法则：一种法条解释原则，指法律解释的目的在于弥补法律原本想要纠正的错误。

目的解释：一种法条解释方式，指法院通过能反映法条目的的方式解释法条。

上议院在 Pepper v Hart 案中的决议可以被认为运用和促进了目的解释。尽管文义解释今天依然有用，但目的解释的使用相当普遍，它可以帮助达成一个正义的结果，实现公共利益。法院可以用目的解释完善文义解释：寻求实现法条的目的可以帮助修正模糊的词汇和短语的含义。目的解释更多的用途在于修正异常和弥补漏洞。

Royal College of Nursing v DHSS（1981，HL）

1967 年《堕胎法案》（Abortion Act）第 1 章第 1 条规定，堕胎是非法的，除非由经注册登记的医疗人员实施。在法案通过之后，堕胎的方式发生了改变，大多由护士在医生的监督和指导下实施。法院不得不决定，采用这种方式实施堕胎是否合法。

上诉法院（采纳文义解释）认为：该行为是非法的，因为护士并不具备医生职业资格。

上议院（多数意见）认为：此处应采纳目的解释，而且并没有违法行为发生。Diplock 法官表示："法案所表达的意思，在我看来十分清楚。有两层含义：一是，扩大了堕胎方式的范畴；二是，要保证堕胎在恰当的技术和卫生条件下实施。"

（在法案将在一定条件下堕胎合法化之前，很多妇女死于非法行医者之手。）

尽管名称上称为"法则"，但是将这些司法原则作为解释"工具"更为准确。正如 Royal College of Nursing v DHSS 案所描述的，它们呈现了解释过程中各种可能的方法，并没有绝对的优劣之分。法官选择他们认为最有利于公共利益和反映当时合宪性发展的解释方法。

生活实例

霍勒斯正在当地的公园享受春天的阳光和鸟鸣。此时，韦恩和韦内塔在附近的草地上大声播放手机广播。霍勒斯并不欣赏他们对音乐的品位（重金属摇滚），并指出公园的管理条例中有许多禁止噪音的条款，包括"唱歌和演奏音乐"。违反这些条款，可能会被处以罚款。韦恩自诩为一位善于辩论的律师，声称："我们并没有演奏，你最好去起诉广播电台。"

霍勒斯承认在这个问题上有失误，并且认为找个安静的地方去坐着也许更加明智。然而，法律可能站在他这一边。如果法院考虑这个问题，很可能会得出结论：韦恩违反了公园管理条例。使用文义解释，"演奏音乐"很可能包括广播播放音乐。如果采用黄金法则，选择"广播也在演奏音乐"的含义，能够避免出现荒谬的结果。制定公园管理条例的目的在于防止噪音污染，目的解释也应当将广播播放的音乐囊括其中。

司法推定

在没有明确的相反证据的情况下，法院将不能对法条做如下推定：

（a）强加严格责任。例如，在没有必要证明被告人是出于故意实施该项犯罪的情况下。

（b）溯及既往。例如，将法条运用于其生效以前实施的犯罪。

（c）改变普通法。

这些假定只有在法条中有明示或相同程度的暗示，用语表达相反意思的情况下，才能被推翻。

Sweet v Parsley（1969，HL）

警察突击检查斯威特女士出租的房屋，发现租户持有大麻。因此，斯威特女士被指控犯罪，因为其管理的房屋内存在大麻。

法院认为：在法条中没有明确说明斯威特女士在这种情况下也要承担责任，即她没有合理认知其出租的房屋中发生了什么事。因此，在没有证据表明斯威特女士有犯罪故意的情况下，应认为她无罪。此处不适用严格责任。

3.3.3 遵循判例法则

法官在行使其造法和解释职能时，都必须受到遵循判例法则的约束。这是英国法律体系的特色。在欧洲大陆法系的国家，法官也会做出与其他判决类似的判决，并非基于遵循判例法则。其他法官的判决只是**有说服力的判决**（persuasive decision），而并非**有约束力的判例**（binding precedent）。但在英国法律中，法官并没有必然的权利，在做出判决的过程中发展或解释法律。他们在做出一项判决时，会受到之前判例的约束。

在判断一个判例（先前的司法判决）是否有约束力时，有两个因素是决定性的：

1. 做出该先前判决的法院在法院层级系统中所处的地位，与审理当前案件的法院的地位相适应。层级较低的法院受到层级较高法院判决的约束（前文提到的案例名称中，SC、HL、CA、PC等表明这些案件都被上诉至更高级别的法院）。

2. 当前案件的事实是否符合先前判决中法律规则的适用范畴。

法院的层级

最高法院

2009年10月以前，该法院被称为上议院。它是英格兰、威尔士、苏格兰和北爱尔兰的最终上诉法院。它的判决（现在包括上议院所达成的所有之前的判决）对所有下级法院有约束力。1966年以前，为了保持确定性，该院一直遵从自己的判决，除非是一项**由于缺乏谨慎**（per incuriam）而做出的判决。从文义上解释，“由于缺乏谨慎”是指，律师导致法院对重要制定法或判例法的错误运用，从而使正确判决未能达成。1966年以后，为了防止对普通法的发展有不公平或不合理的限制，该院做好了不再局限于之前判例的准备。

值得思考

你认为，在什么条件下，最高法院会发现一个判例是不公平的或对法律发展产生了限制？参考答案见书末的附录。

有说服力的判决：没有约束力但有影响力的先前判决。

有约束力的判例：法院必须遵守的判例。

由于缺乏谨慎：之前的判决如今被发现是错误的，原因在于当时法院并没有机会考虑到之后形成的相关法律。

上诉法院

(a) 上诉法院的民事庭受最高法院的判决约束。上诉法院民事庭的判决约束所有其他下级民事法院。满足 Young v Aeroplane Company (1944) 案确立的三项例外，该法院可以遵从自己所做出的判例。例外包括：

- 上诉法院民事庭的两个判例相互冲突：必须对两个判例择一遵守；没有被选择的判例不再是良法。
- 上诉法院民事庭的一个判例和最高法院的判例冲突：最高法院的判例必须被遵守。
- 其判例是由于缺乏谨慎而达成的。

(b) 上诉法院的刑事庭受最高法院的判决约束。上诉法院刑事庭的判决约束所有其他下级刑事法院。上诉法院刑事庭可以适当推翻自己的判决，以实现正义。

高等法院各分庭

所有高等法院的各分庭都受最高法院和上诉法院的判决约束。高等法院各分庭的判决约束那些到高等法院各分庭上诉的法院。当出现与上诉法院民事庭相同的例外情况时，高等法院各分庭遵从自己的判例。

高等法院

高等法院的法官受最高法院和上诉法院的判决约束，但不受其同事意见的约束。高等法院的判决约束刑事法院、郡法院和治安法院。

刑事法院、郡法院和治安法院的判决，对于其他案件和其他法院都没有约束力。当然，这些法院受到相关的更高级别法院的判决约束。

判例的相关性：判决理由的范围

高等法院以及更高级别法院的法官，在审理案件时可能会发表很长的判决，以解释他们决定支持一方而不是另一方的理由。

这些理由的陈述，既涉及相关的被证明的事实，也涉及所运用的法律原则，被称为**判决理由**（ratio decidendi）（做出一项判决的原因）。正是判决理由形成了对后来案件有潜在约束力的判例。

之后，法院在审理一个案件时必须决定本案的事实是否与之前的判决理由所陈述的判例足够相关。如果答案是肯定的，那么该判例必须被遵守，当然该判例应是相关法院做出的。如果有实质的区别，之后的案件能够在事实上被明确区分开，那么之前的判决不适用。

推翻和否定判决

上诉法院有权推翻下级法院做出的判决。这可能是因为，按照现行法律，下级法院做出的判决是错误的。这时，下级法院的判决被推翻，先前初审时的胜诉方变为败诉方。

推翻判决（reversing a decision）本身并不影响本案中所运用的判例的合法

判决理由：法官做出一项判决时在事实和法律方面的原因。

推翻判决：在上诉时，原本胜诉的一方变为败诉方。

性。如果上诉法院认为一个对下级法院有约束力的判例并不能代表法律，那么它可以（在满足下文将会解释的规则时）**否定判例**（overrule），重申法律原则。

判例汇编的重要性

判例系统的正常运转，必须让所有有需要的人都能准确而全面地收集上级法院的关键的判决。判例汇编最初由法律委员会编制，但如今由专职人员编辑。法院也不会允许一份非权威的报告在法庭上被引用。

有说服力的判例

当法院运用一个有约束力的判例时，其他的有说服力的判决仅具有影响力。法院可以选择运用有说服力的判例。有说服力的判例包括：

1. 附带意见。在一项判决中，关于法律的陈述通常会涉及假设的事实。这些都不是判决理由，而是**附带意见**（obiter dicta）（法官于判决中附带表示的意见）。这些表明了法官所认为的在假定情况下法律应该如何运用。最高法院或者上诉法院的附言非常具有说服力，可以运用于以后的案件中。一旦被运用，附带意见就成为有约束力的法律规则。许多重要的法律规则都起源于附带意见。参见 Central London Property Trust v High Trees House（第6章）。

2. 枢密院司法委员会的判决。枢密院由最高法院的成员组成，审理一些英联邦国家法院的上诉案件。尽管法官来自英国，但是判决并不涉及英国，因而这些案件仅具有说服力。涉及过失侵权中远距离伤害的规则，就起源于一个澳大利亚法院的上诉案件，名为 The Wagon Mound（参见第15章）。

遵循判例法则的优缺点

关于有约束力的判例系统，褒贬不一。其优点体现在以下方面：

1. 确定性。这个系统促使法律具有宝贵的确定性。诉讼的一方通常能够对案件的审理结果有合理而清楚的预见。

2. 弹性。这一必需且严格的规则是通过较高级别的法院推翻自己的判决形成的。法院根据事实区分和协调不同判决的关系，同样增强了法律的弹性。

3. 可操作性。单纯判例法的法律原则因此得到了发展，用以解决现实问题，在这一过程中其自身也不断得到修正。

4. 速度。法律可以不必等待议会立法，而在新领域发展。

这一系统的缺点与其优点密切相关：

1. 不确定性。法庭区分和协调有约束力判例的权力，经常导致判例法的细微区别和扭曲运用。

2. 僵硬性。确定性是由严格的规则来维持的，但严格的规则同时极大地抑制了法律的发展。

3. 检索成本。判例法的巨大数目，导致在诉讼准备中相关的判例容易被忽略。这也加长了诉讼准备的时间，进而导致当事人的诉讼成本增加。

4. 偶然性。法律的改变依赖于合适的法院发现相关的事实。合适的法院通

否定判例：法院宣告一个有约束力的判例不再是良法。

附带意见：有关在不同情境下法官会如何解释法律的司法陈述。

常是指上诉法院和最高法院。但诉讼当事人并非总有机会将他们的案件送到上诉法院或最高法院。

5. 不民主。纯粹判例法的发展依赖于法官（不包括解释法律），这是不合适的。因为法官并不是民主选举产生的，法官造法与议会权威存在冲突。

3.4　1998年的《人权法案》

这一重要的法案2000年10月生效，它使得《欧洲人权公约》中规定的大部分权利在英国法院直接有效。它对于法律的内容以及立法的解释，甚至判例法的发展路径，都有潜在的、直接或间接的极大影响。

3.4.1　《人权法案》的法律和政治背景

《欧洲人权公约》（以下简称《公约》）由欧洲理事会起草，并于1953年正式生效。到现在为止，已经有包括英国在内的40多个签约国。《公约》要求签约国支持一系列基本的公民权利，其中包括自由和安全的权利（第5条），思想、道德和宗教自由（第9条），言论自由（第10条），集会和结社的自由（第11条）。生命权（第2条）、公平审判（第6条）以及隐私、家庭生活（第8条）也都包括在内。《公约》第9条赋予公民选择自己的宗教信仰的权利。1998年的《人权法案》颁布之前，以上这些权利在英国法院都未直接而有效地执行。在某个案件中，如果按照英国国内法，当事人的权利得不到救济，那么人们不得不在斯特拉斯堡向**欧洲人权法院**（European Court of Human Rights，ECtHR），提起英国违反了《公约》义务的诉讼。

即使在《公约》对英国法院没有直接约束力时，《公约》也被作为解释法律的参考，并且用以决定普通法的范畴。欧洲人权法院的判决也被作为有说服力的判例。

请不要将《公约》和欧洲人权法院与英国的法律和机构相混淆。它们在起源、签约国和适用范围方面有明显的不同。然而，位于卢森堡、用以支撑欧盟法律的欧洲法院，倾向于在其判决中体现这些原则。

3.4.2　1998年的《人权法案》的适用

1998年的《人权法案》第6章要求“公共机构”遵守《公约》。公共机构包括中央政府部门和地方权力机构，还包括法院、审理委员会和警察机关。因此，如果**公共机构**（public authority）违反《公约》，公民现在已经可以在国内的法

《欧洲人权公约》：规定了民主国家的公民应享有的基本自由，用以约束其40多个签约国。（非欧盟立法。）

欧洲人权法院：审理由公民针对其国家违反《欧洲人权公约》而提起的诉讼的机构。（非欧盟机构。）

公共机构：由1998年的《人权法案》规定的，包括法院和其他履行公共职能的机构。

院对其提起诉讼。

法官的职能

解释《公约》规定的权利：第2章

当法院审理的案件的争议与人权相关时，法院必须参考欧洲人权法院的判例法。

解释立法：第3章

法院必须（目前也正是这样做的）对国内法进行解释，使之与《公约》规定的权利相符。请注意，第3章规定的义务并不是绝对的。为了维护议会的权威，法案不允许法院推翻一项与《公约》不一致的立法。作为替代方案，法院有权力（第4章）给相关的部长签发一个不一致的声明，然后由部长运用其自由裁量权要求议会修改法律。在法案生效的第一年，总共有56起案件，法院只签发了3份这样的声明。例如，在R（Pearson的简称）v Secretary of State for the Home Department and Martinez及Hirst v Attorney-General（2001）案中，法院认为，1983年的《人民代表法案》（People Act）中关于正在监狱服刑的人不享有投票权的规定违反了《公约》第10条（言论自由权）。《公约》的权力并不是绝对的，国家可以予以适当限制。

然而，请记住《人权法案》并不排除欧洲人权法院的诉讼。在运用英国法穷尽所有的诉讼，权利依然得不到救济的情况下，可以向欧洲人权法院提起诉讼。赫斯特行使了这项权利并且在欧洲人权法院赢得了诉讼（Hirst v UK（No. 2）（2005））。欧洲人权法院认为，在世界范围内禁止犯人有投票权，违反了《公约》。因为这是"普遍、自动并且非歧视地限制一项重要的公约权利……它自动地适用于任何被定罪的犯人，而不考虑刑期的长短、所犯罪行的轻重和他们个人的具体情况"。欧洲人权法院以"没有证据支撑"这一理由驳回了英国的抗辩，并且要求英国在2011年8月以前修改法律。该抗辩称，赋予犯人投票权会"使法律变得无效，鼓励犯罪行为"。在2005年欧洲人权法院作出判决后，英国政府同意在截止日期之前修改法律。就此问题进行的磋商达成的一致观点是：将投票权扩大至轻微犯罪行为的犯人。

新闻报道

2011年政府不愿意改变犯人的投票权

在本书撰写之时，英国联合政府表示，对于现有的法律改革非常不满。2010年3月的一项自由投票的统计结果显示，绝大多数下议院的成员都反对任何改革。禁止犯人有投票权始于1870年，因此，许多英国人都抵制改革也就不奇怪了。并且，如果在欧洲大陆考虑这个问题，我们会发现这并不是一个陌生的想法。包括比利时在内的13个国家都禁止犯人有投票权，而在包括丹麦、芬兰、德国、荷兰在内的18个国家，所有的犯人都有投票权。包括奥地利、法国、意大利在内的12个国家则设置了许多限制。

在本书完成之时，最终的结果依然不确定。欧洲人权法院的判决表明，很可能只需要修改法律，而不会彻底废除禁令，即大多数犯人依然没有投票权。举个例子，禁令可以适用于某些特殊的犯罪，例如杀人罪、性犯罪。或者，在每个具体案件中，法官可以决定禁令是否适用。

司法救济：第 8 章

如果违反《公约》，经查证属实，欧洲人权法院有权给予被害人一系列救济，包括损害赔偿、禁令和其他的命令。

《人权法案》的影响

《人权法案》对于国内法的解释和适用，有着**直接影响**（direct effect）和**间接影响**（indirect effect）双重影响。

直接影响

1998 年的《人权法案》引入了一项全新的诉讼权利，即当公共机构违反《公约》时，可以对其提起诉讼的权利。这类诉讼仅针对公共机构，而不能针对私人机构或者个人。

有一些案件存在争议。在 R（on the application of）F and another v Secretary of State for the Home Department（2010）案中，最高法院认为，性犯罪者有权对其姓名被记录在犯罪人员名单上提出异议，因为这些记录不应被笼统认定，而应当具体案件具体分析。然而，《人权法案》对英国国内法的直接影响并没有那么大，这并不令人意外。除了英国司法自身的保守性，《公约》规定的权利范围十分广泛，因而法官有足够的空间去协调国内法与《公约》。《公约》规定的几乎所有权利都不是绝对的，而是有限制的。例如，如果一个人在合法的逮捕过程中死亡，其生命权（第 2 条）不视为被侵犯。为了保护公众对抗犯罪，自由权（第 5 条）也受到限制。

R（on the application of Laporte）v Chief Constable of Gloucestershire Constabulary（2007，HL）

由于警察阻止了简·拉波特（以及其他 26 名反战示威者）前往费尔福德英国皇家空军基地的一次合法游行，示威者主张自己的言论和集会自由受到了侵犯（《人权法案》第 10 条和第 11 条）。该基地之后被用来发起对伊拉克的突然轰炸。警察拦截了他们的汽车，搜查了每名乘客，然后给车贴上封条，护送他们回到伦敦。警察认为这是为了维持生活秩序而必须做的，也是根据先前游行者的行为和携带的物品（例如，一罐喷漆）得出的结论。只有 3 名示威者被允许前往费尔福德。

法院（一致）认为：警察的完全不合理的行为侵犯了原告的《公约》规定的权利。他们被非法逮捕。在警察介入的时点，原告只是在进行和平的游行。将来可能会发生的对生活秩序的破坏与本案无关。1998 年的《人权法案》创设了一项“宪政转变”和一项和平抗议的权利。言论自由权是“民主社会所必需的基石”（宾厄姆法官）。

在审理人权相关案件时，法院必须平衡各方利益，以保证双方的《公约》权

直接影响： 在 1998 年的《人权法案》之下，如果公共机构违反《公约》，可以在英国法院对其提起诉讼。

间接影响： 1998 年的《人权法案》会对不是基于本法案提起诉讼的案件结果产生影响，由于国内法院必须遵守《公约》，并采纳欧洲人权法院的判决。

利都不受到过度的限制。在某些情况下这被称为“比例原则”。例如，绝不能通过过分剥夺另一方的言论自由或者不合理地干涉公众获取信息权利的方式（第10条），来保护隐私权（第8条）。接下来的案件很好地说明了家庭生活的权利与社会公共利益之间的妥协。

Austin v Commissioner of Police of the Metropolis（2009，HL）

2001年，在伦敦牛津街上有一起3 000多人参与的反对全球资本主义的五一游行，奥斯汀女士参与其中。为了避免发生暴力、人员伤亡以及财产损失，并未收到游行通知的警察，考虑了最可行的策略，在位于牛津广场附近的游行人群周围拉起了警戒线，并且有序地分散人群。这一行为持续了7小时，因为少数游行者暴力相向，引起交通堵塞。有的人撬起石板路上的石头，扔向警察。还有一些示威者阻挠对暴力游行者的逮捕，拒绝和警察合作。

奥斯汀女士声称，警察用拉警戒线的方式扣留她，侵犯了《公约》第5条第1款赋予她的自由。在较低层级的法院，其诉求没有得到支持。于是，她上诉至上议院。

上议院认为：警察对个人自由产生影响的执法手段，必须在当时的情境下是适当的，并且是出于善意，遵守“不得任意拘留”的基本原则。警察对人群的控制，是出于公共利益的考虑，目的在于合理并且尽快地将游行者有序分散。在本案中，考虑到人群的数量和行为，分散被控制人群的行动群异常艰难和缓慢。因此，对游行者的扣留不构成对《公约》的违反，奥斯汀女士的上诉被驳回。

请注意：对于合理回应的判断是以一个个判例为基础的，在有着不同事实的案件中，用绳子限制人身自由被认为是非法的。

学校可以制定相应的有关制服的规定，而不得侵犯学生的人权。

R（on the application of Begum）v Headteacher and Governors of Denbigh High School（2006，HL）

在贝古姆的学校，要求学生都穿穆斯林服装，只允许女学生穿宽松裤。贝古姆刚开始很开心，但两年后就坚持穿女式长袍。于是，她在还有两年才能完成学业时被学校开除了。她家附近的其他学校允许学生穿女式长袍。她诉称Denbigh高中剥夺了她享有的《公约》规定的宗教信仰权（第9条）和受教育权（草案1第2条）。

法院（多数意见）认为：原告的宗教信仰权利没有受到侵犯。学校实施了合理的着装规定，这一规定尊重了穆斯林的信仰，采取的是一种包容的、无威胁和不竞争的方式。

法院（一致）认为：原告没有被剥夺受教育权。她离开学校是因为拒不遵守学校合理的规则，并且拒绝在一个可以包容其宗教信仰的学校继续学习。

间接影响

正如上文所提到的，法院作为一个公共机构，在《人权法案》第6章的规定下，应当遵守《公约》。并且，法院还有义务参考欧洲人权法院的判决（第2章），以及使国内法的解释与之相协调（第3章）。这都意味着自2000年以来，《公约》对于英国法院按照《人权法案》判决的案件产生了重要的影响。在A v B sub nom Garry Flitcroft v Mirror Group Newspapers Ltd（2002，CA）案中，法院拒绝给一位职业足球运动员发布一项禁令，以禁止公开报道其婚外恋。法院在这项判决中，平衡了原告的隐私权和言论自由以及公共利益，最终发现后两者比原告的权利重要。

（本案的更多详情以及其他类似的案件请参考第26章。）

3.4.3　对未来的展望

1998年的《人权法案》已经对法律的发展产生了重要的影响，并且人权文化已经出现。在之后的章节，你将会看到更多有关人权的判决被作为例证。

然而，许多国内法院和欧洲人权法院的判决相冲突（例如，本章前面介绍的案例），导致许多媒体和议会都建议废除《公约》和《人权法案》。这主要是因为对相关判决内容的理解停留在表面。作出将其废除这么彻底的改变并不可能。然而，完全有理由认为，为了与现有的人权保护需求保持一致，欧洲人权委员会及其运行机制应该做出修改。欧洲理事会成员国的人权局秘书长于2010年在瑞士开会时签发了《因特拉肯宣言》（Interlaken Declaration），宣称将要对欧洲人权法院的诉讼程序进行改革，以确保其在未来持续有效。

2011年3月，司法部成立了一个独立委员会，以调查英国颁布的《权利法案》，执行《公约》规定的义务，以及就因特拉肯进程所产生的问题向政府提供建议。这是根据其2012年的报告作出的决定。

本章小结

1. 英国法的来源

欧盟、英国议会和英国法院。

2. 欧盟的组织机构

部长理事会、欧洲理事会、欧盟委员会、欧洲法院和欧洲议会。

3. 欧洲法

规章、指引、判决。

4. 英国议会立法

直接立法：议会法案。法案开始于草案，草案必须经上下议院分别进行三次审阅以及委员会讨论，最后由王室同意签发。

授权立法：枢密院令、法定文件、规则和条例、地方性法规。

5. 法院

判例法：法官造法，例如，许多合同法和侵权法都是以一个个判例为基础的。

对直接立法和委托立法的法定解释，使用文义解释/黄金法则/补缺法则/目的解释。

遵循判例法则：法官应当尊重先前的判例，而且必须运用有约束力的判例。

有约束力的判例：(a)判决理由适用于本案，(b)来自层级更高的法院，或者(c)最高法院以及上诉法院审理的案件，遵从其自己的判决。

注意：巡回刑事法庭/县法院/裁判法院的判决，对于其他法院甚至对它们自身，都不具有约束力。

6. 1998年的《人权法案》

直接影响：欧洲人权委员会赋予的，个人用以对抗政府当局，可以直接实施的权利。

间接影响：法院在审判中必须遵守《公约》。因此，《公约》内容和判例法对于促成法官在任何案件中的判决都是有影响的。

课后测验

1. 说出英国法的三个主要来源。
2. 区分欧盟法中的规则和指引。
3. 说出一项草案在议会中通过须经历的各个阶段。

4. 说出两种委托立法。

5. 解释文义解释和补缺法则的区别。

6. 解释同类解释法则是怎样运用的。

7. 一项判例什么时候是有效的?

8. 判决理由和附带意见的潜在影响有什么不同?

9. 为什么枢密院司法委员会作出的决定被表述为判例法则的例外?

10. 在何种情况下，一项诉讼的权利成为1998年的《人权法案》中规定的权利?

参考答案见书末的附录。

深入阅读

以下判例对于你在本章所学的法律的形成提供了重要的示例。它们是说明诉讼中法律的第一手资料，并且能给你提供更多的事实细节，同时帮助你理解法律，以及了解法官是如何作出决定的。

请尝试在判例汇编中查找这些判例，或者通过数据库获取，例如，Bailli（www. bailii. org/databases. html）。你可以从大学图书馆获取LexisNexis和Westlaw，或者从判例书中找到摘录。

Hirst v UK（No 2）74025/01 ECHR 681（6 October）2005

R（on the application of Begum）v Denbigh High School [2006] 2 All ER 487，HL

Royal College of Nursing v DHSS [1981] AC 800，HL

Sweet v Parsley [1969] 1 All ER 347，HL

网络学习

请登录www. yourrights. org. uk/，点击“the right of peaceful protest”，发现更多有关历史和如今宣示这一重要权利的法律。

点击“The Human Rights Act”，获取更多有关欧洲人权委员会和1998年的《人权法案》的信息。这个网站上有许多有趣的信息，你可能会愿意去挖掘。

课后作业

参考已生效判例，讨论1998年的《人权法案》对于原告权利的影响。

第 4 章 法律纠纷的解决

导 言

法律权利在没有充足强制力保障的情况下是没有任何作用的。同样，法律责任的承担需要以法院判决得以执行为前提，这也需要一定的程序来加以保障。本章将重点阐述解决民商事法律纠纷的相关机构和程序，最终目的是给读者呈现法院体系运行的全貌，并对本书提及的相关法律的具体程序进行重点介绍。尽管民事诉讼程序非常重要，但请读者牢记，大量的民事纠纷并非经由法院加以解决，更多的时候，双方自愿和解以及仲裁是解决纠纷的重要渠道，这也是司法机关所鼓励的。毕竟，不合时宜的诉讼除了让律师赚钱，对其他各方都没有好处。

学习目标

在完成本章的学习之后，你应该能够：

1. 有效识别各类具体诉讼。
2. 了解民事诉讼的各个阶段。
3. 了解法庭系统的组成以及相关的法庭结构。
4. 了解纠纷的各类解决方式。
5. 能够区分各类不同形式的仲裁。

4.1 法院体系

下面详细介绍的各类法院共同组成了一个完整的体系。这意味着这些法院依据一定上下分明的**层级**（hierarchy）而存在。依据遵循判例的原则（详见第3章），上级法院的判决对于下级法院具有约束力。

4.1.1 各类法院

治安法院

作为各级法院中相当忙碌的一级，治安法院要受理的刑事诉讼占全部刑事违法案件的95%。其中既包括**简易罪**（summary offence），也包括**混合罪**（hybrid offence）。简易罪是指那些只由治安法院受理的轻微犯罪。混合罪则既可以由刑事法院受理，也可以由治安法院受理，具体情况通常由被告决定，即取决于涉及的犯罪行为是较为严重还是相对轻微，例如偷盗或伤害。

所有案件通常由不超过三位**治安法官**（justices of the peace，JPs）进行审理。这些法官是志愿者且不具有相关的司法资格，但有的时候，法院的工作人员会对他们提出相关法律问题的建议。在个别例外情况下，案件要事先听取**初审法院法官**（district judge）的意见。

治安法院通常负责处理大部分环境侵权案件以及违反1968年的《交易法案》（Trade Descriptions Act）、1987年的《消费者保护法案》以及1974年的《工作健康与安全法案》等有关法律的犯罪行为。大部分针对企业主的犯罪行为（如商埠盗窃以及刑事损害），通常也由治安法院受理。

治安法官还负责保释以及刑事法律援助等工作。

治安法院的审判权力是被严格限制的。它们可以判决至多6个月的监禁或者最多5 000英镑的罚金。如果被告的犯罪行为可能导致更高的刑罚，那么他将被移送至刑事法院受审。

民事与行政审判方面，家庭法院对于违反家庭婚姻法的大部分行为具有审判权，同时1989年的《儿童法案》（Children Act）也赋予了家庭法院极大的权力。治安法官还有发放有关销售酒类饮料或从事赌博娱乐行业许可证的权力，同时具有收缴市政税、地方商业税以及燃气、水、电费用的权力。

刑事法院

这类法院主要分布在郡、县以及自治市镇。刑事法院的具体工作人员包括高等法院法官、巡回法官以及书记员。犯罪的严重程度决定审判法官及相关官员的类别。

刑事法院在以下情况下拥有刑事审判权：

1. 公诉罪案件。**公诉罪**（indictable offence）包括那些由于情节严重，只能

层级：按照一定的结构进行安排，使得每一个居于上位的元素优于所有在其之下的元素。

简易罪：只由治安法院受理的刑事犯罪。

混合罪：既可以由治安法院受理也可以由刑事法院受理的刑事犯罪。

治安法官：不具有司法资格的法官。

初审法院法官：治安法官或郡、县、市镇法官。

公诉罪：只由刑事法院受理的刑事犯罪。

由刑事法院受理的犯罪，如杀人、强奸以及重伤害。如果被告申请无罪辩护，其具体审判则由陪审团负责。

2. 由治安法院提交的已判决案件。

3. 法律援助以及保释申请。

4. 上诉。被治安法院认定有罪的被告可以针对判决或裁定向刑事法院提起上诉。治安法官中的一员（通常为书记员）负责具体的庭审。

郡法院

在英格兰和威尔士共有 216 所郡法院，在法院中任职的是巡回法官以及地区法官。郡法院负责审理大量的纯民事案件，具体包括合同纠纷、侵权纠纷、收回土地诉讼、信托诉讼、抵押纠纷、合伙纠纷、遗嘱争议、离婚以及公司破产等案件。

根据 1990 年的《法院及司法服务法案》（Courts and Legal Services Act），几乎所有属于高等法院受理的案件，在符合有关金额限制的要求后，现在均可由郡法院加以审理。比如，原告主张标的在 50 000 英镑以下的侵权或合同纠纷可以由郡法院受理。《法院及司法服务法案》作出这一规定的具体目的在于减轻高等法院的负担，以便使其集中精力来审理那些案情极其复杂、涉案金额特别巨大的案件以及一些专业性案件。

以下案件通常由郡法院受理：

1. 标的在 25 000 英镑以下的案件；

2. 赔偿金额在 50 000 英镑以下的人身伤害案件；

3. 除应由高等法院受理的某些特定专业性案件或案情复杂案件之外的其他案件。

不考虑法定的金额限制，郡法院受理案件主要取决于以下因素：

1. 涉案金额；

2. 是否涉及公众利益；

3. 案件的复杂程度；

4. 可能的诉讼程序或救济措施：有些涉及高等法院特定职权。

由高等法院进行初审的案件可经由一方当事人请求或法官的决定而被移送至郡法院。如果法官认为案件本应由郡法院受理，那么胜诉方有可能无法获得全额赔偿。

高等法院

具体审判小组由高等法院法官组成。法院的主要审判地点是位于伦敦的皇家法院，但很多案件也会在其他行政首府城市审理。高等法院有三个部门，其主要任务通常是审理郡法院无法受理的民事案件。三个部门是指：

1. 王座分庭，主要负责受理合同及侵权案件。它也包括商事法院，具体受理商事活动（如货物进出口、保险、银行以及代理）中产生的纠纷。

2. 衡平分庭，主要负责受理版权、专利、设计权案件，合伙企业的破产解散、土地买卖、信托、抵押以及遗嘱纠纷等案件。

3. 家事分庭，主要负责受理家庭婚姻领域的复杂案件，如离婚纠纷、涉外婚姻、离婚、遗产及收养的效力确认等案件。

上诉功能

各类法院接受特定下级法院的上诉。通常由两名法官组成的审判小组具体负责。

王座分庭的各分院受理在公诉方以及被告人由于对具体法律的解释存在争议并经由治安法院上诉的刑事案件。（特别注意，此处与刑事法院的上诉权不同，刑事法院只有被告有权提起上诉，且其依据不仅包括法律解释争议，还包括事实认定争议）。它通过司法审查的方式，对下级法院（和特别法庭）拥有司法监督权。如果各分院确信某下级法院（或特别法庭）超越审判职权或违反法律法规和公平正义原则进行了不公正的审判，则有权推翻已经生效的诉讼结果或阻止其生效。

衡平分庭的各分院受理经由郡法院上诉的破产案件，同时可以基于税法的规定，推翻国家税收委员会的决定。

家事分庭的各分院受理经由治安法庭上诉的家庭婚姻案件。

图4—1显示了刑事法院体系。

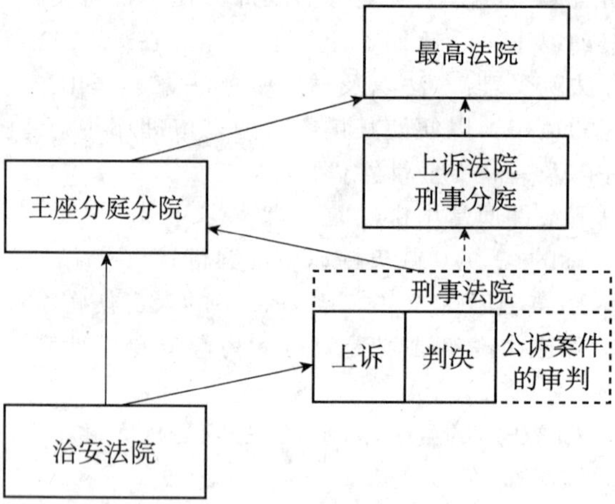

图4—1 刑事法院体系

上诉法院

上诉法院的具体审判人员是**上诉法官**（Lord/Lady Justice of Appeal），上诉法院由两个部门组成，审判由3名或5名法官组成的审判小组具体负责。

上诉法院的民事审判庭受理针对郡法院和高等法院判决的上诉，同时也受理部分针对特别法庭判决的上诉，其中包括最初由劳动法庭受理并最终由劳动上诉法庭进行判决的案件。

上诉法院的刑事审判庭主要审理刑事法院的上诉案件。（特别注意，对于已经受理针对治安法院判决的上诉，刑事法院不能再将此案件移交至上诉法院，有关当事人只能将此案上诉至王座分庭。）

最高法院

直到2009年，上议院（正式名称应为上议院的上诉委员会，以与作为议会

上诉法官：上诉法院的法官。

的上议院相区别）是英格兰最高上诉法院。

根据 2005 年的《宪法改革法案》（Constitutional Reform Act，CRA）第 23 条，上议院的地位被最高法院所取代，对于涉及重要公共事务的法律问题，最高法院拥有对经由各分院和上诉法院所提起上诉的案件的审判权。那些需要对法律条文进行解释的案件，通常由 3～7 名法官组成的审判小组进行审理。

作为例外情况，有时案件会直接由高等法院跳过上诉法院直接向最高法院进行上诉。（**蛙跳诉讼**（leap-frog procedure）最初出自 1969 年的《司法行政法案》（Administration of Justice Act）。）这种情况主要发生在上诉法院已就案件的主要法律诉求作出判决，并对自身以及高等法院产生了约束力之时。这一措施的主要目的在于克服先前判例产生的局限性，但这在司法实践中比较少见。

图 4—2 显示了民事法院体系及上诉路径。

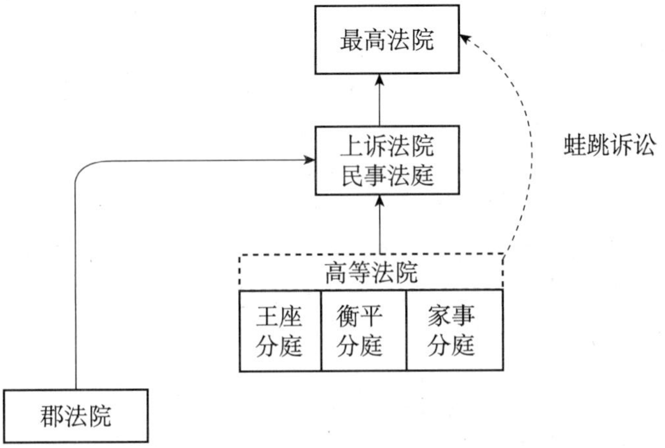

图 4—2　民事法院体系及上诉路径

在最高法院任职的法官就是最高法院大法官。这一职务在 2009 年之前由**上议院高级法官/常任上诉法官**（Law Lord/Lord of Appeal in Ordinary）（上议院的前任法官）担任，之后最高法院开始全面接手这项工作。《宪法改革法案》对于继任者委任制度作了详尽的规定。

新闻报道

电视庭审直播是否即将出现

2011 年 3 月，纽伯格法官（案卷主事官）在其对司法研究委员会的讲座中宣称，他本人希望能对部分上诉法院和最高法院的庭审进行电视直播。他认为此举可以提高司法程序的透明度，促使法官做出有利于非专业人士理解的判决，并增强公众对司法体系的信心。纽伯格认为，信号的传递可以通过特定的电视频道（与巴西的司法频道类似）

蛙跳诉讼：使高等法院的特定案件可以跳过上诉法院而直接上诉至最高法院的诉讼程序。

上议院高级法官/常任上诉法官：最高法院的法官。

或网络进行。

这并不是一个全新的建议。近些年，不少法官和政治人物均多次提出类似的建议。在2004年曾有一个小规模的试验机会，该计划试图对上诉法院的庭审进行直播，但最终没有执行。有意见认为，大部分公众会发现这样的直播并不刺激，因为庭审包含了大量法律论据，而没有询问证人或者其他更加充满戏剧性的诉讼程序。

资料来源：www.bbc.co.uk/news 17/03/2011；www.lawgazette.co.uk 18/03/2010.

4.2 民事诉讼

法律权利的强制执行力被认为是一种万能的救济手段，但现实生活中存在许多可能阻碍理想结果出现的因素。在技术层面，很多人拥有法律赋予的诉讼权利，但该权利的行使最终却没有得到保障，究其原因，主要有以下几点：

1. 被告没有足够的金钱来满足诉讼请求。

2. 无法找到违法者。比如，一家违法的公司已经宣告解散。

3. 受害方没有资金支持其诉讼行为。诉讼是一个漫长而代价高的过程，同时还需要专业人士的帮助。法定代理人不会在诉讼结束时收费，定期付款是这个行业的常态，这样就会导致诉讼方在诉讼的过程中，有时甚至是在开庭前就资金告罄。近年来，法律援助的范围日趋狭窄，相关受众也被局限在收入不高于基本社会保障要求的特定人群。

4. 败诉方要承担双方的诉讼费用，这也导致当事人对于结果难料的案件会选择尽早中止诉讼。

4.3 1999年的伍尔夫改革

1993年，由于当时的民事审判体系因效率低下且效果不佳而饱受指责，因此，伍尔夫法官（案卷主事官）牵头进行了一项针对民事审判体系的调查。调查报告重点关注了潜在诉讼当事人可能遇到的各类问题，包括诉讼成本在数量和分担上不合时宜、诉讼规则过分复杂等。报告还对律师滥用职权导致其对当事人的控制超越了法官和其他当事人这一问题给予了高度关注。报告给出的有关建议在1999年4月得到了落实，最终使民事诉讼规定发生了一系列巨大的变化。新的民事诉讼规则使用了更为简单的语言，强调了表意的清晰并避免使用法律术语，这一变化使得规则更容易为包括一般社会大众在内的使用者所接受。

在一些供你深入学习的材料（如案例报告）中，由于其出版日期早于新规则的发布日期，仍使用了原有的术语，比如，使用“原告”而非“诉讼请求人”。

4.4 诉讼外纠纷解决机制

诉讼本身不仅耗时长，而且成本高，还经常会使当事人关系恶化，因此，诉讼是所有纠纷解决方式中最后的选择。

大量的法律诉求可以不经诉讼或不依赖专业人士的帮助而得到解决。当事人可以通过非正式的渠道处理简单的案件。购买了劣质产品的顾客可以无须理论就从拥有良好声誉的商户那里获得相应的赔偿。可能不会胜诉的一方可以找一名律师，通过发一封信函列出相关的法律要求来强调自己的主张。有时，对诉讼的抵触也许会产生当事人所希望的结果，如果这些方式都没有实现当事人的目的，那么诉讼程序就会启动，但是这也不会必然导致当事人出现在法庭之上。大部分民事案件会在庭审前得到解决。民事诉讼规则赋予法官大量权力以便纠纷尽可能早地得到解决。例如，如果法官认为一方当事人提起诉讼的理由不充分，那么可以基于成本的考虑对此人处以惩罚。

4.5　向法院提存款项及和解提议

如果诉讼程序启动，被告会**向法院提存一笔款项**（payment into court）。这代表被告准备支付的赔偿金额，而不表示被告承认其应当承担法律责任。原告并不一定会最终接受这一款项，但会感受到一定的压力。如果诉讼结果是，虽然原告胜诉，但其所获赔偿金额少于该款项金额，那么此时原告还应赔偿被告自提存款项之日起的费用损失。

民事诉讼规则同样赋予原告**提出一定和解协议**（offer to settle）以解决纠纷的权利。如果被告拒绝，那么原告胜诉将获得大于等于要约金额的赔偿，法院有权作出将相应赔偿金额在 10%的幅度内上浮的判决。这一规则的目的在于鼓励纠纷尽早解决，以节约诉讼成本和法官的时间成本。

值得思考

大部分潜在的诉讼均在法庭之外以非正式的方式得到了解决。这加快了司法进程，减少了诉讼带来的压力并节约了司法成本。那么这一程序有何弊端呢？

参考答案见书末的附录。

4.6　民事诉讼程序

4.6.1　民事诉讼的启动

起诉书和诉前草案

民事诉讼规则鼓励当事人在诉讼前对涉及双方的具体事项进行澄清。原告必

向法院提存一笔款项：由被告正式提出的纠纷解决要约。

提出一定和解协议：由原告提出的法庭内正式的纠纷解决要约或法庭外非正式的纠纷解决要约。

须向被告发送**起诉书**（letter of claim），就其具体诉讼请求进行阐述，被告则需要就自己的行为进行解释以回应原告。**诉前议定书**（pre-action protocol）中的信息要尽可能详细，诸如人身伤害、医疗侵权、工程争议、专业侵权、名誉损害以及房屋损害等特定类型的案件，还要求进行文件交换。

提起诉讼

原告要详细填写起诉申请，并将其提交给由被告确定的审理法院。这一过程称为**提起诉讼**（issue of claim）。

被告应诉

被告要么认可原告的诉权请求，要么通过提供详细的应诉信息进行抗辩，以上行为必须在21天内完成。如果未能完成应诉，可能导致原告针对被告的具有特定数额的诉讼请求立刻得到法院的承认。

案件必须依据相应程序审理

《伍尔夫报告》（*Woolf Report*）强调，诉讼资源及成本必须依据诉讼请求的复杂程度及规模进行合理分配。民事诉讼规则为了达到这一目的，将案件的审理分为三大类，依据其涉及的金额和难易程度，适用不同的诉讼程序。

小额索赔程序

小额索赔程序（small claims track）是指诉讼标的在5 000英镑及以下的诉讼适用的相对简易的程序，这一程序的适用对象主要是那些希望完成小额索赔且不想花钱聘请律师的消费者。但适用这类程序的案件数量巨大，同时有证据表明，这一程序对于商家强制消费者清偿债务的案件同样有作用。

社区法官主导的庭审通常是非正式的，普通的证据规则也不适用。民事诉讼规则鼓励问询式的审判方法：具体来讲，法官会对目击者进行提问并限制盘问的使用。原告会带一名朋友出庭支持自己。胜诉方可就诉讼期间的支出（包括交通费）获得赔偿，还可以让专家或目击证人获得一定数额的误工损失赔偿。司法成本不会计入任何一方的诉讼成本。这一规则的目的是鼓励当事人不聘请律师，而是采取当面对质的方式解决纠纷。毕竟，作为强势方的商家，更有实力聘请诉讼代理人。

快速审理程序

诉讼标的在5 000～25 000英镑之间的案件通常适用**快速审理程序**（fast track）。

法官会就诉讼有关事项对当事方进行指导并在不晚于30周内启动诉讼程序。

起诉书：原告为启动诉讼程序而向被告提交的诉讼请求提纲。

诉前议定书：民事诉讼提起之前必须提交的文件。

提起诉讼：法院向被告明确表明民事诉讼程序开始。

小额索赔程序：诉讼标的在5 000英镑以下的案件适用的民事诉讼程序。

快速审理程序：诉讼标的在5 000～25 000英镑之间的案件适用的民事诉讼程序。

届时还没有准备好的当事人将很难获得延期，失败的延期申请会导致法庭的处罚。

案件的审限被限定在一天之内，审限是否适用还要看专家证人的举证时间。

这些规则的目的都在于确保在当事人应诉相对简单和案件的规模较小时，诉讼时间（以及当事人的资金）不会被浪费。

多轨审理程序

诉讼标的在 25 000 英镑以上的任何案件均适用**多轨审理程序**（multi-track）。

对于规模较大及较为复杂的案件，法官需要更大的权力来掌控诉讼过程，包括召开由当事人及其代理人出席的诉讼会议等。这一安排的目的在于防止律师对主要争点之外的细枝末节穷追猛打，以便节约诉讼时间，同时确保充分发掘双方提供的证据。在这一程序中，法官可以对每一个必要的环节设置时限，以便事先对案件的审理程序进行安排。

中间环节

中间环节（interlocutory stage）是指起诉与庭审之间，有关各方为庭审进行相关准备的那段时间。在使用多轨审理程序时，法官通常在这一阶段召开大量的案件会议。

在此期间也会伴有信息申请、信息披露以及中间禁令等程序。

信息申请：一方当事人可以要求对方提供关于其诉讼或抗辩中所包含的特定要求的详细证明材料。

信息披露：一方当事人希望披露某些文本证据的要求在这一环节应当得到批准，法庭也可能要求第三方提供与案件有关的信息。

对于此类申请，法官应当视其必要程度予以批准。

在某些特定案件中，收集信息的命令将由法院发出，这将允许原告进入被告住所搜集证据。这一申请的批准并不需要告知被告，这样做的目的是防止被告对相关证据进行藏匿。

中间禁令（interlocutory injunction）的提出：禁令是指由法院提出的，禁止被告方进行某种行为或要求被告方进行某种行为的命令。禁令本身是一种**衡平法上的救济**（equitable remedy），意味着这并不是当事人双方的权利。禁令由法院在其自由裁量权范围内加以使用。法官必须确信，原告确实需要救济，同时这种救济对于被告也不会产生不公平的效果。**冻结禁令**（freezing injunction）也是法院在中间环节可能发布的禁令，其目的在于防止被告将其财产转移至国外或进行隐匿以逃避对原告的赔偿。

此外，禁令还可能作为一种保障措施予以发布，其目的在于防止被告在庭审

多轨审理程序：诉讼标的在 25 000 英镑以上的案件适用的民事诉讼程序。

中间环节：民事诉讼开始至庭审之间的环节。

中间禁令：在民事诉讼开始至庭审之间发布的禁令。

衡平法上的救济：在法官认为原告确实需要并且有法律授权时，由法院根据自由裁量权发布的司法救济。

冻结禁令：防止被告转移相应涉案财产的禁令。

前继续对原告施加损害。

4.7 案件的审理

法院接受双方当事人提起的诉讼，通常双方均会聘请出庭律师及事务律师（辅助）代理诉讼。事务律师通常不具有在高等法院出庭的权利，但依据1990年的《法院及司法服务法案》，如果事务律师提供了相关诉讼经历证明以及完成了相应培训课程，是可以获得相关的辅助任职资格并出庭诉讼的。双方当事人均可以申请传唤证人并对其提问。

庭审法官将决定胜诉方并阐述判决理由。损害赔偿是通常的救济方式，但分配财产、发出禁令或其他通过法院发布的司法命令也会成为诉讼的结果。

4.8 判决的执行

在原告取得庭审的胜诉之后，整个过程还没有结束，他赢得的仅仅是一场战役而非一场战争。如果案件涉及损害赔偿，那么原告就拥有了成文法规定的基于判决而产生的债权，但他本人无权强制被告执行。原告需要返回法院，按照既定程序，使判决得以实现。具体执行方式有以下几种：

1. 扣押令。**扣押令**（distraint order）赋予原告扣押被告所有的、在价值上与被告所应支付金额相当的货物的权利。原告通常会支付费用雇请法庭执行官来完成相应扣押。

2. 扣押偿债令。**扣押偿债令**（charging order）可以有效防止被告在对原告偿付期间内擅自处理自己的各类财产，这些财产包括土地、信托基金、股票、债券以及其他金融证券。

3. 扣发收入。**扣发收入**（attachment of earnings）要求被告的雇主将被告的一部分收入支付给原告。

4. 案外债务人扣押令。**案外债务人扣押令**（garnishee order）使原告有权对由第三方（通常是银行）持有的被告财产进行控制。

5. 破产程序。如果任意一笔属于原告的债务（不论是否由本次诉讼产生）超过750英镑，那么原告均可以启动针对被告的破产程序。但这一程序并不能保证相关赔偿能够实现：如果有大量的针对被告的债权人，那么原告只能加入其中，最多也只能获得部分赔偿。

扣押令：扣押相当于赔偿金额的货物以满足判决要求的指令。

扣押偿债令：判决之后冻结被告财产直至原告获得相应赔偿的指令。

扣发收入：法院命令被告的雇主将被告的一部分收入支付给原告作为赔偿。

案外债务人扣押令：使原告可以直接获得由第三方持有的被告财产的指令。

生活实例

Transparent Deals（TD）公司的一名销售人员拜访了霍勒斯的家，向其推销安装双层玻璃的阳台门，并表示该新型阳台门可以有效减少房屋的碳排放量。在他的竭力推销下，霍勒斯与其签订了一份价值 5 000 英镑的合同（交易价格只限本周）。随后，工作人员来到霍勒斯的家中，在享用了霍勒斯提供的茶点之后，顺利装好阳台门。尽管工作人员很小心仔细，但是工程质量却很糟糕。阳台门的安装出现了问题，门的一层框架处留有缝隙，导致房间无法保温而且非常干燥。滑轨经常受阻，导致门很难打开。因此，霍勒斯拒绝向 TD 公司付款，现在，TD 公司威胁将其告上法庭。

可供霍勒斯选择的战术很多。如果 TD 公司是直销协会的成员，那么它就必须遵守协会消费者法案规定的行为标准，这一法案得到了公平交易管理部门的认可。霍勒斯可以向直销协会的行政管理部门投诉，如果 TD 公司被发现违反了有关法案的规定，那么该行政管理机构可以令其向霍勒斯退还全部费用，或者对阳台门进行免费更换或修理，或者对霍勒斯进行赔偿。公司本身的傲慢行径说明它可能并不是直销协会的成员，而霍勒斯没有事先发现这一点实在是太不利了。现在，他最好的选择是通过小额赔偿程序向郡法院提起诉讼。他可以直接向 TD 公司摊牌，如果公司起诉他，那么他可以基于公司违反合同进行抗辩，或者直接对公司违反合同提起诉讼。

4.9　替代纠纷解决程序

考虑到诉讼程序本身的高支出及其困难程度，低成本且令各方更为满意是皆大欢喜的结果，这就需要为当事人提供可选择的替代纠纷解决程序。具体来说，这类纠纷解决程序主要包括以下几种。

4.9.1　仲裁

当事人通常主动将其纠纷提交给第三方，并同意接受其意见。数百年来，仲裁已成为最受欢迎的商事纠纷解决机制。其价值被法院认可，同时也受到相关法案的规制，这就赋予仲裁以执行力和严格的程序。近年来，仲裁已成为解决消费纠纷的常规方式。

商事仲裁

合同中附有仲裁条款已经逐渐成为商业惯例，当事人可以据此在出现纠纷时通过仲裁方式加以解决。任何接受当事双方请求的人均可以成为仲裁员。现实生活中，当事人通常会选择在相关领域具有一定技术和经验的人担任仲裁员。仲裁员的角色变得越来越职业化，同时，仲裁机构也会对仲裁员的具体标准制定相应规则。

1996 年的《仲裁法案》（Arbitration Act）在一定程度上对仲裁的具体操作程序以及仲裁员的行为进行了规制。该法律明确了其目的在于赋予当事人一定权利并扩大其自治空间。通常情况下，如果存在仲裁协议，法院就不会启动庭审，而是在仲裁之后再进行庭审。《仲裁法案》还进一步限制了法院介入仲裁的权力，这取决于仲裁过程中是否触及了法律规定的诉讼的必要介入条件。根据当事人的申请，法院可以因仲裁员没有合理履行公正仲裁的职责而撤销仲裁结果。对仲裁决定提出申诉的权利是受到严格限制的。就仲裁违反法律基本规定提出申诉是可行的，除非当事人之前已经达成排除相关权利的协议。如果仲裁员超越自身司法权限或者严重违规，那么当事人也可以提出申诉。

2010 年的《平等法案》（Equality Act）对涉及歧视的案件中某一当事方限制对方诉讼权利的行为进行了严格限制。其中第 144 条规定："依据合同一词的含义，当事人在不受强制的情况下，依据个人意愿，在符合合同目的的情况下，有权排除或限制本法规的部分条款。"这一规定在 Clyde & Co v Van Winkelhof（2011）案中被应用，该案中，法院拒绝中止对当事人性别歧视的诉讼，尽管当事人已经签订了以仲裁作为解决纠纷的最终途径的合同。

仲裁程序的优点在于它能保护当事人的隐私，且与诉讼相比，它很可能使当事人达成一个双方都能接受的结果。这在具有特定专业背景的商事活动中很有意义，因为这类合同的当事人一般都来自特定的范围。问题能够以较低的成本和较快的速度在方便的地点一次性得以解决。仲裁员在特定领域的专业知识使其能够很容易地了解纠纷的具体情况。但仲裁也有一些缺点：仲裁员的权力有限，无法像法官一样从双方获取相应证据，并促使整个程序顺畅进行；他们缺乏相应的法律知识；如果当事人对仲裁结果不满，申诉将不可避免，成本也会随之增加。

商事仲裁并非必要程序，除非当事人在合同中经过平等协商加以确定。1988 年的《商事仲裁法》（Consumer Arbitration Act）规定，合同中规定的仲裁条款不能约束消费者，在出现纠纷时，除非消费者书面同意，才能适用仲裁条款。强制消费者进行仲裁是被严格禁止的。

准则仲裁

一些商会利用一些行为守则来约束其成员，并允许消费者在遇到纠纷时通过协会主持的仲裁来解决矛盾。最著名的例子要数英国旅行机构协会（Association of British Travel Agents，ABTA）。诸如干洗、摄影以及汽车销售等行业也有类似的行为准则。

这些行为准则均在公平贸易署署长的指导下形成，其目的是保护作为买方的消费者。启动仲裁需要付费，但如果消费者胜诉，这笔费用将被退还。这些商会任命具有丰富经验且在仲裁机构注册登记的仲裁员进行仲裁。当事人与仲裁员的交流均被记录。如果商家本身有过错，那么商会将强制其作出赔偿。

只有在与商会成员打交道时，消费者才能提起这样的仲裁。只有在事实和证据均有书面记录的相对简单的案件中，这种程序才会有所帮助。

4.9.2 行政监察服务

对司法、银行、保险以及金融服务负有监管职责的官方机构的官员称为行政监察专员，他有权针对表示不满的消费者提出的问题进行调查并加以解决。

4.9.3 和解

和解的目标是帮助纠纷当事人寻找解决途径。和解人本身会提供一个纠纷解决方案，但该方案并没有强制执行力。将纠纷提交至劳动法庭的纠纷当事人可以获得调解仲裁委员会（Advisory，Conciliation and Arbitration Service，ACAS）提供的帮助。只有和解被当事人拒绝或者不成功时，该案件才会被提交至相关法庭。

4.9.4 调解

调解人帮助当事人充分交流，并努力寻找纠纷的解决方式。调解逐渐成为离婚双方在解决财产及监护权问题上非常受欢迎的一种方式。在这类案件中，社区法律服务机构会提供相应的救济资金。一些医疗管理部门使用调解的方式来解决医疗纠纷。在诉前阶段，调解正在扮演越来越重要的角色。

4.9.5 法院提供的强制性诉讼外纠纷解决机制

1995 年，最高法院首席法官发布相应指引，表明法定代理人应保证其当事人了解以下事实：在高等法院应诉时，可以在开庭前选择适用的诉讼外纠纷解决机制。《伍尔夫报告》也强调了鼓励当事人采用诉讼外纠纷解决方式的重要性。同时，依据民事诉讼规则，法官有权力要求当事人尝试运用诉讼外解决机制解决部分或全部的纠纷。

4.10 法庭体系

与法院一样，法庭体系也提供了一系列司法方式来解决法律纠纷。法庭通常由一组具有相关知识的司法专家组成。法庭组成人员通常都具备司法任职资格。

目前共有 60 种不同类型的法庭，在后面的章节会提到其中一部分，主要包括：

- 劳动法庭（见下文）；
- 土地裁判法庭：对土地的强行买卖进行补偿，可上诉；
- 精神健康复审法庭：对精神病医院的强制收容进行申诉；
- 社保申诉法庭：对工资待遇以及家庭信贷申请等纠纷进行申诉；
- 专利审查法庭：对拒绝办理专利登记以及商标交易等纠纷进行申诉。

4.10.1 法庭的特征

所有法庭的管辖范围和权力各不相同，但它们均具有下列特征：

- 责任及权力由成文法确定；

● 管辖范围狭窄；

● 律师参与，并有专家团成员；

● 对公众开放；

● 有上诉程序，可以上诉至更高级别的法庭、各类法院、上级主管部门以及有关政府部门；

● 遍布英国各地。

劳动法庭具有以上全部特点：

1. 适用的成文法包括1996年的《劳动权利法案》。

2. 司法管辖范围：(a) 雇员与雇主之间的矛盾，包括不公平辞退和裁员以及工作中性别和种族的歧视；(b) 雇员针对健康与安全管理局不合理的税收变动和各类禁令提出的申诉；(c) 个人与工会之间就关闭门店遣散员工问题的纠纷。

3. 法庭由一名律师及雇员和雇主分别提名的各一名代理人组成。

4. 庭审对公众开放。

5. 上诉模式：对法律具体规定产生争议，可以向劳动上诉法庭提出上诉。具体的上诉由三人处理，由高等法院法官主导，同时还有两名具备司法资格的辅助人员。再申诉则由上诉法院、最高法院以及欧共体法院受理。

6. 法庭分布在全国50个不同地区。

4.10.2 法庭的优点

法庭体系每年要受理成千上万的案件，这一体系对于当事人来说意义重大。与法院相比，法庭体系最大的优点在于：

1. 低成本。法庭并不要求当事人聘请诉讼代理人，而且由于审判组成员具有专业知识，法庭也没有另行传唤专家证人的必要。此外，当事人也不用特意前往相应地点参加庭审。

2. 非正式。整个程序并没有法院诉讼那么正式，对抗性也较弱，因此整个过程没有那么令人不安。

3. 快捷性。法院审理一起案件可能会耗时一年，法庭则需要几周至几个月。

4. 灵活性。法庭不受自己判例的约束（但是会受到法院判例的约束）。

4.10.3 法庭的缺点

并非所有人都认可法庭的高效性。具体到操作层面，针对法庭体系也有大量批评的声音：

1. 缺少法律援助。对于法庭体系的庭审，国家层面并没有专项资金供当事人聘请律师，这对于原告很不公平。在劳动法庭，雇主通常拥有充足的财力聘请代理人，雇员则没有这样的资金实力，除非他获得了工会或其他压力集团的资助。在社会保障法庭，原告要面对的是拥有丰富庭审经验的对手，而且通常也难以得到庭审小组成员的帮助。

2. 过程越来越司法化且容易受到法庭自身判例的影响。一些法庭没有保持其非正式和弹性处理纠纷的方式，因此这种形式难以让一般的原告感到放松。劳动法庭就因为这一特点而遭受一定的诟病。

3. 紧急案件的处理不够快捷。一些法庭特别是社会保障和移民上诉法庭，工作任务十分繁重，它们处理的事务直接关系到原告重大的经济和人身问题。案件的庭审被推迟几周甚至几个月十分常见，这显然令人难以接受。

4. 上诉权不一致。尽管不服法庭处理意见而将案件上诉至法院是可行的，但并没有统一的规则，各法庭对这一权利的规定也各不相同。一些法庭（如移民上诉法庭）的最终上诉可能由相关的政府部门负责人裁决。如果一个人既是规则制定者也是上诉的最终裁决人，这样的制度设计显然存在问题。

4.10.4　关于法庭体系改革的建议

2001 年，《莱格特报告》（*Leggatt Report*）基于民众的需要，对改革提出了如下建议：

1. 采用对适用者更为方便的规则。

2. 使整个法庭体系更为统一和独立，以起诉受理为核心，将具体的案件受理合理地分配至各法庭。

3. 加大国家层级的资金投入以确保原告得到合适的法律建议，并通过社区法律服务体系，以个案为基础，对当事人进行资金援助以确保其聘请到合格的司法代理人。

在《转型中的公共服务：申诉、救济与法庭白皮书（2004）》（*Transforming Public Service Complaints Redress and Tribunals 2004*）发布之后，改革已经开始落实，预计将在五年内逐步推行。

本章小结

1. 治安法院

刑事、民事、行政审判。

主要工作人员为治安法官和地区法官。

2. 刑事法院

主要负责刑事审判（公诉案件）。受理治安法院的上诉案件并审判。

主要工作人员由高等法院法官、巡回法院法官以及书记员和治安法官组成。

3. 郡法院

负责大部分民事案件，包括标的在 50 000英镑以下的人身伤害案件和标的在 25 000英镑以下的其他案件。

工作人员包括巡回法院法官和地区法官。

4. 高等法院

三大分庭（王座分庭、衡平分庭、家事分庭）分别负责审理不同类型的郡法院受理范围之外的民事案件。

高等法院各分庭：主要受理各类法庭和法院的上诉案件。

主要工作人员为高等法院法官。

5. 上诉法院

上诉法院刑事分庭：负责受理刑事法院的上诉案件。

上诉法院民事分庭：负责受理郡法院、高等法院、劳动上诉法庭的上诉案件。

工作人员为上诉法院法官。

6. 最高法院

受理上诉法院及其各分庭的上诉案件。

工作人员为最高法院法官。

7. 民事诉讼程序

小额索赔程序（最高诉讼标的 5 000 英镑）。

快速审理程序（最高诉讼标的25 000英镑）。

多轨审理程序（诉讼标的25 000英镑以上）。

大部分民事案件在庭审之前就得以解决。

8. 替代纠纷解决程序

仲裁：当事人最终接受仲裁决议。法院相关资源被最大限度排除在外。在专业性商事案件中，仲裁非常受当事人欢迎。

和解：不如仲裁正式，由和解人进行主导，如果交涉破裂，那么当事人依然有继续诉讼的可能。

调解：与和解相似，但有时也作为诉讼的前置程序。

9. 法庭

超过60个专业小组被授权解决司法纠纷。

局限于非常专业的司法领域，比如劳动纠纷、精神健康纠纷。

不如法院诉讼正式。

旨在低成本、高效率地解决纠纷。

课后测验

1. 以下当事人涉及的诉讼程序在何地进行审理？

(a) 瓦克福特·斯奎尔斯，被指控在多特男校杀害了一名小学生。

(b) 比尔·赛克斯，想对确认自己谋杀罪成立的判决提起上诉。

(c) 波利·皮查姆，想对治安法院确认自己犯有卖淫罪的判决提起上诉。

(d) 尤赖亚·希普，想要向米考伯先生索要200英镑的债务。

(e) 多姆贝先生，从火车上摔落导致受伤，因此想起诉大西部铁路公司，索赔75 000英镑。

(f) 纽曼·诺格斯，因为被拉尔夫·尼克尔拜不公平地辞退而提起诉讼。

(g) 多里特先生，其房子被The Benevolent & Warmhearted建筑协会占据。

2. 冻结禁令的目的是什么？

3. 请阐述仲裁、调解以及和解的区别。

4. 法庭与法院体系的区别有哪些？

参考答案见书末的附录。

网络学习

请登录www.motorcodes.co.uk/，点击“Service and Repair Code”，你可以下载该文本对汽车行业规范的细节进行研究，并观看如何解决汽车修理相关纠纷的短片。

课后作业

“大部分案件在法庭之外可以得到很好的解决。”这句话在多大程度上是正确的？请对此展开讨论。

第Ⅱ编
合同法、代理法及商品销售法

Law of contract，agency and sale of goods

第5章 合同法：要约与承诺

导　言

合同是具有法律约束力的协议，这个协议基于其商业本质，以商品的出售或租用为主要内容，这些商品主要包括货物、服务以及土地等。这类合同就是**非要式合同/口头合同**（simple/parol contract），它不采用书面形式也具有可执行力。同样，你每年会在非常普通的日常活动（如购物、理发以及修理DVD机）中，签订数以百计的合同。妻子接受丈夫给予的财物这一行为，从本质上讲是一种交易，但没有人会把它与签订合同联系在一起。这种具有法律约束力的行为并没有相应的协议文本，也没有签章或者目击证人。如果商家给你提供的商品或者服务存在缺陷，那么基于你与商家达成的合同，你就拥有了相应的法律权利，当然，想要使这些权利具有强制力，你需要证明合同的存在。收据是有效的证据，但如果你已经将之丢失，那么其他的证据，如信用卡、支票或者当时和你在一起的人提供的证言，都可以起到相应的证明作用。在本章中，我们将学习合同是如何成立的。

学习目标

在完成本章的学习之后，你应该能够：

1. 说出一份有约束力的合同所具备的核心要件。
2. 对要约与承诺进行定义。
3. 区分要约邀请与约束。
4. 了解在接受要约与承诺时，合理性预期的重要性。
5. 可以展示要约与承诺如何有效地联系在一起。

非要式合同/口头合同：不需要特定形式就可以生效的合同。

5.1 具有约束力的合同的要件

拥有下列要件的合同才能够成立：

1. **要约**（offer）；
2. **承诺**（acceptance）；
3. **对价**（consideration）；
4. **建立法律关系的意愿**（intention to create legal relations）。

5.1.1 书面形式并非合同的必要条件

正如本章导言中提到的，对于大部分合同来说，书面形式并不是法律规定的必备要件，尽管对于一份内容复杂的合同来说，书面形式对于保留证据很有用处。虽然法律并不要求一份有约束力的合同必须以书面形式出现，但多数委托人并不是很喜欢用口头的方式去订立包含复杂用语和条款的合同。

少数合同必须采用书面形式订立以体现其效力，包括依据1989年的《财产法》（Law of Property）（杂项规定）订立的土地销售合同，以及依据1974年的《消费者信用法案》（Consumer Credit Act）订立的授信合同。在这些法律逐步推行后，相关领域内的合同就以书面形式为主。如果没有合同文本，无论是否有其他证据，法律都将认定基础的交易关系并不存在。

根据1677年的《防止欺诈法案》（Statute of Frauds），担保合同如果没有书面证据，将会被认定为不具有强制力。担保合同是指一方为了保证债权人的利益不受损害，为债务人提供担保的合同。

一些交易需要具有特定的形式才能具备法律效力。作为读者的你不必对此予以关注，这些内容不会涉及具体的对价，也不属于口头合同的范畴。

5.2 要　约

要约可以定义为由一方（**要约人**（offeror））向另一方（**受要约人**（offeree））发出的，内容具体明确、旨在达成商业合作关系的意思表示。要约可以是双向的，也可以是单向的。

要约：由要约人向受要约人发出的，内容具体明确、旨在达成商业合作关系的意思表示。

承诺：对要约的无条件接受。

对价：资金、货物、服务或者土地等，代表合同中双方供讨价还价的要素。

建立法律关系的意愿：合同当事人使合同具有法律约束力的意愿。

要约人：要约的提供方。

受要约人：要约的接受方。

大部分要约都是**双向要约**（bilateral offer），这类要约包含了一种希望得到承诺的意思。在商品销售合同中，要约人通常承诺接受商品并支付货款，同时，受要约人承诺提供符合要求的货物。**单向要约**（unilateral offer）则是为了对完成某特定行为的人给予回报而做出的特定承诺。比如对归还丢失物品加以奖励就属于这类要约。

具有法律约束力的要约包括以下要素：

1. 内容条款明确清晰；
2. 具有进行交易的意图；
3. 基于意图进行交流。

生效的要约必须同时具备上述条件。

5.2.1　内容明确清晰

用语模糊的要约不符合法律规定的生效条件。

Guthing v Lynn（1831）

买家表示，如果购买的马匹给她带来幸运，就多付给卖家5英镑。

法院认为：这一条款太过于模糊而不具有强制力。没有进一步的信息对这一许诺加以明确。

一个明显模糊的要约，如果具备以下条件，也可以变得清晰：

1. 当事人之前的行为以及相关交易的特性。

2. 法定的默示条款。比如，基于1979年的《商品销售法案》（Sale of Goods Act），要约人出售商品，在没有提及价格的情况下，要约依然有效。因为如果没有标明价格，当事人就应支付合理的价款。

3. 仲裁条款。有时，当事人会故意使用一些模糊条款并通过仲裁条款来解决纠纷。这就允许当事人将未来的不确定因素考虑进来，包括将来的需求、可行性以及价格等。

在条款缺乏明确性这一问题得到解决之后，具有约束力的要约就成立了。

Hillas v Arcos（1932，HL）

一份供应木材一年的合同，其中包含了允许买方第二年增加购买量的条款。但这并不是一个需要卖方严格遵守的明确条款。

法院认为：这是一份有效的要约。能否将不确定的条款明确化，取决于双方之前的合作以及木材行业的行规和实践。

Foley v Classique Coaches（1934，CA）

一份长期合同中的仲裁条款表示，F将“依据书面约定的价格不时地”向客车公司提供汽油。

法院认为：合同具有约束力，因为仲裁条款将会在必要时对价格等模糊事项予以明确。

双向要约：针对对方许诺的结果而实施一定行为的许诺。

单向要约：基于对方行为而给予某种回报的单向的合同化的许诺。

5.2.2 进行交易的意图

要约在被承诺之前，代表着当事人的最终意思表示。其表述如果表现出要约人在合同成立后不愿受其约束的意思，那么此时的要约就被解释为不具有约束力。

如果另一方当事人相信要约具有约束力并作出了承诺，那么问题就产生了。此时，另一方当事人会相信合同已经成立。但是，如果先前的意思表示并非一个具有约束力的要约，那么合同也就不成立，因为有效的合同需要要约和承诺均具有约束力。

有两类意思表示容易与具有法律约束力的要约相混淆：

1. 要约邀请；
2. 磋商。

要约邀请

大部分关于商品、土地以及服务的销售广告，通常被法院认定为不具有形成要约的必要意图。这类意思表示是在邀请潜在的消费者向自己发出要约，然后由商家决定是否作出承诺。如果没有作出承诺，那么合同也就不成立。因此，买家对于他们想要购买的商品等是没有任何权利的。

商品目录、价格清单、菜单以及传单广告被当地商家称为“准要约”。在 Partridge v Crittenden（1968，HL）案中，一则杂志广告中刊登了“布兰布尔的家禽每只25先令”的文字，被认为是一种要约邀请。任何看了这则广告的要约人可以向卖家要求购买这些家禽。

陈列在商场里的商品，无论有无价签，都仅仅是一种要约邀请。

Fisher v Bell（1961，CA）

被告在其商店橱窗内展示了一把弹簧刀，但是，由于这种行为构成了出售攻击性武器的要约，因此被以违反1959年的《限制攻击性武器法案》（Restriction of Offensive Weapons Act）第1条第1款而受到检举。

法院认为：被告无罪，因为他并没有发出要约。橱窗内的商品，即使挂有价签，也仅仅是一种要约邀请，而非要约。顾客询问商品是否以标明的价格出售，这一行为才是发出要约。卖家决定是否作出承诺，只有如此，他才能承担合同带来的后果。

市场交易不断发展，法律也需要适应新的环境来进行解释。自助型商场在今天已经非常普遍，但在1950年之前，英国还没有这样的商场。

Pharmaceutical Society（GB）v Boots Cash Chemists（Southern）Ltd（1953，CA）

布特在自己店里引入了自助购物模式并出售自己拥有专利的药品，这一行为被医药学会检举，理由是其行为违反了1993年的《药品法案》（Pharmacy and Poisons Act）中“禁止出售未经监管和注册药品”的规定。

法院认为：布特的行为并不违法。药品的展示仅仅是要约邀请。顾客拿起药品并去收银台结账的行为才视为要约。药剂师如果觉得不妥，可以拒绝顾客的要约。

20世纪末，电子合同已经在市场中扮演越来越重要的角色，亚马逊公司就通过这样的方式销售了大量图书。到目前为止，还没有太多相关的案例（但在本章稍后的“新闻报道”专栏中，我们可以看到通过电子邮件进行交流的案例）。

法院支持要约邀请原则，因为这可以提高商业效率。但这在实践中反映出卖方效率比买方利益更为重要，即卖方可以拒绝买方的要求。但是，如果要约邀请真的被解释为要约，那么顾客看到货物并表示出购买的意思，商家就要打破玻璃展台，取出商品了。同样，顾客也必须将商品买走，尽管细看这一商品可能会发现没有那么好。

2010年的《平等法案》为了防止商家滥用权利拒绝顾客要约，规定此种情况下商家不能有歧视性行为。同样，依据1978年的《消费者保护法案》，具有误导性质的价格提示是一种刑事违法行为。

磋商

通常经过长期的磋商，当事人会订立一份正式的合同。假如一方认定合同的表述为另一方的要约并表示对此作出承诺，那么问题就会产生。法院将会判断，自称为要约人的一方，在当时是否有足够的意图订立合同。在一个可能达成复杂合同的场合，通常都会伴有长时间的磋商，在磋商早期产生的意思表示通常不被认为是一个有效的要约。

Harvey v Facey（1893）

原告们对于一块属于被告的但并未打广告出售的土地感兴趣。他们给被告发电报询问其能够接受的最低报价。当被告仅仅回复了一个具体价格之后，原告就接受了。

法院认为：本案中没有合同成立。因为关于价格的表述仅仅是磋商的一个阶段，并没有形成一个有效的要约。

但也需要具体问题具体分析，在下一个案例中，就存在足够的订立合同的意图。

Bigg v Boyd Gibbons（1971，CA）

在磋商过程中，原告给被告致信表示“如果能快点成交，我接受20 000英镑的报价”。被告回信表示接受，随后原告再次致信感谢被告“接受了我的要约”。

法院认为：原告的第一封信形成了一个有约束力的要约。拉塞尔法官认为：“我不能否定这样的意见，即读过信的一方会认定自己收到的这封信是整个磋商过程的终结。”这与买卖商品过程中的讨价还价是一样的。

5.2.3　要约必须到达受要约人

要约人必须清楚要约本身能够被合法地加以承诺。要约的送达既可以通过文字也可以通过口头，但通常都不会是刻意为之的，比如消费者拿着商品去收银台付款或者将现金放入自动贩售机。要约通常都会针对特定个人，但单方要约针对整个世界，在这种情况下，合同的对象是所有能够履行的要约。

Carlill v Carbolic Smoke Ball Co. Ltd（1893，CA）

被告发布了一条广告，宣称其产品可以预防流感，并许诺如果有人正确使用其产品而未治愈，被告愿意支付100英镑。广告还宣称，公司已经将1 000英镑存入银行的独立账户，以示诚意。

卡利尔小姐从本地药商处购买了这种产品，尽管她依据产品说明正常使用，还是感染了流感。于是她向生产商追索100英镑。

法院认为：广告本身是生产商发出的一个针对全球许多人的单方要约，这一要约可以被了解其内容并在使用产品后依然感染流感的人所接受。1 000英镑的银行存款表明了订立合同的意图，同时也证明广告并不仅仅是对产品的吹捧。

受要约人也应当详细了解要约内容，以便合法地对其作出承诺。当事人双方同时向对方发出要约，由于并不知道对方要约的存在，因此并不会成立一份有约束力的合同。

Bloom v American Swiss Watch Co.（1915）

原告曾经向行政机关提供证据帮助其逮捕了一些盗窃珠宝的小偷。之后，他发现被告之前曾经发布悬赏广告，搜寻相关信息。被告拒绝对原告给予奖励。

法院认为：被告不具有给付奖励的法律义务。由于奖励的要约并没有在获得信息前传达给被告，因此合同并未在两方之间成立。

5.2.4 投标

投标（tender）是在提供商品或服务时的一种竞争性要约。许多企业和组织会采用投标的形式来确保它们的资金得到最大限度的利用。法律规定，由一些政府资助的机构具体负责投标工作。

Blackpool & Fylde Aero Club v Blackpool Council（1990，CA）

受委员会的邀请，航空俱乐部参加了为暑期旅游团提供航班服务的投标。尽管俱乐部在截止日前提交了标书，但委员会由于疏忽没有明确自己的邮箱，导致标书没有顺利按时送达。

上诉法院认为：与邀请投标一样，委员会的要求暗含了一个单向要约，其目标包括所有在截止日前提交的投标。因此，委员会违反了合同约定，剥夺了俱乐部成为一个中标者的机会。

大法官宾厄姆认为：

他（招标人）不必接受所有的投标，但此处，投标者都是招标人在所熟知的对象中挑选并要求其投标的，而且，公共部门的有关邀请应明确一个清晰、有序和熟悉的程序，因此，受邀方至少在以下层面应当受到保护：如果他在截止日前提交了一份确定的标书，那么他是有资格的，而且，合同赋予的权利也确保即使在截止日之后，这一投标也应当被慎重考虑。如果投标被认定为无效，那么此时法律本身也会被认为有瑕疵。

投标：在货物和商品交易时的一种竞争性的要约。

尽管对投标的要求被视为要约邀请，但广告商对于提交给它们的要约提供对价，也会构成一个要约。

5.2.5 要约的终止

一份要约，如果没有被承诺，就会通过很多方式终止。

死亡

如果受要约人死亡，那么要约也自然终止。在要约需要要约人继续为一定行为时，如果此时要约人死亡，那么要约也会终止。代理人的出现可以使要约重新有效。

Bradbury v Morgan（1862）

死者生前作出过一份担保他人债务的持续性要约。债务人无法偿还债务，债权人不知道担保人已经死亡，依然向其写信要求其偿还债务。

法院认为：保证人的责任应当以用其财产偿还债务的方式加以履行。因为在承诺要约时，债权人并不能合理知晓要约人已经死亡。

拒绝与反要约

如果要约被拒绝，则其失效。如果受要约人改变想法并试图作出承诺，那么在合同法意义上，他实质上作出了一个新的要约。同样的情况出现在**反要约**（counter-offer）发生的时候。这是为了满足自身需求，对已经存在的要约尝试进行修改的行为，比如砍价。

Hyde v Wrench（1840）

被告发出要约，愿以 1 000 英镑的价格出售自己的农场。原告最初表示只愿意支付 950 英镑，但几天后，他又表示愿意支付全款。期间，他没有收到被告的任何信息。

法院认为：双方之间的合同关系没有成立。被告没有对原告的要约作出承诺，因为原告改变价格对被告提出了反要约。原告接下来又表示会接受之前的报价，但并不是接受之前的要约，这是一个被告没有承诺过的新要约。

如果受要约人没有对要约作出承诺，并询问其他相关信息，或者试探对方的底线来看看进一步磋商的可能性，这些行为通常不会被法院认定是反要约。因为这些行为并没有破坏原有要约。因此，在 Stevenson v McLean（1880）案中，一个以特定价格出售钢铁的要约，在受要约人询问运送事宜以及能否分期付款时，法院认定要约没有被修改。这不是不同内容的反要约，仅仅是对可能变更的内容进行询问，该询问并不会破坏原有的要约。

期限

要约如果在一定期限内没有被承诺，将不复存在。如果没有明确的期限，那

反要约：为了回应已经存在的要约而作出的要约。

么可以确定一个合理的时间段作为要约的存续期间。

Ramsgate Hotel Co. Ltd v Montefiore (1866)

被告本来计划在6月买入一些股票，但直到11月公司才告知股票归属于被告。

法院认为：公司迟到的关于股权分配的通知，使得被告的要约已经失效，因此，合同因承诺太迟而不能成立。

要约的撤回

要约人有权改变自身想法并在作出承诺之前撤回要约。即使是在拍卖的场合，当你给出当时的最高价，而拍卖人还在高喊"继续，继续"的时候，你依然可以撤回你的要约，因为这一要约在拍卖人落锤前都是没有被承诺的（1979年的《商品销售法案》第57条）。当然，如果你这么做的话，最好尽快离开拍卖场所。

关于撤回的公告非常重要：如果受要约人不知道要约被撤回，那么这一撤回将不会生效。针对个人的通知比较常见，但只要受要约人知道或者理应知道要约被撤回，通知也不是必要条件。在 Dickinson v Dodds（1876，CA）案中，多兹对迪金森发出了出售物品的要约，但之后在迪金森回应之前，多兹就将物品卖给了第三方（阿伦）。一个同时认识买主和迪金森的人将这一事情告诉了迪金森，这对于迪金森而言足够成为撤回要约的通知。一个理性的人完全可以认识到，由于物品已经被处理，要约也就不复存在了。詹姆斯法官认为："在我看来，事情已经非常清楚，在上诉人想要作出承诺之前，已经完全意识到多兹改变了主意，在事实上与阿伦达成了出售财产的协议。因此，作为达成合同所必需的双方意见一致这一前提，在本案中已经不可能出现了。"

生活实例

霍勒斯向其邻居希尔达发出要约，想出售自己的三角钢琴，希尔达表示对此很感兴趣，但需要考虑一下自己是否支付得起这笔费用。之后，霍勒斯的朋友弗雷德里克在同一天拜访了他，并得知他要出售这架钢琴。于是，弗雷德里克表示自己愿意购买并在第二天取货。第二天一早，弗雷德里克携带货款来到了霍勒斯的家中，同行的还有一个健壮的助理并开来了一辆面包车。在霍勒斯的帮助下，他们将钢琴放上手推车并装进了面包车。霍勒斯对门的邻居埃米琳喜欢打听事情，他向霍勒斯询问，得知了事情的经过。当天晚上，埃米琳将这些都告诉了希尔达。正如 Dickinson v Dodds 案中表明的，霍勒斯对希尔达的要约已经被撤回，因为希尔达已经获得了确切的消息，尽管该消息不是来自要约人而是来自第三方，但这已经足以构成要约撤回的通知。

保证要约可以存续一定时间或给予对方优先取舍权，均不会产生法律约束力，除非受要约人基于自身意愿对要约人进行给付。否则要约人只是做了一个免费的许诺，不求任何回应。这类许诺不会构成合同，因为它缺少对价的部分（参见第6章）。在前述情境中，如果霍勒斯继续等待希尔达的决定，那么他就会错失与弗雷德里克的交易，而且希尔达也很可能表示自己思考的结果是不购买这架钢琴。因此，要约人可以在要约被承诺之前自由地将其撤回（或撤销）。在

Routledge v Grant（1828）案中，被告向原告发出购买原告房屋的要约，并表示此要约存续期间为六周。法院认为，他可以在要约被承诺前随时撤回相应的许诺，因为他之前所做的许诺仅仅具有道德上的约束力。

如果受要约人在期限内进行了给付，那么一个具有法律约束力的**选择权**（option）就产生了。这意味着，受要约人拥有了可以有时间来决定是否接受相关要约的合同。这与以存入特定账户的方式支付货款或土地款不同。选择权合同给你时间来决定是否购买，而将货款打入指定账户仅仅证明了买卖合同的存在。

将要约撤回的一般性的规定应用于单向要约显然是不适合的，具体原因有两个：

1. 通知。单向要约通常向不特定的大多数人发布。如果要约人决定撤回要约，那么对看到要约的人一一通知，显然是不可能的。如果要约人能够采取合理措施发布通知，就可以满足相应要求。比如在同一张报纸上刊登另一条广告，表明撤回要约，这就足够了。

2. 不完全承诺。对于单向要约的承诺通常都是为一定行为。如果受要约人开始着手但并未完成相应的承诺，那么此时允许要约人撤回要约就是不公平的。因此，如果受要约人的行为已经开始，他已经处于对单向要约承诺的过程中，那么此时撤回要约是无效的。

Errington v Errington & Woods（1952，CA）

一位父亲购买了一处房产，并向其女儿女婿允诺，如果他们付清所有按揭，那么房屋的产权就归他们。

法院认为：尽管在技术层面，父亲的要约直到最后一笔按揭被还清的时候才完成，但如果还款在继续，那么这一要约就是不可撤回的。因为如果还款一直在继续，那么允许撤回要约将是非常不公平的。

5.3 承 诺

受要约人通过承诺的方式，表明接受要约中所有内容的约束。能够具有法律约束力的承诺必须符合以下规定：

1. 与要约内容一致；
2. 是确定的；
3. 向要约人作出。

5.3.1 承诺必须与要约内容一致

受要约人必须同意要约的全部内容，并且不得加入新的条款。在Jones v Daniel（1894）案中，受要约人起草了一份合同草案，在其中加入了一些新的条款并送达要约人。这被认为是一个反要约，而非承诺。

两家企业在对合同进行磋商时，都希望合同依照自己的标准订立（预先订好

选择权：在要约成立前，受要约人可就合同的具体内容进行磋商的权利。

的条款不纳入谈判内容）。要约人提出了自己的条件，但受要约人没有接受，而是按照自己的标准提出了条件。这通常被称为“形式之争”。

Butler Machine Tools Ltd v Ex-Cell-O Ltd（1979，CA）

原告以自己的标准条款制定并发出了一个出售机器工具的要约给被告。内容中规定了价款，但同时允许原告在运输途中加以变更。被告对此作出回复，但将价格予以固定，并要求原告附一份接受被告要求的说明。原告答应了这一要求，但在货物发出后，提起诉讼并要求提高价格。

法院认为：原告的要约并没有得到被告的承诺，被告的回复是一个反要约，并被原告以另附说明的方式承诺。合同依照被告的条款制定，因此只能以固定的价格进行偿付。

5.3.2 承诺的内容必须明确

附条件的承诺不具有约束力。承诺中如果包含**“以合同为准”**（subject to contract）的字样，那么这样的承诺通常是无效的，尽管这种用语在现实的土地买卖中很常见。直到双方互换合同文本，当事人才真正受到法律约束。这就意味着购买人员有时间在截止日前进行充分的调查，同时也使卖方可以将产品卖给出价更高的人。这种“抬价敲诈行为”可能会使第一个买家遭受经济损失，因为他之前支付了法律和调查方面的费用，但因为没有具有约束力的合同，所以不能从卖家那里得到补偿。但是考虑到当事人意愿的重要性，法院会作出一些例外判决，即尽管拥有给定的表象，但通过与其他事实进行权衡，将对承诺的有效性加以认定。在 Branco v Cobarro（1947，CA）案中，一份被描述为“达成具有法律效力的合同之前的临时性协议”最终被认定为有效的承诺，因为其内容已经将双方的条款全部涵盖了。在 Immingham Ltd v Clear plc（2011）案中，上诉法院表明，即使当事人作出了附条件的承诺，如果有证据表明双方已经就内容达成一致，那么这一承诺也会被忽略。（详见下面的“新闻报道”专栏。）

新闻报道

何时附条件的要约也能成立

——Immingham Storage Co. Ltd v Clear plc（2011）

2009 年 10—12 月，合同双方通过邮件和面谈的形式就合同内容进行谈判，磋商的主要内容是，一种柴油储存工具的有效性、容量以及成本是否符合 Immingham 公司的要求。最终，2009 年 12 月，Immingham 公司发了一封电子邮件（题目需要经董事会及专家组批准）给 Clear 公司。这认定了 Clear 为买方，并对储存柴油的品质以及储存时限予以肯定，同时表示，合同其他所有条款也与 Immingham 一般合同的条款相一致，不久之后将正式合同送达。Immingham 的要求和条件也作为邮件的附件一并发出。Clear 确信 Immingham 希望以传真的形式联络。之后，Immingham 再次发出题

以合同为准：在合同正式签订之前的临时性承诺。

为“合同确认”的电子邮件，并以“我们很高兴对您的要约作出承诺”开头，标明“合同正式文本将很快送到”。不久，Clear收到了合同，但一直没有回复。Clear无法获得有关的燃料，同时Immingham开始追索费用。Clear辩称，合同不成立，并表示之前签署的价单附有条件，即只有在董事会批准、专家团认可的情况下，才会发送正式合同。另外，它还宣称，Immingham的电子邮件并非有效承诺，因为它只认可附有签章的正式合同文本。

上诉法院认为：Immingham的电子邮件有效地承诺了Clear签章的价单，合同此时已经在双方之间成立。经签章的价单是一个有效的要约，因为它包括合同的所有内容及所附条件，而董事会的批准与此无关，因为这一交易实际上已经被处理了。Immingham的承诺并不因为没有正式文本而无效。电子邮件完全可以作为承诺生效的证据。

5.3.3 承诺必须被有效传达

与传达有关的法律包括以下规则：

只有负责人作出的传达才有效

Powell v Lee (1908)

原告被告知自己的求职申请已经获得通过，但随后这一职位又被分配给了其他人。

法院认为：告知原告求职成功的人并非有职权的负责人，因此，在本案中，承诺并未被有效传达至要约人。

承诺的传达方式

行为

Brogden v Metropolitan Railway Co. (1877, HL)

布罗格登先生给铁路公司提供燃煤，公司建议以新合同对他们的合同进行规范。布罗格登收到合同草案后，增加了一些条款，其中包括仲裁员的选择。最后，他在合同上注明“同意”字样并寄给了公司。他没有收到其他的信息，而公司继续向他购买燃煤，因此，布罗格登依照草案的条款继续向公司供应燃煤。

法院认为：Brogden对草案的修改构成了反要约，并已经被公司承诺。公司单纯的意向无法构成一个有效的承诺，但是，一旦布罗格登知晓，那么承诺就生效了。在本案中，公司的行为足以证明其作出了相应的承诺，该行为要么是其发出第一份订单，要么是其接受了第一批货物。

承诺只有在有效送达要约人或者要约人的营业场所后才有效。商业惯例在法院解释要约和承诺的有关行为时会起到重要作用。因此，在Confetti Records v Warner Music UK（2003）案中，将发票单据和唱片一起送达的行为可解释为Confetti将其原声材料交给时代华纳进行市场推广的要约。然后，时代华纳发行的唱片中包含了相应材料，此行为视作时代华纳对其要约作出了承诺。

但是，只有明确的行为才能形成有约束力的承诺。

Inland Revenue Commissioners v Fry (2001)

弗赖伊女士欠税务局113 000英镑的税款，她向税务局邮寄了一张面值10 000英镑的支票和一封说明信，信中表示，这10 000英镑是她所能筹集到的钱款，也是她所能偿还的最后金额。税务局将支票取现后，给弗赖伊女士打了电话，告诉她这10 000英镑要么被当作债务的一部分，要么给她退回去。

法院认为：税务局并没有作出一个有效的承诺。取现仅仅是还款承诺的一个假设，而且，这一承诺的假设还被之后工作日的电话推翻了。理性的人不会认为，将支票兑现表明接受有关的要约。作为税务行政机关，更不可能允许基于这样的讨价还价来放弃征收剩余的税款。

口头传达

只有在要约人收到通知时，承诺才被有效传达。在面对面的场合，如果有任何交流上的问题，将在第一时间被发现。但是，在当事人不能互相看见的情况下，会产生一些问题，比如通过电话传达的承诺，只有受要约人接听时才能有效。法院也将此规则扩展应用于传真领域。在Entores Ltd v Miles Far East Corp.（1955，CA）案中，上诉法院明确表示传真承诺与电话承诺类似，具有即时性，在电话得到接听时就被认定为有效传达。

Brinkibon Ltd v Stahag Stahl and Stahlwarenhandels GmbH (1982，HL)

上议院认为，以传真或者信息的形式传递承诺，如果接收部门关门，那么在该部门重新开门时，送达才会生效。

Brinkibon规则在Mondial Shipping and Chartering BV v Astarte Shipping Ltd（1995）案中被运用。在本案中，传真到达的时间为周五夜间，而第二天9点商家开门，整个送达才生效。

在对这条规则进行拓展的时候，法院受到了目前广泛应用于商务实践的**“忠实义务人合理性预期”**（reasonable expectations of honest men）理论有关内容的影响。在Entores案中，法院强调，如果因为要约人的错误而导致信息没有被收到（比如传真机没有墨粉等情况），承诺依然有效，因此受要约人有合理理由相信要约人收到了承诺，要约人应当受到相应约束。这一原则现在已经被法院普遍接受，因此，对于当事人的行为，就有了一个客观的判断标准，对于当事人的意图，也有了足够的证明。

电子送达方式

但是，目前没有太多关于传真和电话答录方式的案件。在合理性预期理论下，传真和电报信息没有本质区别。通常，电话答录机的留言与电话留言一样，在被机主收听之前，都不能被认为是成功送到。与即时性的信息传递不同，这类信息并没有在第一时间被传递出去。

忠实义务人合理性预期： 法院决定一方行为是否足以证明其愿意受到合同约束的客观标准。

电子邮件作为一种有效的送达承诺的方式已经被法院接受，但对于其何时生效，尚无定论。在 J. Pereira Fernandes SA v Mehta（2006）案中，英国王室法律顾问大法官佩宁认定了一份没有经过任何商议就被承诺的担保合同的效力，他认为，通过电子邮件形式送达的要约或承诺具有潜在的有效性，但目前没有具体的规则对其效力加以规范。目前比较合理的解释是，这类信息一旦被发出，其送达也是即时的。但是，传递迟延的情况可能是服务器的问题所致，因此，在信息能够被下载到收件人邮箱时，认定该送达有效是比较合理的解释。

尽管没有被详细规定，但是 2002 年的《电子商务规则》（Electronic Commerce）（对 2000 年的《欧共体指引》进行了修订）将网络购物也包括在内。第 11 条规定，在交谈内容可以被对方收到时，电子购物过程中的下单或者接受报价被认定为送达。这就意味着，如果通过互联网签订合同，网站将商品的详情明确列出，此行为被视为要约邀请。假定顾客输入订单、姓名、信用卡账号等并将信息通过点击特定按钮发送给卖家，这一行为被视为发出要约。直到卖家向顾客发送确认信息以证明顾客下单成功为止，卖家才算是对顾客的要约作出了承诺。这一情况只有在顾客通过信用卡、借记卡成功付款后才会发生。

邮寄规则

邮寄规则（post rule）是对一般送达规则的例外规定。在 19 世纪和 20 世纪早期，对于相隔一定距离的合同双方来说，邮寄是送达的唯一途径。在具有里程碑意义的 Adams v Lindsell（1818）案中，法院认为，一旦关于承诺的信件被寄出，合同即可成立。后来，邮寄规则将电报也涵盖进去。而且，Household Insurance v Grant（1879，CA）案对于这一规则做了进一步的阐释，即使由于受要约人的原因（如写错收件人地址等）造成信件邮寄延迟或者没有寄至要约人，承诺的送达依然有效。

值得思考

法官总有修改法律的理由，你认为邮寄规则为什么会得到发展？

参考答案见书末的附录。

邮寄的承诺只有在下列情况下能产生即时的法律效果：邮寄要约或撤回要约只有在收到相关邮件时才会生效。

Byrne v Van Tienhoven（1880）

10 月 1 日：被告卡迪夫将一份要约邮寄给在纽约的原告。

10 月 8 日：被告改变想法，并给原告寄去了撤回要约的信。

10 月 11 日：被告的要约到达了原告，原告以电报方式作出了承诺。

10 月 15 日：原告通过邮寄的方式确认了承诺。

10 月 20 日：原告收到了被告撤回要约的信件。

法院认为：合同于 10 月 11 日原告以传真形式发送承诺之时成立。撤回要约的信件直到 10 月 20 日才送达原告，因此，后者由于送达时间太晚而无法生效。

邮寄规则：调整以邮寄方式送达承诺的默认规则，从寄出起，承诺即生效。

对于要约人来说，总有办法规避邮寄规则，要么采用其他送达方式，要么强调在收到承诺信之前自身不受约束。即使要约人没有强调这种效果，法院也会默认当事人有相应的意图。

Holwell Securities v Hughes（1974，CA）

要约人在一块土地的买卖上给予受要约人一定的选择权，但这块土地在买卖中一定要有书面通知。原告的承诺信在截止日之前寄出，但没能在规定期限内寄至要约人处，尽管原告没有过错。

法院认为：合同不成立。在本案中，邮寄规则被要约人提出的书面通知排除了，承诺信必须送达才能生效。

现在，尽管邮寄规则在考试中还是知识重点，但在如今的合同法中已经不再扮演重要的角色。现在身处异地的双方当事人有更为快捷的渠道来送达要约和承诺。即便当事人选择邮寄的方式，要约人也会强调，在收到承诺之前，合同不会成立。

要约人不能排除送达规则

在双务合同的情况下，要约人不能作出如下规定：假定受要约人肯定会作出承诺，并以此为前提来拘束受要约人，除非受要约人作出不同的表示。送达规则就是为了确保受要约人不会在被强迫的情况下作出承诺。

Felthouse v Bindley（1862）

原告向其外甥约翰发出一份想要购买一匹马的要约，而约翰此时正在出售其农场里的全部牲畜。原告说，他将默认约翰会对自己作出承诺，除非约翰明确告知他不会作出承诺。由于想要对原告作出承诺，约翰要求自己雇用的拍卖人将这匹马从拍卖场上撤下来，但是由于拍卖人的错误，这匹马被卖了出去。原告对拍卖人提起了侵权诉讼。

法院认为：原告败诉，因为他无法证明自己是马匹的主人。因为约翰没有将作出承诺的意图传递给原告，因此买卖合同不成立，马匹的所有权也没有移转，拍卖人也就没有处分原告的财产。在拍卖发生的时候，马匹依然归约翰所有。

在单务合同中，承诺和履行合同义务是同一行为，因此，在实践中，承诺也无法先于履约行为而被送达。如果你看到一个失物招领的悬赏公告要约，你只有在找到失物并返还时才能够兑现承诺，此时也才完成了悬赏所要求的行为。对方不能以你事先没有看到公告为由，拒绝支付报酬。

要约人可以要求特定的送达方式

法院对于合理的送达方式一般都予以支持。在没有特定要求的情况下，要约的具体模式要视合同标的而定。比如，销售易腐烂商品的电话要约，就需要同样快捷的承诺送达方式。

本章小结

1. 一份简单合同的成立需要以下要素：

双方协商一致（要约和承诺）；

磋商（对价）；

具有形成法律关系的意图；

除非法律特别规定，书面并非必要形式。

2. 要约

要约人为了订立合同向受要约人发出的最终意思表示，它在受要约人收到后生效。

要约可能是双向的（以允诺交换允诺），也可能单向的（以允诺交换行为）。

要约邀请仅仅是协商的过程而非要约，因为它无法表现当事人想要受到约束的意图。

在承诺作出之前，要约可以被撤回。

要约可能超过时限而失效，除非承诺在一定合理期限内作出。

3. 承诺

承诺只有在内容明确并且与要约一致时才具有法律约束力。任何试图更改要约内容的行为被认定为反要约。

承诺必须被有效送达。这通常需要要约人的接收，但是例外的情况是，承诺信函一旦寄出就产生相应的效力。

决定要约和承诺是否具有法律效力：法院看双方的行为是否客观上符合合理性人的期待。

课后测验

1. 在以下情形下，要约是否存在？

(a) 乔舒亚将一只附有价签的泰迪熊放在他商店的橱窗里。

(b) 鲁思散发写有“优惠提供，所有比萨降价10%”的传单。

(c) 玛丽贴出广告，将以50英镑奖励帮她找回遗失手镯的人。

(d) 马莎在归还玛丽手镯后，发现了悬赏广告。

(e) 彼得向埃丝特表示，愿意将自己的车以3 000英镑的价格卖出，埃丝特则表示自己只愿意支付2 500英镑。

(f) 伊丽莎白想以100英镑的价格将自己的双门冰箱卖给保罗。保罗要求给自己三天时间决定，第二天，伊丽莎白将冰箱卖给了雅各布。

2. 在以下情形下，是否存在有效的承诺？

(a) 约翰提出要约，要将西红柿卖给托马斯，托马斯表示，如果攒够钱就会买。

(b) 伊夫提出要约，要将苹果卖给马修，同时告诉他，自己认为他想要购买，除非他在周六早上10点前告诉自己不想购买。目前时限已过，但马修并没有和伊夫联系。

(c) 卢克给迈克尔寄了一封信，提出要将一座古钟卖给他，迈克尔回信作出了承诺，但是他的信寄丢了。

(d) 苏珊珊通过电话提出要约，给安东尼的房子重新布线。安东尼作出了承诺，但是苏珊珊因为电话线路问题没有听见。

参考答案见书末的附录。

深入阅读

以下判例对于你在本章所学的法律的形成提供了重要的示例。它们是说明诉讼中法律的第一手资料，并且能给你提供更多的事实细节，同时帮助你理解法律，以及了解法官是如何作出决定的。

请尝试在判例汇编中查找这些判例，或者通过数据库获取，例如，Bailli（www.bailii.org/databases.html）。你可以从大学图书馆获取LexisNexis和Westlaw，或者从判例书中找到摘录。

Carlill v Carbolic Smoke Ball Co. Ltd [1893] 1 QB 256，CA

Blackpool & Fylde Aero Club v Blackpool Council [1990] 3 All ER 25，CA

Entores Ltd v Miles Far East Corporation [1955] 2 All ER 493，CA

Immingham Ltd v Clear plc [2011] EWCA Civ 89

网络学习

请登录 www.carbolicsmokeball.co.uk，阅读法律报告，并观看一则著名广告的全彩复制品及相关推荐书，并发现烟球的具体形象。

课后作业

艾丽斯向戴安娜发出一个要约，她要于周一将自己的钢琴以500欧元的价格卖出。戴安娜作出回应："如果我能凑够这笔钱，我就会买。"艾丽斯答应在周六之前不会将钢琴卖给其他任何人，同时戴安娜可以在周日中午前任何时间接收钢琴。周三，戴安娜打电话给艾丽斯的女儿雅典娜，并留下了口信：她凑够了钱并将在周日上午接收钢琴。但雅典娜忘记传递这个口信。周四，朱诺拜访了艾丽斯，并表示自己可以出600欧元购买这架钢琴。艾丽斯接受了这一要约。这一天的晚些时候，艾丽斯给戴安娜寄了一封信，告知她不能从自己这里购买钢琴了。而邮递员墨丘利将信送至错误的地址，导致戴安娜没有收到这封信，因此她于周六上午十点，雇了一辆面包车来接收钢琴。

从法律角度给艾丽斯提出建议。

第6章 合同法：对价、目的和相对性

导　言

从本质上讲，对价规则关注的是价格，即金钱或金钱的价值。合同是商业协议，因此双方会讨价还价，或者努力实现“**互惠**”（mutuality）。合同双方都是为了从交易中获得物质利益，因此会收到一个“**对价**”（consideration）。如果合同的一方当事人同意，不收取任何回报，为对方做某件事，这叫做“**无效**”**承诺**（naked promise）或者“**无偿**”**承诺**（gratuitous promise）。这样一个承诺，仅仅是道义上的责任，不能产生一份有法律约束力的合同。

达成协议的要约、承诺和对价要素都很容易满足，但除非双方都是出于订立合同的目的，该协议才会成为有约束力的合同。在订立协议时，他们可能都没有意识到不履行协议将因违反合同而受到法律制裁。

有的合同是为了第三方的利益而订立的，由于第三方不提供对价，根据普通法中“**合同的相对性**”（privity of contract）规则，他不具有强制执行合同的权利。由于有了1999年的《合同（第三方权利）法案》（Contracts（Rights of Third Parties）Act），这种情况得到缓和。

学习目标

在完成本章的学习之后，你应该能够：

互惠：合同双方都会遵守其支付对价的承诺。

无效承诺：参见无偿承诺。

无偿承诺：没有对价的承诺。

合同的相对性：排除没有提供对价的当事人的合同权利和义务。

1. 给出对价的定义。
2. 识别对价成立的情形。
3. 描述承诺的不容否定原则的运用。
4. 识别具有目的意思足以产生法律效力的协议的特征。
5. 解释1999年的《合同（第三方权利）法案》是如何影响合同相对性原则的。

6.1 对 价

法院通过不同的途径定义对价。在Currie v Misa（1875）案中，法院认为，对价是指一方获益而另一方受损。一般情况下，以此为基础很容易判断合同中的对价。当你从一家商店买一台DVD刻录机时，你获得的利益是DVD刻录机，而遭受的损失是所付款项。商店相应地获得金钱，而损失DVD刻录机。

在Dunlop v Selfridge（1915，HL）案中，上议院将对价定义为价格，即一方用以购买另一方的行为或承诺的价格。这在上述销售DVD的案件中也可以明显反映出来。

6.1.1 待履行和已履行的对价

待履行的对价

一份有约束力的合同可以由当事人相互承诺在之后的某个时间履行。如果你订购的货物是货到付款的，那么一份有约束力的合同产生于你收到订购的货物时。对方没有将货物送到则属于违反合同。这样一份合同中的对价，是由双方的承诺组成的，并且被描述为**待履行的对价**（executory consideration），因为该承诺不是**已履行的对价**（executed consideration）。

已履行的对价

有时，只有在另一方履行了其对价之后，这一方的支付义务才产生。例如，假如某人为找回其丢失的猫，刊登悬赏广告，那么他就是在作出一个单方面的承诺，即当有人归还其猫时，他在法律上就有义务支付报酬。归还猫的行为人提供的对价就被称为已履行的对价。

6.1.2 指导对价的规则

对价必须是现实的

应对方要求，表示提供对价的行为必须发生在作出承诺时或作出承诺之后。

待履行的对价：一项尚未被履行的合同中的承诺。
已履行的对价：一项已经被履行的合同中的承诺。

否则，该对价只能被当作过去的对价，承诺是无偿的。

生活实例

霍勒斯了解到，比其年长的邻居伯蒂一直为自己花园的状况担心，于是主动提出帮助清理。清理花园花了霍勒斯几乎整整一天时间，伯蒂对清理的结果很满意，为此承诺支付给霍勒斯 15 英镑。但如果伯蒂最终没有支付，霍勒斯不能起诉伯蒂违反合同，因为伯蒂的支付承诺是在霍勒斯完成了清理花园的工作之后作出的。清理工作代表的是过去的对价，因此，关于支付的承诺是无对价的。

要成为有约束力的合同，关于支付的承诺必须在行为之前作出，即承诺和行为形成一笔不可分割的交易。下面的案例可以很好地说明这一原则：

Re McArdle（1951，CA）

麦卡德尔先生留给他的妻子一套房子。在麦卡德尔太太去世之后，该房子将被出售，所得收益在其已婚子女之间平分。他们的一个儿媳为房子的改建花费了 488 英镑。在改建完成之后，所有其他子女都同意，改建的费用由卖房子的收益支付。在麦卡德尔太太去世后，这份协议被认为无效。

法院认为：合同无效，因为房屋改建是过去的对价；房屋改建发生在支付承诺作出之前。

这一规则存在一项例外，即当后续的承诺可执行之时。当缺乏一个先前作出的支付承诺时，有效的对价依然存在，只要满足下列条件：

1. 该行为是应特殊要求作出的。
2. 发生在普遍会期待付款的情境。

Re Stewart v Casey（Casey's Patents）（1892，CA）

一个雇员应老板的请求，将很多属于自己的时间用来研究一项发明。该工作完成后，老板承诺，一旦该发明申请到专利，就支付给该雇员一部分利润。

法院认为：由于雇员是应老板的请求从事发明工作，因此老板的承诺是有效的。老板和雇员之间的关系也从本质上暗示了将来会有支付行为发生。

在这样的情况下，随后明确表达的支付承诺，被认为是对完成某项工作支付报酬的承诺的确认。

对价必须从承诺方转移

这一规则阻止一方执行合同，除非其提供对价。然而，在普通法和成文法之下，存在大量的例外，并且 1999 年的《合同（第三方权利）法案》对此做了进一步的改革。

对价必须充足

对价必须具有物质价值，可以用金钱来评估。通常情况下，当涉及货物、土地或者金钱时，对价的金钱本质十分明显。任何司法权利都有其金钱价值。法庭外解决一个案件也会涉及一份合同，即一方同意放弃其合法的诉权，而另一方同意支付一定数目的赔偿金。一方同意放弃诉讼的对价，对应另一方支付赔偿金的承诺。在 Alliance Bank v Broome（1864）案中，当被告通过保证放弃恢复权利的方式，承诺为其贷款提供担保时，银行被认为提供了对价。

White v Bluett（1853）

儿子同意不再唠叨让其父亲立遗嘱，作为回报，父亲同意免除其一项债务。

法院认为：父亲不受其承诺的约束，因为儿子并没有提供有效的对价。儿子没有权力指挥父亲如何处置其财产，因此他停止唠叨，并没有放弃任何物质利益。

请注意，对价在不足额的情况下也可能是满足对价充分性的。只要给出的对价具有金钱价值，它是不是足额的回报在所不问。法院并不关心双方是否达成了一项好的交易，而只要他们做成了交易即可。因此，只要有证据证明其存在金钱价值，即使再微不足道，对价都足以被认定。

Thomas v Thomas（1842）

屋主承诺将房屋转给一名寡妇，作为承租土地的对价。同时，寡妇承诺负责房屋的修缮工作。

法院认为：对于该承诺的对价而言，一年1英镑的租金就已经足够。

在广告促销中，商家通常会开展以包装袋、包装封口或从相关产品的包装上剪下来的凭证换取赠品的活动。如果你按照要求做，就会产生一份有约束力的合同，即你有权得到茶巾、可爱的玩具或者商家提供的其他令人愉快的东西。于是，在 Chappell v Nestlé & Co. Ltd（1960，HL）案中，三个巧克力包装袋被法院认为是有效的对价，原告一旦寄送，就有权获得流行音乐录音带。雀巢（Nestlé）从其增加的销量中获得了明显的经济回报。至于包装袋到达公司后将被扔掉则在所不问。

充足性通常会涉及新的义务，作为对另外一方承诺支付价款的回报。履行一项已经存在的法定义务，通常情况下不能构成充足的对价。

Collins v Godefroy（1831）

原告是某个初审案件的关键证人，根据法院的命令必须出庭，否则就会犯蔑视法庭罪。被告是诉讼的另一方，因为原告出庭作证对他来说很重要，所以被告承诺，如果原告出席庭审，就支付给他一定的报酬。

法院认为：被告的支付承诺并不具有合同约束力。原告仅承诺履行其已经存在的法定义务，并不能被视为提供了足够的对价。

如果有这样一个案件，原告向被告承诺，如果原告给被告支付一定的金钱，被告就不实施某项犯罪。这样的协议被认为违反公共政策（不符合公共利益）。

与此相类似，双方订立一份合同，随后额外支付价款以促使合同履行，并不构成有合同约束力的承诺。被承诺方已经受合同约束，有履行合同的义务，因而没有提供新的对价。

Stilk v Myrick（1809）

在一次航行中，两名船员逃跑了。船长对其余的船员许诺，如果他们将船从斯堪的纳维亚顺利开回英国，他将会向每个人支付一定的奖金。

法院认为：船长的承诺不具有约束力。根据合同，船员应当应对航行中常见的困难。此时，这类困难就包括船员减少。因此，船长的承诺要变得有强制力，还缺少充分的对价。

法院不愿意执行这种承诺通常是出于这样一种担忧：被承诺方采取**经济胁迫**（economic duress）方式——敲诈之前的承诺方提供额外的费用。有关这一话题的讨论见第 8 章。

如果满足公共利益不被侵犯，并且执行该承诺会产生最公平的结果这两个条件，法院可以采取一种更加宽容的态度。法院可以通过三种途径将这样一个判决结果正当化：

1. 发现被承诺人的行为超出了其法律义务，超出的部分就是对价。

Hartley v Ponsonby（1857）

本案的事实与 Stilk v Myrick 案类似，但是本案中减少的船员更多且航线更长，以至于船队现有的合同都被解除了。

法院认为：为了将船开回家，船队所执行的是一项新的义务，因此提供了与船长支付更多报酬的承诺相对应的、足够的对价。

2. 发现被承诺人履行其法定义务，实际上已经给予承诺人一项新的利益。

Glasbrook Bros v Glamorgan County Council（1925，HL）

被告是一群矿主，害怕他们的经营场所在一起劳资纠纷中遭到破坏，于是向警察承诺，如果警察提供全天候的守卫，那么他们将会给警察基金捐款。

法院认为：这一承诺是有约束力的，由于警察的法定义务仅限于阶段性地巡视该经营场所，全天候的守卫已经超出了其法定义务，因而是足够的对价。

3. 认为承诺人的行为使得被承诺人避免了某些物质上的损失。

Williams v Roffey Bros（1990，CA）

罗菲是一名建筑工，与一个住房协会订立了一份翻修一栋建筑的合同。这份合同中包括一个迟延条款，即如果罗菲的翻修工作不能按时完成，就要支付一大笔钱作为迟延的赔偿。罗菲将粉刷分包给威廉斯。威廉斯之后陷入财务困境，告诉罗菲他因此无法继续粉刷工作。使罗菲让威廉斯按时完成粉刷工作，承诺付给他额外的报酬。但之后罗菲拒绝支付，辩称威廉斯所做的只是原来合同规定的义务。

法院认为：罗菲的承诺有约束力，因为威廉斯确保完成合同规定的粉刷工作，使罗菲获得了一项利益，或者至少避免了损失。他避免了给住房协会支付迟延赔偿金的结果。他是自愿而并非由于经济胁迫与威廉斯达成协议的。

经济胁迫：*以经济损失为由向合同一方施加威胁，订立符合自身利益的合同条款。*

在做这个判决时，上诉法院打破了新的司法局面，但这一规则反映了当前的商业实践。这被应用在 Opel GmbH and Renault SA v Mitras Automotive（2008）案件中。在该案中，法院支持被告提出终止合同作为对价，因为这使得原告避免违反与其客户之间的合同。然而，合同因为经济胁迫而无效。（详细案情参见第8章。）

请注意，Stilk v Myrick 案并没有被 Williams v Roffey Bros 案推翻。这两个案件之间有着明显的区别。究竟运用哪个判决，必须由案件的事实决定。

值得思考

通过什么方法区分 Williams v Roffey 案和 Stilk v Myrick 案？

参考答案见书末的附录。

Williams v Roffey 案中确立的原则，由上诉法院在下面的案件中进行限制和阐述：

Re Selectmove（1995，CA）

Selectmove 拖欠税务局的税款，如再不缴纳，税务局就将启动清算程序。Selectmove 与一个税务督察交涉，声称自己今后会在税款到期时准时交付，并且会在一个月内交齐所有的拖欠税款，共计 1 000 英镑。税务督察说，如果 Selectmove 没有收到进一步的消息，那么这个计划就被税务局认可了。之后，税务局开始了清算程序。

Selectmove 声称，税务局应当受到该税务督察与其达成协议的约束。根据 Williams v Roffey 案中确立的原则，它享有一项利益或者避免一项损失。如果公司进入清算程序，那么税务局就无法获得全部的补偿税款，也无法获得将来的税收利益。

法院认为：承诺履行一项法定义务，只有在 Williams v Roffey 案的情况下才能成为有约束力的对价，即该义务是实施一个行为，而不仅仅是支付金钱。Pinnel's 案中确立的原则（下面介绍）适用于支付债务的情况。

6.1.3 支付部分价款不足以构成对价

Pinnel's Case（1602）案确立的规则

债权人接受少于债务全额付款的承诺，并不免除债务人支付余额的法律义务。

接下来的案件是对 Pinnel's 案确立的规则很好的说明：

生活实例

霍勒斯欠约瑟芬 50 英镑，但当债务到期时，他手头十分拮据，只能归还 35 英镑。即使约瑟芬同意接受 35 英镑作为全额付款，她之后依然可以向霍勒斯追讨剩下的 15 英镑。这看似不公平，但如果你用对价的规则研究一下约瑟芬的承诺，就会发现结果中暗含的法律逻辑，而并不是道德正义。霍勒斯通过部分偿还其借款，获得了 15 英镑的利益，但约瑟芬并没有得到任何回报。在他们的协议中，约瑟芬损失了15英镑。由于霍勒斯并没有提供相应的对价，因而约瑟芬新的承诺并没有合同的约束力，这仅是一个道德上的承诺。

但这项规则存在一些例外。在以下情形下，如果债权人要求部分偿还，那么剩余的债务免除：

1. 部分偿还发生于到期之前；
2. 部分偿还发生在与合同约定不同的地点；
3. 部分偿还附带了某些货物或者其他的物质利益。

在这些情形下，债务人在债权人的要求下，通过做些不同的事情，提供了一定的对价。

生活实例

霍勒斯在詹姆斯的熟食店做建筑工，按照合同，詹姆斯应支付1 000英镑。当合同到期时，詹姆斯无法支付全款。于是，霍勒斯同意接受900英镑，加上价值100英镑的熏制鲑鱼，用作他父母即将到来的银婚纪念礼物。

债权人同意不再向债务人追偿余款，而由第三方进行部分偿还的承诺，也可以免除整个债务。债权人之间的协议（**和解协议**（composition））也有类似效力。这在商业实践中十分常见，即当多个债权人对同一个债务人享有债权时，他们将接受债务人按比例偿还债务。单独的债权人不能违背这一合同，而继续追偿其债务余额，否则就会构成对其他债务人的欺诈。

这种协议形式通常被认为是个人自愿安排（Individual Voluntary Arrangement，IVA），被1986年的《破产法案》（Insolvency Act）引入和规制。这些是由融资业务的佣金促成的，允许债务人在超过通常为5年的特定期限后，仅偿还一部分债务。近年来，可能负债的人数不断增加，IVA作为替代破产的方法，变得十分流行。（参见下面的“新闻报道”专栏。）

新闻报道

IVA争议

毕马威会计师事务所称，1998年IVA的使用次数不到5 000次，但从1998年以来，IVA的使用有巨大增长。2006年一年的使用总量已经达到45 000次，平均每个IVA的债务人应偿还的债务是52 000英镑，但最终偿还的只占39%。在2009年使用量达到34 422次之后，该数据开始下滑。由于经济不景气，这一数据很可能会再次上升。帮助解决这些债务已经成为一个产业，涉及许多公司，每家公司平均收费7 000英镑。

一些供应商已经受到严厉批评，因为它

和解协议：对同一个债务人享有债权的多个债权人之间达成的有法律效力的协议，即他们分别按比例行使一部分债权，使得全部债务得以清偿。

们总是做出就其产品表现而言不切实际的承诺。某些供应商甚至将IVA描述为应对债务的万能药，而不指出会对其信用记录造成负面影响，并且在依然无法支付的情况下很可能导致破产。对这种误导销售的担心使得公平交易办公室（Office of Fair Trading）要求，17家销售IVA的公司在2007年1月审查其广告，并且在4周内提供其遵守OFT规则的证据。到2007年12月为止，有超过38份的警告和建议书被签发。

消费者信用咨询服务中心（Consumer Credit Counselling Service，CCCS）的詹姆斯·凯彻尔（James Ketchell）强调，IVA并不仅仅是人们用来解决债务的唯一方法，并且也不总是适合陷入财务危机的绝大部分人。2006年，CCCS为70 000人提出建议，这些案例中只有3%适合用IVA手段解决问题。其他的可选方法则包括债务管理计划或者破产程序。

资料来源：KPMG，5/5/2006；OFT，17/1/2006；Consumer Credit Counselling Service，30/1/2007；Guardian article，30/1/2007；OFT press releases 17/1/07 and 17/12/2007；Thinkmoney. com 2011.

Re Selectmove（1995）案（前文介绍）和Re C（一个债务人）（1994）案都表明，上诉法院并没有打算运用Williams v Reffey案中确立的规则，使得归还少于合同规定数目而非多于合同规定数目的协议生效。否则，这将会推翻Pinnel's案确立的规则。

6.1.4 承诺的不容否定原则

承诺的不容否定原则（promissory estoppel）在部分履行债务的情形中是一个基于衡平法的抗辩。在这一原则下，假如无偿承诺的一方反悔，则会导致不公平的结果，他们承诺不再执行合同规定的权利，也就不再享有执行的权利；他们不能反悔（否定）。这一抗辩在下面的案例中得到发展。

Central London Property Trust v High Trees House（1947）

被告在原告出租给他们的土地上拥有一幢公寓楼。到1939年9月，由于战争爆发，许多公寓都被闲置。因此，被告要继续支付土地租金十分困难。原告同意被告少付一些租金。直到公寓重新被租住并且战争结束，被告都继续支付较少的租金。

原告提起了一个试验性的诉讼，要求被告支付1945年后两个季度（此时战争已结束）拖欠的租金。

法院认为：原告有权获得其主张的拖欠的租金。但是，法院也认为（附带意见），假如原告在战争结束之前主张拖欠款，得不到法院的支持。如果让他们对被告信赖的承诺表示反悔，将会导致不公平的结果。原告的无偿承诺使得他们获得全额付款的权利暂停了，并且在情有可原的情况下，该承诺持续有效。

这一来自一名当时很年轻的丹宁法官的附带意见（有说服力的规则），被上

承诺的不容否定原则（High Trees原则）：当合同被无偿改变后，针对另一方想要按照改变之前的合同行使权利，受益方享有的一项公平抗辩。

议院运用。在该案中，法院认为，一个无偿的承诺，即在战争中暂时停止收取专利的特许使用费，能够成为后续要求支付该费用很好的抗辩。

然而，尽管承诺的不容否定原则在上诉法院和上议院之后的案件中引发了大量讨论，但其适用次数极少，并且其范围极不清楚。有两点是可以肯定的：

1. 仅能作为抗辩。丹宁法官在 Combe v Combe（CA，1951）案中阐述了该原则的这一特征。他将此描述为“盾牌而非宝剑”。他强调该原则“不应被延伸得太远”，该原则“并没有创造之前就不存在的起诉原因”，并且“对价的原则被严格遵守，而不会被这一抗辩推翻”。

因此，如果我们将这一理由应用于 High Trees 案，显而易见的是，被告并不能够针对原告的承诺提起诉讼，但如果原告企图行使其在暂停期间的初始合同权利，那么被告可以对此进行有力的抗辩。

2. 这是一项衡平法原则。只有在产生对双方都公平的结果时，法院才会提供一项衡平法上的救济。寻求这样一份救济的合同当事人，必须证明其行为既合乎道德也合乎法律。

D & C Builders v Rees（1965，CA）

里斯女士在得知建筑工人即将陷入财务危机的情况下，说服其接受以 300 英镑偿还原本 483 英镑的债务，否则他们一分钱也拿不到。

法院认为：鉴于里斯女士有效地“绑架了建筑工人”（丹宁法官），强迫他们接受较少的付款，因而允许将建筑工人的承诺作为里斯女士的抗辩，是非常不公平的。

6.2 建立法律关系的意图

在判断双方是否希望其协议具有法律上的约束力时，法院关于双方是否具有**“建立法律关系的意图”**（intention to create legal relations）有两个指导性的假设：

1. 家庭内部协议或社会协议的双方，并不是以建立法律关系为目的。
2. 商务协议的双方当事人，具有建立法律关系的意图。

这些都只是假定，因而在有充足的相反证据的情况下，可以被反证（推翻）。

6.2.1 家庭内部协议和社会协议

法院认为，家庭成员和朋友之间通常并不希望，仅仅为了双方便利而达成的协议变得有法律上的强制力。家庭成员之间的财产权通常也由其他法律规制。除非有商业交易的明确证据——例如，家庭成员之间买卖车辆——否则不会认为其有创设合同约束力的意图。

建立法律关系的意图：协议双方的意图，希望其协议不仅具有道德上的约束力，而且具有法律上的约束力。

Balfour v Balfour（1919，CA）

法院认为：该协议中不存在建立法律关系的意图，因为该协议规定的是一位在国外工作的丈夫给其在英国的妻子支付生活费的承诺。

如果夫妇双方不希望继续维持婚姻关系，那么法院会采取不同的观点。在 Merritt v Merritt（1970，CA）案中，法院认为分居后的抚养协议产生合同关系。

合伙用车协议可能会涉及必要的意图：

Albert v Motor Insurers Bureau（1971，HL）

法院认为：如果用车是有规律的且长期的，驾驶人也参与付款，那么建立法律关系的意图存在。

即使是一个"娱乐性"的交易，也可能暗含着一个更加正式的意图。

Simpkins v Pays（1955，CA）

原告寄住在被告的公寓。每周，原告、被告和被告的孙女都会去参加《星期日报》社举办的时尚竞赛。她们轮流支付入场费和邮费，并且达成协议，赢得的任何奖励都要平分。某一周，写着被告名字的入场券寄出后赢得了 750 英镑。但被告拒绝支付原告应得的份额。原告以违反合同起诉被告，被告声称在这一交易中没有建立法律关系的意图。

法院认为：原告应该胜诉，因为双方的表现足以证明存在建立法律关系的意图。这远不是一份单纯的友好协议。这是一个合营/合伙企业，双方共同出资，希望分享奖金。

在能够推断出存在建立法律关系的意图之前，必须存在一份被清楚定义的协议。

Wilson and Anor v Burnett（2007，CA）

原告与其同事（被告）一起，在当地的游戏厅组织了一个"女孩之夜"活动。被告赢得了总共价值 101 354 英镑的奖品。原告声称在当夜，他们达成了超过 10 英镑的奖品都将被平分的协议。但被告否认这一点。在初审时，内利根法官说："我认为被告的证据仅证明了存在一个关于分享奖金的谈话或讨论，但仅仅是谈话或讨论，而并没有也不能认为这已经由普通谈话变成了商务交往；也不能认为就此存在创设关于分享奖金的法律关系的意图。"因此，该法官认为，原告无权与被告分享该奖金。之后，原告上诉。

（上诉）法院认为：内利根法官作出的判决是正当的。朋友之间的协议，通常被假定不存在建立法律关系的意图，尽管每个案件都需要根据其事实具体判断。本案中尽管存在关于奖金的讨论，但并没有足够的证据表明存在清楚的协议，用以证明建立法律关系的意图存在。因此，原告败诉。

以上两个案件之间的区别十分明显。在 Simpkins v Pays 案中，当事人一起参与了有着相同过程的每次竞赛，每一方都有所付出并且与结果有利害关系。而在 Wilson v Burnett 案中，当事人只共同参与了一次性的活动，并且存在潜在协议的证据相互之间是矛盾的。

考试提醒

如果问题中将当事人设定为朋友或者家庭成员，那么你需要注意，回答时要提及创设法律关系的意图这一焦点问题。

6.2.2　商业协议

在商业世界中，假定协议都是以达成法律后果为目的的，这意味着必须有明显的证据表明缺乏建立法律关系的意图，才能否定该意图的存在。

Rose & Frank Co. v J. R. Crompton &Bros（1925，HL）

原告是美国一家销售复写纸的公司。它允许被告——同一业务领域的一家英国的公司在美国销售其产品。协议的用语表明，这并不是一份“正式的法律协议，并且将不被用于无论是美国还是英国的法院司法程序，而只是一个明确的表达，以及关于它们各自作出诚实承诺的目的和意图的记录”。

之后，被告违反了协议，并且声称这并不能构成一份有法律约束力的合同。

法官认为：这个清楚且具体的条款，有效地排除了建立法律约束力的意图。

下次当你看到一则促销广告时，确认一下印刷的小字，通常情况下你会发现其中包含了类似的文字。在 Jones v Vernons Pools（1938）案中，法院认为船夫和联运公司之间不存在有法律约束力的合同：通行券上清楚表明了双方关系“仅具有诚实的约束力”。

6.3　合同的相对性

有时，合同可能产生在这样的情形下，即一方（**承诺方**（promisor））同意另一方（**被承诺方**（promisee））向第三方提供某种利益。本章前面介绍了对价，你可能还记得普通法的规则是，当合同被违反时，没有对合同提供对价的一方无权提起诉讼。这是因为他们不是合同完整的当事人：用律师依然使用的、更古老

Tweddle v Atkinson（1861）

威廉·特威德尔和盖伊小姐订婚了。他俩的父亲订立了一份合同，其中规定当他们结婚时，双方父亲各拿出一笔钱。但是盖伊先生在支付这笔钱之前过世了。

法院认为：威廉没有权利提起诉讼，要求从盖伊先生的遗产中拨付一定的金钱，因为他没有对盖伊先生的承诺提供任何对价，而只是该合同中一个单纯的受益人。作为一个单纯的受益人，威廉并不具有合同相对性：他并不是真正意义上的合同当事人，因为他并没有提供对价。

承诺方：作出承诺的当事人一方。

被承诺方：接受承诺的当事人一方。

的语言表述，他们不符合合同相对性，或者在双方之间不存在具有相对性的合同。因此，如果该合同被违反，第三人不能就损失的利益提起诉讼。

与此相类似，不能要求没有提供对价的第三人履行合同。

Dunlop Rubber Co. Ltd v Selfridge（1915，HL）

Dunlop以折价（低于定价）向Dew & Co. 供应轮胎。Dew & Co. 承诺，除非购买方也承诺以不低于定价的价格销售，否则它不再将该轮胎以低于定价的价格转卖。Dew将轮胎转卖给Selfridge，Selfridge违反了转卖价格的承诺。Dunlop针对Selfridge提起诉讼。

法院认为：Dunlop不能起诉Selfridge，因为它们之间不存在合同的相对性：Dunlop并没有对Selfridge遵守转卖价格的承诺提供相应的对价。（只有Dew能够针对Selfridge违反合同提起诉讼。）

6.3.1 合同相对性的例外

为了防止不公正，一些合同相对性规则的例外得到广泛认可，用以保障受益人行使其权利。

1. 代理。代理人代表本人与第三方订立合同，本人可以就该合同提起诉讼，如果其违反该合同，也会被对方起诉。（见第10章。）

2. 第三方保险。根据保险政策，第三方作为受益人可以主张其权利，尽管第三方并不支付保险金（例如，生命保险和第三方汽车保险）。

3. 合同权利的转让。合同的利益（而不是负担）可以被转让给第三方。然后第三方可以依据该合同提起诉讼（例如，债权转让）。债权被转移后，新的债权人可以向原债务人提起诉讼。合同规定的应履行的义务不能被转移。

4. 信托。这是一个衡平法上的概念，一个人将其财产转移给第二个人（受托人）。受托人持有这些财产为他人（受益人）谋取利益。信托的创建方通常是基于遗嘱，订立具体的信托财产操作规则。如果这些未被遵守，受益人有权请求法院强制执行。

5. 担保合同。A与B之间一份合同的履行，可能会间接地触发另一份A与C之间的合同。

6. 为团体利益而订立的合同。当一个人以自己的名义为一个团体订立一份服务合同时，依据普通法，如果该合同被违反，该团体的成员不能就该合同提起诉讼；因为该团体的成员与提供服务的一方之间并不具有合同的相对性。然而，法院在确定买方的损失数额时，会考虑团体的损失。

Shanklin Pier Ltd v Detel Products Ltd（1954）

Detel产品有限公司向Shanklin码头有限公司建议，其油漆适合海上使用，并且能保持至少7年。Shanklin码头有限公司与一家装饰公司订立了粉刷码头的合同；合同中有一个条款要求装饰公司购买Detel的油漆进行涂刷。然而，该油漆三个月内就开始脱落。

法院认为：基于一项与Shanklin码头有限公司和装饰公司之间的主合同相联系的保证合同，Shanklin码头有限公司可以成功地起诉Detel产品有限公司。Detel对公司的油漆质量作出了承诺，Shanklin码头公司对这一承诺提供了相应对价，即要求装饰公司使用其油漆。

Jackson v Horizon Holidays Ltd（1975，CA）

度假公司提供了极差的服务，导致杰克逊一家的假期被毁了。

法院认为：签订合同的当事人杰克逊先生，是唯一有权提起诉讼的人，但在考虑损害赔偿数额时，会考虑因为 Horizon 没有按合同约定提供符合质量的假期，杰克逊全家人所遭受的损失。

6.3.2　相对性规则的成文法改革

1996年，法律委员会（Law Commission）（242号报告）声称，当时的法律需要改革，原因在于：

（a）歧视同样依赖合同却没有执行权力的第三方；

（b）在商业活动中引发了问题；

（c）跟不上其他欧盟成员国，以及包括新西兰、美国在内的其他许多普通法国家的脚步。

最终，立法的改革启动了。

1999年的《合同（第三方权利）法案》

第1章赋予第三方有权利直接执行那些明确规定了其执行权，或为其利益而订立的合同。这针对违约，给第三方提供了与合同的其他当事人同样的救济。对这些内容必须以名称、类别或描述的形式在合同中明确规定，但不需要在合同订立时就这样做。因此，一份合同确定的给予“我所有孩子”的未来利益，在合同成立之后出生的孩子也享有。

第2章指出，在未取得第三方同意的情况下，不允许取消或修改合同。这样做是为了进一步保护第三方。当然，合同明确规定允许取消或改变的除外。一般来说，在下列情况下，未取得其同意，第三方的权利不能被取消或者改变：他们用文字或行为的方式，就合同的条款达成一致，或者承诺人知晓对方依赖于该合同条款，或者承诺人对于对方依赖该合同条款有合理预见，或者承诺人应当对于对方依赖该合同条款有合理预见，并且对方确实是这样做的，在例外的情况下（例如，第三方为精神上无行为能力者），法院会免除其同意权。

第5章旨在保护承诺人，以免其承担双重责任。如果承诺人由于第三方的原因没有履行合同义务，承诺人不对已经由被承诺人承担的第三方的损失承担责任。这就可以防止第三方从同一次损失中获得两次赔偿。第三方的权利在某些情形下不具有强制力。第6章阐述了一些例外情况：例如，在雇佣合同中，第三方不能针对雇员行使合同条款；在货物运输合同中，除非是保护其不受排除和限制其权利条款的约束，第三方没有其他的可执行权利。

请注意，1999年的法案并没有废除合同相对性原则：它只是引入了一项新的权利。第7章阐述了现存的第三方权利和尚未改变的救济方式。

本章小结

1. 对价

将合同与其他种类的有法律约束力的协议以及其他协议区分开的交易性要素。

定义：因为合同的履行，物质上获得的利益/遭受的损失。

为对方的承诺或行为付出的价款，为利益/损失。

2. 对价的规则

必须是现实的：不能支付之前的承诺。

必须充足：代表一定的损失/利益，但价格上的足额并不是必要条件。

通常情况下，只有提供对价的一方可以执行合同（参见相对性）。

对债务的部分支付通常情况下并不免除全部债务（Pinnel's 案）。

承诺的不容否定原则给被告人提供了一项抗辩，当他被起诉违反合同时，如果他能证明原告之前为了被告的利益，自愿无偿修改合同，那么让原告反悔，否定其承诺将会导致不公平的结果。

3. 建立法律关系的意图

合同当事人必须有建立法律关系的意图，否则合同在法院得不到强制执行。此处可以运用两个可推翻的假定。

朋友之间和家庭成员之间的协议被推定为没有建立法律关系的意图，但商业协议被推定为有。

4. 合同的相对性

一般来说，合同相对性规则阻止除合同的当事人以外的任何人执行该合同。

1999 年的《合同（第三方权利）法案》赋予合同明确规定的合同受益人，针对合同被违反提起诉讼的权利，尽管他们并没有提供任何对价。

课后测验

1. 以下承诺具有法律约束力还是仅有道德约束力？

(a) 雷德归还了布朗丢失的乌龟，布朗承诺给其 5 英镑。

(b) 格林同意将其复古跑车以 10 便士的价格卖给布莱克。

(c) 斯卡利莱特向员工奥林其承诺，如果他一周内每天都准时上班，就额外付给他 10 英镑。

(d) 布卢对耶洛享有 50 英镑债权，但同意如果耶洛能够提前一周付款，就接受 45 英镑作为全额付款。

(e) 平克同意其租户蒂尔夸在没有工作期间支付较少的租金。

2. 怀特让裁缝给他侄子格雷制作一件婚礼服，由格雷挑选款式和材质。费用由怀特支付。当礼服做完后，格雷穿上并不合身，而不得不租一件。格雷是否对裁缝有任何权利？

参考答案见书末的附录。

深入阅读

以下判例对于你在本章所学的法律的形成提供了重要的示例。它们是说明诉讼中法律的第一手资料，并且能给你提供更多的事实细节，同时帮助你理解法律，以及了解法官是如何作出决定的。

请尝试在判例汇编中查找这些判例，或者通过数据库获取，例如，Bailli（www.bailii.org/databases.html）。你可以从大学图书馆获取 LexisNexis 和 Westlaw，或者从判例书中找到摘录。

Re McArdle [1951] Ch 669

Williams v Roffey Bros [1990] 1 All ER 512，CA

Simpkins v Pays [1955] 3 All ER 10，CA

Jackson v Horizon Holidays [1975] 3 All ER 92，CA

网络学习

请登录 www. yourrights. org. uk/。点击"IVA"，发现更多其如何运作以及对此表示赞同或反对的意见。

课后作业

(a) 自从有了 1999 年的《合同（第三方权利）法案》，合同相对性的原则就变得多余了。这种说法正确吗?

(b) 1 月，阿瑟以每月 400 英镑的价格将其房子出租给朋友布赖恩。5 月，当听说布赖恩陷入了经济困境，阿瑟主动要求将房租减少到每月 250 英镑，直到布赖恩恢复经济能力。10 月，布赖恩的妻子卡西从其叔叔那里继承了 20 000 英镑。12 月，阿瑟知道了这一情况，向布赖恩要求从 10 月开始付全额租金。

请给阿瑟一些建议。

第 7 章
合同的条款

导　言

合同是针对一方当事人的要约，另一方接受该要约作出的一系列承诺。要约与承诺的规模取决于其本质和合同的复杂性。一个理发的交易明显要比建造一幢房屋的交易简单得多。然而，它们都会包括一些明确表述的**明示条款**（express term），例如理发的费用、所建造房屋的数量。同时，合同当事人也经常受到一些他们没有明确同意的**默示条款**（implied term）的约束。根据法律，那些默示条款是有关特定种类合同的标准内容。因此，你可以认定，无论对方是否承诺，即将为你理发的理发师是能够胜任这一工作的。

并不是所有的合同条款都具有同等的重要性。某些条款（**条件条款**（conditions term））对合同来说是至关重要的，其他的条款（**担保条款**（warranties term））则相对没有那么重要，违反相关条款会承担不同的法律后果。在一份建筑合同中，所需建造的房屋数量比其他的方面（如水龙头和门等）要重要得多。有时，对于一个合同条款是否重要会存在争议，然后法院必须决定这样一个**无名条款**（innominate term）究竟应该被归入哪一类。

明示条款：明确规定为合同组成部分的合同条款。

默示条款：虽然没有明确规定在合同中，但通过成文法或普通法的形式隐含在合同中的条款。

条件条款：对于合同的存在至关重要的主要条款。一旦被违反，受害方可以拒绝继续履行，并且就违约提起诉讼。

担保条款：不那么重要的合同条款，若违反，则受害方有要求损害赔偿的权利。

无名条款：可能产生对其有不同严重程度违反的合同条款。

在订立一份合同时，你需要睁大眼睛看清楚那些**免责条款**（exclusion clauses），即让卖家免除其违反合同所应承担责任的条款。理发店的大衣挂钩附近贴的一条告示称，顾客财物如果被盗，本店管理者不承担责任。假如你的大衣被偷了，这一告示就足以阻止你提起一个成功的诉讼。

学习目标

在完成本章的学习之后，你应该能够：

1. 区分条件条款、担保条款和无名条款。
2. 解释免责条款的目的以及普通法规制免责条款的规则。
3. 论证 1977 年《不公平合同条款法案》与 1999 年《消费者合同条例》所针对的不公平条款的区别。

7.1　明示条款和默示条款

合同的条款分为三类：条件条款、担保条款和无名条款。这些条款可能是明示的，也可能是默示的。明示条款是由要约方与承诺方明确沟通过的。其他条款则可能通过成文法、惯例以及法院判决被视为合同中的默示条款。

7.1.1　默示条款的来源

成文法：1979 年的《商品销售法案》

这是默示条款最重要的来源。议会通过在大多数商品销售合同中隐含特定有关商品质量的条款的方式，保护消费者。如果商品不符合这些标准，视为销售方违约，不论销售方对消费者作出了何种承诺。

此法定保护意味着，如果你买了一个 iPod，那么你可以认定它将能正常使用。如果不能，那么商店必须承担责任，而不能声称其从未向你承诺过该 iPod 能正常使用，从而避免责任。这些条款在第 12 章会作进一步解释。

贸易惯例和实践

在很多交易中，以特定的方式履行合同，或者在当事人之间用特定方式分担风险，是交易惯例。例如，在起重机租赁合同中，通常隐含着设备在租赁期间由于偶然的原因损毁，该经济损失由承租人承担，而非由所有者（出租人）承担。

商业效力

法院一般不会同情那些合同当事人，认定其享有对方并没有明确承诺的合同权利。然而也存在例外情况，即一个默示的条款也可能赋予合同“**商业效力**”

免责条款：限制或排除一方当事人对另一方当事人的合同/侵权责任的合同条款。有时也称免责条款。

商业效力：合同当事人显而易见的但没有明示的意图。

(business efficacy)。当合同明显缺乏当事人双方都有意将其纳入合同的条款时，法院就会这样处理。例如，你让农场给你家送“两品脱牛奶”，你很可能不会觉得有必要强调，牛奶必须装在一个容器里而不能被倒在你家门前的水坑里。在The Moorcock（1889）案中，租用被告码头的空间用以卸货的合同当事人，有权认定船尾不会因为临近码头的河床而受到毁损。这一策略防止合同当事人因技术原因逃避合同责任，并且使那些合同当事人显而易见的但没有说出口的意图得以有效执行。

法官们在不断延伸这一针对有争议条款的目的解释。在Pink Floyd Music v EMI Records（2010）案中，上诉法院多数意见认为，阻止EMI以邮寄之外的所有方式出售“专辑”，包括将专辑内容以下载或铃声的方式分别销售。这是“商业常识”（纽伯格法官），即使Pink Floyd对专辑销售具有控制力，包括通过邮寄方式进行销售，以及销售具有一定完整性的数字化的专辑。

7.2 合同条款的相对重要性

所有的合同条款并不具有同等的重要性。因此，如果违反合同，会根据违反条款的重要性承担相应的责任。通常来说，合同条款被分为条件条款和担保条款。一个合同条款究竟被视为条件条款还是担保条款，是由合同当事人在订立合同时的明显意图决定的。一个看上去微不足道的条款，比如要求酒店的房间为海景房，如果在承诺之前其必要性被重点强调，它就会被认为是合同中的条件。

7.2.1 条件条款

条件条款是最重要的合同条款，构成了合同的核心部分。例如，当你预订一个酒店时，你入住的日期和需要的房间类型（单人/双人）就是最重要的要求。如果特定的细节对合同的一方当事人至关重要，那么必须在合同订立完成之前向另一方明确提出。如果你预订的是一个双人间，酒店可能提供一张大床或两张小床，除非你限定更喜欢哪一种。

因一方违反合同，受到损失的另一方有权不再继续履行合同义务，并且主张赔偿。

7.2.2 担保条款

担保条款是相对次要的合同条款，对于合同来说是补充性的而非决定性的。例如，当你预订一个酒店时，它承诺提供泡茶和咖啡的设施以及彩电，对于其履行合同来说并不是至关重要的。缺少这些并不会妨碍你在假期获得许多乐趣。

违反担保条款也不会赋予受害方停止履行其合同义务的权利。受害方只有权利主张之后的损失赔偿，即因为对方违约导致的损失。

接下来的两个案例说明了这两种合同条款的区别。

Poussard v Spiers & Pond (1876)

一个女演员被雇用了一整季，但是由于她从拿到角色到新剧首演之后一周一直生病，导致合同没有履行。

法院认为：雇佣方有权终止该合同：女演员在首演之夜出现是合同中至关重要的内容。

Bettini v Gye (1876)

一个歌手签约了一整季，在事先约定的6场排练中前3场他都没有出现。

法院认为：考虑到合同的期限长度，且该歌手并没有错过正式演出，因此这仅构成轻微违约；雇佣方无权终止合同。

7.2.3　无名条款

并非所有的合同条款都能被清楚、迅速地区分为条件条款和担保条款。有一些被法院描述为“无名条款”，其用语十分广泛，能够包含很多可能发生的违约情况。之后，法院就必须判定一个特定的违约行为应被当作条件条款还是担保条款。

Hong Kong Fir Shipping Co. Ltd v Kawasaki Kisen Kaisha (1962, CA)

一份合同规定，船只应当是“各个方面都适合货运服务”的。这一条款可能涵盖许多种违约情形——从船体上的一个大洞到缺少救生筏（尽管很可能从来不会用到）。由于机房船员的不尽责和引擎出现故障，船只有20周无法使用，因而失去了一个为期两年的租船合同（租赁合同）。作为承租人的被告解除了合同，原告即船主以其违约为由提起诉讼。

法院认为：违反有关船只适航性的条款并不足以让被告终止合同。该条款的重要性必须与实际造成的损失联系起来判断。所造成的损失并没有撼动合同的根基（该船只在租赁期还可以被有效使用18个月以上），因此并没有发生与违反条件条款等同的情况。

迪普洛克法官称，法官在这类案件中的任务是“在租船人声称要撤销租船合同时，考察已发生的违约事件，并且确定这一事件的发生是否剥夺了租船人本质上的整体利益，该利益在租船合同中明确规定，并且是租船人应得的利益”（通过履行该合同获得）。

Hong Kong Fir 是一个有争议的判决，因为其辩称，“损失测试”会增大不确定性，因为在该合同条款未被违反之前，谁都不知道其重要性。尽管该项测试依然存在，之后上诉法院的判决在适用解释无名条款状况的标准时，将其放在靠后的位置，而优先适用 Cehave NV v Bremer Handelsgesellschaft（The Hansa Nord）(1975, CA)。

1. 合同当事人有明确意图十分重要：如果合同中明确规定，某一特定的违约行为会使得某一方合同当事人有权终止合同，那么这将是决定性的。

Lombard North Central plc v Butterworth (1987, CA)

一份有关电脑租赁的合同规定，及时地分期付款是该合同的精髓，如果不遵守这一点的话，租赁公司有权终止协议。被告在第3、第4、第5次分期付款时都有迟延，并且第6次分期付款推迟了6周。此时，原告拒绝履行合同，并且对被告违约提起诉讼，主张损害赔偿。

法院认为：在这种情形下，迟延付款通常并不能构成拒绝履行合同的依据，但是在本案中，该条款上升到了条件条款的地位，因为租赁方特意强调了时间要素的重要性。只要支付有轻微迟延，出租赁方就有权拒绝履行。

马斯蒂尔法官称：

时间是至关重要的一条约定，因此在涉及一个特定的合约条款时，要求及时履行是合同的条件条款。其后果是，迟延履行被认定为对合同的根本违反，而不必考虑风险大小。

2. 使用“条件性”和“担保性”的字眼描述一个合同条款，仅具有证据的效力——其本身并不是结论性的。

Schuler AG v Wickman Machine Tool Sales（1974，HL）

Wickman拿到了对Schuler产品为期4年半的独家销售权。合同中有一个条款规定，Wickman会派代表每周从六个最大的英国制造商处招揽订单，这是合同的条件条款。

法院（多数意见）认为：这个条款并不是条件，无论违反这个条款的行为多么微不足道，都会让受害方当事人有权终止合同。

是否将一个条款当作条件条款，对于确定合同当事人是不是故意违反该条款，乃至享有拒绝履行合同的权利，是至关重要的。

里德法官称：

我们的目的是发现合同作为一个整体披露的意图。“条件”一词的使用是一种暗示——甚至是一种强烈的暗示——但这种意图绝对不是结论性的。

3. 如果一方当事人在合同被违反时具有法定的终止合同的权利，那么该条款是条件条款。（例如，《商品销售法案》默示的条件，见第12章。）

4. 长期建立的商业惯例将会决定一个条款的性质。在The Mihalis Angelos（1970，CA）案中，法院认为，**租船协议**（charterparty）中有一个关于“预期装货准备”的条款，按照商业惯例，它通常被当作有执行力的条件条款，即使违反合同的一方当事人错误地作出承诺，或者没有令人信服的理由，也要被履行。

5. 如果违反合同导致的损失十分巨大，以至于从根本上剥夺了受害当事人所追求的利益，该当事人可以免除合同责任。而对损失的评估，则是实践中受害人可以依赖的最终救济方式。

Reardon Smith Line v Hansen-Tangen（1976，HL）

除了未在指定的造船厂生产以外，船只本身完全符合合同规定的所有要求。

法院认为：这一条款应当被认为是无名条款；由于并没有任何损害发生，因此当事人没有终止合同的权利。

在适用这些标准的时候，法院在当事人之间寻求公平，符合公共利益。考虑到这些条件，能够使以上判例更容易为人们所理解。

在The Mihalis Angelos（1970）案中，上诉法院希望不要给那些对国家经济重要领域起支撑作用的法律带来不确定因素。而且国际贸易的惯例对形成这一

租船协议：承租全部船队的合同。

领域的良好商业关系十分重要。埃德蒙-戴维斯法官说："不应该破坏一项已经形成的惯例"。梅高法官则强调可预测性的需求，他说："商法中，在可能的情况下，拥有关于某种特定法律关系的严格和确定的规则，存在显而易见的实际的优势。"

在 Reardon Smith 案中，当买方签订合同时，由于贸易繁荣，他想要增加获得特许的船队。然而，就在船只准备交付时，经济衰退，买方企图通过拒绝履行合同的方式，对于新增加的船只不支付费用。损失测试是一项有用的工具，用以阻止买方不公平地通过技术手段逃避合同义务。

7.3 责任的限制与排除

许多合同中都包含这样的条款：一方用以限制另一方主张损害赔偿金额的条款，或者完全排除一方的法律责任的条款。例如，通过一个**限制条款**（limitation clause），度假公司的合同可以限制客户在发生航班迟延、延误和取消时主张的特定餐费和过夜住宿费的金额。当你付费使用停车场时，该合同中通常包含一个免责条款，规定管理者对于车辆的损毁、车上财物被盗都不承担法律责任。

这种对责任的限制或排除可能是十分合理的商业行为，但是需要受到法院和成文法的管控，以防被滥用。如果没有这样的规制，一个商业主体可以避免公然过失，并且大量地、不负责任地违反合同。

任何免责条款在生效之前必须满足以下三个标准：

1. 必须包含在合同中；
2. 必须是清晰和含义明确的；
3. 必须没有被成文法认定为无效。

7.3.1 包含

要使得一个条款包含在合同之中（成为其一部分），受到约束的一方当事人必须充分注意到这一条款。对于这种注意的判断，有两点十分关键：

1. 时间点：在接受该免责条款之前，合同当事人必须对该条款给予注意。

这种注意可能是在商业场合以书面形式体现，或者在合同文件中体现。在客户签订合同之前，这应当是显而易见的。

Olley v Marlborough Court Hotel（1949，CA）

奥利女士所住宾馆卧室中贴的一张告示称，宾馆所有者将不对客户的财物被盗承担任何责任。之后，奥利女士的珠宝和皮草从她的房间被偷走了。

法院认为：奥利女士和宾馆之间的合同，成立于奥利女士在前台同意入住的时候。她在此之后才阅读的该告示，并不能构成合同的一部分。因此，宾馆不能免除对其财务被盗应承担的责任。

限制条款：在民事诉讼中，企图限制受害方损失赔偿金额的合同条款。

Thornton v Shoe Lane Parking（1971，CA）

一个停车场内贴的告示称，管理者不对客户的人身伤害承担责任。这也被印刷在停车场入口的道闸处分发的停车券的背面。

法院认为：该免责条款不是合同的内容：从停车场发放停车券的入口处驶入的行为，表明原告已经就接受被告提供停车空间的服务进行了沟通。

Chapelton v Barry UDC（1940，CA）

原告想租一把躺椅在沙滩上用，于是从一堆椅子中拿了一把。椅子旁贴着的告示称，租用椅子需要给管理者支付租金。原告付款的时候，拿到了一张票，上面写着委员会对于椅子使用过程中发生的意外不承担责任。之后，由于椅子疏于维护而塌陷，原告受伤。

法院认为：原告拿到的票并不是一份合同性的文件，而仅仅是一张收据。并且，只有在原告从一堆椅子中搬走一把，接受了该服务之后，他才会拿到该收据。

请注意，可认为过去的合同交易对合同当事人起到了告知作用。法院认可这一点的前提是：针对同样的条款，足够频繁地发生，并且经过足够长的时间。

Kendall v Lillico（1968，HL）

当事人在过去的三年中，订立合同不下100次，对于货物的运送达成了一致的条款，包括一个销售说明，其中有一个免责条款。之后的运送存在瑕疵，但是并没有包含销售说明，买方声称卖方不受免责条款的保护。

法院认为：买方有充分的认识，因为在之前的长期交易过程中，对方都一直进行了告知。

然而，这样一种暗示不太可能包含在消费者合同中。

McCutcheon v David McBrayne Ltd（1964，HL）

原告在很多情况下用被告的轮船运送汽车。有时，他会被要求在一份包含排除轮船公司对于货物毁损责任的风险提示上签字。有一次，原告没有在该提示上签字，由于被告的疏忽大意，轮船沉没，被告的汽车毁损。

法院认为：被告并不受免责条款的保护；原告对于免责条款并不知情。当事人双方之前的交易没有一致性，因为风险提示并没有成为惯例。

2. 充足性：通常情况下，只有在提供方采取了合理的方式提请消费者注意的情况下，一个条款才具有法律约束力。

该条款越烦琐，提示的要求越高。文件主体中包含的免责条款，应当清晰地打印出来，甚至可能需要通过加下划线或其他的方式突出显示。

Interfoto Picture Library Ltd v Stiletto Productions（1988，CA）

（虽然这个案件与免责条款无关，但该原则适用于所有的合同条款。）在一份关于摄影胶片租用的合同中，规定罚款为每天每张胶片5英镑。这一条款包含在组成合同的送货单中。

法院认为：这一条款不具有法律约束力，因为出租方并没有采取足以引起承租人对该条款的注意的举措。需要有一个特殊的提示条款，或者至少在送货单上用粗体字标明。

充足性规则不适用于已签署的文件。客户对其签署的任何合同性的文件都应有所注意；这意味着他们被视为对文件内容具有当然的注意，无论其是否仔细阅读了文件。另一方并没有警告签署者存在免责条款的义务。在 L'Estrange v Graucob（1934）案中，原告在没有仔细阅读的情况下，签署了一份自动售货机的"销售协议"，法院认为其仍然受到协议中免责条款的约束。

消费者声称误解了该条款的后果是没有意义的，除非这种误解是销售方促成的。

Curtis v Chemical Cleaning & Dyeing Co.（1951，CA）

原告将她的婚纱送去清洗，被要求签了一份排除清洗者损坏婚纱责任的备忘录。她对此表示质疑，但被告知不用担心，这只是为了在珠子或小金属片受损的情况下保护洗衣店，最后她还是签了字。当原告拿到洗完的婚纱时，发现被严重染色了。她起诉对方违反了合同，对方引用免责条款作为抗辩。

法院认为：被告应承担责任。由于消费者被误导了，该免责条款无效。

7.3.2 免责条款在表意模糊的情况下无效

当用词模糊的时候，法院会运用**不利于提出者的解释原则**（contra proferentem），以限制免责条款的效果。该条款的解释将不利于提出它的一方当事人；最不利于提出该条款当事人的解释将会被采纳。

Andrews v Singer（1934）

合同明确规定，所提供的是新车。免责条款称，提供方将对违反法令暗示的任何条件或担保免责。当汽车送到时，买方发现其中有一辆二手车。

法院认为：买方可以拒绝接受二手车：本案中发生了合同规定的明示条款被违反的情况。免责条款针对的是默示条款。

根本违约的法律责任

当合同被严重违反，以至于合同的全部目的都不复存在（**根本违约**（fundamental breach））时，法院依然有可能允许一个免责条款保护违约的一方当事人。合同的性质以及违约的方式是双方当事人意图的证据。例如，在一份旅游合同中，提供服务的一方许诺，带消费者在特定的时间去特定的地点；这种合同通常会包含一个限制或完全排除提供方责任的条款——由于天气原因取消服务。在这种情况下，没有将旅客准时送达目的地并不是提供方的错，尽管这也使得消费者的合同目的完全落空。这种免责条款通常被认为有效。消费者被推定接受了这种风险。

不利于提出者的解释原则：任何表意模糊的合同条款，都应采纳不利于从中获利的一方当事人的解释。

根本违约：严重违反条件条款，使得合同目的彻底无法实现。

保险问题也是如此，提供免责条款的一方会受到法院保护，此时保险责任由另一方承担。

Photo Production Ltd v Securicor Transport Ltd（1980，HL）

在原告的经营场所值班时，Securicor安保公司的雇员故意纵火。合同规定，除非安保公司疏忽大意，否则对这种损失不承担责任。原告并没有控告其疏忽大意。但很明显这是根本违约：安保公司是导致财产损失发生的原因，而其承诺要保证财产的安全。唯一的争议焦点在于免责条款是否有效。

法院认为：该条款保护安保公司免于承担根本违约的责任；双方曾达成公平条款，即由巡警定期巡视，每次巡视收取适当费用（26便士）。将火灾损失的风险分配给原告是合理的，它才是最应该对财产负有保障其免受损失的义务的一方。

下面"生活实例"专栏中的例子可以帮助你更好地理解普通法原则是如何运用的。

生活实例

霍勒斯开车去Buymore-Stuff购物中心购物。在地下停车场入口处有一告示：

> **停车：每小时90便士。请在停车场内的机器上付款，并且把票放在汽车的挡风玻璃上。Buymore-Stuff将不对任何使用停车场的人员的伤亡以及车辆和其他财产损失承担责任，无论是什么原因导致的。**

在放好票据后，霍勒斯"砰"的一声关上车门，结果从没得到良好维护的屋顶上掉下一块石头，不仅毁坏了车，还砸伤了他的脚。

如果该告示被清楚展示，人们在进入停车场之前就能看见，该免责条款就构成霍勒斯和Buymore之间合同的一部分。（参见前面提到的Thornton v Shoe Lane Parking案。）然而，Buymore不能免除责任。如果房顶脱落是由于Buymore对其停车场疏于维护导致的，那么可以运用"不利于提出者的解释原则"，法院很可能认为，条款的用词并没有特别强调排除疏忽大意的责任，因而这一责任不包含在内。于是，霍勒斯应该就脚受伤和车被毁坏获得赔偿。而现在又有了更简单的法定救济。

霍勒斯运用《不公平合同条款法案》（Unfair Contract Terms Act，UCTA）的结果很可能和运用普通法的原则提起诉讼一样。然而，《不公平合同条款法案》能够更快捷地解决问题。

如果能证明Buymore的过失，那么它对霍勒斯身体伤害的责任就是无可争辩的（《不公平合同条款法案》第2章第1条）。至于对车的毁坏，若允许Buymore逃避其不当维护公共停车场的责任，也是不合理的。由于其维护不当，将人身安全和财产置于危险之中。因此，对于车的损坏，它也要承担责任。

请注意，霍勒斯根据1999年的《消费者保护法案》中的不公平条款享有权利，但如果运用《不公平合同条款法案》，是获得成功最简捷的路径。

7.3.3　免责条款的成文法规制

1977年的《不公平合同条款法案》

适用范围

1977年的《不公平合同条款法案》（UCTA）专门适用于产生商业责任的合同（第1章第3条），因此最初与销售方或供应商想要限制或排除其在商业过程中的责任有关。私营性质的销售方或供应商对于免责条款的使用要求通常并不严格（见第6章）。

特定种类的合同被明确排除在外：例如，保险合同、土地的买卖和租赁合同。尽管法案标题中提及的是“合同条款”，但法案也规制旨在限制过失责任的非合同通知。例如，建筑外的一个告示，称进入其中风险自担，这就受到1977年的UCTA的规制。

实质内容

过失责任（第2条）

根据第2章第1条的规定，过失致人死亡或重伤的责任不能被排除。过失导致财产损失的情况由第2章第2条规制。该条款规定，如果在当时的情况下是合理的，那么过失责任可以排除。请注意，根据1999年的《合同（第三方权利）法案》第7章第2条，合理性的抗辩对于受益第三方的主张无效。

违约（第3条）

当一方根据另一方提供的**格式条款**（standard terms）签订合同（进行谈判和协商都不可能），或者交易方作为消费者时，除非免责是合理的，否则对方不能免责。（关于条款合理性的解释稍后介绍。）

违反合同中有关购买出售/出租/供应/租用货物的默示条款（第6～第7条）

特定的条件被1979年《商品销售法案》、1973年《商品供应法案》（Supply of Goods Act）、1982年《商品和服务供应法案》（Supply of Goods and Services Act）规定为默示条款，以保护商品的买方或承租方。详情参见第11章，默示条款被归纳如下：

供应商默示承诺了其拥有商品的所有权，并且有权转移该商品，以及商品满足以下条件：

1. 与描述相符；
2. 质量令人满意（以商业的方式进行销售）；
3. 适合其目的；
4. 与提供的样品一致。

在1977年的《不公平合同条款法案》中，第6章限制了出售商品及租购合同之中规定的这类条件条款的范围。第7章也是关于商品销售和供应的规定。消费者享有商业合同的特殊保护；这些条件都不能被有效排除。**消费者**（consumer）

格式条款：商业交易中反复使用的条款，此条款不纳入谈判内容。

消费者：通常是指购买商品或服务以供个人使用的个人购买者，但UCTA规定也包括法人出于商业目的购买零部件的情况。

被定义为不参与商业活动中合同订立的人（1977年的UCTA第12章），并且被解释得十分宽泛。

因此，在R & B Customs Brokers Co Ltd v United Dominions Trust（1988，CA）案中，法院认为，“消费者”包括所有出于商业使用目的购买商品的人，只要这些人不是商业过程的组成部分，或者是偶尔进行购买。一对夫妇拥有一家公司，为购买私人用车或商用车订立合同时，也被认为是消费者。这一理由被上诉法院在Feldaroll Foundry plc v Hermes Leasing（London）Ltd（2004）案中予以支持，鉴于其进一步深化了UCTA的立法意图，在相关销售和供应立法之下用默示条款保护买方。

非消费者的购买方不享受这种全面的保护。关于所有权的条件条款不能被排除（第6～第7章）；而其他的非消费者作为买方订立的合理的合同条款，可以被排除。

需要注意的是，在销售合同或租购合同中，自然人卖家可以自由违反任何上述排除责任的条款（第6章第4条）。在实践中，其应用没有最初出现时那么频繁。实际上，它仅规制有关所有权、说明和样品的默示条款，因为有关质量满意度的条款只出现在销售方/供应商是商人的合同中。更进一步，私下销售商品十分普遍，私人租购合同则可能十分少见。

1997年的《不公平合同条款法案》目的的合理性

1997年的《不公平合同条款法案》第11章对于该法案目的的合理性作出了说明：

1. 考虑到合同当事人在订立合同时应当考虑的所有情况，该条款是公平且合理的，那么该合同条款满足合理性的要求（第11章第1条）；

2. 如果是涉及非合同性的公告，合理性的判断则要考虑损害发生时的所有情况。

该法案的附录提供了进一步的指引：

1. 议价能力的不平等。合同当事人可能并不享有同样的议价能力。在一份格式条款的合同中，一方当事人面对另一方提供的一系列条款，没有协商已有条款或增加其他条款的机会。购买商品或服务的一方可能高度依赖拥有技术和专业知识的销售方，忽视这一点就会产生地位的不平等。

2. 诱导和选择。如果一个消费者基于不公平的诱导而接受了免责条款，就可能导致不合理。除非当事人本来可以与另一方签订一份没有免责条款的类似合同，否则免责条款是合理的。

3. 先验认知。考虑到之前当事人之间的交易和交易习惯，如果消费者应对该条款的存在和内容有认知，那么免责条款的存在是合理的。

4. 特殊要求。如果为了满足消费者的特殊要求而生产或调整货物，免责条款具有约束力。

法院还考虑了其他因素，包括保险问题，以及消费者是否应该有独立意见。

接下来的案例说明了法院是如何解释合理性的。

Smith v Eric S. Bush（1989，HL）

原告依据建筑委员会指导意见中一名调查员的报告，购买了一幢房屋。该报告指出，不保证所发布内容的准确性，也不承担任何法律责任。该调查员由于过失，在报告中遗漏了严重的缺陷，该缺陷直接导致烟囱坍塌到史密斯女士的卧室中，花了她很大一笔维修费用。

法院认为：由于不合理，免责条款无效：

1. 合同双方不具备同样的议价能力。由于史密斯夫人不具有专业知识，不能期待她对于调查员的报告是否正确有认知。

2. 原告的财力有限。期待史密斯夫人再花一笔费用得到第二种意见是不合理的。这是她第一次买房，和大多数购买者一样，受到财力的限制。

3. 调查员在简单的问题上出了错。任何胜任的调查员都应该指出该缺陷。

4. 购买保险。这只需要调查员支付适当费用就可以立即生效，但购买者却不受到这种保护。

Green v Cade Bros（1978）

一份格式条款合同，遵循与全国土豆种子招商协会（National Association of Seed Potato Merchants）的要求，限制了在土豆种子送达三天后拒绝收货的权利；任何补偿都仅限于返还合同价款。提供给购买者的土豆种子被病毒感染了，但直到生长阶段才被发现。

法院认为：三天的时间限制对于本案中所遭受损失的类型来说，并不合理。但赔偿的限制是合理的：通常在交易中，当事人双方享有同等的议价能力，购买方也并非由于诱导原因而接受了该限制。购买者本来可以用更高的价格购买有保障的种子。

George Mitchell v Finney Lock Seeds Ltd（1983，HL）

原告向被告订购了卷心菜种子，结果被告提供的种子和说明不符，其质量也达不到要求。原告因此颗粒无收，损失达 61 000 英镑。合同限制了替换货物以及返还价款的违约责任。

法院认为：这并不合理，因为：

1. 违约是销售商的过失导致的。

2. 销售方原本可以支付适当的费用针对庄稼歉收购买保险。

3. 过去，销售方处理过超出合同限制的索赔数额；这意味着销售方也并非一直认为该条款是公平且合理的。

St Albans City and District Council v International Computers Ltd（1996，CA）

由被告公司向地方当局提供和安装的有关数据库的电脑软件存在缺陷。在评估合格纳税人数目时出现了错误，最终使地方当局少收了大量税款。合同中有一个限制条款，将被告的赔偿责任限定为 10 万英镑。

法院认为：该限制条款是不合理的，因为：

1. 被告是拥有大量资源的跨国公司。

2. 被告购买了 5 000 万英镑的产品责任保险，同时其对责任的限定与可能的风险以及实际造成的损失相比太微不足道。

3. 原告在专业上的要求极大地限制了其对供应商的选择。

4. 让被告分担风险更公平，被告订立合同的目的在于盈利，如果让地方当局分担风险，该损失最终会不公平地由纳税人承担。

由以上例子可以明显看出，每个判例的事实对于其结果都是至关重要的。双方当事人的知识以及资源是判断其议价能力的关键所在。政策因素也会被适当考虑。例如，与 St Albans 案中让纳税人分担损失不同，下面的 Watford Electronics 案中，原告是一个私营公司，从事定制软件的开发。

Watford Electronics v Sanderson（2001，CA）

原告与被告订立了一份合同，由被告提供一系列专门设计的电脑软件。合同中排除了间接导致的损失，并且将全部责任限定在合同价款（104 600 英镑）的范围内。由于软件存在缺陷，原告遭受的损失达 450 万英镑，其中包括可得利益以及替换系统、增加工作的费用。

法院认为：每个条款都是合理的，因为所有的条款都是有一定经验的当事人双方协商达成的，他们代表的是实力相当的公司。在当事人之间存在同等的议价能力。

查德威克法官称：

当有经验的商人代表大公司进行谈判，从而达成一个协议时，通常认为他们都已经充分考虑了其中的条款。他们会被视为判断条款是否合理的最佳人选。法院不应假定他们中的任何一方会对其公司实施一项他们认为不公平或包含不公平条款的协议。除非一方拥有不公平的优势，或者一个条款十分不合理以至于人们难以理解，否则法院不应当进行干预。

Overseas Medical Supplies v Orient（1999）案很好地说明了一方想要通过一个条款获取不公平优势的情况。在该案中，合同包含了一个免责条款，即被告不对运送过程中货物的丢失承担责任，这被法院认为是不合理的。因为合同中还有另外一个条款，要求被告保证货物的安全，而被告没有做到这一点。由于替代救济的存在，这个看似不合理的条款被合同双方接受。

Regus UK Ltd v Epcot Solutions Ltd（2008，CA）

Regus（R）公司是做 IT 培训的，从 Epcot（E）公司那里租用了作为教室的场所。楼内的空调系统坏了，使得 R 公司的工作环境变得十分糟糕。在 R 要求了很多次之后 E 才改变这种情况。于是，R 拒付租金。E 以 R 违反合同为由提起诉讼，R 则针对其损失对 E 提起反诉。E 声称其受到合同第 23 条第 3 款的保护，该条款规定“在任何情况下”，它对任何商业利益或第三方的主张、损失都不承担责任。合同第 23 条第 4 款则规定，在所有情况下，R 的损失都被限定在租金的 125%或者更高一点的 5 万英镑。最终 R 胜诉，高等法院认为，UCTA 第 23 条的规定不合理，因为第 3 款关于“在任何情况下”的规定，剥夺了 R 获得任何救济的权利，并且将故意违约包括进去。

E 上诉。

上诉法院驳回上诉，认为：合同第 23 条并非不合理，由于其并没有剥夺 R 所有的救济，R 依然有权主张自己并没有获得足够价值的服务。“在任何情况下”不能被认为在诈骗/故意/过失/恶意造成损失的情况下也免除责任。然而，这一抗辩与本案无关，因为 E 拒绝修复空调并不是出于故意损害 R 的顾客的目的，而是出于省钱的目的。

E 由于违反合同而要承担严格责任并非不合理。当事人之间并不存在议价能力的不平等，E 已经清楚地表明，顾客应该自己做出保险安排，以保护其免受商业损失。

1999 年的《消费者合同条例》中的不公平条款

条例的范畴

1999 年的《消费者合同条例》（UTCCR 1999）实施了《EC 指引》（EC Directive，91/13/EC），并取代了 1994 年的同名法规。它旨在保护那些签订了由卖方/供应商提供的未经协商条款的合同的消费者。这些条款根据条例中确立的标准，被认为是不公平的。这样的条款对消费者来说是无效的，也就是说，除非他们选择遵守，否则这些条款不具有法律约束力，而合同其余的部分依然有效。

条例的实质

相关的合同

本条例应用于消费者和卖方/供应商之间订立合同中的不公平条款（第 1 条）。

消费者

消费者被定义为非出于商业目的订立合同的人（第 3 条第 1 款）。

卖方/供应商

合同由卖方或供应商在进行商业活动的过程中订立。公司既可以是公众公司也可以是私营公司（第 3 条第 1 款）。

未经协商的条款

这些条款是在合同最终签订之前就确定了的，消费者对这些条款的内容没有任何影响（第 5 条第 2 款、第 3 款）。由卖方或供应商证明这些条款不是单方订立的。

不公平

一个条款如果不满足**善意**（good faith）的要求，并且导致当事人之间的合同关系**严重失衡**（significant imbalance）、损害消费者的利益，那么这个条款是不公平的（第 5 条第 1 款）。在评价卖方或供应商是不是善意时，法院必须考虑与合同成立相关的所有情况。

值得思考

UTCCR 1999 中描述不公平的用语十分模糊。你很可能会问为什么不规定得更精确？你能想到使用这些不精确语言的任何原因吗？

参考答案见书末的附录。

核心条款

只要是用语明确、关系到“合同主要事项定义”的条款，或者满足“价格或报酬”要求的条款，不属于本条例的规制范畴（第 6 条第 2 款）。

书面合同

卖方或供应商必须保证合同文件中的用语是清晰、易懂的（第 7 条第 1 款）。对任何模糊的用语都将做出有利于消费者的解释（第 7 条第 2 款）。

不公平条款的后果

不公平的条款对消费者无效。合同的其他部分依然有效，只要其能够在有问题的条款之外独立存在（第 8 条）。

善意：一般意义上的诚信交易。根据 UTCCR 1999，一个不能证明善意的条款是可撤销的。

严重失衡：议价能力的不平等，是不公平的证据。

1999 年条例的解释

1999 年条例的措辞，允许法院将其应用于那些传统上不被认为是消费者合同的情形。在 R（on the application of Khatun）v Newham London Borough Council（2004，CA）案中，法院认为有关土地的合同也应遵守 1999 年条例，因此它也规制了 Newham 给流浪汉提供食宿的条款。订立租约以收取租金是一个私营企业开展的可持续盈利的经济活动。

法院在最符合司法利益的情况下，拥有极大的自由解释“消费者”概念的空间。

Evans v Cherry Tree Finance Ltd（2008，CA）

原告埃文斯（E）先生从被告 CTF 财务公司获得一笔贷款，声称将用于归还房屋贷款，但实际上是为了执行离婚协议用于家庭和住宅。该贷款协议中包含提早赎回罚金的规定。在 E 拖欠贷款时，CTF 出售了该房屋，除拿走欠款的余额外，还拿走了罚金。E 称其受到 1999 年的《消费者合同条例》中不公平条款的保护，赎回条款是不公平的。而 CTF 辩称因为原告的房屋是商业性的，所以他不是消费者，不受条例的保护。

上诉法院认为（赞同高等法院的决定）：提早赎回罚款的金额使得其不公平。从这项交易的目的来看，E 是一个消费者。贷款并不是 E 继续交易该房屋的唯一原因。CTF 很容易发现，从文书上的地址和其他的详细情况来看，该贷款也是用于居住的。

法院已经对“价格或报酬”的范围进行限制性解释，以防止消费者保护被滥用。上议院在 Director General of Fair Trading v First National Bank 案中对此进行了强调，认为有关利息支付的受争议的条款，不能从法院的管辖中排除出去。这一解释被 Bairstow Eves London Central Ltd v Smith（2004）案应用，其中一个关于地产代理商的佣金率不断上升的条款，被认为不包含在核心免责条款之中。

1999 年条例的附表 2 包括潜在不公平条款的说明，相关的条款有：

1. 在不履行合同的情况下，允许卖方不公平地保留付款，或者对消费者强加罚款；
2. 约束一个在签订合同之前并没有足够时间研究合同条款的消费者；
3. 允许卖方单方面改变合同的条款、相关商品或服务的特性；
4. 迫使消费者履行所有的义务，对另一方则不规定相应的义务。

该附表并不全面。条款的不公平由消费者证明，在此过程中需要考虑：合同标的的本质、合同的法律和商业环境、合同双方的合理期待。并且，合同的所有相关情况都与决定其是否公平相关。

诚信的概念似乎十分模糊，很难定义。上议院在 Director General of Fair Trading v First National Bank 案中的判决将有助于我们理解，应该如何解释诚信。宾厄姆法官说，诚信是由“良好的道德标准和商业实践”反映出来的，同时是以“公平和公开的交易”为证据的。仅仅是对消费者现在或将来不利的条款，并不一定意味着不公平或违反诚信。正如法官所评论的，就像“那些令人讨厌的惊喜一样”。

Director General of Fair Trading v First National Bank（2001，HL）

根据1974年的《消费信贷法案》，如果借款人延迟还款，并且法院判决其败诉，那么贷款人就失去了未来的所有分期付款利息。

第一国民银行的贷款合同规定，在这种情况下，银行可以按最初合同规定的利率主张余下的利息。外贸总局（DGFT）称，这是一个不公平的条款。

法院认为：该条款不构成对诚信的违反。《消费信贷法案》虽然是为了保护借款人而制定的，但也并不禁止这样的条款；如果没有这样的条款，那么银行将遭受不合理的损失。这一条款并没有导致失衡或者对借款人不利的后果。

在下面的案件中，不获利的条款也被认为是公平的：

R（on the application of Khatun）v Newham London Borough Council（2004，CA）

法院认为：一个条款要求房屋的申请人在看到房屋之前就接受住宿要约，并且如果拒绝就得不到食宿，在本案的情况下不被认为是“强迫的、错误的和不均衡的”。

但下面的案件中出现了不同的结果：

Munkenbeck & Marshall v Michael Harold（2005）

法院认为：建筑服务合同中的标准格式条款是不公平的。它们过于繁杂，并且在订立合同之前没有引起消费者的注意。当事人在违反法律所要求的诚信时存在失衡。

在Baybut and Others v Eccle Riggs Country Park（2006）案中，法院认为，条例只规制明示条款。因为条例第4条第2款特别排除了默示条款对条例的适用，并且附表2关于潜在不公平条款的清单中也没有任何能被认为是默示条款的内容。

条例的执行

消费者可以直接运用该条例行使其合同权利。公平交易办公室（Office of Fair Trading，OFT）的角色也十分重要，因为1994年的条例授权其调查消费者对于不公平条款和贸易标准部门的投诉。如果投诉成立，OFT通过法律行为要求被投诉的商家修改或删除该条款。其他被DGFT介入的案件包括First National Bank案和The Office of Fair Trading v Foxtons（2009）案。在该案中，上诉法院认为，应当颁发一项禁令，阻止地产合同中不公平条款的执行。也可以参见下面的Abbey National PLC and Others v Office of Fair Trading（2009）案。在撰写本书时，对于这一规则产生巨大挑战的是有关健身房会员的合同（参见Office of Fair Trading v Ashbourne Management Services Ltd and Others（2011）案）。

截至1998年底，OFT调查了3 000起投诉，其中1 200起得到支持。其他“合格的主体”则从1999年的条例中获得执行的权力。它们包括贸易标准部门，水、气、电供应中心和消费者协会。

然而，OFT很快就会失去这项权力。2010年，联合政府宣布，OFT即将并入垄断和并购委员会（Monopolies and Mergers Commission），并且其执法权力将移交给公民咨询局（Citizens Advice Bureau）和当地贸易标准部门。人们担心，这将在很多方面减少对消费者的保护，因为CAB和贸易标准都已经生效，并且二者均受到政府缩减预算政策的影响。

新闻报道

银行对透支收费是核心条款

——Office of Fair Trading v Abbey National plc and Others［2009］UKSC 6

2009年，上诉法院在判决中指出，根据1999年的《消费者合同条例》，OFT可能会认为银行对个人信用账户透支收费是不公平的，因为这并不是核心条款。银行和消费者之间不构成必要的议价，是因为该费用的产生十分偶然（只有当消费者事先没有和银行达成协议就透支时才会收取），该相关条款并没有经过具体的商议。

然而，最高法院迅速推翻了这一判决，认为任何类似支付透支费用的有关价款的条款，都是合同的核心条款。条例第6条则清楚地告知客户，这被排除在不公平的对价之外。沃克法官说："如果可以认定这样的收费和报酬是作为接受服务的对价，即使该服务是边缘或选择性的额外服务，条例第6条第2款也会排除对有疑问的价款或报酬的攻击……如果……该收费并非作为个人服务的对价，而是针对一系列不同种类的服务收取的笼统费用的一部分，并不意味着它们就不是符合条例第6条第2款目的的价格或报酬。"

最高法院拒绝将这一有争议的事件应用于欧洲审判法院。

7.4 1977年的《不公平合同条款法案》与1999年的《消费者合同条例》所针对的不公平条款的比较

表7—1列出了两部法律所针对的不公平条款的区别。

表7—1

	《不公平合同条款法案》	《消费者合同条例》
范围	在商业过程中，合同或非合同通知中特定种类的免责条款无效。	在商业过程中，相关合同中未经协商的条款对作为消费者的买方无效。
保护的当事人	不一定是消费者或缔约方；包括企业。	仅针对消费者本人：必须是合同当事人。
保护的内容	有些免责条款自动无效：例如，过失致人死亡或重伤。不公平条款是指，不满足诚信的要求，导致当事人之间严重失衡，损害消费者利益的条款。 有些责任在合理的情况下可以排除或限制：例如，违反一份格式条款的合同，或者任何非消费者合同。	不公平条款是指，不满足诚信的要求，导致当事人之间严重失衡，损害消费者利益的条款。
证明责任	卖方必须证明相关的合理性。	消费者必须证明该条款是不公平的。

7.5 不公平合同条款的立法改革

通过研究上面的表格，你可能会认为这个领域的立法前后矛盾、缺乏连贯性且比较混乱。当解决与此相关的问题时，你必须认真选择应该使用哪部法律，不要混淆了各种法律提供的保护以及相关的证明责任和义务。发现这一难题的并不只有你一个人。贸易和工业部（Department of Trade and Industry）近日要求法律委员会进行立法改革的调查。它在 2005 年 3 月的报告中指出，“一部影响普通人日常生活的法律被制定得过于复杂和难以理解”。该报告进一步指出，“相关的各类立法使消费者、商人及其顾问感到困惑”。法律委员会制定了关于不公平合同条款的法律草案，结合了法律和条例，通过重新立法的方式使其变得更加清晰和容易理解，并且给消费者和小商家提供了额外的保护。

7.5.1 不公平合同条款的草案

法律草案做出了以下规定：

1. 覆盖条例范围内的所有条款（不仅限于免责条款）；

2. 包括消费者合同中的协商和格式条款（之前的条例没有涉及这一部分）；

3. 将证明责任分配给商业活动中提起诉讼的消费者（OFT 依然必须证明条款是不公平的）；

4. 依然规定关于死亡和重伤以及标的质量和性能的免责条款无效；

5. 赋予 OFT 额外的权力，防止包含无效条款的通知出现；

6. 给予“小微企业”（最多 9 名雇员，并且不是大企业的成员）额外的保护。尽管受到 UCTA 之下不公平免责条款一定程度的保护，小微企业由于缺乏专业知识和议价能力，在面对大型企业的其他条款时依然处于弱势。本法案使得小企业可以就大多数种类的合同，在未经协商修改的情况下，挑战任何格式条款。标的额超过 5 万英镑，以及那些享有充分成文法保护的合同，都被排除在本法案的保护之外。

在本书写作时，该草案还未提交议会审议。

本章小结

合同由被称为“条款”的承诺组成。条款可以是明示的，也可以是暗示的。

1. 合同条款的分类

条件条款；

担保条款；

无名条款。

2. 免责条款

其适用受普通法和成文法的规制。

3. 普通法对免责条款的规制

要成为合同的条款，必须有及时和充分的注意，除非一方当事人已经签订了合同。

不利于提出者的解释原则保护面对模糊用词时相对弱势的一方当事人免受损失。

4. 成文法对免责条款的限制

立法想要阻止企业滥用免责条款。

UCTA 保护消费者和非消费者免于承担

故意违反合同或侵权的责任。它对买卖、供应和租赁合同中的消费者提供了特殊的保护，违反法案的免责条款是无效的，不能被执行。

UTCCR 1999 只保护消费者。条例规定，通过不公平地打破当事人之间的平衡，违反诚信的条款可撤销。

课后测验

1. 区分条件条款和担保条款。

2. 什么是无名条款？

3. 当用下列方式发出通知时，免责条款构成合同的一部分吗？

(a) 在商店柜台上的告知里；

(b) 在签署的文件中；

(c) 在宾馆卧室里；

(d) 在收据凭证上。

4. UCTA 1977 规定，在什么程度下，过失责任可以被排除？

5. UCTA 1977 给予了消费者什么特殊的保护？

6. 请描述 UCTA 1977 和 UCTA 1999 中不公平条款的主要区别。

参考答案见书末的附录。

深入阅读

以下判例对于你在本章所学的法律的形成提供了重要的示例。它们是说明诉讼中法律的第一手资料，并且能给你提供更多的事实细节，同时帮助你理解法律，以及了解法官是如何作出他们的决定的。

请尝试在判例汇编中查找这些判例，或者通过数据库获取，例如，Bailli（www.bailii.org/databases.html）。你可以从大学图书馆获取 LexisNexis 和 Westlaw，或者从判例书中找到摘录。

Interfoto Picture Library Ltd v Stiletto Productions [1988] 1 All ER 348，CA

Lombard North Central plc v Butterworth [1987] QB 527，CA

Smith v Eric S. Bush [1989] 2 WLR 790，HL

Watford Electronics v Sanderson [2001] 1 All ER (Comm) 696，CA

网络学习

请登录 www.yourrights.org.uk/，点击“search”，然后在“keywords”一栏中输入“Unfair terms in Consumer Contracts Regulations”。从提供的选项中选择“unfair terms guidance”，然后选择和实践中的事例一致的任何指导性话题，例如，系列度假合同中的不公平条款指引。

课后作业

Widgets 公司与 Crankit 公司签订了一份三年的合同，合同规定，Crankit 公司将向 Widgets 公司提供售后服务。Widgets 公司签署了一份名为“售后服务协议书”的文件，有 150 个条款，其中包括以下内容：

> 10. 作为本合同的条件之一，Crankit 公司在接到 Widgets 公司电话通知后 24 小时内必须做出回应。

36. 由 Crankit 公司提供的零配件的品质如有任何瑕疵，本公司不必对 Widgets 公司承担售后维修责任。

142. 对于因未能适当地履行“售后服务协议书”而导致 Widgets 公司或任何其他第三者遭受人身或财产损伤所提出的赔偿申请，Widgets 公司同意免除 Crankit 公司的赔偿责任。

如果遇到下列情况，合同条款将会如何影响诉讼结果？请给当事人提出建议：

（a）第一年提供售后服务时，Crankit 安装了新的燃料泵，由于机器故障造成 48 小时后发生爆炸。在工厂隔壁的杰雷米受伤，并使公司中止经营长达 3 周。

（b）合同履行 20 个月后，Crankit 公司接到 Widgets 公司电话，告知其由于重大机械故障而导致公司生产线停止运行。Widgets 公司告知 Crankit 公司，准备中止与它的合同，因为有另一家公司可以第一时间为自己提供相应的服务。

第 8 章

合同瑕疵：虚假陈述、错误、胁迫及不正当影响

导　言

从表面上看已经成立的合同，可能含有一些导致自身产生瑕疵的因素。瑕疵产生的原因有很多，包括故意欺诈、疏忽大意的过失以及无心的过错。这些瑕疵会导致不同的法律后果，其中一些只会影响到合同的一方当事人，而不会对合同效力产生影响。另一些则会使合同变为可撤销的，在一些极端情况下，还会使得合同无效。学习本章，掌握以下概念十分重要：

1. 可撤销合同：双方当事人已经成功订立合同，但合同有瑕疵（通常由一方当事人引起），使得受损失一方可以跳出合同或使合同无效。通常，法院会令当事人返还已经转移的财产。本章将重点分析虚假陈述、胁迫及不正当影响等可能使合同可撤销的情况。

2. 无效合同：尽管合同双方认为自己已经签订了有效的合同，但如果合同瑕疵非常严重，法律将会认定合同自始无效。即使合同双方都愿意履行合同义务，合同也不能产生效力。即使有关财产已经交付，但所有权通常并不随之转移，财产也可以被要求返还。本章将详细阐述错误规则如何使得合同无效。正如你所见，实践中法院认定合同无效的情形非常少见。法律和生活一样，我们不得不伴随着自己的错误而生活。

学习目标

在完成本章的学习之后，你应该能够：

1. 阐述无效合同与可撤销合同在法律后果上的区别。

2. 了解虚假陈述各种形式的区别及相应的救济手段。
3. 了解效力性错误的概念。
4. 明白效力性错误发生的前提。
5. 了解胁迫的具体情形。
6. 明白胁迫和不正当影响的区别。

8.1 虚假陈述

在合同磋商阶段，一方作出一定意思表达（陈述）去引导另一方订立合同。这类意思表达，比如叫卖物品或者发送商品的条目和清单，如果其内容与现实情况不符，就称为虚假陈述。对于**虚假陈述**（misrepresentation）的救济主要针对无过错方，且不论陈述内容是否已经成为合同内容。如果虚假陈述内容已经成为合同条款，那么无过错方还可以提起违约诉讼作为救济手段。

虚假陈述使得合同变为**可撤销合同**（voidable contract）。**虚假陈述接受人**（misrepresentee）（虚假陈述指向的对象）既有权使合同无效，也可以使合同存续。可诉的虚假陈述应符合以下条件：

1. 必须是针对事实的陈述；
2. 是促成合同成立的关键诱因。

这些原则具有重要的法律含义，对于理解有关制度非常重要。

8.1.1 事实的陈述

陈述本身的形式既可以是书面的也可以是口头的，甚至可以包括画面以及其他的行为。下面是一些简单的例子：

Gordon v Selico (1986)

法院认为：房屋卖方故意隐瞒了木质结构的房子已经开始腐烂的事实，已构成对买方的虚假陈述。这等同于卖方明确传递了房屋非常坚固的信息。

古尔丁法官说："我个人相信，行为能够成为欺诈性虚假陈述的载体，这一规则也将被写入法律。对于木材腐坏的隐瞒，以及表示公寓没有受到相关影响，是阿扎姆先生显而易见的虚假陈述，这一行为是为了故意欺骗买家，并且最终也达到了相应目的，使上诉人遭受了损害。"

事实的陈述并不包括意见的表达。

虚假陈述：与事实不符的陈述，对一方当事人签订合同有实质性影响。
可撤销合同：当事人可以拒绝履行的已订立的无过错的合同。
虚假陈述接受人：虚假陈述具体指向的个人。

Bisset v Wilkinson（1927）

卖家向买家兜售土地，并告知买家，据卖家估算，如果合理经营，这片土地上可以放养2 000只羊。事实上，这片土地上可养的牲畜数量要少得多。

法院认为：卖方并未作出虚假陈述，因为他从未用这块土地饲养过羊。因此，他并未陈述事实，而是在表达自己对于这片土地放牧能力的一个意见。

但是，意见的陈述者在特定情况下了解相关事实后，他不合理的意见表达会被认为是一种事实陈述。

Smith v Land & House Property Corp.（1884）

房屋的卖家在知道其承租人弗雷德里克·弗利克拖欠房租的情况下，还将其描述为“非常令人满意的租客”。

法院认为：卖家应当承担以虚假陈述进行欺诈所导致的法律责任，因为卖家对买家的陈述显然与事实不符。按照卖家的理解，弗雷德里克显然不是一个好的承租人。

有倾向性的陈述通常也被归入事实陈述的范畴，尽管陈述的时候，陈述人实际上并没有任何倾向性。

Edgington v Fitzmaurice（1885）

一份公司招股说明书上写明，发行公司债券的目的是筹资改造办公楼并扩建公司。事实上，公司高管只是想用这笔钱清偿公司债务。

法院认为：本案中的当事人作出了虚假陈述。大法官鲍恩认为：“一个人陈述自己的想法就像描述自己的消化系统一样，所表达的是一个事实。虚假陈述诉说的是自己的想法，因此也是对事实的陈述。”

最近的一些案例显示，法院倾向于将一些对未来的预测认定为事实陈述，特别是这种预测有理由被合同另一方当事人依赖的时候。

Esso Petroleum v Mardon（1976，CA）

Esso的资深经理对车库的承租人做了加油站的销售预测，后证明这一预测与事实不符。

法院认为：一名经理级别的业内人士应该能够给出可信赖的预测，因此，Esso需承担虚假陈述的法律责任。

对于法律的陈述通常不会被认为是事实陈述。每个人都应该了解法律，并能够在听到关于法律的错误陈述时意识到这一点。但是，**虚假陈述人**（misrepresentor）作出与已经存在的民事权利相关，并涉及合同主体的陈述时，通常会被认定为事实陈述。因此，在Lawrence v Lexcourt Holdings Ltd（1978）案中，卖方陈述“现有建筑许可证表明本建筑物是作为办公室使用的”，这一陈述被认定为事实陈述。

尽管有如实回答问题的义务，但是自愿提供的错误信息通常不被认定为虚假陈述，即使被陈述者在虚假陈述的情况下了解真实的状况。

虚假陈述人：作出虚假陈述的个人。

Smith v Hughes (1871)

一位赛马训练师以为自己购买了陈麦片，但实际上是新麦片，而这位训练师并没有询问卖家具体的生产年份。

法院认为：此处不构成虚假陈述。卖家并未对麦片生产年份做任何说明，这与他是否意识到该说明对买家的重要性无关。

在下列情况下，没有提供有关信息可能会产生相应法律责任：

1. 半真半假。有关陈述单独来看是成立的，但因其不完整性仍可能产生误导。因此，在 Nottingham Patent Brick & Tile Co. Ltd v Butler (1886) 案中，一名律师在未经查实的情况下，告知一位土地的购买者，他本人不知道任何有关这类交易的限制性约定，这构成了虚假陈述。同样，在 Dimmock v Hallett (1866) 案中，土地的卖方向买方表明，土地被特定的承租人占据，但没有告知买方承租人已经接到了有关买卖的通知，这也构成了虚假陈述。

2. 在作出陈述与进行承诺期间，大环境发生了变化。

With v O'Flanagan (1936, CA)

一位执业医生将自己的准确出诊价格告知了自己的病人。但是，在病人作出承诺之前，医生由于生病导致其执业价值大幅下跌，大部分当事人因此不再来此就医。

法院认为：医生没有提醒病人自己的执业价值下降，因此构成了虚假陈述，他之前的表述不再真实，而病人理应知道这一点。

3. 双方当事人之间存在信托关系。在**信托关系** (fiduciary relationship) 中，当事人之间普遍存在高度信任，比如合伙人之间、律师和委托人之间以及医患之间。保险合同也会涉及相关问题，除非关键的事实性因素（特别是影响保险人判断的事实）被全部隐瞒，否则其他虚假陈述只会使合同变为可撤销的（1906 年的《海事保险法》(Marine Insurance Act)）。比如，一份海事货运合同中，货物必须放置于甲板上这一事实没有被提及，这就属于关键性事实因素。参见 Hood v West End Motor Car Packing (1917) 案。

隐瞒事实属于无意还是故意并没有太大关系。一些人发现，他们由于无意间忘记告知自己的车经过改装而与一般车不同（比如使用合金车轮以及增加天窗）这一事实，就被撤销了相应保险。

8.1.2 作为关键诱因的陈述行为

虚假陈述必然产生重大影响，但这不一定是虚假陈述接受人签订合同的唯一原因。但是，如果有证据表明接受人准备冒一定风险追求较大收益，那么这一情况可能导致法院调低对虚假陈述作用的评估（参考下面的“新闻报道”专栏）。

信托关系： 当事人之间具有高度信任的一种法律关系，其中一方当事人对另一方的专业技能、知识等高度信任，因此，被信任的一方有足够的能力影响另一方的决策。

新闻报道

Geoff Hurst的乌龙球?

——Hurst and Others v Hone and Others（2010）

本案被告霍恩和他的助理劝说原告——前知名足球运动员杰夫·赫斯特投资建于西班牙的一套公寓，并说服他在开工之前将全款付清。但是最终这笔投资损失惨重，原因在于，作为被告之一的科德勒并没有相关土地的所有权。霍恩还说服赫斯特参与录制了一段促销视频，并出借了一笔资金给这个工程。原告起诉被告对自己进行欺诈，存在过失性虚假陈述，并导致自己的资金损失。同时，赫斯特还就录制视频没有得到报酬以及对方没有归还借款进行起诉。

法院认为：科德勒在公寓销售上的行为的确构成了欺诈。他明知自己正在作出与事实不符的陈述，还试图让原告在没有得到法律咨询的情况下签订合同。但是，他劝说赫斯特录制视频以及向其提供借款的行为，并不能构成欺诈以及过失性虚假陈述。因为科德勒的陈述对于赫斯特本人不构成重大影响。很多其他因素在这里对赫斯特产生了重大影响，特别是可能在短期内获得高额回报的前景，导致他行事不够谨慎，忽略了第三方的意见。

虚假陈述接受人必须了解陈述内容并以此作为后续行为的依据。

Re Northumberland & Durham District Banking Co.，ex parte Bigge（1858）

一份与股东签订的合同没有被认定为可撤销合同，原因在于股东无法证明在购买股票时，他已经阅读了之后被认定存在错误的由公司发布的有关报告。

Attwood v Small（1838）

本案中，矿场的卖家对其产量进行了虚假陈述。但是，合同最后没有被认定为可撤销合同。原因在于，买方不仅没有依据这一陈述进行交易，而且进行了相关调查，虽然这一调查事后被认为是不准确的。

即便陈述人给予了相应机会，虚假陈述接受人也有权只接受陈述的字面信息而没有义务对其进行核实，

Redgrave v Hurd（1881）

律师在提供咨询服务时，告诉对方可以向自己透露工资信息，并表示这些信息可以对抗相关的文本证据。但对方没有采纳这一建议。一般认为，这一行为不能防止合同变为可撤销合同。

8.1.3 虚假陈述的救济

虚假陈述的具体救济方式取决于陈述人在作出陈述时的心理状态，具体包括欺诈、过失以及完全善意。

欺诈性虚假陈述

虚假陈述人明知内容不实或不顾及内容的真实与否而加以陈述，这种陈述就被认为是**欺诈性虚假陈述**（fraudulent misrepresentation）。虚假陈述接受人可以基于欺诈侵权而起诉并获得相应赔偿，也可以选择**撤销**（rescission）合同。撤销合同是法庭基于自由裁量而采取的衡平法上的救济措施，旨在使合同双方当事人恢复到合同签订前的状态。这就赋予了陈述接受人要求欺诈方返还所有已支付款项的权利。

实践中，成功的欺诈行为非常少见，尽管欺诈性虚假陈述比较普遍。举例来说，这经常发生在一些人使用盗窃的信用卡支付货款的情形下，将盗窃的信用卡作为自己的信用卡使用的行为构成了欺诈。在这种情况下，如果虚假陈述人很快不知所终，那么对其提起诉讼就不存在可行性。如果诉讼发生，对于原告来说，证明被告的行为是故意的这一举证责任又太重大。

过失性虚假陈述

根据 1967 年的《虚假陈述法案》（Misrepresentation Act）第 2 条第 1 款，陈述人通过陈述自己不太相信的内容而导致原告签订合同，将承担损害赔偿的法律责任。撤销合同也是可能的处理结果，这具体取决于陈述人能否对陈述的可信度进行举证。

Howard Marine & Dredging Co. Ltd v Ogden & Sons Ltd（1978，CA）

被告得知，由原告特许的驳船具有一定的载货量。原告的经理是基于保险文件作出以上陈述的。事实上，经过与船舶证件（一种由船主持有，在船舶出售时表明船舶出厂情况的证书）的对比，发现这一陈述与事实不符。

法院认为：根据《虚假陈述法案》第 2 条第 1 款，原告应承担相应的法律责任。同时，原告依然负有一定责任来证明其对相关信息存在合理性信任。对于作出如此重要的判断，依靠第一手信息是十分必要的。

《虚假陈述法案》第 2 条第 1 款针对**过失性虚假陈述**（careless misrepresentation）提供了相应的救济方式。鉴于潜在的欺诈性虚假陈述人不会被认为有理由相信真实的情况，因此受害者可以不基于欺诈进行起诉，而是依据第 2 条第 1 款来获得相应救济。这不仅减轻了原告的举证责任，而且对其给予了同等程度的救济。在 Doyle v Olby（Ironmongers）（1969，CA）案中，法院认为，由于欺诈属于故意侵权，被告对于其行为导致的所有直接损失负有赔偿责任。在 Royscot Trust Ltd v Rogerson（1991）案中，上诉法院认为，第 2 条第 2 款确定的损害赔偿责任的计算方式与欺诈损害相同。有时这意味着，相对于依据合同原则进行赔偿，即按照合同正常履行当事人所应达到的状态进行赔偿，合同当事人可以

欺诈性虚假陈述：明知内容不实或不顾及内容的真实与否加以陈述。

撤销：一种衡平法上的救济措施，赋予当事人撤销合同的权利，合同的撤销方有权要求另一方当事人返还相应价金和财产。

过失性虚假陈述：在没有合理理由相信真相的情况下作出的虚假陈述。

获得更多赔偿。过失性虚假陈述的受害者同样可以依据在 Hedley Byrne v Heller 案中确立的规则，按照过失侵权损害赔偿的方式获得救济，具体方法会在本书第 15 章详细阐述。这对于被误导进而遭受损失但在合同订立前发现陈述有误的当事人很有帮助。同样，对于被第三方误导的人，也可以适用这一方法。这类当事人无法基于第 2 条第 1 款获得救济，因为本款仅仅针对虚假陈述人成功使得虚假陈述接受人订立合同的情形。

完全善意虚假陈述

即使虚假陈述本身的出发点是好的，没有任何欺诈的动机，而且不存在过失（**善意虚假陈述**（innocent misrepresentation）），合同本身也是可撤销的。此时常见的救济方式就是撤销合同。

基于 1967 年的《虚假陈述法案》第 2 条第 2 款的损害赔偿是一种替代救济方式，因此这一规定适用于所有非基于欺诈而作出的虚假陈述，不仅适用于过失性虚假陈述，而且适用于完全善意虚假陈述。这给予法院在损害赔偿和撤销合同之间进行选择的自由裁量权。这种自由裁量权主要适用于这样的情形：虚假陈述对于合同没有造成重大影响，而且，如果它是合同条款，也被归类为保证条款而非条件条款。因此，这一条款多被用于过失性虚假陈述的情形。《虚假陈述法案》在定量方面没有给出任何特定的指引，尽管第 2 条第 3 款表明，本款与第 1 款存在区别。一般认为，此处的损害赔偿级别比前两款低是比较公平合理的。

有关本条的一些司法指引出自 William Sindall plc v Cambridgeshire County Council 案（见下文），尽管此案没有判决当事人承担法律责任，但它的确具有司法判例意义（仅具有指导意义）。

William Sindall plc v Cambridgeshire County Council（1994，CA）

辛达尔于 1989 年 3 月订立了一份从委员会购买开发用地的合同，价值 500 万英镑。合同中的条款表明，土地随同附着其上的负债一并出手，但是卖方有责任披露其了解的所有信息。委员会经过调查后表示，根据了解到的情况，土地上没有任何负债。18 个月后，土地的市场价格大幅下跌，辛达尔发现，一条下水管道有 6 英尺的待维修部分暴露在地面上。他希望基于虚假陈述而使合同无效，但没有成功。

法院认为：由于委员会在陈述前进行了合理的调查，因此虚假陈述并不成立，合同也是不可撤销的。

法院附加意见：如果责任成立，那么法院将不能撤销合同，法院在基于《虚假陈述法案》第 2 条第 2 款决定赔偿数额时重点考虑了以下情节：

1. 虚假陈述的本质。虚假陈述的重要特点在于将合同作为一个整体看待。此处土地价格对于辛达尔来说下跌了 18 000 英镑，但是与土地总价 500 万英镑相比，这笔资金是微不足道的。

2. 维持合同成立对于虚假陈述接受人可能造成的损失。辛达尔先生用于下水管道改造的费用大约为 18 000 英镑，还要算上准备的支出以及直到改造前每天 2 000 英镑的利息支出。

3. 撤销合同使虚假陈述人可能遭受的

善意虚假陈述：非基于欺诈目的而作出的虚假陈述，其原因可能是疏忽大意，也可能是对真实情况不了解。

潜在损失。如果合同被撤销，Cambridgeshire CC 将无法依据市场上的高价获得利润。它还必须返还 800 万英镑，同时获得由于市场波动当前仅价值 200 万英镑的土地。

将这些因素全部考虑进来，损害赔偿的数额大于仅仅撤销合同获得的收益。

关于损害赔偿的具体金额，法院附加意见认为：

1.《虚假陈述法案》第 2 条第 2 款只适用于财产的损害，而不适用于第 1 款中由于订立合同导致的损失。案件中辛达尔无权要求赔偿土地价格下跌造成的损失，因为该损失是由市场波动而非虚假陈述造成的。

2. 此处的损害赔偿应当与第 1 款中的含义有所不同，因为第 3 款假设，基于第 2 款的损害赔偿数额会少于基于第 1 款的损害赔偿数额。而且，"与撤销一个完全善意的虚假陈述合同的后果相比"，第 2 款旨在补偿非欺诈性虚假陈述造成的损失（大法官埃文斯）。

3. 相关法律委员会的报告表明，立法的目的在于纠正那些在订立合同时出现的细小而不常见，并且可能因虚假陈述导致合同可撤销的瑕疵。而违约的相关法律制度无法达到这样的效果。

4. 损害赔偿通常不会超过违约损害赔偿的数额。赔偿因市场波动而导致的价值损失也是可能存在的，因为法官要根据具体个案的背景和情形进行具体分析。

8.1.4　1967 年的《虚假陈述法案》的影响

非欺诈性虚假陈述的损害赔偿

在 1967 年的《虚假陈述法案》颁行之前，对于非欺诈性虚假陈述的受害人来说，唯一的救济途径就是撤销合同。对于这类虚假陈述也就只能依据法律将合同撤销。但即便如此，这种救济也是远远不够的。撤销是一种衡平法的救济手段，基于法院的自由裁量而产生，这与损害赔偿不同，后者只要证明相关虚假陈述的存在就可以成立。有很多情形是不能适用撤销合同的。即便在适用撤销合同的情形下，其目的也只是将合同当事人的状态恢复到合同签订之前，而并非赔偿他们的实际损失。唯一可以挽回的损失是订立合同本身的开支。实践中，当事人其他的偶然性损失一般无法得到赔偿。

Whittington v Seal-Hayne（1900）

原告由于被告关于卫生状况良好的非欺诈性虚假陈述而租用了被告的家禽农场。事实上，农场的用水已经被污染。所导致的结果是，原告雇用的农场经理因此生病，曾经获奖的家禽要么病死要么大幅贬值。雪上加霜的是，当地的委员会还对农场居所状况提出了批评并责令原告进行修缮。根据合同有关条款，相关修缮的责任应由原告承担。

法院认为：原告有权撤销合同，并可以追回租金损失以及修理费用。但是，家禽的损失以及医疗开支无法得到赔偿，因为这对于合同来说属于偶然事件，毕竟合同没有要求原告饲养家禽以及聘请经理。

如果案件发生在今天，原告可以基于《虚假陈述法案》第 2 条第 1 款要求相应损害赔偿来弥补有关损失。

与违约救济的相同之处

在 1967 年的法案颁行之前，虚假陈述的受害者可以不考虑虚假陈述本身的严重性而撤销合同。这便可能出现一个相矛盾的结果，即与合同违约的受害者相比，虚假陈述的受害者可能处于较为有利的位置，前者只能在出现违约的情况下将合同撤销。《虚假陈述法案》第2条第2款赋予法院可以不撤销非欺诈性虚假陈述合同而要求当事人进行损害赔偿的权利，这样就使得相关问题得到了解决。

8.2 错　误

尽管合同一方当事人基于虚假陈述而订立合同是很常见的，但是最终导致合同无效的情况却并不常见。这类合同可以因虚假陈述而可撤销，当事人也可以获得违约赔偿。

生活实例

霍勒斯想买新房子，经过很长时间的调查和考虑，他终于找到了满意的目标——一幢非常漂亮的维多利亚风格的排屋，前门处有玫瑰花，而且所在的街区也很安静。作为卖主，卡思伯特对于这桩买卖很满意，并接受了霍勒斯的要约，但存在一个问题，就是卡思伯特与其邻居巴吉和斯尼奇的关系一直不太好，原因在于这两个人经常在晚间制造噪音，而且在卡思伯特给社区委员会写信举报之后，他们的骚扰变本加厉。出售土地的合约需要卖方填写财产出售信息表。卡思伯特为了避免无法交易，在"是否与邻里有纠纷、是否曾经发送过影响这一房产的信件"一栏填写了"无"。合同按期签订，但是霍勒斯现在一直忍受着来自邻居的噪音，而且，在他礼貌地和邻居交涉时，还遭受了威胁。

霍勒斯可以基于欺诈性虚假陈述而撤销合同，同时要求损害赔偿。我们也许对卡思伯特报以同情，但他的确撒了谎。

8.2.1 效力性错误可以使合同无效

作为例外情况，有时错误非常关键而导致合同**无效**（void）。这样的错误在法律上称为**效力性错误**（operative mistake），因为它可以动摇合同的根本，阻止任何双方合意的产生。当然这一情况在现实中非常少见。

鉴于错误本身所起的作用，一般并不能使合同无效。特别是与合同标的及当事人等要素相比，错误不可能是效力性的，即便错误是由一方当事人导致的（虚假陈述）或者没有对错误方的有关表示进行修正。如果你想从商店购买一台食品加工机，同时你错误地认为这台机器具有榨汁的功能，此时，你的错误并不会导致合同无效。如果商店的店员告诉你随机器会附赠一台榨汁器，那么此时合同就是基于虚假陈述而可撤销的。另外，如果你没有被积极误导，那么合同依然具有约束力。商店可能准备让你更换商品或者给你一些赔偿，但商店并没有法定义务必须这么做。在销售土地的合同中，法院有时会基于公平原则认定合同为可撤销

无效：依据法律，合同自始就不存在。

效力性错误：由于阻止了双方当事人达成真实的合意而使得合同无效。

的。在双方都有错误的情况下，可以协商解除合同。这只有在对双方都很公平的情况下才适用。如果允许一方犯错误会有失公平，那么通常法院是不会允许一方有为特定行为的特权。这样的衡平条款在 Great Peace Shipping v Tsavliris（International）Ltd（2002）案中被废除。（有关公平救济的详细论述请参见第 10 章末）。

效力性错误会出现在以下情形中。

关于合同标的存在的共同错误

在**共同错误**（common mistake）发生时，合同当事人合理但错误地相信合同标的存在并订立了合同。

Couturier v Hastie（1856，HL）

双方当事人签订了一份销售一车玉米的合同。但双方都不知道，玉米已经被负责将其从国外运进来的承运人处理掉了。

法院认为：由于是买卖特定物品的合同，因此在双方签订合同时，如果特定物品不存在，此时合同就不可能成立，因为物品自始无法被交易。

但是，如果合同一方当事人有责任对合同标的进行查验，是有可能避免合同无效的。

McRae v Commonwealth Disposals（1951）

当事人双方签订合同，被告赋予原告对失事船只进行搜救的权利，被告告诉原告船只在一处珊瑚礁那里，并提供了相关地图。但事实上，原告既没有发现珊瑚礁也没有发现船只。

法院认为：被告负有违约责任，原因在于被告因疏忽而将并不存在的船只告知给原告。

值得思考

如果合同订立时标的财产存在，但在合同执行时该财产灭失了，此时相关的法律后果如何？

参考答案见书末的附录。

关于合同标的同一性的双方错误

在**双方错误**（mutual mistake）的情况下，合同当事人会基于不同的错误而为一定行为。这样的例子比较少，但总会遇到巧合的情况。

Raffles v Wichelhaus（1864）

两艘货船满载棉花从孟买出发。合同当事人就出售船上货物订立合同。买方认为自己购买了其中某一船的货物，卖方则认为自己售出的是另一船上的货物。

共同错误：双方当事人犯了相同的错误。

双方错误：合同双方当事人发生不同的错误。

法院认为：这一错误导致协议自始无法达成，因此合同无效。没有形成真实合同的原因在于双方对于销售标的的认知完全不一致。

关于合同当事人的单方认知错误

单方错误（unilateral mistake）是指合同一方当事人被另一方的信息所误导。尽管认错人的情况很常见，但是这不太可能导致合同无效，特别是在当面订立合同的情形下。

认错人的情况通常产生于欺诈性虚假陈述，其中欺诈方（在法学著作中通常称为“无赖”）经由欺诈而占有了受害者的财产。由于是虚假陈述，因此最终在欺诈者和原告之间达成的合同是可撤销的。转让给欺诈方的所有权称为**可撤销的所有权**（voidable title）。除非原告在货物出售之前采取措施撤销合同，否则从欺诈者那里购买货物的一方就拥有了货物的合法所有权。由于欺诈的受害者通常不会直接与欺诈方直接订立合同，因此，将欺诈情况告知警方就足以撤销合同（Car & Universal Finance v Caldwell 1964）。

实践中，受害者在货物售出前不能撤销合同，因此，善意第三方就会拥有货物的所有权。受害者唯一的希望在于说服法庭基于错误而宣布合同无效，这就意味着货物的所有权不会转移给从欺诈方手中将其购入的第三方，受害者也可以得到补偿。法庭面临的问题在于如何在完全善意的两方，即欺诈受害者（原告）以及购买货物第三方（被告）之间，最大限度地实现司法公平。通常情况下，法院会更加倾向于被告，除非原告能够证明自己确实被欺诈人所欺骗。这一解决方式的合理性在于公平，具体来看，初始卖方承担了买方无商业信誉的风险，买方则有权退还货物。

合同一般不会因为错误认知而无效，除非原告可以证明下列情况：

1. 原告有意与合同外的当事人进行交易。原告出现认知错误，不仅是由于第三方的具体情况，而且是由于其实际身份。因此，原告的诉讼基础就完全丧失了，除非其能够证明以下两个人的存在，第一个是已经与自己订立合同的人，第二个是原告原本打算与之订立合同的人。

King's Norton Metal Co. v Edridge, Merrett & Co. (1897)

欺诈者以一知名企业代理人的身份来到原告公司。事实上，该知名企业并不存在。原告与其订立了一份邮政合同，此合同不能被撤销，原因在于原告具有明确订立合同的意图，而本案中唯一可以与原告订立合同的就是欺诈者。

可将下面的案例与上述案例进行对比：

Cundy v Lindsay (1878, HL)

无赖布伦卡恩以被原告熟知的Blenkiron公司代表的名义，于自己的所谓营业地点与原告进行贸易活动。欺诈者以邮寄方式从原告处得到了大量亚麻方巾，在没有付款

单方错误：合同一方当事人发生错误。

可撤销的所有权：如果虚假陈述接受人在善意第三人购买合同标的之前撤销合同，那么虚假陈述人丧失货物的临时所有权。

的情况下，将这批方巾出售给了第三方。现该第三方被原告起诉。

法院认为：原告与布伦卡恩之间的合同是无效的，因为原告有理由相信自己是与非欺诈者的特定方在进行交易。这意味着原告可以要求被告返还货物。

2. 第三方意识到原告的错误。这通常不会成为问题，因为一般情况下，第三方被蒙在鼓里。

3. 认知的对象对于合同的订立非常关键。原告必须向法院证明，在合同订立时，自己仅仅具有与欺诈者假扮的特定人签订合同的意图。在 Cundy v Lindsay 案中，涉及的也是邮政合同，法院已经准备接受上述做法来裁判案件。但在随后的案件中，法院采取了不同的方法。在这一案件中，合同是当面订立的，原告的举证责任很大，其必须证明自己有理由相信欺诈者的身份。否则，法院就会认定原告有意与该欺诈者订立合同，此合同也不会因为错误而被认定为无效，仅仅会因为虚假陈述而变为可撤销的。当事人的行为必须被客观地判断，以决定原告的行为是否合理。

Phillips v Brooks (1919)

作为珠宝商的原告与自称乔治·布洛爵士的欺诈者订立了一份戒指买卖合同。随后，欺诈者将戒指当给了被告，现原告起诉要求返还。

法院认为：由于买卖合同并非无效，因此原告无法要求返还珠宝。对于身份的认定在本案中并非关键性因素。本案中，原告仅仅通过电话簿核对了姓名和地址，事实上，这些证据无法证明欺诈者与其假扮的人之间的确凿联系，仅能证明乔治·布洛爵士居住在特定地点而已。

上诉法院在以下案例中形成了一个明显存在争议的判决：

Ingram v Little (1960, CA)

欺诈者提供一份要约，想从三姐妹手中购买一辆车。起初三姐妹拒绝接收支票，后欺诈者宣称自己是哈钦森——一位成功的商人，同时提供了一个地址。三姐妹中的两个人继续和欺诈者交涉，第三个人则前往邮局，对电话簿上的姓名和地址进行核对，发现这些都是正确的。当然，这些证明作用不大，最多说明欺诈者了解正牌哈钦森先生的姓名和住址。但是姐妹们已经同意将汽车出售。之后支票无法承兑，而欺诈者很快将汽车出售给了被告——一位汽车经销商。

法院（多数意见）认为：合同无效，被告应当返还汽车。争议的关键在于，在订立合同时，欺诈者是否有理由相信，卖方提供的要约是针对她们想要与之订立合同的特定人。三姐妹只想与哈钦森先生进行交易，相关证据也证明了这一点。她们最初并未接受支票，直到核查了电话簿之后才同意进行交易。每个类似案例都要结合具体事实进行判断。Phillips v Brooks 案与本案的不同之处在于，在核查地址之前，卖方已经同意出售货物了。

尽管以上两个案件在事实部分很难说存在本质上的区别，但 Ingram v Little 案的判决可能更为公正，因为它体现了牺牲企业利益以保护弱势方的惯例。请记住，是经销商从欺诈者手中购买了汽车。

Lewis v Averay (1971, CA)

原告（刘易斯先生）将一辆汽车卖给了一位欺诈者，此人自称是一名电影演员，名叫理查德·格林，在热播电视剧中扮演过罗宾汉。在合同订立前，欺诈者向原告展示了有其签名的支票本和一本松木工作室的通行证。通行证上有官方的签章、理查德·格林的名字以及欺诈者的照片。随后，欺诈者将汽车卖给了被告（阿韦瑞先生）。现在原告希望被告将汽车返还。

法院认为：原告将会败诉。原告与欺诈者之间的合同并非无效，因此，被告购买汽车有效并获得汽车的所有权。原告无法证明其与欺诈者的合同对自己十分重要，因为原告接受了证明力并不强的欺诈者的身份证明。目前所有的证据只能表明欺诈者的姓名可能是理查德·格林，他就职于松木工作室。但是格林是个很大众化的姓氏，而影视工作室里不担任主演的演员也有很多。

丹宁法官认为：刘易斯先生与特定的人员（即来到他公寓的欺诈者）订立了合同。我们说他"订立了合同"，是因为我们没有深究他的意图或者进入他脑海深处探寻他的真实想法，而且，我们也无法探究欺诈者的思维。我只能通过表象进行思考。这仍然构成了一份合同，尽管由于欺诈，这份合同是可撤销的。此处，财产被转让给欺诈者，并最终在合同被撤销前流转到阿韦瑞先生手中。尽管我对于两位优秀且值得依赖的先生的遭遇表示遗憾，但我认为，刘易斯先生应该起诉。

法院（多数意见）拒绝适用 Ingram v Little 案的结果，而是参照 Phillips v Brooks 案作出了判决。Ingram v Little 案被认为是非常态的，因为以上三个案例的事实部分从实质上很难被区分开。

在下一个案例中，上诉法院驳回了以下判决，并对事实部分进行了区分。

Shogun Finance Ltd v Hudson (2002, CA)

自称帕特尔先生的欺诈者，使用了从真正的帕特尔先生那里偷来的驾照作为凭证，利用分期付款的方式从原告的金融公司获得了一辆汽车，在此过程中，原告没有对欺诈者的身份通过电子记录和郡法院的判决进行认真的检查。随后，欺诈者将这辆汽车卖给了赫德森。金融公司成功地通过诉讼使赫德森返还了汽车，其理由在于赫德森与欺诈者之间订立的合同被认定为无效。

法院（多数意见）认为：

(a) 身份对于金融公司来说是非常关键的因素。在这种情况下，欺诈者有理由相信对方是想向真正的帕特尔先生而非欺诈者本人提供要约。

(b) 这并非一份当面订立的合同，因为本案中汽车经销商在与欺诈者交易时并非金融公司的代理。因此，原告有意与其对面的人进行交易的假设是不成立的。

(c) 本案对于赫德森基于 1964 年的《分期付款法案》(Hire Purchase Act) 获得汽车所有权的理由进行了争论。（下面会介绍案例的详细情况。）

所有的庭审法官对本案中有关法律存在的矛盾作出了评论，并提出需要对有关法律进行修订，以便对损失的分担更为公平和清晰。赫德森向上议院提起上诉。

Shogun Finance Ltd v Hudson (2003, HL)

上议院（多数意见）支持上诉法院的判决。

法院认为：欺诈者与金融公司之间的分期付款合同并不成立，但是帕特尔先生已经订立了合同，他在合同中清晰地描述了金融公司所表达的若干条款。帕特尔先生是公司唯一愿意与之交易的人。经销商将车交给欺诈者的行为并不导致其和欺诈者之间订立合同。

本案不能与上议院之前在 Cundy v Lindsay 案中的判决完全割裂开，原因在于该案对于确立假定前提很有意义。即，只有在当面订立合同的情况下，卖方才具有与其面前的人订立合同的意图。

法院在本案中作出保护金融公司的判决也许会令人感到吃惊。这种类型的欺诈很常见，而且，这样的判决将会使分期付款公司不论合同如何订立都一律采取更为谨慎的消极策略。对于金融公司来说，本案中可依据的证据只有帕特尔先生拥有的有效驾照，而且是通过电子记录查询得到的。但该证据并没有令法院提出异议。实质上，本案并没有证据能够证明欺诈者就是帕特尔先生。

关于合同条款的单方错误

通常，合同当事人不能仅仅因为自己对合同条款的错误认识就使得合同无效。例外的情况是，如果该错误有明确的证据支撑，且一方不能以此合同作为行为依据，那么该合同能被认定为无效。

Hartog v Colin & Shields (1939)

有一份书面的关于销售草兔皮的合同规定，具体价格将以英镑为单位来计算，此外还暗含了货物按件销售的规定。对于这些条款，合同双方在口头上达成了一致，这一做法也是符合一般贸易惯例的。

法院认为：买方无权获得自己已经意识到的不公平的利益，依据买方的贸易经验，本案的书面合同中存在明显的错误，因此该合同应当被认定为无效。

只有极其明显的错误才会使得合同无效。

Wood v Scarth (1858)

被告的书面要约要求合同费用中不包含保险金，而原告在与被告的代理人签订合同时，没有获知被告的这一要求。

法院认为：合同不因为这一错误而无效，原因在于原告没有理由期待保险金也被包括在费用之中。

8.2.2 衡平法上的救济——修正

如果合同因为存在效力性错误而被认定为无效，那么法院会要求当事人对已经转让的金钱和财产进行返还，就与合法合同自始没有存在时一样，不发生任何权利移转。

但是，法院也会颁发**修正**（rectification）令，来对包含单方错误的书面合同进行修改。但只有在证据充分的情况下，才能采取这样的措施，原因在于，这一措施并不代表当事人的利益，不公平的结果是由书面文件的强制执行力造成的。

修正：衡平法上的救济方式，通过修改合同文本来最终体现当事人的真实意图。

8.2.3 错误签订的文件

对于想要使错误签订的合同归于无效的人，法院通常不会支持。这类合同通常具有约束力，除非因为虚假陈述或者造成重大影响，法院才会宣布合同为可撤销的。例外情况是，**“否认订立契约的答辩”**（non est factum）（确非我所为）的请求会得到同意。

上议院对于此类诉求要求提供特定的证据，原因在于，如果相应的诉求得到法院的支持，那么将会导致错误签订的文件变为无效的。签署人必须证明以下事项：

1. 文件的签署已经完全脱离了原本想要达到的效果。
2. 签署人并没有疏忽大意的过失。对于具体的签署人是否构成疏忽大意，由法官结合当事人的年龄、身体以及智力状况进行主观认定。

Gallie v Lee（Saunders v Anglia Building Society）（1970，HL）

78岁的加利女士视力不佳，还丢失了自己的眼镜，她在没有阅读的情况下，签订了一份书面合同。她将房产转让给自己的侄子沃利作为礼物，因为她之前就答应要将房产转让给他，这样他便可以募集到足够的资金开办自己的公司。而且，加利还要求，在赠予房产后继续居住在该房子里。事实上，合同文本由沃利的朋友同时也是其生意伙伴李签名，合同规定房子以3 000英镑的价格转让给沃利。但之后，沃利从没向加利女士支付任何费用，却将房子抵押给了建房互助协会。之后，沃利一直没有能力支付任何款项，因此建房互助协会尝试获得房屋的所有权。此时，案件已经提交至上议院，而加利女士已经去世，目前诉讼当事人是加利女士的遗嘱执行人和建房互助协会。

法院认为：否认订立合同的诉求不被支持。

1. 本案中加利女士实际签订的合同与她自己认为签订的合同，从签订的目的来看并没有本质区别，都是为了移转房屋所有权，这与加利女士的初衷一致。至于房屋转让给了其他人，而且是通过出售而非赠送的方式，这都不是本案的关键。
2. 加利女士在签订合同之前没有尽到足够的注意。她在自己无法阅读的情况下，至少应当通过其他人概述的方式来核查文本内容。

法院极不愿意对否认合同订立的诉求加以支持，而且在很多案例中也是这样做的。

8.3 胁迫与不正当影响

合同的核心本质在于这是双方自愿达成的协议。如果有证据表明合同是在强迫的情况下订立的，那么此时合同就是可撤销的。

否认订立契约的答辩：“确非我所为”可能由错误订立合同的一方提出，即其原本是出于某种特定的目的，但最终现实情况与其最初的认定完全不同。

8.3.1　胁迫

胁迫（duress）是一个普通法上的概念，具体是指使用威胁或暴力等方式强制一方当事人订立合同，此类合同是可撤销的。在实践中，尽管身体上的胁迫作为例外情况确实存在，但非常少见。在 Barton v Armstrong（1975，PC）案中，原告在商务谈判中受到威胁，被强制要求持有股票，这一合同之后被认定为可撤销的。

传统上，胁迫的概念只包括针对自然人的威胁和暴力行为，但是在 20 世纪下半叶，法院对这一概念进行了扩展，将经济胁迫也包含在内。这类胁迫通常包含一种威胁，即除非按照自己的意见更改合同内容，否则该当事人将不会配合另一方当事人履行合同义务。以前，法院倾向于依据法律将这种对合同的变更认定为无效，因为这种修改是在双方未协商的前提下达成的。但随着时间的推移，法院逐渐改变了看法，目前更倾向于根据经济胁迫将这类合同认定为可撤销的。在 Opel GmbH and Renault SA v Mitras Automotive（2008）案中（详见下文），法官（皇家律师唐纳森）将这一做法形容为“一种经过改良的控制机制”。

在 Pao On v Lau Yiu Long（1979）案中，斯卡曼法官认为，下列标准将可以决定合同是否可撤销：

1. 施加压力的程度。压力必须超过通常的商务交往中可以接受的范围。
2. 受害方提供的自身反抗的证据。
3. 受害方在受到对方威胁之后，是否有真正的选择权。
4. 受害方是否有独立的建议权。

以下案例说明了，达到何种程度才能使得针对经济胁迫的起诉胜诉。

Altas Express Ltd v Kafco Importers & Distributors（1989）

原告订立合同，以一定的价格为被告运送货物，具体运费以货物的大小为基础进行计算（由原告计算）。第一批货物由于经济原因通常尺寸较小。原告表示，除非对价格进行调整，以弥补每件货物的运输成本，否则其无法继续为被告运送货物。被告认为，由于没有时间再寻找其他的承运人，因此只能接受原告的要求。而且，当前一批运往沃尔沃斯的货物对被告十分重要，同时，这也是下一次运输的起点。

法院认为：一方基于优势强迫另一方就合同条款进行重新磋商，弱势方由于没有替代措施，也就没有进行讨价还价而接受了新的条款，此时经济胁迫是成立的。Kafco 公司如果不能满足主要顾客的要求，那么其经营就会有陷入困境的危险。

成本分担的过于不公平也会成为胁迫的证据。

Opel GmbH and Renault SA v Mitras Automotive（2008）

原告 Opel GmbH and Renault 汽车公司与被告 Mitras 公司就供应面包车的保险杠订立了合同。最终，由于原有设计的变更，原告在长达六个月的时间内没有执行合

胁迫：施以物理上的威胁，以强迫对方订立合同。

同。Mitras公司送来了“最终协议”，要求赔偿几万英镑的合同损失以及生产损失。原告的处境十分艰难，因为它只有可供24小时生产的材料，而Mitras公司拒绝继续供货。因此，原告不情愿地接受了Mitras公司的要求并进行了支付，但随后就宣称，这一协议因为基于经济胁迫而订立，所以不具有约束力。

法院认为：经济胁迫使得本案中的合同效力产生瑕疵，合同变成可撤销的。被告以不履行供货合同的方式相威胁，违法对原告施加压力。由于原告如果停止生产将会遭受巨额损失，因此其别无选择。而且对于原告而言，无法及时找到替代的供应商。因此，本案中的合同是可撤销的，原告可以要求返还其已经支付的金钱。

严重的商誉损失也具有一定影响。

Kolmar Group AG v Traxpo Enterprises PVT Ltd（2010）

原告Kolmar同意以特定价格从被告Traxpo处购买一定数量的乙醇。该合同中，运输时间非常关键，因为Kolmar想要将这批乙醇再次卖给一个急需这批货物的重要客户。之后，Traxpo告知Kolmar，交付的货物数量要有所减少，同时价格要有所上升。Kolmar接受了这些要求，因为其别无选择，但随后就基于对方提价起诉。

克拉克法官认为：Traxpo通过违法施加压力的方式，对Kolmar进行了经济胁迫，使得Kolmar要么接受其报价，要么放弃交易。此时Kolmar别无选择，只能接受Traxpo的要求以满足对自己客户的供应。“如果不这么做，Kolmar不仅会对一位潜在的重要客户丧失商业信誉，而且可能会陷入大量的诉讼之中。”

Kolmar有权获得损害赔偿以补偿价格上涨的损失。

8.3.2 不正当影响

不正当影响（undue influence）是一个衡平法上的概念，适用于一方滥用其对另一方的个人影响或权威，使得另一方与自己进行交易的情形。如果影响产生了效果，那么此交易为可撤销的。

Williams v Bayley（1866，HL）

一位父亲被银行告知自己的儿子将要被起诉，除非他（父亲）返还儿子以伪造父亲签名的方式从银行骗取的现金。

法院认为：父亲与银行的合同是可撤销的，因为他并非基于自由意志签订合同。

Avon Finance v Bridger（1985，CA）

一对老夫妇购买了一处老年人住房，他们的儿子做了资金安排并支付了部分款项。为此，儿子还从原告处申请了贷款，但并未告知父母，两位老人则签署了以房产为抵押物的抵押协议。之后，儿子无法继续支付贷款，原告提起诉讼要收回房子。

法院认为：担保合同由于儿子的不当影响是可撤销的，而这一切归因于原告。儿子实际上是作为原告的代理人实施这一行为的。原告应该意识到，儿子对其父母施加的影响会导致父母无法得到独立建议。

在双方当事人不存在信托关系的情况下，不当影响的举证责任由原告承担。当事人必须依据法庭要求，证明以下事项：如果当事人没有受到影响，则不会订立合同。原告在订立合同之前没有得到独立建议的证明，可以成为他们没有依据自身意志为一定行为的证据。

在当事人之间存在信托关系的情况下，如果原告可以证明订立合同对自己明显不利，则不当影响成立。合同成为可撤销的，除非另一方证明原告可以自己的自由意志而为一定行为。原告能够得到独立建议的证据将可以对此予以证明。

在某些情况下，依据法律规定，信托关系被认为自动存在。这些情况包括：

1. 医患之间；
2. 律师与委托人之间；
3. 本人与代理人之间。

但是，法庭也会接受以下情况：在有判例的特定情形下，允许忠实义务关系产生。在 Re Craig（1971）案中，一位秘书说服其虚弱而年长的老板将自己积蓄的一部分作为礼物送给自己，这被认定为在两人之间存在信托关系。老板在生理上及情感上对秘书都很依赖。而秘书也不得不将其继承的财产予以返还。在下一个案件中，被告对于一位老人生意上的控制，足以形成一个信托关系。

Goldsworthy v Brickell（1987，CA）

年事已高的原告，拥有一个面积很大且非常值钱的农场。但这个农场正不断贬值。原告不得不十分依赖被告（他的邻居）的建议。用了几个月的时间，被告就有效地经营了农场。而后，原告以对被告而言十分优惠的条件将农场出租给了被告，但在此期间原告并没有听取被告的独立建议。

法院认为：出租合同是可撤销的，因为此处不当影响是存在的。信托关系也是存在的，原因在于当事人之间存在密切的工作合作关系，其中，被告对原告有明显的控制力。

通常情况下，法院通常不会试图在夫妻之间寻找信托关系，即便是在那种为了丈夫的特定利益而进行的交易中。

Barclays Bank v O'Brien（1993，HL）

案件的事实部分见下文。上议院表示，在妻子为丈夫的债务进行**担保**（surety）的情况下，法院可以采用更为宽松的处理方式：

1. 夫妻间的交易具有天然的非正式性，这就产生了一种现实性的风险，即丈夫不会将有关信息按照妻子的责任范围如实告知。

2. 在金融事务上，大部分妻子都信任自己的丈夫并对其充满信心。

3. 相同的原则也可以适用于有感情基础的同居者之间，不论是同性恋者还是异性恋者。

虽然存在偶然的例外情况，但是通常在银行与其客户之间不存在信托关系。银行甚至没有责任确保客户在交易前一定要接受独立建议。但是，如果银行没有

不正当影响：使得合同可撤销的不公平的影响。

担保：为借款人履行债务提供保证。

这么做，可能会导致其不能以自己的意愿强制合同的执行。如果不当影响或虚假陈述构成了推定告知并导致顾客介入交易，此时就需要重点予以考虑。这类公告通常基于合同的本质而被提出，可能涉及银行与客户，也可能涉及其他有可能从交易中获利的人。

Barclays Bank v O'Brien（1993，HL）

奥布赖恩先生说服妻子签订了一份以他们共同拥有的房产为抵押物的合同，以担保自己的公司可以继续从银行透支，他的妻子对这桩生意本身并不感兴趣。奥布赖恩告诉妻子银行透支的金额被限制在60 000英镑以内，且还款期限为三周。事实上，这笔款项在数额和期限上都没有相应限制。当透支数额提升至154 000英镑时，银行开始寻求将抵押品变现。而与奥布赖恩进行交易的部门无法满足领导的要求来完成相应工程，这也就使得合同双方都意识到这次交易的本质并开始寻求独立建议。

法院认为：如果周遭的环境可以使银行意识到妻子是受到了丈夫的不当影响或虚假陈述而签订了合同，那么妻子可以使交易自始无效，除非银行已经对她发出了警告，建议她听取独立建议。由于银行虽已意识到她丈夫的不当举动，但没有采取足够的措施对她进行保护，因此奥布赖恩夫人有权使交易无效。

之后的案例表明，很难说服法庭，在非例外情况下，银行会被推定了解相关情况。

Credit Lyonnais v Burch（1997）

被告是一家小公司的低层级雇员，同时也是公司股东的亲戚，这位股东是公司老板。老板说服被告将自己的公寓进行二次抵押，为公司的银行债务进行无限担保，以便从银行增加透支，从原有的25 000英镑增至27 000英镑。但无论是老板还是银行都没有向她表明，目前公司的财务状况已经恶化。银行要求她在签约之前先征询相关的法律建议，但是这位雇员表示拒绝。随后，她又以书面信函的形式向老板进行了详细咨询，老板允许其签订这一老板自己明知具有不稳定因素的合同。

法院认为：银行对于老板施加给雇员的影响以及雇员缺乏法律建议的情况已有足够的注意。因此，银行不能对抵押和担保的财产予以强制执行。

在大多数案件中，法院都认为一旦弱势方被建议去获得独立意见，那么银行就不应承担推定告知的义务。法院通常基于银行的立场对独立和充分的建议这一概念进行解释。但是，在Etridge案中（见下文），上议院重新阐释并澄清了一些概念，并更新了O'Brien案中判决的精神。但是，在获得独立的法律意见的前提下，对于担保是否足以保护当事人仍然存在争议。因为目前法律认为担保在大多数诉讼中仍是唯一的救济手段，毕竟与将当事人和银行的交易无效化相比，针对律师的过失提起诉讼要容易得多。

Royal Bank of Scotland v Etridge（No. 2）（2001，HL）

上议院认为：

（a）当保证人没有按照通常的商业渠道作为时，银行应自动发出通知。

（b）银行必须合理确保担保人了解所签订合同的后果，并使用非专业语言对担保人进行风险提示，同时确保担保人签约是基于其自身的意志。但是，银行不需要专门会见担保人，有担保人所聘请律师的确认就足够了。

(c) 独立建议通常由借款人的律师提供给担保人。律师必须确定其中是否有利益冲突，如果存在，说明担保人获得了独立的法律建议。

一旦银行得知担保人已经得到建议，就可以认为这一建议已经被完整地传达给担保人。

撤销的局限性

不当影响的唯一救济手段是撤销合同。这是一种衡平法上的救济手段，因此，它能否适用由法官进行自由裁量。在下列情况下，交易撤销权将不复存在：

1. 确认。原告在脱离对方控制的情况下，没有抱怨而依据合同履行义务。

2. 延迟。在 Allcard v Skinner 案中，原告加入了一个宗教团体并向其进行大量捐赠。她在加入这一团体八年后离开。六年后，在有证据证明存在不当影响的情况下，她也未能成功要求社团返还她的捐款。

3. 第三方在合同财产上具有真实有效的权利。如果基于因不当影响而可撤销的合同，财产被转让或者被出售，并且是在原告能够撤销合同之前，那么此时撤销权将不再存在。

本章小结

1. 虚假陈述

由虚假陈述人作出的关于事实的不真实表述，进而导致虚假陈述接受人订立合同，此合同性质为可撤销的。虚假陈述可能源于欺诈，也可能源于善意。

欺诈性虚假陈述：因故意或放任导致。

善意虚假陈述：没有合理的理由而是疏忽大意造成的，或者是有合理的理由并由完全的善意造成的。

2. 虚假陈述的救济

欺诈性虚假陈述：可提起欺诈侵权诉讼，要求撤销合同以及损害赔偿。

过失性虚假陈述：根据 1967 年的《虚假陈述法案》第 2 条第 1 款提起诉讼，关于合理相信的举证责任归于被告。可要求撤销合同以及损害赔偿。

完全善意虚假陈述：根据 1967 年的《虚假陈述法案》第 2 条第 2 款提起诉讼。撤销合同是通常的救济方式，如果依据虚假陈述的本质，撤销合同将会导致不公平的结果，那么损害赔偿可以作为替代的救济方式。

3. 错误

效力性错误将导致合同无效。

4. 以下情况下的错误为效力性错误：

关于合同标的存在的共同错误；

关于合同标的同一性的双方错误；

关于合同当事人的单方认知错误；

关于合同条款的单方错误。

5. 错误的救济

法院要求任何在合同当事人之间移转的财产或金钱都需要返还。合同修正可以在单方当事人对合同条款产生错误的情况下，保持合同的效力。

6. 胁迫

通过对人身或商业利益进行威胁的方式强迫一方当事人订立合同，会导致合同变为可撤销的。

7. 不正当影响

基于比胁迫的影响轻微的违法劝说而成立的合同也是可撤销的。

假定重大影响：在双方存在信任关系的情况下，订立使弱势方遭受损失的合同。

实际重大影响：双方不存在信托关系，

但是一方可以证明另一方使用不公平的方式使其订立合同。

8. 胁迫与不正当影响的救济

撤销权。

课后测验

1. 基于以下情况起诉成功后，对合同产生什么效力？

（a）虚假陈述；

（b）错误；

（c）胁迫；

（d）不正当影响；

（e）否认订立契约的答辩。

2. 以下合同为何存在瑕疵？

（a）克罗克福德将自己的房子卖给了威兹登，但他使用了一个大箱子来遮挡墙壁上的裂缝。

（b）凯利与布拉德肖签订合同，将1吨豆状软糖卖给后者，双方当事人均以为货物存放在位于斯肯索普的仓库中。实际上，在合同签订当天的早些时候，一场大火已经将仓库烧毁了。

（c）钱伯斯向韦伯斯特谎称自己是著名的笛子演奏者皮尔斯。结果，韦伯斯特同意将自己的古笛卖给他。

（d）惠特克是一名虚弱且极度依赖自己儿子摩尔的老人。老人以低于市场价格的水平将自己价值不菲的股份卖给了儿子，因为儿子威胁自己，如果不这么做，他就要离开老人去国外生活。

参考答案见书末的附录。

深入阅读

以下判例对于你在本章所学的法律的形成提供了重要的示例。它们是说明诉讼中法律的第一手资料，并且能给你提供更多的事实细节，同时帮助你理解法律，以及了解法官是如何作出决定的。

请尝试在判例汇编中查找这些判例，或者通过数据库获取，例如，Bailli（www.bailii.org/databases.html）。你可以从大学图书馆获取LexisNexis和Westlaw，或者从判例书中找到摘录。

Esso Petroleum v Mardon［1976］2 All ER 5，CA

William Sindall plc v Cambridgeshire County Council［1994］1 WLR 1016，CA

Shogun Finance Ltd v Hudson［2004］1 All ER 215，HL

Credit Lyonnais v Burch［1997］1 All ER 144，CA

网络学习

请登录www.ripofftipoff.net/，点击"typical cons"，看看典型的欺诈要约，重点关注包含虚假陈述、不正当影响或者其他本章提到的不公平合同。

课后作业

（a）解释虚假陈述的救济方式。

（b）詹姆斯私下将自己的车通过支票支付的方式卖给了一位自称罗伯特·古尔德的欺诈者。该欺诈者还盗窃了真正的古尔德先生的支票簿和银行卡。另外，为了进一步证明身份，欺诈者还向詹姆斯出示了一本印有古尔德名字及自己照片的旅行护照。随后，欺诈者将汽车卖给了一位名叫哈里的二手车经销商。詹姆斯去银行兑现支票时被驳回，他通过汽车找到了哈里的门市部。

请向詹姆斯提供建议。

如果詹姆斯在卖出汽车后不久便产生了怀疑并告知了警察，那么你的答案是否会有不同？

第 9 章

更多瑕疵：违法、无行为能力

导　言

本章将介绍更多的合同瑕疵：违法和无行为能力。

在合同法中，“违法”一词的含义比一般人的理解要更宽泛，不仅涉及被法律禁止的合同，而且涉及订立目的与法律相冲突的合同，以及那些没有明显违法但侵害了公共利益的合同。违法的合同是无效的。

通常，任何个人在法律上均可订立合同，因此，任何人都可能作为合同当事人提起诉讼或被起诉。但是，一些限制民事行为能力人订立的所有合同不一定对自身都具有约束力。本章将介绍对两类限制民事行为能力人——未成年人和精神病人——的保护措施。

学习目标

在完成本章的学习之后，你应该能够：

1. 明确违法合同的概念和范围。
2. 了解普通法中订立合同违法的具体情形。
3. 了解普通法中违法合同和无效合同的区别。
4. 了解在贸易限制条件下合同的强制力。
5. 了解哪种针对未成年人和精神病人的合同具有强制力。

9.1 违 法

调整**违法合同**（illegal contract）的有关规则在成文法和普通法中均可找到。

9.1.1 成文法中规定的违法合同

具体规定有很多，主要包括以下几类：

1. 根据1976年的《转售价格法案》（Resale Prices Act），厂商之间订立的控制转售价格的合同是被禁止的。

2. 根据1845年的《博彩法案》（Gaming Act），博彩与打赌合同是无效的。该法案并未禁止赌博合同，但不允许一方通过法院来追讨自己的赌债。

9.1.2 普通法中规定的违法合同

法院通过对公众利益或公共政策的考量，具体决定违法是否存在及其范围。因公共政策而无效的合同主要有以下两大类：

1. 违法合同。合同当事人约定采取的行为直接或间接违反了法律的规定。以下类型的合同即为违法合同：

（a）以犯罪、侵权或欺诈为目的的合同。在 Everet v Williams（1725）案中，两个公路抢劫犯就共同抢劫一辆马车达成协议并约定事后分赃。毫不意外，一方以赃款分配问题为由起诉后，被法院驳回。

（b）损害国家外交关系的合同。

（c）以不正当性关系为目的的合同。

Regazzoni v Sethia（1957，HL）

印度的外贸法律禁止由印度向南非出口货物。为了规避这一禁止性规定，原告和被告订立合同，先将货物出口到意大利，然后运送至南非。之后卖方没有成功发货而遭到买方起诉。

法院认为：由于合同违法，因此买方的诉求不能实现。其行为会违反印度法律，并且会影响其与英国的良好关系。

Pearce v Brooks（1866）

原告作为车辆制造商，在明知被告会将其用于色情生意的情况下，向被告提供了一辆马车。

法院认为：该合同违法。车辆制造商既不能得到货款，也不能重新收回马车。此处它客观上起到了协助和推动色情服务的作用。

违法会影响到合同的整体，并使其无效。其中一方当事人会发现自己由于订立合同而间接地受到了处罚。例如，如果一方当事人在订立合同之前已经意识到

违法合同：包括那些虽然没有被法律明文禁止但不符合公共利益的合同。

合同具有违法目的，此当事人通常就不能要求返还已经转移的财产。这通常也被视为对订立此类合同当事人的一种威慑。

2. 仅仅无效的合同。法院通常认为这类合同没有违反法律规定，但在一定程度上损害了公众利益。订立合同的当事人不会受到法庭的处罚。已经移转的财产通常也会得到返还。但合同会被强制归于无效。这类合同中最重要的一种是交易限制合同。

9.1.3 交易限制合同

以下合同的共同特征都在于**商业限制**（restraint of trade）：

1. 劳动合同。合同中会要求雇员承诺保守交易秘密或在离开岗位后不从事与雇主产生竞争的工作。

2. 企业转让合同。在企业转让中，企业出让方被要求承诺以后不再设立与企业接收方进行竞争的其他企业。

3. 独家经销合同。一类特定产品的卖家只和一家供应商合作以获得一些价格优惠或融资便利，由此签订的合同为**独家经销合同**（solus agreement）。这在油料供应行业很常见。加油站的老板在建站的时候可以从供应商那里获得价格上的折扣或者一些融资支持。作为回报，汽油的销售方通常答应只销售供应方提供的特定品牌的油品。

以上这些限制条款的使用通常被认为损害了公众利益，原因在于这种规定影响了竞争和劳动力的自由流动。包含这类限制条款的合同通常被认定为初步无效，比如它们最初会被认定为侵害了公共利益，但是如果这类合同能够证明其合理性，则依然具有强制执行力。这意味着法院可以否认合同的强制力进而不给予当事人救济（如颁布禁令），除非有证据表明，在特定情况下，此类限制条款是合理的。

确定合理性是否存在需要考虑以下三个方面的问题：

1. 法律是否对该商家的利益进行保护？这些利益限于商业秘密和劳动合同中的重大关系。如果合同的目的是企业转让，那么商誉也属于受保护的范畴。

2. 相关限制条款的持续时间是多久？

3. 相关限制条款涉及的地理范围是怎样的？

假定法律认可的商业利益是存在的，那么限制条款本身在时间和空间上的效力要依据个案的具体情况加以确定。例外情况下，法院会支持终身或者全世界范围内有效的限制条款。实践中，大部分限制条款只在特定时间段和特定区域内起作用。

劳动合同中的限制

雇主可能会在劳动合同中对有意跳槽的雇员施加限制。

考虑到商业秘密，雇主通常会限制雇员获得生产工艺以及产品构成方面的信

商业限制：对选择雇主、企业的设立地点以及合同签订对象的自由进行的限制。

独家经销合同：一方同意只与唯一的供应商进行合作的合同。

息，并限制其将此类信息泄露给他人或基于个人目的使用。

Forster & Sons Ltd v Suggett（1918）

雇员获得了雇主发明的玻璃瓶生产工艺的商业秘密。

法院认为：雇员在离职后五年内不得在英国境内参与此类交易，这一限制是合理的。

雇员和客户之间通过商务交往产生的商务联系同样受到法律保护。这是为了防止离职的雇员继续接触原先的顾客。

Fitch v Dewes（1921，HL）

法院认为：律师的常务书记员终身不得在以塔姆沃思城镇中心七英里半径的区域内从事律师工作，这一限制是合理的，因为他在为雇主工作期间处理了大量机密的客户信息。如果允许他在当地执业，那么这些客户都会选择他作为自己的代理人。

雇员通过为雇主工作而掌握的技能以及学习到的商务知识，可以用在他处，法律不能对此加以限制，但商业秘密或者与客户的特定关系不能被用于新的工作之中。

Morris v Saxelby（1916，HL）

法院认为：绘图员和工程师不能被禁止在起重机制造企业工作。雇员在原企业获得的生产组织方面的知识在相关行业的不同企业中具有相当的一致性，因此不是受法律保护的特定利益。

Eastham v Newcastle United Football Club（1963）

足协规定，在合同结束后离开原俱乐部的球员将会先登上保留名单。这就防止了这些球员以之前的工资为标准在英国或国外寻找新的雇主。

法院认为：这一规则不具有法律上的约束力，原因在于此处没有值得法律保护的利益。

Faccenda Chicken Ltd v Fowler（1986，CA）

原告从事上门销售速冻鸡肉的业务。福勒先生是原告的销售经理，但他没有与原告直接订立合同。之后，他离开了原告企业并在当地成立了一家类似的企业，同时，他继续使用自己持有的原告企业的顾客名单。原告的一些雇员也跳槽到了福勒的企业工作。

法院认为：福勒的行为不能被限制，他利用的信息并非商业秘密，他使用这些信息并没有侵害前雇主的商业秘密，而且他也有权给自己认为合适的人选提供工作。

关于是否存在合理性的判断必须最大限度地对双方产生公平的结果。在上述三个案例中，雇主仅仅是为了阻止前雇员可能与其产生的合法竞争。这会不当地限制其雇员出卖自身劳动力或在其他地方创业。

生活实例

霍勒斯经过培训成为一名平面设计师，但过去五年他并没有从事这一行业，而是在奥尔德卡斯尔一家名为“FitQuick Gym”的健身房当一名私人教练。他的朋友悉尼是一家拥有数个健身俱乐部的公司的股东。这家公司在相邻的镇上，同时准备在奥尔德卡斯尔新开一家俱乐部。悉尼向霍勒斯提供了发起人和公共经理的职位。

但霍勒斯与 FitQuick Gym 的劳动合同上注明，他不得在离开 FitQuick Gym 一年之内，在奥尔德卡斯尔或方圆 30 英里以内的任何健身机构担任私人教练或其他相关职务。

因为霍勒斯已经在工作期间和顾客建立了私人关系，所以 FitQuick Gym 想要保有这种作为商业利益的客户关系，禁止霍勒斯在一年内为本地其他健身房当私人教练，这从时间和地域范围来看也算合理。但是，如果不让霍勒斯在其他城镇执业或者不让他在找到类似工作后沿用那些客户关系，就是不合理的。这更多地取决于悉尼的连锁健身房所处的位置以及霍勒斯的新工作能否允许他继续使用之前的客户关系。

法院认为，雇员通常不具有和雇主讨价还价的能力。因此，对合同用语的解释就会倾向于防止针对雇员的不合理限制。但是，法庭也必须在合同各方之间寻求利益的平衡。在雇员可能损害雇主合法利益时，法院也不会将合同内容认定为违法，而是采取更具目的性的做法。合同将以使雇员在一定程度上受到限制为目的进行解释。

新闻报道

针对鲁尼的违法限制

——Proactive Sports Management Ltd v Wayne Rooney and others（2010）

Proactive 公司起诉足球运动员鲁尼违约，其与鲁尼签订的合同中规定，在八年时间内，Proactive 公司可以分得鲁尼肖像权收入的 20%。鲁尼在 17 岁就与 Proactive 公司签订了合同，在此期间，无论鲁尼本人还是他的父亲都没有得到法律上的有关建议。

皇家大法官赫加蒂认为：Proactive 公司和鲁尼之间的合同涉及交易限制，而且在时间、区域和范围上的限制并不合理。

合同在履行期间内不允许鲁尼解除合同，除非鲁尼违约或者破产。实际上，这份合约几乎伴随了鲁尼一半的职业生涯，因为只有到他 25 岁时，这份合同才会到期。

合同在全世界范围内对鲁尼的自由施加了极大的限制，妨碍了他依据自己的意愿开发自己的天赋。在合同中，鲁尼承诺：“不会在公司不同意的情况下，去与其他任何被视为公司竞争对手或愿意帮助鲁尼开发其天赋的公司、代理人或者其他商业机构进行谈判或签订合同。”

20%的比例是固定的，“不得限制或减少佣金比例，而且佣金包括鲁尼所有相关的收入，不论具体收益是 10 000 英镑还是 1 000 万英镑，这一比例都不会改变”。

有证据表明，鲁尼和他的父亲在签订合同之前没有得到任何法律建议，他们本可以在其他公司获得更有竞争力的条件。（特别注意，这份合同可以被鲁尼撤销，他在签订这份合同时正好年满 17 岁。）

Home Counties Dairies v Skilton (1970)

斯基尔顿与公司签订的劳动合同要求，他在离开牛奶公司一年内不能向服务过的客户出售牛奶或其他奶制品。

法院认为：合同条款是为了防止斯基尔顿的老客户随之一起流失，而并非阻止斯基尔顿寻找新的工作，比如在另一家杂货店销售黄油和奶酪。由于合同只是防止其在为新的牛奶企业工作时拉拢前东家的客户，因此合同是有效的。

Littlewoods Organisation v Harris (1978, CA)

原告起草了Littlewoods公司下一年度的邮购目录内容，之后从Littlewoods公司离职并加盟了其竞争对手——Universal商店。原告与Littlewoods公司签订的合同中写明，他在离开Littlewoods公司一年内不得为Universal商店工作。

法院认为：这是很常见的合同限制。如果按照字面意思解释，合同旨在阻止哈里斯以自身的任何能力为Universal商店工作。但此处应该对具体条款加以限制，合同限制的应是哈里斯使用以Littlewoods公司中层管理者身份获得的营销部门交易目录中的关键交易信息。一旦考虑到这些情况，条款出于保护公司商业秘密的目的就是合理的。

企业转让限制

善意的企业收购方为了保护自身利益，防止顾客流失，会限制企业出让方在可影响到自身经营的地域和一定时间内成立类似的企业。此处唯一受到保护的企业利益是出让方掌握的顾客，只有在出让方经营与其转让企业相类似的企业时，才会受到限制。此处的类似具体是指企业的类型相同。

BRC Engineering v Schelff (1921)

谢尔夫将其以销售供公路使用的环形混凝土钢筋为主业的企业出售。出让合同包含一些限制条款，以限制出让人泄露任何有关水泥钢筋销售和生产的信息。

法院认为：唯一可以受到保护的商业利益是水泥的销售。任何进一步的限制都是不合理的，因为其他有关的商业利益与企业的转让无关。

Nordenfelt v Maxim Nordenfelt Guns & Ammunition Co. Ltd (1894)

诺登费尔特将自己的武器制造企业出让给Maxim Nordenfelt公司。合同限制诺登费尔特在25年内不得进行军火交易。合同中没有提及限制条款所涉及的地域。

法院认为：考虑到生意本身的范围大（诺登费尔特生产各类军火）且顾客非常少（州政府），合同中的限制是合理的。

独家经销协议

这类合同通常出现在汽油生产企业和汽油零售商之间。

Esso Petroleum v Harper's Garage (Stourport) Ltd (1968, HL)

Harper's与Esso这两家公司订立了两份独家经销合同：合同1，时限为4年半，以提供价格折扣为回报；合同2，时限为21年，可以从Esso处获得价值7 000英镑的抵押贷款用于加油站的建设，贷款在期限内还清。

法院认为：合同1的规定合理并具有约束力，因为合同整体较为合理。合同2被认为是不合理的，因为其时限过长。此时限对于Esso公司以确保稳定收入的方式来保护自身的商业利益而言，显得过于漫长。而且，合同中的抵押条款与相关限制是否合理无关。

请注意，上述案例中，Harper's公司在提供抵押时事实上已占据相应土地。它们正在放弃自由交易的权利。一方以占据土地为前提而接受限制的内容，这样的限制条款是不能生效的。

Cleveland Petroleum v Dartstone Ltd（1969，CA）

被告向Cleveland公司租用了一个车库。合同约定，在租期内，被告只能出售Cleveland公司提供的汽油。

法院认为：这并不是一个不合理的交易限制，原因在于当事人之前并没有占据相关土地，它在租用车库的时候对于相关限制条款的内容已全面了解。

此规则同样适用于连锁酒吧。

无效限制的后果

无效限制不会导致合同其他部分无效。只要违约部分不涉及无效限制的条款，当事人可以就违反劳动合同或转让企业进行起诉。法院可以将合同中涉及不合理限制的部分单独处理（隔离）。合同剩余部分依然具有强制执行力。

Goldsoll v Goldman（1915，CA）

被告在伦敦销售仿制珠宝。大部分生意是在英国国内以邮寄的方式进行的。在企业转让合同中，被告表示在两年内，他不会在英国、法国、美国、俄罗斯或者柏林及维也纳25英里范围内，从事任何有关真的或仿制的珠宝的销售活动。

法院认为：考虑到以下情形，这一限制显然在地域上过于宽泛并导致不合理：

1. 商业利益：原告仅仅购买了一家珠宝仿制企业，它只能基于商业利益而限制被告的贸易活动。

2. 限制所包括的地理区域：案例中的地域限制对于保护商业利益而言明显不合理，特别是考虑到被告之前的销售只局限于英国境内。

与真的珠宝有关的条款将被隔离，因为这里的地域限制与英国无关。

隔离的含义与字面意思相同，即隔开。法院不会为此修正限制条款本身以使其合理化。

即便在隔离不适用的情形下，其立法原意法则也会为法院所采纳。比如在Home Counties Dairies v Skilton案（见前文）中，对于合理性限制的解释更为宽泛。

9.2 限制行为能力合同

9.2.1 未成年人

依据法律规定，未成年人（18岁以下）有能力订立绝大多数合同，并可以对合同对方当事人采取措施来保证合同得以执行。法律通过限制未成年人订立合同的效力来保护他们。一些合同，如借款给未成年人的合同，对于放款人来说永远不会具有强制执行力，另一些合同则只在一定范围内才有效。

对未成年人具有约束力的合同

购买生活**必需品**（necessaries）的合同对未成年人具有约束力。1979年的《商品销售法案》将必需品定义为：与未成年人生活相适应的商品……该商品在销售及发送之时应当符合未成年人当时的实际需要。

此处有两点需要注意：

1. 这些商品是否真的是必需品？这与该未成年人的生活方式和社会地位有关。

Peters v Fleming（1840）

法院认为：对于作为大学本科生的被告来说，表链可以认为是必需品，他拥有一条金质表链与其社会地位相符。

2. 商品在销售和发送之时对于未成年人是否必要？

Nash v Inman（1908）

原告向作为未成年人的被告——一位剑桥大学的本科生提供服装，其中包括11件西装马甲。

法院认为：由于被告已经拥有了大量符合自己生活条件的衣服，因此本次购买不是必要的，他将会败诉。

通过对比，必需品应该包括服务。以下所列都可以成为必需品：衣、食、住、行、法律建议和教育。

在未成年人购买必需品的合同中，其偿付价格必须合理。在特定合同中，未成年人就不受其中价格调控的限制。1979年的《商品销售法案》第3条规定，合理价格是指支付的商品货款和运输费用。法院可能要求未成年人支付低于合同规定的价款。“销售和运输”一词表明，只有在商品成功发送之后，未成年人才有义务付款。

过于严格的合同以及有偿合同均不具有强制力。

Fawcett v Smethurst（1914）

一位未成年人订立了一份租车合同，合同规定，租车期间如果车辆有所损坏，无论该损坏是否由该未成年人造成，他都需要承担相关法律责任。

必需品：被证明符合未成年人需要的商品或服务。

法院认为：尽管这是一份有关必需品的合同，但鉴于该合同给未成年人的负担过重，因此无效。

劳动获利合同同样也可以约束未成年人。其中包括培训与奖励合同，但不包括交易合同。如果合同全部条款都对未成年人有利，那么合同具有约束力，如果这些条款给未成年人施加了过分的负担，则不具有约束力。

De Francesco v Barnum（1890）

一份舞蹈学徒合同规定，作为合同当事人的一位14岁女孩在学徒期间不得结婚，并且不得在未经导师允许的情况下接受其他培训。导师没有义务核查她是否订婚，在女孩失业时也不会支付补偿费用。在受训期间，即使按照当时的标准，女孩的工资也很低（每晚9美元）。她拒绝在这种条件下继续当学徒，导师随后起诉女孩违约。

法院认为：合同无效。合同义务过于繁重，并且对未成年人很不公平，该未成年人事实上已经完全处于原告的控制之下。

可撤销合同有不同的类型，其共同点在于均创设了可持续的义务。出租协议、合伙协议以及股权购买协议是典型的例子。未成年人可以在合同成立之后一段合理的时间内选择跳出合同，但要承担在此之前产生的责任。

Proform Sports Management Ltd v Pro-Active Sports Management Ltd（2007）

鲁尼作为埃弗顿足球俱乐部签约球员，与原告签订了一份委托代理合同，合同规定原告可以在特定时期内，代表鲁尼参与任何一项可能达成的关于鲁尼转会交易的谈判。在合同有效期间，被告公司接触了鲁尼，说服他签订了一份排他的转会合同。原告起诉被告诱使鲁尼违反了与自己签订的合同。

法院认为：本案不存在违约。代理合同仅仅是一种可撤销的合同。与必要服务、学徒或者教育合同相比，这一合同不具有足够的可比性，因此对未成年人不具有约束力，鲁尼有权在任何时间撤销合同。

霍奇法官表示："球员的代理人并不负责球员的训练和生活。他们不会让这些未成年人掌握挣钱的手段或者提高技术以使他们达到职业运动员的标准"。

（可参见另一案例 Proactive Sports Management Ltd v Wayne Rooney and others（2010），见前文。）

对未成年人不具有约束力的合同

除前述各类合同之外的所有合同，对未成年人均不具有约束力。最常见的**不可强制执行的合同**（unenforceable contract）是未成年人签订的贷款合同或购买非必要商品及服务的合同。

从历史来看，与未成年人进行交易都需要承担一定的风险，而且经常发现最终遭受损失的是自己。如果这些情况发生在今天，遭受损失的当事人可以依据1987年的《未成年人合同法案》（Minors' Contracts Act）获得赔偿或要求未成

不可强制执行的合同：借款或提供非必要商品、服务的对未成年人不具有强制力的合同。未成年人可据此起诉。

年人返还商品，该法律还在一定程度上对未成年人享受到的过度保护做了调整。

1. 对未成年人承担债务的担保。根据该法案第2条，合同规定第三方对未成年人的债务支付进行担保，该合同对债权债务双方没有强制力，但对于第三方担保人具有约束力。

2. 针对未成年人的**归还令**（restitution order）。这是一种衡平法上的救济，根据法律自由裁量权加以适用，具体针对可能要求未成年人返还基于合同获得的他人财产的情形（1987年的《未成年人合同法案》第3条）。这一救济方式在1987年之前也适用，有时也会被用于对被欺诈人的救济，在这类案件中，未成年人以谎报自己年龄的方式通过合同获得了财产。法院也会要求未成年人上交其购买的商品（Stocks v Wilson（1913）），但通常不会要求债务人返还借款，因为通常情况下，货币或者票据很难被未成年人归还，因为他们一般都将其花掉了（Leslie v Sheill（1914））。

3. 未成年人合同中的**债务确认**（ratification of debt）。1987年法案第1条规定，在成年后，当事人对其在未成年时期的债务进行确认，这种确认对当事人具有约束力。

值得思考

法律对于向未成年人提供手机的合同如何认定？

参考答案见书末的附录。

9.2.2 精神病人

在以下两种情况下，精神病人订立合同的能力是被限制的：

1. 合同一方当事人明知精神病人的病情。如果合同一方当事人知晓或理应知晓对方当事人的精神疾病，那么合同对于精神病人一方就是可撤销的，比如，精神病人可以选择跳出合同。如果一方当事人不知道精神病人的患病事实，那么合同就是有效的并具有强制执行力。

2. 必需品合同。根据1979年的《商品销售法案》第3条，在商家了解买方的精神状况时，作为买方的精神病人有义务支付合理价款购买生活必需品。如果卖方没有意识到买家的精神状况，那么法院将不会对商品的价格进行干预。

归还令：一种衡平法上的救济，法院要求一方将特定财物返还给另一方。

债务确认：未成年人在成年后对其未成年期间的债务进行确认，表示愿意接受其约束。

本章小结

1. 违法合同

合同可能因违法而无效，这是成文法规定的。由于合同目的在于违反法律规定，因此这样的合同有违公共利益。

结果：这类合同是绝对无效的，财产可能不会被返还。

其他合同仅有无效的效果，因为它们虽然没有违反法律，但是与公众利益相悖。

例如：限制交易的合同，因为它们潜在地限制了竞争。

后果：如果能够证明这种限制是合理且必要的，那么此类合同有效：

（a）保护商家利益；

（b）没有波及过大的区域；

（c）没有持续太长时间。

立法原意法则被用于解释限制条款。

合同中除去不合理条款的其他部分是可能有效的。

2. 合同能力

法律会通过限制特定种类合同的约束力，来对弱势群体进行保护。

（a）未成年人：

对未成年人具有约束力的合同：

购买必需的商品或服务的合同；

雇佣获利合同。

未成年人可撤销的合同：

创造了持续性收益或义务的合同，未成年人可以选择将其撤销。

对未成年人没有强制力的合同：

其他所有合同（包括贷款合同）对于未成年人均没有强制力。

（b）精神病人：

即便在商家意识到其病情的情况下，精神病人购买必需品的合同也具有约束力。

如果合同当事人应当意识到对方为精神病人，那么双方订立的所有合同均可撤销。

课后测验

1. 违法性如何影响合同效力？

2. 以下合同为什么违法？

（a）抢劫银行的合同；

（b）制作色情电影的合同；

（c）英国公司向美国恐怖分子提供军火的合同。

3. 以下合同对于17岁的阿尔杰农是否具有强制力？

（a）为求职面试购置一套正装；

（b）购买50个圣诞蛋糕分发给当地的老人；

（c）为Busby公司工作，具体职位是发送部门的打包工；

（d）向杰迈玛借50英镑。

参考答案见书末的附录。

深入阅读

以下判例对于你在本章所学的法律的形成提供了重要的示例。它们是说明诉讼中法律的第一手资料，并且能给你提供更多的事实细节，同时帮助你理解法律，以及了解法官是如何作出决定的。

请尝试在判例汇编中查找这些判例，或者通过数据库获取，例如，Bailli（www.bailii.org/databases.html）。你可以从大学图书馆获取LexisNexis和Westlaw，或者从判例书中找到摘录。

Regazzoni v Sethia［1957］3 All ER 286，HL

Eastham v Newcastle United Football Club［1963］3 All ER 139

Littlewoods Organisation Ltd v Harris［1978］1 All ER 1026，CA

Home Counties Dairies v Skilton［1970］1 All ER 1227

网络学习

请登录 www.adviceguide.org.uk/，点击“consumer affairs”并选择“young people, money and consumer rights”，来寻找更多的未成年人合同。

课后作业

博芬受雇于甜心公司，并掌握了作为公司机密并在英国境内享有排他使用权的太妃糖的制作方法。他的劳动合同规定，如果他离开甜心公司，一年内不得供职于英国或美国境内的其他生产太妃糖或其他甜食的企业。

1. 这一限制性条款合法吗？
2. 如果违法，能否使其合法化？

第 10 章 合同的终止和违约的救济

导　言

你已经基本完成了合同法的学习。本章将研究合同义务是如何终结的。当你订立一份合同时，通常会期待义务随着全面履行而终结：你支付合同约定的价款，对方向你提供所要求的服务。然而，生活不是那么简单。当义务的履行以某种方式中断，或者义务只履行了一部分时，该怎么办？这将使双方结束该合同吗？

也许你会改变想法，同意不再履行合同，或者通过某种方式修改合同，那么你该如何保证这样的协议是有效的呢？

有时事情会变得很糟糕。在下列情况下，你的法律地位将是怎样的？你预约了一位摄影师为你的婚礼拍摄照片，如果当天他因病不能出席，或者摄影师的健康状况良好，也出席了你的婚礼，但是他根本不能胜任拍照工作，没有为你特殊的日子留下美好的纪念。

本章将考察法律如何解决类似问题。

学习目标

在完成本章的学习之后，你应该能够：

1. 列出合同终止的几种方式。
2. 说出完全履行的概念以及例外情况。
3. 描述一份合同如何被协议终止。
4. 举例说明合同可能会失效。
5. 解释无效合同当事人的权利。
6. 了解在什么情况下违约会导致合同终止。

7. 运用损害赔偿的近因规则。
8. 区分违约导致的不同种类的损失。
9. 了解何时法院对于违约运用公平救济。

10.1 合同的终止/解除

10.1.1 清偿

一般规则：只有得到完全履行，合同才终止；合同中规定的所有义务都已经履行完毕。一方的不履行可能会导致另一方起诉其违约，并且另一方可以拒绝支付。虽然这项规则通常是公平的，会导致某些行为人进行协商，但还是有可能产生一些不公平的结果。

Cutter v Powell (1795)

被告鲍威尔船长，聘用中尉卡特为其牙买加至利物浦航线的船员。合同规定，只有完成了整个航程才支付报酬，但是中尉在到达利物浦之前 19 天死亡。

法院认为：就遗产起诉的中尉的遗孀不能主张该报酬。因为只有当航行结束，中尉履行了合同规定的全部义务才能拿到报酬。

为了防止不公平的产生，发展出了例外。

可分合同

中尉卡特订立的合同是一份**不可分合同**（entire contract）；他只有在履行完整个义务之后才可以获得报酬，即完成从牙买加到利物浦的航程。如果订立的是**可分合同**（divisible contract），该义务可以被分解为小的单元（例如，周），每完成一部分就可以获得相应的报酬，那么卡特夫人可以要求三周的报酬。

Ritchie v Atkinson (1808)

合同规定，货物的运费为每吨 5 英镑。在运送了协议规定的一部分货物时，货物所有人声称自己没有支付价款的义务。

法院认为：由于义务是可分的，因此货物所有人应按照实际运送的货物支付价款。

报酬按照每周或每月支付的雇佣合同是可分的。建筑合同也是如此：随着特定部分工作的完成，应相应地支付部分报酬。

不可分合同：仅由一个义务组成的合同，并且只有当该义务履行完才支付报酬。
可分合同：由许多不同的义务组成的合同，报酬按照适当履行义务的多少支付报酬。

一方阻止另一方履行合同

如果允许合同当事人在阻止另一方履行必要的合同义务之后，声称没有支付报酬的义务，那么会出现大量的诈骗。为了防止产生这种不公平，阻止对方履行合同义务的当事人被认为构成违约，以此免除对方全部履行合同的义务。

Planché v Colburn (1831)

原告和被告（一家出版社）签订了一份合同。合同规定，原告为被告写一本书，在写作完成之后，被告向原告支付100英镑。原告查找资料并写了一部分，此时，被告告诉原告不需要那本书了。

法院认为：原告有权按照合同的完成情况，获得已经完成部分的相应报酬。

接受部分履行

当合同是不可分的时，**部分履行**（part performance）不能结束当事人的义务。然而，如果对方愿意接受义务履行方的部分履行，那么合同义务终结。接受的一方必须支付适当的价款。接受方无论接受还是拒绝部分履行，都是基于其真实意思作出的选择。买方可以拒绝接受货物的委托交付，但在提供货物或服务的合同中，如果原材料已经成为他们自己财产的一部分，则当事人没有选择的权利。

Sumpter v Hedges (1898)

原告和被告订立了一份为被告建造谷仓的合同，但在原告的工作完成了一半之后，就不再继续建造。

法院认为：被告不需要支付合同规定的费用，因为被告自己完成了谷仓的建造，它除了接受原告的部分履行以外别无选择，并且为了保证建筑的安全自己完成了建造工作。对于原告留下的、被告选择用以完成谷仓的建造工作的原材料，被告当然需要支付费用。

实质履行

如果一方当事人接受了对方的**实质履行**（substantial performance）（即大部分同意），那么应当支付报酬，即使最终的履行情况与合同的规定有些偏差。付款方有权减去没有履行部分的费用。法院必须判断，该履行是否足以从实质上终止合同义务。比较下面的两个判例：

Bolton v Mahadeva (1972)

法院认为：安装中央供热系统的合同在本案的情形下不是实质履行：烟雾进入家里，作为合同条件条款的供热温度也远没有达到。

部分履行：如果被对方接受，不完全履行也可以终止合同。

实质履行：几乎完全履行了对方必须接受的义务。

Hoenig v Isaacs (1952)

法院认为：装修公寓的合同已经实质履行，存在的缺陷（书柜的修复和衣柜门的替换）是轻微的，并且容易得到救济。合同的总价款是 750 英镑，修复缺陷的费用是 55 英镑。

请注意，这些例外没有一项对 Cutter v Powell 案有帮助：

1. 中尉卡特的合同只有一个不可分的义务；只有在完成了整个航程后才能获得报酬，而不是按周或按天支付报酬；

2. 船长并没有阻止合同的履行：命运使然；

3. 船长除了接受部分履行外别无选择；

4. 不属于实质履行；卡特连合同要求的 2/3 都没有履行。

现在依据 1943 年的《法律改革（无效合同）法案》（Law Reform（Frustrated Contracts）Act），当事人可以得到一项救济（稍后介绍）。

10.1.2 协议终止

在订立了一份合同之后，双方当事人可能又就不执行该合同达成一致。这项协议（实际上是第二份合同）是有效的，只要其满足一份有效合同必须具备的要素。关键问题可能是对价。

双方终止

在第一份合同仍全部或部分可执行的时候（任何一方当事人都没有履行完其合同义务），对价将由各方当事人不再继续要求对方履行剩余义务的承诺组成。各合同当事人都放弃了第一份合同项下的合法权利。

单方终止：和解和清偿

履行了第一份合同项下所有义务的当事人，在另一方当事人承诺给予一定物质利益作为对价时，承诺允许他不再履行其合同义务，这样的承诺是有效的。这样的交易被描述为**和解和清偿**（accord and satisfaction）。一个支付一笔金钱或者提供其他对价以换取另外一方放弃其权利的承诺，将会导致合同立即终止。

10.1.3 履行不能而终止

如果在合同成立之后、履行完毕之前，由于当事人之外的原因，使得合同无法继续履行，那么合同可能会因为**履行不能**（frustration）而终止。声称合同履行不能的当事人必须说服法院，发生的介入事件从根本上改变了合同义务的本质。这一规则在 19 世纪得到发展，其目的在于：在一方当事人并非由于自己过错而无法履行的情况下，避免出现不公平的结果。

和解和清偿：终止现存合同的有法律约束力的协议。

履行不能：在合同订立之后、履行之前，由于特定原因使其履行变得不可能。

履行不能可能导致合同终止的情形

1. 标的不复存在或者无效；
2. 合同一方当事人死亡或生病；
3. 涉及违法行为；
4. 政府干预；
5. 合同赖以存在的事件未发生；
6. 迟延履行。

标的不复存在或无效

Taylor v Caldwell（1863）

法院认为：由于一个纵火犯放火烧毁了该音乐厅，导致出租音乐厅的合同履行不能。

Gamerco SA v ICM/Fair Warning（Agency）Ltd（1995）

法院认为：由于事先预订的用于演出的体育场出现了安全问题，并且无法及时找到另一个合适的场馆，导致枪与玫瑰乐队（Guns N'Roses）的演出合同履行不能。

合同一方当事人死亡或生病

这主要对仅能由特定当事人提供服务的合同产生影响。生病不会必然导致合同履行不能。普通的雇佣合同并不会因为员工感冒请假一周而导致履行不能。需要考虑的相关因素包括与合同时间长短相关的生病时间长短，以及不履行行为是否影响合同的本质。在 The Mousetrap 案中，演员签订的 7 年合同不会因为一个晚上的咽喉炎而履行不能，但该炎症对于一位有名的女高音歌唱家在皇家音乐厅晚间演出的合同来说可能是致命的。

Condor v The Barron Knights（1966）

孔多尔是巴伦骑士乐队（Barron Knights）的鼓手，由于精神紧张生病了。医生说，他每周的演出时间应该不超过 4 个晚上。

法院认为：该合同履行不能，由于其对演出的限制与这项工作的本质不符。在商业演出中，履行合同的时间没有规律性。在繁忙时期，一周可能要演出 7 个夜晚。

独资经营者订立的合同会因为其生病而履行不能，如果他们的参与至关重要。

Atwal v Rochester（2010）

罗切斯特是一位独资经营者，在履行建造阿特沃尔夫妇房屋的合同的过程中，发现患有很严重的心脏病。在进行心脏搭桥手术之后，医生建议其放弃工作。阿特沃尔夫妇不得不聘请另外一名建筑工以高价完成房屋的建造工作，他们试图让罗切斯特因错误地终止合同而承担这笔费用。

法院认为：合同变得履行不能，而非违约。这本质上是一份私人之间的服务合同。罗切斯特没有员工能够为他继续完成建筑工作。在临时工的协助下，同时分包了某些特殊工作，他一个人完成了大部分的工作。

（关于本案的更多信息请见下文。）

涉及违法行为

一份在订立时完全合法的合同，可能会因为法律的改变，在履行之前变得不合法。和外国公民订立的合同，随着之后英国向该公民的国家宣战，将会变得不合法，因为履行该合同将会涉及与敌人交易。因此，在 Fibrosa Spolka Akcyjna v Fairbairn Lawson Combe Barbour Ltd（1943，HL）案中，一个英国公司向一个波兰公司出售机器的合同，因与英国发生战争的德国 1939 年吞并了波兰而变得履行不能。

政府干预

这通常发生在战争期间，源于扣留或征兵以及财产征用。在 Morgan v Manser（1947）案中，因为战争征兵，一名喜剧演员不能继续履行其合同。当他收到征召通知的时候，没有任何迹象表明战争会持续多久。

其他政府部门行使权力的行为也可能造成同样的后果。在 Shepherd v Jerrom（1987）案中，监禁被认为是一个学徒不能履行合同的原因。强制征地会使买卖土地的合同无效。

合同赖以存在的事件未发生

此时合同通常依然可以履行，但该履行已经没有意义，因为当事人想要实现的目标已经不存在了。

Krell v Henry（1903）

法院认为：一份为了看爱德华七世加冕游行而租用一天房间的合同，因为国王生病推迟了加冕礼而履行不能。尽管承租人及其伙伴依然可以在预订的当天，坐在房间里看路上的车水马龙，但这明显不是当事人所期待的。

如果合同的部分目的依然可以实现，那么该合同就不是不能履行的。

Herne Bay Steamboat Co. v Hutton（1903）

赫顿租了一艘船，打算在爱德华七世的加冕日，在船上和朋友们举行聚会，观看舰队以及海军阅兵。但由于加冕的推迟，海军阅兵被取消了。

法院认为：合同并不是不能履行的，因为合同的两个目的中只有一个不能实现。舰队依然是可供观赏的。

迟延履行

因突发事件导致合同的履行悬而未决或者不合理地被迟延，导致完全不是合同当事人最初计划的结果发生时，可能导致合同履行不能。参见下面的 Davis Contractors v Fareham District Council（1956，HL）案、Metropolitan Water Board v Dick Kerr & Co.（1918）案和 Gryf-Lowczowski v Hinchingbrooke Healthcare NHS Trust（2006）案。

履行不能规则的限制

法院并不愿意解除当事人的合同义务。在订立合同时能够预见到的事情并不能使得合同履行不能，除非其发生已经超出了当事人的控制。即使在这种情况下，法院依然可能认为不可预测的事情（例如，恶劣天气）应当包含在合同中。如果后续发生的事情导致单纯的不便或者迟延，或使得合同的履行比计划的成本更高或利润更少，法院会认为这些都不能导致履行不能。在 Tsakiroglou & Co. v Noblee Thorl GmbH（1961，HL）案中，法院认为苏伊士运河的关闭并不能导致运输合同履行不能，尽管这增加了航行的时间和费用。

Davis Contractors v Fareham District Council（1956，HL）

戴维斯与区自治会订立了一份为其建造房屋的合同，并确定了特定的价格。由于糟糕的天气、原材料缺乏、战后缺少劳动力，戴维斯花了比预期更长的时间和更多的金钱完成合同义务。

法院认为：不便和费用并不足以认定履行不能：只有在合同的结果与当事人预期有本质的不同时，才能认定履行不能。如果合同变得不能履行，区自治会就需要支付建筑者花费的所有费用。（参见稍后介绍的履行不能的救济。）

Amalgamated Investment & Property Co. Ltd v John Walker & Sons（1977）

法院认为：运用上述 Davis 案的结论，为了进行开发而购买房屋的合同，并不会因为该建筑被当地政府部门纳入规划，影响了开发的进行，而变得不能履行。纳入规划并没有阻止合同的履行。纳入规划会大幅减少价值的固有风险，但由于合同中并没有保证该房屋可以进一步开发的明示或暗示的条款。因此纳入规划并没有从根本上改变合同。

上面的案例很好地说明了法院并不同情陷入困境的经验丰富的商人，这实际上是博弈，合同利益因此受损。该房屋的性质表明被纳入规划有很大的可能性，购买者也向销售者询问，是否知道当地政府部门有将其纳入规划的打算。购买者依然选择购买，就说明其知道这是一项风险性的投资。认为购买者接受了固有风险是公平的。

不可抗力条款

一个有效的**不可抗力条款**（force majeure clause）将会阻止合同的履行不能。这决定了在超出当事人控制的特定情况下当事人的权利。不可抗力条款可以通过以下两种方式运用：

1. 在通常不被认为合同履行不能的情况下，免除或限制当事人一方的违约责任。通常阻止合同履行的风险被法院认为是可预见的，因而履行不能不成立。例如，在运输、旅游或建筑合同中，糟糕的天气通常是导致迟延履行的原因，也可能由于商业协会的行动、民事或国家的敌对行为而造成履行不能。请记住，排除和限制条款也符合你学过的第7章中的规制。

2. 避免合同因为通常的履行不能而终止。这只有在法庭认定合同当事人在合同的存在受到威胁却依然想要继续维持的情况下才有效。

不可抗力条款：规定当事人在特殊情况下的权利的合同条款。

Metropolitan Water Board v Dick Kerr & Co. (1918)

在 1914 年订立的一份期限为 6 年、建造蓄水池的合同中，一个条款规定，时限可以在出现困难时延长。在接下来的 9 月，随着战争的爆发，建造工作被政府部门暂停。

法院认为：该条款并不阻止合同变得履行不能，因为中断工作的迟延情形比当事人在订立合同时预计的时间长得多。

自身原因导致的履行不能

法院并不会同情那些由于自身原因导致所谓履行不能的合同当事人。

Maritime National Fish Ltd v Ocean Trawlers Ltd (1935)

被告人租用了一艘配有拖网许可证的渔船。被告为自己的船以及租来的船申请了 5 个许可证，但只拿到了 4 个，因此将许可证用于他们自己的船。他们声称原告的船由于缺乏许可证，因而其履行行为非法，导致租赁合同履行不能。

法院认为：合同并非履行不能，鉴于被告人有选择给船只配备许可证的权利，因而可以将许可证配备给租用的船而非自己的船。

履行不能和错误的区别

认识到因错误而无效的合同与因标的物被破坏而履行不能的合同的区别十分重要。最显著的区别就在于时间，你可以从下面的“生活实例”专栏中看到。

生活实例

霍勒斯是 Stephen's Toys 有限公司的销售代表。他与 Matilda 订立了一份销售泰迪熊的委托合同。他以为泰迪熊完好地储存在 Stephen 工厂的仓库中，合同双方都不知道该仓库由于遭受闪电袭击起火，货物早在霍勒斯发出要约之前就不存在了。此处的合同也根本不存在。由于标的物不存在，合同从订立开始就由于操作错误而无效。合同不可能有任何结果。

如果泰迪熊的毁损发生在 Matilda 接受霍勒斯的要约之后，合同便履行不能，原因在于合同成立时货物依然存在，但是在履行之前被毁损。

关于操作上的错误详见第 8 章。

合同履行不能的后果

当一份合同由于履行不能而终止时，合同从那个时点开始不复存在。已经产生的合同权利是合同当事人依然拥有财产，但当事人会失去之后将要**产生**（accrue）的权利。这意味着合同当事人已经得到的财产可以继续保留；在合同不能履行之前没有权利要求对方支付价款的当事人将会失去这项权利。1943 年以前，在合同变得履行不能时，当事人只能对这种损失“无可奈何”。一方当事人无法

产生：即将要发生。

收回预付的钱或准备在履行合同过程中为所接受服务而支付的钱。

Appleby v Myers（1867）

原告订立了一份在被告住所安装机器的合同，约定在完成安装工作之后付款。但在完成安装之前被告的住所被火烧毁了。

法院认为：原告所付出的劳动力和原材料都得不到支付。

Fibrosa 案中的判决减少了这一原则的不公平。

Fibrosa Spolka Akcyjna v Fairbairn Lawson Combe Barbour Ltd（1943，HL）

（本案的事实已经在前文陈述。）

法院认为：由于对价彻底不存在，波兰公司从合同没有获得任何利益，它应当承担已经提前支付的 1 000 英镑，但对于剩下的 600 英镑预付款不承担责任。

尽管普通法依然规定了履行不能发生的情形，但履行不能合同当事人的权利现在通常由成文法规定。

1943 年的《法律改革（履行不能）法案》

付款人收回预付款的权利（第 1 章第 2 条）

一旦合同不能履行，所有的预付款都可以归还付款人，同时任何到期的应付款都停止支付。

收款人保留价款的权利（第 1 章第 2 条）

这是一个保护收款人的条款。如果收款人在发生履行不能的事件之前，已经得到了合同的价款，根据法院的自由裁量，可以继续保留或者要求用任何预付款和提前支付的款项来充抵这笔费用。当然，只有当时所有的情形是公平的，才能这样做。

Gamerco SA v ICM/Fair Warning（Agency）Ltd（1995）

（本案的事实已经在前文陈述。）

被告已经提前支付了 412 000 英镑，但原告花费了近 450 000 英镑。被告还应支付近 50 000 英镑。

加兰法官（存在一些争议）认为：鉴于原告费用的范围以及被告没有任何实际的证据，被告必须再支付 412 000 英镑。

请注意第 1 章第 2 条保护的限制：如果收款人完成的工作超过了预付款，那么不能主张差价部分。然而，其结果是付款人在看不到任何利益的基础上支付部分款项。

收款人对于有价利益的权利（第 1 章第 3 条）

在发生合同不能履行之前，向对方支付有价利益（除金钱支付之外）的一方当事人有权要求得到其价值——如果这样做是公正的。这项权利是第 1 章第 2 条规定的权利的替代或补充。遗憾的是，1943 年的法案并没有定义什么是“有价利益”。下面的案例提供了一些指导性意见，同时也说明了应该如何计算公平的价值。

BP Exploration Co. v Hunt（1982，HL）

亨特在利比亚拥有一项石油开采权。他与英国石油公司订立了一份合同，其中规定对油田进行勘探，看其是否在商业上可行，如果可行，就继续开采。将由英国石油公司承担相应的风险和费用。如果油田符合商业标准，英国石油公司将从亨特开采的石油中获得部分利润。当一个大油田被开发并且投入开采后，由于利比亚政府撤销了该特许开采权，导致合同履行不能。英国石油公司声称亨特已经开采的石油是有价利益。

法院认为：必须对法案进行目的解释，以防止任何一方当事人取得不公平的金钱利益。

有价利益是服务的最终产物，而不是服务本身。亨特被分配了石油份额，因此获得了英国石油公司履行合同服务的有价利益。

该利益的价值必须在合同变得不能履行时确定。这代表了所有回报的上限。到目前为止，亨特的石油份额价值 8 500 万美元，但考虑到英国石油公司已有的收益以及合同的条款，这一金额必须减少。

应给英国石油公司的公平价款是 3 500 万美元，因为它已经收回了 8 500 万美元开采成本中的 6 200 万美元，并已经支付给亨特 1 000 万美元。英国石油公司承担与合同相关的主要风险，对于决定公平价款有影响。

接下来的案件清楚地说明了第 1 章第 3 条的运用，以及有价利益的本质。

Atwal v Rochester（2010）

（本案的事实已经在前文陈述。）

在建筑工人因生病而不能履行合同之前，建筑工作的所有花费是 89 450 英镑，其中一部分已经支付。已经建完部分的建筑有清楚的财产价值，即第 1 章第 3 条规定的“有价利益”，为 13 550 英镑。

因此，法案通常保护的是要求支付部分预付款的收款人。无论其是否提供了有价利益，收款人都会得到法案保护。然而，如果收款人并没有要求任何提前支付（也许是不明智的），法案只有在付款人获得了有价利益的情况下才会支持收款人。因此，如果 Appleby v Myers（1867）案（见前文）是在今天宣判，除非建筑工人已经取得了一些预付款，否则结果会有所不同。

履行不能规则对 Cutter v Powell 案具有指导意义，这在本章开头就强调过。如果案件发生在今天，中尉卡特的合同因为其死亡而履行不能，但他去世前在船上工作，向雇主提供了有价利益，因此他的遗孀可以要求获得部分工资。

10.1.4　违约终止

并不是所有的违约都会导致合同终止。你在第 7 章了解到的条件条款和担保条款之间的区别，在这里十分重要：

1. 违反担保条款。无过错的一方如果遭受任何可起诉的损害，有权要求损害赔偿。这种违约并不足以导致合同终止。

2. 违反条件条款。如果一个合同条款属于条件条款，即对合同至关重要，那么无过错的一方当事人可以**拒绝履行**（repudiate）合同（拒绝继续履行其合同义务），恢复合同项下转移的财产并获得损害赔偿。请注意，无过错方至少在理

拒绝履行：拒绝承认和履行合同义务。

论上拥有选择权。无过错方可以不再继续履行其合同义务，也可以和另外一方当事人协商。在许多案件中，实际上并不存在选择权，由于合同被严重破坏，合同的受害方一定会选择拒绝继续履行合同义务。对条件条款的违约包括拒绝履行合同以及剥夺了受害方议价能力的不充分履行合同，这可能在合同履行之前或履行当天发生。

预期违约

预期违约（anticipatory breach），是指在合同履行期限截止之前，一方当事人明确表示自己将不履行合同。这可能包括完全拒绝履行合同或者声明不按合同规定履行。一旦发生预期违约，无过错方可以终止合同，并且就损害赔偿提起诉讼。

Hochster v DeLa Tour（1853）

当事人双方在4月订立了一份合同，其中规定原告为被告始于6月1日的国外旅行做导游。5月11日，被告通知原告不需要他提供导游服务了。

法院认为：原告可以立即就损害赔偿提起诉讼，不需要等到合同履行期限届至。

要构成毁约，必须是明确、毫不含糊地拒绝履行合同。

Dalkia Utilities Services plc v Caltech International Ltd（2006）

1995年Dalkia订立了一份提供15年能源服务的合同，Caltech按月分期付款。合同赋予了Dalkia在Caltech构成重大违约时终止合同的权利，并且可以主张一笔终止赔偿费。

Caltech在2000—2003年迟延支付了某些分期付款，2003年6月，Caltech通知Dalkia，自己遇到财务困难，并且正在考虑将企业出售或者交给政府接管。到8月1日，Caltech还欠3个月的分期付款，它告知Dalkia，自己已经无法支付欠款，面临破产。Caltech要求延期偿付并且提出了一个偿还计划。Dalkia同意迟延支付，并签发了一个终止合同的公告。Caltech之后支付了欠款。

法院认为：合同并没有解除。Caltech 8月1日的陈述并不足以构成拒绝继续履行合同，其违约行为没有导致终止合同。Caltech并没有拒绝永久支付，也没有剥夺Dalkia的重大合同利益。Caltech只是在破产事宜上“见机行事”，但这“毫无疑问是谈判的基础”。它给出的是一个“混合意见”，而缺乏“构成终止合同的必要的明确性”。

附带意见：即使Caltech构成了根本违约，也没有证据表明Dalkia接受了终止合同，反而是运用终止条款承认了合同，而非寻求根本违约的普通救济。

因此，预期违约的受害者，只有在对方已经明确表示将会违约的情况下，才有权终止其合同义务。然后，无过错方必须发出终止合同的通知。这可能隐含在当事人的行为或者商业习惯中。

Vitol Sa v Norelf（1996，HL）

货物的买方出于对卸货迟延的毫无根据的担心错误地终止了合同，并且通过电报通知了卖方。卖方于是不再进一步履行合同，没有将在这类合同中一旦发货就要寄出的提

预期违约：合同当事人明确表示其在合同到期时不会履行合同义务。

货单寄送给买方。

法院认为：提货单的缺失应当已经让买方明白卖方的意图。卖方在交易过程中的行为“明确且毫不含糊”地证明了其具有这样的意图，即因为买方违约而不履行合同义务。

正式通知并不是必要的，无权利的第三方也可以进行通知。关键问题是一个理性人是否会相信无过错方在未来不会履行合同。

请注意，上诉法院在 Stocznia Gdanska SA v Latvian Shipping Co. (No. 3) (2002) 案中表明，确认并不是不可推翻的。

当出现违约而合同依然可以履行时，如果一方同意继续履行，但之后厌倦等待，合同可以终止。

如果无过错方选择等到合同规定的履行日期，期待另一方不管怎样都将履行合同，那么可能产生三种后果：

1. 在另一方的义务到期之前，无过错方并没有**减损义务**（mitigate）。在违约发生后，无过错方有义务采取合理措施以避免由于违约而产生的损失扩大。这一义务自其知晓违约事实之时或者合同规定的履行截止日期起产生，以两个时间中靠前的为准。当不需要对方合作时，无过错方可以继续履行其合同义务，并且主张其损失。

White & Carter (Councils) Ltd v McGregor (1962, HL)

麦格雷戈先生拥有一个车库，他被说服在 White 公司的广告牌上刊登广告。White 公司拥有在区自治会的垃圾桶上发布广告的权利，期限为 3 年。麦格雷戈的合同义务仅是在广告牌安装之后付款。就在广告牌安装好的那一天，他想要取消合同，但 White 公司拒绝接受其要求。

法院认为：White 公司已经履行了合同义务，有权获得全部价款。由于 White 公司并没有选择终止合同，因而也不会产生减损义务，即公司并没有寻找另一个广告客户以避免损失的义务。

上述案件的事实比较特殊，因为合同的履行是完全受 White & Carte 控制的，并且产品是仅供麦格雷戈使用的。上议院（附带意见）声称，这样的主张是不成立的，除非无过错方对于继续维持合同有效拥有法定的利益。

Clea Shipping Corpn v Bulk Oil International (1984)

租船协议在租赁尚未开始时被错误地终止了。船舶所有人确保船在剩余租期内可供使用，而没有采取措施寻找另一个承租人。

法院认为：船舶所有人应当寻找另一个承租人以减少损失。他们在本案中的行为并没有合法的利益。

2. 为了确保合同双方当事人的利益，合同继续有效。除非无过错方终止合同，否则当事人不能免除合同规定的义务。如果无过错方既不终止合同，也不履行合同规定的义务，那么它也要承担违约责任。

3. 如果在合同履行期限届至前合同履行不能，则无过错方失去了起诉对方违约的权利。

减损义务：减少因违约导致的损失。

Avery v Bowden（1855）

原告在俄罗斯的一个港口向被告承租了一艘船。在合同履行日期到来之前，被告通知原告，其不能履行合同，但原告选择等待，希望被告改变想法。之后，克里米亚战争爆发了。

法院认为：战争的爆发使合同履行不能，原告不再享有起诉的权利。作为其权利来源的合同已经不复存在。

实际违约

实际违约（actual breach）发生在履行期限届至或履行过程中。有两种形式：一种是完全不履行任何合同义务，另一种是不完全履行摧毁了合同的目的。后一种情形的例子有：1994年12月，当乘客乘坐QE2邮轮前往纽约时，该船还在改装之中；该船像一个建筑工地，而非豪华邮轮。尽管乘客们在准确的时间被送达目的地，但旅行的条件十分恶劣，导致其合同预期没有完全实现。毫无疑问，法院会认为这样的瑕疵履行足以构成违约。对于这样一份合同来说，相应的设施具备高标准的舒适度是旅行的核心。Cunard很快退还了所有乘客的全部付款。（参见稍后的Jarvis v Swan Tours案。）

10.2 违约的救济

最常见的违约救济是损害赔偿，但有时也会有衡平法上的救济。

10.2.1 损害赔偿

损害赔偿的目的在于弥补因违约而给受害方造成的损失。法院判给受害方的金钱，是为了使其能够达到合同正常履行情况下可以达到的经济状况。法院必须对违约造成的损失进行鉴定，并且判定其中是否有任何一部分不应当赔偿。将所有后果都归咎于被告也是不公平的，因为有些时候后果是违约的连锁反应。在确定了损失中有多少应由被告负责之后，法院必须确定损害赔偿的数额，即该损害的金钱价值。Milner and Milner v Carnival（2010）案（稍后介绍）是一个很好的例子。

损害赔偿的范围

Hadley v Baxendale（1854）

原告与被告订立了一份合同，由被告将原告的磨轴从格洛斯特带去伦敦，在伦敦将以该磨轴作为模型建造一个新的。由于被告的过错，导致磨轴的返还时间拖延了很久。原告于是就磨坊停工损失的利润要求损害赔偿。

法院认为：被告不对该损失负责，因为其因果关系太遥远了。不应将损失归于被告，因为原告并没有指出，不按时归还磨轴将会出现案中的结果。

实际违约：在合同到期时，完全不履行或者履行不当。

在 Hadley v Baxendale 案中，法庭区分了违约产生的两种不同类型的损失：通常损害和非通常损害：

1. 通常损害。**通常损害**（usual damage）是任何人都能合理预料的相关合同违约而导致的损害。例如，对于运输瓷器的合同，破损是显而易见的损害。

2. 非通常损害。**非通常损害**（non-usual damage）是因为特殊环境而产生的，除非一方当事人在订立合同之前有明示或暗示引起对方的注意，否则另外一方当事人并不一定知情。例如，在运输瓷器的合同中，未披露交货时间对于高利润的销售至关重要，将会阻止在迟延交货的情况下要求比正常利润更高的损害赔偿。

接下来的案件说明了这些原则是如何运用的。

Victoria Laundry v Newman Industries Ltd（1949，Ca)

Victoria 洗衣厂想要拓展业务，向被告订购了一个锅炉，约定在6月交付。由于被告造成损坏，导致锅炉直到11月才交付。由于迟延交付，原告无法从事一些已经签订合同的染色业务。被告也知道如果不按时交付锅炉，原告扩大业务的计划将会迟延。

法院认为：被告应对6—11月锅炉本来可以实现的盈利承担责任。然而，被告并不知道染色合同的存在，因而不应对这部分损失负责。

Koufos v Czarnikow Ltd（The Heron II)（1969，HL)

被告签订合同，为原告运送一船糖。他知道原告是糖果商人，并且这次运送的目的地是一个销售糖果的市场。由于被告的原因，导致运输迟延，糖果的销售受到损失。

法院认为：原告有权要求被告给付其利润损失，原因在于被告对于合同的性质和目的十分清楚，这本可以使其意识到运输迟延所导致的后果。

鉴于合同当事人之间的关系，合同中的近因规则比侵权法中的合理预见测试更加严格。（参见下面的 Transfield Shipping v Mercator Shipping 案。）在协商订立合同时，当事人有机会讨论风险的分配，并且在无法令双方满意时拒绝做这单生意。

Transfield Shipping Inc v Mercator Shipping Inc（2008，HL)

T 向 M 租了一艘船，达成的协议规定于2004年5月4日归还。M之后又与第三方达成了一项从2004年5月8日开始生效的租船协议。然而，由于航程延误，T直到2004年5月11日才将船归还给M。新的租船人依然同意租船，但要执行低于其最初合同规定的新的市场价格。

M要求T赔偿整个新的租赁期间市场价格差异的损失，但T坚持认为应当只对归还船只延误的时间内的损失负责。最初这个问题通过仲裁达成的结果是，M的意见得到支持，原因在于T应当合理预见到该损失。之后T上诉。

法院认为：T仅对3天的损失负责。其余的损失因果关系太遥远。

合理预见本身过于粗放，并不适用于合

通常损害：通常人们会预料到的违约导致的损害。

非通常损害：除非被告已经知道可能出现的特殊环境，否则因果关系过于遥远的损害。

同法中的损失的遥远性判断。根据 Hadley v Baxendale 案中确立的规则，同时也是 Heron Ⅱ案中上议院支持的观点，该问题不应当仅依据可能性来判断，还应当考虑合同当事人在订立合同时其交易的性质和目的。

霍普法官称：

在本案中，双方当事人都应当认识到，迟延交付通常都会导致与承租时的利率相比之下市场利率的损失，由此使出租人受损……这是在市场交易中每个人都知晓的，并且应当予以考量。但是并不能期待租船的人知晓之后，会有第三方出现，船主之后又将船出租给新的租船人。这是他们控制之外的事情，并且是在其签订合同时完全无法预料的。

损害赔偿金额

在判断**损害赔偿金额**（quantum of damages）（原告损失的财产价值）时，法庭受到许多标准的制约：

1. 该损失必须可以用金钱量化；
2. 损害赔偿的金额可以协商，但不具有强制执行力；
3. 受害方有减少损失的责任；
4. 与有过失可能会减少损害赔偿金额。

可量化的损失

必须可以用金钱评估受害方的损失（**可量化的损失**（quantifiable damage））。这在货物受损的情况下很容易计算，因为修复和更换的花费都很容易查证。违反建筑合同的损害赔偿通常是恢复原状的费用（修复缺陷），而不是减少最终成果的价值，但当产生的结果是公平的时候存在例外。

Ruxley Electronics & Construction Ltd v Forsyth（1995）

一份关于建造花园游泳池的合同特意规定，最深的部分为7英尺6英寸。但建完的游泳池浅了9英寸，入水处浅了18英寸。

法院认为：在此处用恢复原状计算损失不合理，因为其“与收益完全不成比例”。Ruxley 有权获得2 500英镑的设施损失补偿。

利润损失的赔偿要求在合同中很常见。按照1979年的《商品销售法案》第50条，买方拒绝收货，可能要对卖方在转售商品时因市场价格波动而遭受的损失承担责任。

合同当事人也可以恢复**信赖利益的损失**（reliance loss）：在准备履行合同的过程中产生的费用，但该合同由于另一方的违约根本没有履行。所以在 Anglia TV v Reed（1971）案中，克里斯托弗·里德非法终止了一份关于电影拍摄的合同，被法院认为应当对 Anglia TV 在拍摄准备期间所花的费用承担责任。

损害赔偿金额：赔偿违约导致损失的必要的金钱数额。

可量化的损失：可以在法律上用金钱赔偿的损失或伤害。

信赖利益的损失：原告在被告违约之前，准备履行单方面的合同义务而产生的费用。

其他的损失则不容易量化。当一方当事人遭受人身伤害时，其财产损失通常可以被精确计算。法院存在一些自由裁量规则，用以对疼痛、痛苦等非财产的损失进行赔偿。

直到最近，法院依然不愿判决支付精神损害、情感伤害和失望的赔偿。在 Addis v Gramophone（1909，HL）案中，法院认为不应对原告被错误解雇所造成的情感伤害和悲痛，以及因被解雇而造成的将来就业的困难给予赔偿。

这一原则多年来应用于所有的合同，但逐渐发展出一些例外。

名誉的损失可以获得损害赔偿。上议院最近提出了**名义损失**（stigma damages）的概念。

Malik v Bank of Credit & Commerce International（1998，HL）

被告银行由于不诚信和腐败交易而进入清算程序。原告——一名前雇员——获得了损害赔偿，因为前雇主的错误行为导致其长期就业困难。

法院认为：Addis 案并不适用于本案。这并不是一个精神损害赔偿的请求。马利克的请求可以基于银行违反雇佣合同而获胜。雇主和雇员之间存在一种相互信赖的义务。不诚信地开展业务就是对这种义务的违反。（参见第 17 章。）

Addis 的基本原理仍然得到法院的支持，因解雇而造成的精神损害无法得到赔偿。

Johnson v Unisys（2001，HL）

原告在被解雇之后，无法找到新的工作，出现神经衰弱。他在劳动法庭因不公平解雇得到了高达 12 000 英镑的法定损害赔偿最高额。

原告辩称，他还有一个关于违反合同的普通法上的诉求，要求获得 400 000 英镑的损害赔偿，因为其被解雇的方式说明雇主违反了信赖义务。

法院（多数意见）认为：信赖义务与合同的终止无关。原告关于被解雇的损害要求已经由成文法救济，并且原告不能避免成文法对于提起普通法诉讼要求赔偿的限制。

然而，上议院认为，如果是在合同继续执行的过程中违反信赖义务，那么可以提起普通法上的诉讼。

Eastwood and another v Magnox Plc and McCabe v Cornwall County Council（2004，HL）

在 Eastwood 案中，两名雇员声称在他们被不公平解雇之前，雇主侮辱了他们，使他们患上了精神疾病。McCabe 的雇员声称，其精神疾病是由于雇主没有对其指控展开适当调查，并且没有按照适当的法定程序采取行动造成的。

法院认为：雇员有权就雇主在不公平解雇之前的违约行为提起诉讼。

在上述案件中，原告有两个起诉的理由：一是在普通法庭起诉被告违反普通法中有关合同的规定；二是在劳动法庭根据成文法对于被告的不公平解雇起诉。上议院指出，如果他们同时提起两个诉讼，任何重合部分的损害都不能得到两次赔偿。（更多有关不公平解雇权利的成文法规定，参见第 19 章。）

名义损失：由于被告的不当行为引起原告的名誉受损。

违反广告合同可能导致对声誉损失的赔偿，因为该合同的目的是维护声誉而不是诋毁。在 Aerial Advertising Co. v Batchelors Peas（1938）案中，双方签订了一份合同，被告通过在飞机上合适的位置悬挂横幅为原告的产品做广告宣传。被告在纪念日默哀两分钟的时候驾驶飞机穿越索尔福德。人们对于这种不尊重的行为十分反感，Batchelors 的产品为此遭到了抵制。因此，法院作出对其声誉受损给予赔偿的判决。

按照同样的原则，当合同的目的是提供愉悦、心灵的安静以及远离苦闷，但违约行为导致损失时，在消费者合同中精神损害是可以获得赔偿的。

Jarvis v SwanTours（1973，CA）

贾维斯购买了一张滑雪度假的套票，对方许诺安排一个设施齐全的酒吧，将有欢迎聚会、下午茶和岳德尔音乐之夜。第一周只有 13 位客人，第二周则只有贾维斯一位客人。岳德尔歌者身穿工作服出现，并且只演唱了几首歌。下午茶则只有薯片和干果蛋糕。酒吧只有一个晚上营业，滑雪的设施也十分简陋。

法院认为：贾维斯有权就其失望获得损害赔偿，原因在于作为履行合同核心的所有许诺的设施都不存在，赔偿金额应当为其度假的所有花费。

Heywood v Wellers（1976）

原告与被告律师订立了一份关于取得禁令的合同，该禁令是为了阻止其前男友的骚扰。由于律师的疏忽，禁令没有取得，原告依然遭受骚扰。法院作出对原告支付精神损害赔偿的判决，因为该合同的全部目的在于阻止本案中的结果发生。

即使法院不打算承认一种保护内心平静的合同，但当违约导致物理上不便的时候，也会就直接的精神损害赔偿作出判决。在 Perry v Sidney Phillips（1982，CA）案中，被告与佩里订立了一份合同，为其调查想要购买的房屋情况。被告忽略了屋顶的瑕疵和有缺陷的化粪池。当原告入住以后，修复工作变得十分紧迫，尤其是化粪池的气味给邻居带来了困扰。法院拒绝承认这是一份普通调查员的合同，即合同的目的是达成心灵的平静和免除烦恼。然而，由于修复造成了物理上的不便，法院依然判决向原告支付损失赔偿。

20 世纪 90 年代之后的案件普遍反映出法院已经打算承认合同中有关内心平静的义务。在下面的 Farley v Skinner（No. 2）案中，上议院认为，合同的特殊情境将决定其是否要求调查员承担这样的义务。

Farley v Skinner（No. 2）（2001，HL）

原告特意要求被告（调查员）就其有兴趣购买的房屋是否受到 Gatwick 机场噪音的严重影响给出意见。

法院认为：原告有权获得 10 000 英镑的赔偿，因为调查员的倾向性报告是极不准确的。很明显，合同的最主要和最重要的部分就是要使得内心平静、愉快和放松，因此对这种损害的赔偿应当是被允许的。

上议院明确规定了在消费者合同中对这种损害赔偿的限制（Milner & Milner v Carnival，t/a Cunard（2010），参见下面的“新闻报道”专栏）。

新闻报道

量化精神损害
——Milner and Milner v Carnival plc t/a Cunard (2010)

原告米尔纳夫妇预订了被丘纳德描述为"迷人的处女航"的邮轮，丘纳德称之为"超预期的传奇体验"。为了选择客舱，他们提前 18 个月预订，并支付了打折价 59 000 英镑，航程预计为 106 天。米尔纳夫人为旅行购买了 21 件晚礼服。

遗憾的是，在邮轮上的第一个夜晚，轮船就遭遇了猛烈的暴风雨。这引发了他们所在客舱地板的结构性故障，产生了巨大的噪音，地板随着船的移动呼呼作响。他们度过了两个不眠之夜，然后被安置到一个比他们的预订低一等级的内部客舱。之后，他们拒绝了被告主动提出的给他们换客舱的安排，回到了最初的客舱。噪音依然存在，于是他们在夏威夷下了船。他们自费在夏威夷停留了 6 周，之后乘坐被告的另外一艘船回家。后来，他们收到了来自被告丘纳德的退款 48 270 英镑。

在初审的时候，原告要求归还其返程的损失，被法院拒绝了，因为原告无理地拒绝了丘纳德为其换客舱的提议。于是原告只获得了 22 000 英镑的赔偿。这表明，航程缩短导致的价值减少的补偿为每人 25 00 英镑，航行没有实现他们的预期而导致的失望和不便的赔偿为每人 7 500 英镑，2 000 英镑则是对晚礼服上浪费的花费的赔偿。

上诉法院修改了初审法院判决的损害赔偿金额。

沃德法官认为：损害赔偿的目的是尽量让原告恢复到合同未被违反时的状态。因此，价值的减少量更小，初审法院的法官并没有用打折的价格作为其计算价格的基准。3 500 英镑这一金额不高不低，是合适的。对于失望和不便的赔偿过多。"身体不便和不适必然是短暂的。失望、痛苦、烦恼和挫折都只是人在某个时间点经历的情感，之后可能会持续一段时间。但是，人并没有因此残疾，心灵也没有受伤，还是会继续生活下去。"晚礼服的问题也应当视为失望诉求的一部分。"由于时间安排的问题，她的晚礼服并没有发挥任何作用，但最主要的原因还是米尔纳夫妇在到达夏威夷之后终止了旅行。"给米尔纳先生赔偿 4 000 英镑，给米尔纳夫人赔偿 4 500 英镑，是对其失望的公平的赔偿。

资料来源：The Law Commission Website © Crown Copyright.

法院拒绝将精神损害的赔偿延伸至商人之间订立的合同中。

Hayes v James & Charles Dodd (1990, CA)

被告作为律师没有提醒其客户将要购买的土地存在紧急的问题。

法院认为：被告无须赔偿所造成的精神损害。

违约金及惩罚性赔偿

合同中通常会约定，在发生违约的情况下，违约方将支付一笔约定的**违约金**(liquidated damages)。如果法院认为，这一违约金真正代表了当事人对于违约可能造成损失的合理预估，那么不管其是否真的代表了适当的赔偿水平，都将得

违约金：在订立合同时对于违约损失的预估。

到支持。如果违约金数额不足，受害方也不能再要求获得更多的损害赔偿，因为其在订立合同时已经接受了较少的金额。如果约定的金额比实际受损的还多，受害方也不用返还差价。然而，惩罚性赔偿是有过错的一方因不履行合同义务而遭受的惩罚，而非适当程度的赔偿，不具有强制执行力的损害赔偿旨在补偿受害方，而不是威胁对方非要履行合同。如果法院认为该金额代表的是**惩罚性赔偿**(penalty)，那么将不会得到承认；而如果代表的是受害方实际损害的违约金，那么将会得到支持。在下面的案例中，邓丁法官提出了下面的测试用以区分违约金和惩罚性赔偿：

1. 描述该金额的用语可以作为合同当事人意图的证据，但不是结论性的；

2. 如果大幅超过违约可能造成的最大损害，那么该金额应当被认定为惩罚性赔偿；

3. 如果是因不支付构成的违约，事先约定的金额超过应付款项，那么其被认为是惩罚性赔偿；

4. 如果一个作为佣金的款项适用于任何违约的情形，在有些情形下可能微不足道，在有些情形下则可能略显严重，那么其被认为是惩罚性赔偿；

5. 虽然准确的预估是几乎不可能的，只要其代表了作出合理预测的真实意图，这笔款项可以被认定为违约金。

Dunlop Pneumatic Tyre Co. Ltd v New Garage & Motor Co. Ltd（1915，HL）

Dunlop 在与 New Garage 订立的关于轮胎的买卖合同中，有一个限制转卖的最低价格的条款。如果违反这一条款，则 New Garage 需要支付每个轮胎 5 英镑的违约金。

法院认为：这是违约金。不可能精确地预见到违反协议时每笔生意的损失，并且没有理由怀疑这不是其评估损失后的真实议价。（适用上述第 5 条。）

由于在 1915 年 5 英镑是一笔较大的金额，因此这似乎是一个令人惊讶的判决。也许上议院认为，这样一种限制对于在合同订立的时点完全无法预测的市场上全新领域的发展是合适的。

下面的案例说明了法院是如何运用 Dunlop 案中确立的标准的。

Jeancharm v Barnet Football Club（2003，CA）

Jeancharm 签订了一份向俱乐部供应足球服的合同。合同中有条款规定，如果俱乐部迟延支付，那么每周支付 5%的利息（相当于每年 260%）。如果到货迟延，承诺每天每套服装支付 20 便士。

法院认为：260 %的利息对于 Jeancharm 的管理费用来说是不可思议的。该条款应当被认为是惩罚性赔偿，因而不能被强制执行。这与 Jeancharm 可能遭受的最大的损失相比，是不合适的。

Tullet Prebon Group v Ghaleb El Hajjali（2008，QB）

被告 E 是一位职业经理人，在听取了法律意见之后，与 T 签订了雇佣合同。合同规定，如果 E 最终没有从事该工作，那么要承担至少占净年薪 50%的损害赔偿。E

惩罚性赔偿：为确保合同履行而实施的合同性制裁。

的律师在其签合同之前，特意提醒他注意该条款。E 接受了该条款，但之后告诉原告 T，他对该工作一点兴趣都没有。T 试图寻找一位替代者，但没有成功，于是要求 E 支付违约金。但 E 拒绝支付违约金，抗辩称这属于惩罚性赔偿。

法院认为：E 对于履行特定的职责十分重要。由于 E 最终没有接受该工作，导致 T 遭受损失。T 已为避免损失做了所有合理的努力。违约金条款不属于惩罚性赔偿范畴，它在当时的环境下是适当的。E 是在接受了法律意见之后签订的合同，完全注意到了违约金条款，因此合同当事人拥有相同的议价能力。

Azimut-Benetti SpA v Healey（2010）案清楚地表明，在合同当事人处于同等条件的贸易合同时，相关的支付应当被认定为违约金："证据清楚表明，该条款的目的并不是威慑，而是在当事人之间对于非法终止合同提供一种平衡，这也是具有商业正当性的"（佩尔布莱尔法官）。

减损义务

受害方不能主张其在合理范围内所能避免的损失。由违约方举证该损失是可以避免的。

Brace v Calder（1895）

一个雇员和被告合伙签订了一份固定期限合同。但由于一个合伙人的离开，该合伙解散了，原告也就失去了工作。但之后该合伙由剩下的合伙人很快予以恢复，并且根据之前的合同条款邀请该雇员加入。该雇员拒绝了邀请，就之前合同本应持续的两年内应当支付的工资提起诉讼。

法院认为：雇员无权获得损害赔偿，因为他获得了一个减少损失的绝佳机会，而没有承担其减损义务。

然而，只需采取合理的方式就可履行减损义务。在 Pilkington v Wood（1953）案中，法院认为，要求原告采取起诉的方式纠正卖方土地所有权的缺陷不合理，这一缺陷是被告的律师在为原告提供购买土地的法律意见时所忽略的。在 Milner and Milner v Carnival，t/a Cunard（2010）案中（事实部分参见前文），上诉法院认为，原告拒绝了被告为其在船上更换客舱的提议，并且中途放弃航行，由此导致的不必要的返程费用是不合理的。

与有过失

与有过失有可能会减少法院判决的损害赔偿金额。1945 年的《法律改革（与有过失）法案》在侵权法中规定了这项抗辩，但并没有涉及合同责任。因而，对于其能否合法地延伸到合同的情形是存在争议的。在原告因为自己的疏忽大意而增大损失的情况下，法院已经考虑要减少损害赔偿金额。这貌似被限定在这类案件中，即被告违反了合理谨慎的义务，原告有权通过侵权法或合同法提起诉讼的案件。1993 年，法律委员会提出了一个新成文法的议案，将该抗辩延伸到违反合同合理谨慎义务的情形。到目前为止，国会尚未采纳这项立法议案。

10.2.2　衡平法上的救济

衡平法上的救济最主要的特点是自由裁量。法院有权决定是否赋予当事人衡平法上的救济，损害赔偿则不同，只要一方当事人证明其确实存在，法院就必须判决。除非法院认为对双方当事人来说都是公平的，否则一方当事人无法获得衡平法上的救济。要求救济的一方必须表现出：

1. 损害赔偿不足以充分救济；

2. 其行为是诚信的；假如行为是不诚信的，即使合法，行为人也无法获得救济。

例如，房屋的销售方除非被问及，否则没有法定义务告知该房屋的缺陷。然而，如果一个销售人员在明知的情况下不告知购买人这些缺陷，购买人之后发现了缺陷，并拒绝履行其合同义务，销售人员无法强制对方履行。

对一方当事人进行衡平法上的救济必须不能对另外一方当事人造成压迫。

在例外的情况下，违约的受害人可能被额外提供以下救济：

撤销

法院将合同撤销而使当事人恢复到签订合同之前的状态。请注意，相比基于其他理由（例如，认识错误）提出撤销合同的请求，法院对于受害方更加宽容。即使有过错的一方无法恢复到签订合同之前的状态（例如，违约的受害方已经消耗了物品），法院也可能在违约的诉讼中撤销合同。

特定履行

法院强制合同的一方当事人履行其合同义务。除非是涉及土地买卖的合同，法院一般极少强制当事人履行。在雇佣合同的情况下绝不会出现**特定履行**（specific performance），因为强制执行这类合同义务，将会以强制执行合同的方式对人身自由施加不合理的限制，并且这种强制执行的结果也不可能令人满意。有关货物买卖的合同极少出现这样能提供救济的特殊条款，简直像难得一见的古董或一件艺术作品。通常来说，要求损害赔偿是恰当的，因为买家无论如何都可以获得类似的商品。在 Cohen v Roche（1927）案中，一份出售 Hepplewhite 椅子的合同被认为是可以强制执行的，因为该椅子被认为是“交易中的普通物品”。

特定履行通常不施加在需要持续性监督的、包含持续性义务的合同中。因此在 Ryan v Mutual Tontine Association（1893）案中，强制执行一个要求管理员在租赁公寓门口全勤的条款是不合适的。

然而，有限监督的需要使得法院可以发出让当事人继续工作的命令。在 Rainbow Estates Ltd v Tokenhold（1998）案中，法院赋予房东一项特定履行权，即要求租户按照租赁协议实施维修。法院认为工作日程足够明确和具体，使其随时能够执行。一旦履行完毕，房东就不需要进一步的监督了。

第三方当事人如果对死者享有债务，可以要求强制执行死者的遗产。

Beswick v Beswick（1968）

彼得·贝斯威克和约翰·贝斯威克订立了一份合同，在合同中约翰向彼得承诺，他将在彼得死后给彼得的妻子支付一笔年金。但约翰没有履行这项合同，彼得的遗孀起诉

特定履行：命令违约的一方履行期合同规定义务的一项衡平法上的救济。

他违约。

法院认为：由于是彼得和约翰订立的合同，彼得的妻子不具备合同相对性，因而没有以自己的名义起诉的权利。然而，她有权作为其丈夫遗产的管理人，就其遗产提起诉讼。鉴于违约并没有造成遗产本身的减少，所造成的只是名义上的损失，出于司法公正的考量，施加特定履行可以避免约翰违约。

值得思考

Beswick v Beswick 案很好地说明了，法院如何运用衡平法上的救济避免严格执行法律会出现的不公平结果。如果彼得的妻子如今起诉，她可以运用什么成文法强制对方支付报酬？

参考答案见书末的附录。

正如上文指出的，只有在任何情况下对当事人双方都是公平的，法院才会运用衡平法上的救济。因此，在可能导致拒绝履行方处于不合理的困境时，法院在自由裁量之后驳回了强制履行的申请。因此，在 Patel v Ali（1984）案中，阿里夫人签订了一份出售其房屋的合同，但紧接着她因孩子去世而遭受了极大的打击。于是她不想搬家了，因为她几乎不会说英语，原住所附近有她信赖的朋友。于是，法院驳回了强制履行的申请。

商业合同也可能遇到困难。

Co-operative Insurance Society v Argyll Stores（Holdings）Ltd（1997，HL）

被告在原告的购物中心开了一家超市。为期35年的承租合同中规定，在承租期间，该商店在普通的零售时间保持营业。承租过程中，被告将该商店关闭了6年，于是原告要求被告强制履行。损害赔偿不能构成充分的救济，原因在于无法量化剩余29年承租的价值。

法院认为：该合同不能强制执行，因为让行为人继续开展不盈利的业务是不公平的，并且在本案的情形中强制履行也不具有可操作性。

禁令

当贸易合同中的限制性条款被违反时，当事人通常会向法院申请**禁令**（injunction）（参见第9章）。法院通常不会强制一方当事人聘用另一方当事人或为另一方当事人工作，因为这将构成间接强制执行雇佣合同。在 Page One Records v Britton（1968）案中，法院没有颁发一项限制 Troggs（一个流行乐队）聘用新管理者的禁令，原因在于这将迫使他们继续雇用原告。可将 Page One Records v Britton 案与下面的案件进行对比。

在非常特殊的情况下，为了实现司法正义，法院也会运用禁令来强制履行一份合同。在 Gryf-Lowczowski v Hinchingbrooke Healthcare（2006）案中，格雷法官认为，在雇主十分不公平地对待原告的情况下，为了帮助原告获得一个公平的结果，颁发一项禁令是必要的。

禁令：命令一方当事人为某项行为或者限制其从事某项行为的衡平法上的救济。

Warner Bros v Nelson（1936）

电影明星贝蒂·戴维斯违反了一份合同。合同规定，她在一年中不会在除华纳兄弟公司以外的任何舞台上或影片中演出。但她之后同意为一家英国公司拍摄电影，因而违反了合同。

法院认为：应当允许原告禁止贝蒂·戴维斯为对手公司拍摄电影。该合同阻止贝蒂·戴维斯为除华纳兄弟公司以外的其他任何人或机构表演，但并没有阻止她通过其他方式谋生。如果她是用一种盈利较少的方式谋生，禁令并不会强制其履行合同。

本章小结

1. 合同的终止

清偿：必须是完全履行。

例外：可分合同，接受部分履行，一方阻止另一方履行合同，实质履行。

协议终止：必须经双方同意。

履行不能：由于双方当事人意志以外的原因（即双方都没有过错），合同无法履行或无效。

1943年的《法律改革（无效合同）法案》决定了合同当事人能够多大程度上挽回合同所导致的经济损失。

违反一个条件条款，赋予无过错方选择终止合同、立即起诉或等到履行日期起诉的权利。

2. 救济

损害赔偿：无过错方可以主张因对方违反因果关系不太遥远的条件或担保条款而造成的、任何可计算损失的损害赔偿。

损害的因果关系的遥远程度：Hadley v Baxendale（1854）案表明，如果是“非通常”的情况，因果关系可能过于遥远。（非通常指发生在违反特殊合同的情形下，通常预料不到的结果。）

损害赔偿金额：该金额必须足以让当事人恢复到合同之前的状态。应涵盖利润的损失、信赖利益的损失、对人身和财产有形伤害的损失以及例外情况下无形伤害的损失，例如声誉、愉悦和平静心态的损害赔偿。

3. 衡平法上的救济

在特殊情况下，出自法院的自由裁量：撤销；禁令；特定履行。

课后测验

1. 在下列情境中，弗兰内尔是否可以不再履行其合同义务？

(a) 他运送了50公斤萝卜给德尼姆，但德尼姆实际订购了70公斤，并且：

(i) 萝卜每公斤价值50便士；

(ii) 或者70公斤萝卜价值250英镑，但德尼姆同意接受较少的货物。

(b) 他和伍尔订立了对其房屋进行装修的合同。当他的工作完成一半时，伍尔拒绝让他继续工作。

2. 5月1日，尚布雷订立了一份在5月30日将其老式劳斯莱斯租给利嫩的合同。5月15日，尚布雷告诉利嫩，他不打算在规定的日期将车提供给利嫩。利嫩说他会继续等待，看尚布雷是否会改变主意。5月29日，尚布雷的司机将车损毁。此时的法律状态如何？如果在尚布雷和利嫩订立合同之前事故已经发生，你的答案会有什么不同？

3. 请区别损害的因果关系的遥远程度和损害金额的概念。

4. 什么时候法院会拒绝判给当事人一项特定履行权利？

参考答案见书末的附录。

深入阅读

以下判例对于你在本章所学的法律的形成提供了重要的示例。它们是说明诉讼中法律的第一手资料，并且能给你提供更多的事实细节，同时帮助你理解法律，以及了解法官是如何作出决定的。

请尝试在判例汇编中查找这些判例，或者通过数据库获取，例如，Bailli（www.bailii.org/databases.html）。你可以从大学图书馆获取 LexisNexis 和 Westlaw，或者从判例书中找到摘录。

Davis Contractors Ltd v Fareham UDC ［1956］ 2 All ER 145，HL

Koufos v Czarnikow Ltd（The Heron II）［1969］ 1 AC 350，HL

Jarvis v Swan Tours ［1973］ 3 WLR 954，CA

Milner and Milnerv Carnivalplc，t/a Cunard ［2010］ EWCA Civ 389； ［2010］ 3 All ER 701

网络学习

你可能已经注意到本章中的许多案例都与建造者有关，请登录 www.adviceguide.org.uk/index/c_builders.pdf，并找出在遇到这类问题的情况下可采取的实际步骤。

课后作业

珍妮特和阿瑟要求卡思伯特对其房间的电路进行全面的维修。卡思伯特答应在 4 周之内完成维修。为了避免对维修工作的干扰，珍妮特和阿瑟以及他们的儿子乔治（9 个月大）搬到了旅馆去住。一个月之后，工作仍未完成，但他们已经无法继续支付旅馆的费用，不得不返回家中。又过了两周，工作还未完成。他们不得不购买了野营炉灶、灯具以及瓶装煤气，并且支付洗衣服的费用。珍妮特因为压力过大而生病，他们的口袋里只剩下了 600 英镑。

请给卡思伯特提供相关建议。

如果安全法案在合同订立之后实施，这一法案要求卡思伯特安装一个附加的安全装置，正是这一附加工作导致他不能在合同截止日之前完成相关工作。那么在这种情况下，你给卡思伯特提供的建议会有什么不同？

第 11 章 代理法

导　言

你已经知道许多需要聘请代理人的情形：当你想买房子时，可能会借助一个房地产中介；你也许会通过保险经纪人购买保险，或者通过股票经纪人购买股票。雇主也选择通过招聘中介聘用员工。在许多销售货物的情形下，尤其是国际贸易中，销售方和购买方都可能通过代理人寻找顾客或者安排运输。在所有这些情形下，代理人之所以被聘用，都是因为他们在相关商业领域具有专业知识。

然而，代理人并不总是专业人士或出于商业目的。当行为人同意为其正出国或生病的朋友处理事务时，代理关系也会产生。

代理关系能够在任何情况下产生，只要满足这一条件：一方当事人（本人）授权另一方当事人（代理人）为其利益为一定的行为。代理人为了本人利益而签订的任何合同，都对代理人及与代理人订立合同的第三人有约束力。如果存在疏忽大意或者违反代理合同的情况，代理人也要对本人承担责任。

学习目标

在完成本章的学习之后，你应该能够：

1. 描述代理关系是如何产生的。
2. 解释代理人和本人的权利和义务。
3. 区分代理关系终止的不同方式。
4. 理解某些特殊代理关系的本质。

11.1　代理的产生

代理人（agent）的权威是代理关系的基石。只要代理人享有合法的为了**本人**（principal）的利益从事商业活动的授权，所签订的任何合同都对本人具有法律约束力。

代理人必须使本人成为与第三方订立合同的当事人，否则代理关系就不存在。即使行为人通过控制另一行为人来从其与第三人签订的合同中受益，也不足以证明代理关系的存在具有正当授权。

Spearmint Rhino Ventures UK Ltd v Revenue and Customs Commissioners（2007）

膝上舞舞者为一家自营的 Spearmint Rhino 俱乐部的顾客跳舞和提供娱乐。他们每周跳舞必须至少达到一定次数，每跳一次都会得到相应的报酬，并且每一次“单独表演”（在私人房间里跳舞和陪伴一段时间）都会得到额外的小费。相应地，Spearmint 为其提供必要的设施、安全、广告和管理。

税务机关声称膝上舞舞者是 Spearmint 的代理人，因此，应当对膝上舞舞者给顾客提供的服务收取增值税。

法院认为：不应收取增值税，因为俱乐部和舞者之间不存在代理关系。他们之间的协议只是一种执业许可，即俱乐部允许舞者在其场所从事交易，俱乐部从中获取一些利益，而不是俱乐部给予舞者一定的为其利益从事特定行为的授权。舞者各自决定招待多少位顾客，并且收取相应的费用和小费。其每次“单独表演”给俱乐部支付的钱并不意味着“单独表演”是为了俱乐部的利益。舞者是为自身利益而工作。

值得思考

Spearmint Rhino 俱乐部向在俱乐部工作的膝上舞舞者支付费用。如果俱乐部不支付，舞者能为了自己的收入起诉俱乐部违约吗？

参考答案见书末的附录。

为了本人的利益从事商业行为的法定权限，通常来源于当事人双方的协议，但为了商业效率有时也存在例外的情况。为了避免对第三方或代理人不公平，代理关系也可能会被认定存在。有时，本人也可以针对无授权的交易进行授权的追溯承认。

11.1.1　当事人之间的协议代理

通常代理关系是由当事人双方订立协议产生的，在协议中，本人授予代理人特定的权限。代理协议可以通过以下方式订立。

代理人：拥有授权从而为他人从事商业活动的行为人。
本人：代理人为之从事特定行为的人。也称被代理人。可以披露，也可以不披露。

1. 正式契约。这赋予代理人一份**委托授权书**（power of attorney）。当本人没有管理事务的能力，委托他人为其管理相关事务时，委托授权书是必要的。关于这个问题的更多详情见本章末。

2. 非正式的书面或口头协议。通常并不要求采用特定的书面形式，也可以通过口头方式委托代理人。当事人可以选择将书面协议作为证据，但这并不需要包含所有对当事人有约束力的条款。在 Chaudhry v Prabhakar（1988, CA）案中，对于朋友之间的协议，一方声称自己掌握汽车的相关知识，同意为另一方找到一辆合适的二手汽车模型，被法院认定为形成了代理关系（详情稍后介绍）。

3. 默示的代理协议。当事人之间的关系可能产生一种隐含的代理协议。这通常源自雇主和雇员的关系。这也有可能存在于共同生活的丈夫和妻子之间，妻子刷丈夫的信用卡（签单），即暗示了丈夫的授权，以满足家庭的需求。尽管现代社会两性地位趋于平等，但在这一问题上，丈夫与妻子的行为具有不同的效力。

即使本人和代理人之间没有任何合同关系，代理关系也可能存在。代理可以是完全无偿的，代理人对其服务不收取任何费用。如果一位同事让你为她买一份午餐三明治，从法律上来说，她是指定你为她的代理人，但你们俩都不会认为她需要对你的服务支付报酬。然而，如果你是通过房屋中介出售你的房屋，你们之间存在合同关系。在合同条款之下，如果你的房子是通过代理人介绍购买者而卖出的，代理人有权获得报酬。

如果是通过协议创建的代理关系，那么代理人享有实际的权限。实际的代理权限分为两种：明示的和默示的。

1. 明示的。权限来源于本人的明确指示。

2. 默示的。本人可能不会说出所要求的每一个细节。然而，本人已经暗示赋予代理人为履行本人的指示，处理任何相关必要事项的权限。

默示授权的范围由与代理相关的所有条件决定，例如当事人之间的关系、在相关商业领域常见的代理授权以及本人要求的本质。比如，如果你要求房地产中介寻找买方，相当于你赋予了代理人实际的代理权限。同时，你隐含性地授权代理人为你的房子拍照，并用于广告目的。在 Real and Personal Advance v Palemphin（1893）案中，法院认为一家医院的护士长享有默示的授权，以其雇主的名义购买必要的医疗用品。

11.1.2 表见代理

在特定条件下，第三方可以假定一个行为人拥有代理的权限。如果本人的行为合理地给人留下这种印象，第三方可以以本人的名义执行合同的结果。只要没有任何事情使得第三方了解事实真相，本人就不能否认代理关系的存在，即**禁止反证**

委托授权书：契约产生的权威，代理人据此为因生病或其他原因暂时不能管理自己事务的本人代理相关事项。

禁止反证：禁止在法律上否定另一方当事人的权利存在。

(estopped)。在这种情况下，代理人享有表面上的代理权限，即**表见代理权限**（apparent authority）或**表见授权**（ostensible authority）。

表见代理可能存在于以下情形中。

1. 代理关系已经终止，但本人没有通知第三方。例如，如果妻子离开了丈夫，就不再享有刷丈夫信用卡的权利。如果她继续这样做，不知道夫妻分居的商家依然可以向丈夫主张支付，除非丈夫采取了充分的通知商家的行动。

2. 代理关系自始不存在，但“本人”让第三方相信，“代理人”是在为了“本人”的利益从事活动。

3. 存在代理关系，但本人让第三方相信代理人的权限大于真实的代理权限。只要代理人的行为看上去是遵守了相关商业惯例，表见代理通常能够成立，除非本人的行为推翻了这个假定。

Barrett v Deere（1828，HL）

被告前往原告家中偿还债务，却把钱交给了一个出现在原告家中且看上去负责交易的无业游民。

法院认为：这足以清偿债务。由于债务人有权控制发生在其住所的所有交易，债务人合理地相信该无业游民是有债权人授权的代理人。

Racing UK Ltd v Doncaster Racecourse Ltd and Doncaster Borough Council（2005）

Doncaster 赛马场有限公司（Doncaster Racecourse Ltd）的行政长官作为“正式授权代表”，签署了一份协议，授予英国赛马有限公司（Racing UK Ltd）电视转播权。英国赛马有限公司和 Doncaster 赛马场都认为这份合同对 Doncaster Borough 理事会具有法律约束力。但 Doncaster Borough 理事会声称，由于其行政长官不具有代理权，其不受合同约束。

上诉法院认为：由于在赛马界，理事会拥有赛马场；比赛的举办方拥有电视转播权，行政长官以理事会名义签订的合同构成表见代理，这是常识。因此，该合同对理事会有法律约束力。

有时，代理人的行为应当让第三方注意到其不享有代理权。这在每个案件中都是实际问题。参见 Quinn v Automotive Group（2010）案（见下面的“新闻报道”专栏）。

新闻报道

汽车经销商对代理人的欺诈负有法律责任

——Car dealer liable for agent's fraud Quinn v CC Automotive Group（t/a Carcraft）(2010)

2005 年 6 月 5 日，在利兹市，奎因先生咨询被告 Carcraft 的雇员卡恩先生，他打算

表见代理权限：代理人实际上没有代理权限，但由于本人并没有体现代理已经终止或纠正其存在的表象，看上去代理人依然享有代理权限。

表见授权：见表见代理权限。

将自己的银色捷豹折价换购一辆红色的新车，去参加女儿2005年6月22日的婚礼。由于没有红色的捷豹，奎因同意购买一辆蓝色的车，通过Carcraft进行资金安排，并同意按银色捷豹的价款支付。没过多久，卡恩给奎因打电话，说在贝里市找到了一辆红色的车。奎因在电脑上看了红色车的展示图，同意购买。几天后，卡恩告知奎因，融资公司要求其额外支付700英镑。奎因只能先支付400英镑，卡恩同意余额之后支付。婚礼结束两天后，他们在贝里市和利兹市之间的一个服务站见面并交换了汽车。奎因支付了400英镑现金，并签订了终止旧合同、订立新合同的文件。

卡恩私自将银色捷豹出售给善意第三人，并将价款据为己有。奎因取消了其银色捷豹的融资协议，融资公司基于其未支付15 000英镑起诉他。红色捷豹从来都不是Carcraft公司的存货，其出处并不确定。

奎因起诉Carcraft公司，声称其作为被代理人应当对从事交易、构成表见代理的卡恩的行为负责。

法院认为：上诉法院认为，Carcraft应当对奎因的损失承担代理责任。奎因善意地相信了卡恩的授权，认为自己为了及时赶上婚礼用车得到了特殊的帮助。

格罗斯法官称：

额外要求支付的700英镑（已经支付400英镑，余下300英镑有待支付），与被告提出的其他请求（如奎因先生的咨询），应结合当时的环境进行考量，而不应考虑事后的利益……关于红色捷豹的交易，需要强调的是，这类行为通常是汽车销售人员有权从事的……因而，奎因先生对于卡恩的表见代理有善意的信任是毫无疑问的。

11.1.3 无因管理

在紧急情况下，可能会产生代理关系，即行为人自发地采取措施以保护他人的财产利益。该介入是为了所有者的利益，对于因此而产生的合理费用，行为人可以免责。

如果满足下列所有条件，**无因管理**（agency of necessity）成立：

1. 在一方当事人占有另一方货物期间，发生紧急情况；
2. 这一紧急情况迫使当事人为了所有者的利益必须对货物采取紧急措施；
3. 当事人无法在第一时间和物品的所有者进行沟通。

这种代理人有权为了财产所有者的利益最大化，采取必要的合理、谨慎的措施。

Sachs v Miklos (1948)

被告无偿保管原告的家具。在战争中，他想要利用被家具占据的空间，但无法联系上原告。于是他卖掉了家具。

法院认为：这里并不存在无因管理，因为并没有足以使该销售正当化的紧急情况，并且被告是为了自己的利益从事该行为。因此，被告应当对原告承担责任，因为其构成侵权（非法处置原告的货物）。

无因管理：因紧急情况，需要代理人采取合理措施，管理本人的财产，由此产生的代理。

过去，这种代理经常产生于这类情形：运营商被迫给家畜提供饲料（Great Northern Railway v Swaffield（1874）案）或处置易腐烂的货物。这种情形如今不太可能发生，因为通常情况下，运营商在紧急情况发生时可以直接询问所有者的意见。

如果无因管理成立，则：

1. 代理人可以主张费用；
2. 如果被起诉侵害或处置货物，代理人可以提出抗辩；
3. 因此获得货物的第三方对货物有合法权利。

11.1.4 追认代理

即使行为人并没有获得授权或者超出授权范围为他人订立从事特定行为的合同，如果对方同意该交易，可以事后授权。这一**追认**（ratification）可以为代理人创设事先的授权：法律视为代理人自始就具有代理权限。

有效的追认必须满足以下条件：

1. 代理人必须明示或暗示其从事的是代理他人的行为；
2. 在订立合同时，本人必须存在并且有订立该合同的能力（公司的发起人在公司成立之前订立的合同不是代理，因为此时公司在法律上并不存在：参见第20章）；
3. 追认必须在合理的时间内进行；
4. 必须是完全追认：本人必须同意该合同的全部，而非一部分，并且了解合同涉及的内容；
5. 必须通知他人该合同被追认：这可以通过为一定行为的形式表现，例如保留已经发货的货物。

追认的后果如下：

1. 代理人免除未经授权为一定行为的全部责任；
2. 代理人有权从本人处获取适当的报酬；
3. 第三人对任何已经根据该合同转让的财产享有合法权利；
4. 由代理人以本人名义订立的合同反过来约束本人。

11.1.5 显名本人和隐名本人

显名本人

当代理人为了本人利益订立合同时，他们通常用本人的名字，或者至少表明其是在从事一项代理。在这种情况下，即使不知道准确的名字，本人被认为是显名的。

通常情况下，显名本人而非代理人对合同的全部结果承担责任。例外情况是，文字、行为或相关环境表明由代理人和本人共同承担责任，或者由代理人单

追认：承认之前的义务是有约束力的。

独承担责任。因此，如果代理人签订一项协议时并未表明自己是代理人，就要承担个人责任。

隐名本人

有时，代理人的行为看似并不涉及本人，但实际上有本人的存在；在这种情况下，本人是隐名的。如果满足下列条件，本人将受到合同约束：

1. 在订立合同时，代理人是按照本人的实际授权从事行为；
2. 合同的条款并没有排除本人的存在。

在 Humble v Hunter（1848）案中，一个代理人签订了一份租船合同，看似他就是相关船只的所有者。法院认为本人不能强制执行合同。然而，如果第三方表明其目的仅是和代理人交易，本人不能强制第三人执行合同。在 Collins v Associated Greyhound Race Courses Ltd（1930）案中，一份承销发行股票的合同完全依赖于代理人的商誉和风评。法院认为本人被排除在外。

11.2 代理人的权利和义务

11.2.1 权利

获得报酬

代理人并没有自动获取报酬的法定权利。只有当代理协议中表明了当事人的这种意图时，才存在这样一项权利。如果代理是无偿的，代理人就没有获取报酬的权利。即使是合同性的代理，也只有当合同所规定报酬的相关条款都得到满足时，代理人才有权获取报酬。报酬可能以特定结果的达成为条件。

G. T. Hodges & Sons v Hackbridge Residential Hotel（1939）

一个酒店的所有者让地产代理商为其寻找买家。代理商介绍了一位陆军部的代表，与酒店所有者进行协商，但最后失败了。几个月后，陆军部公告，将要强制购买该酒店。

法院认为：这一强制销售不会赋予代理人强制执行合同的权利，当所有者将其财产交到代理人手上时，其原本计划的交易并非如此。

当合同代理关系确立后，如果本人没有支付合理报酬，代理人可以就此起诉。代理人也有权留置（法定留置权）任何为本人购买或尚未支付、由其占有的财物。

获得损害补偿

无论代理是无偿性的还是合同性的，代理人对于实施被授权的代理行为附带产生的任何费用，或造成的任何损失，有权获得**损害补偿**（indemnity）。

损害补偿：一方因在为了另一方利益而实施一定行为过程中发生费用或损失，所获得的赔偿。

Anglo Overseas Transport Ltd v Titan Industrial Corpn (1959)

本人委托代理人安排其货物的运输。但本人将货物运送到港口的时间迟延，按照交易习惯，这使得代理人要对给船主造成的损失承担责任。

法院认为：本人必须补偿代理人的损失。

无偿代理可以请求法院责令本人返还不当得利。

11.2.2 义务

代理人与本人之间是一种委托关系：无论是合同性的代理还是无偿性的代理，代理人都享有本人的信任，因而负有许多的法定义务。

履行

代理人必须在本人的授权范围内履行本人的指令。通常来说，代理人必须亲自履行义务，而不得转委托给他人，这是由代理人与本人之间的保密关系决定的。然而，如果本人同意或遵从交易习惯，代理人也可以转委托。例如，一个乡村律师正在处理的一个案件将要在伦敦审判，很常见的做法是将部分工作委托给伦敦的公司。在委托任务不需要特殊技能或者代理人拥有一定自主决定权的时候，也可以转代理。因此，律师可以将代理起诉义务委托给其客户。

合理的技能

代理人履行义务，必须尽到合理的注意义务，具有相应的技能，如果不满足该条件，可能因为违反合同或疏忽大意而承担责任。

一个有行业或职业技能的代理人，应具有该行业从业者或职业人士所应具有的技能。

当存在代理合同时，不履行义务就会构成违约。

Chaudhry v Prabhakar (1988, CA)

被告是原告的朋友，号称很懂车。原告让其为她找一辆没有出过事故的车。被告于是找到一辆他声称合适的车，尽管他发现引擎盖可能被更换过，并且是在一个维修故障的汽车修理厂更换的。短短几个月后，由于先前的撞击损害，那辆车就不能上路了。

法院认为：被告应对原告承担过失责任，因为他不具有原告合理信赖的，他声称所具有的专业技能，并且没有尽到合理的注意义务。

Arensen v Casson Beckman Rutley & Co. (1977)

一个专业的股票价格评估师过低地评估了本人的股票价值。

法院认为：评估师不具有其同等专业水平的人所期待的、应具有的技能，因此要承担违约责任。

责任

代理人必须对任何从事本人授权行为所产生的利润负责，并且将实施代理义务获得的金钱和财产性利益转移给本人。这一义务与代理义务密切相关，以避免利益冲突。

生活实例

霍勒斯的叔叔威廉想要出售他的古董怀表，于是让霍勒斯为其寻找一个合适的买家。他告诉霍勒斯最低价为1 000英镑。霍勒斯拿着手表去了古玩市场，在那里摆摊的锡德里克出价1 200英镑。就在此时，另一个摆摊人欧内斯特出价1 400英镑，并且如果霍勒斯接受其要约，额外支付给他50英镑。霍勒斯将古董怀表卖给了欧内斯特，但当他将所得款项交给叔叔时，应当告知50英镑的额外收益，由于额外的50英镑是他在代理叔叔卖表的过程中多得的，他必须对所有的利润负责。

避免利益冲突

代理人必须保证本人的利益优先于代理人自己的利益，并且不得利用代理关系为自己谋利。

收受贿赂的代理人，公然违反了避免利益冲突的代理义务。如果代理人在为了本人的利益与第三方签订合同的过程中接受第三方的回扣，那么该合同因为诈骗而无效。本人有权不支付报酬、开除代理人，并将贿赂款返还。本人也可以不履行代理人和第三方签订的合同义务，并且向代理人主张缔约过失的损害赔偿。

违反代理义务的后果在 Imageview Management Ltd v Kelvin Jack（2009，CA）案中有清楚的说明。

Armstrong v Jackson（1917）

本人委托代理人购买特定公司的股票。但本人不知道，代理人拥有该公司的一些股票，于是代理人将自己的股票卖给了本人。

法院认为：代理人没有回避利益冲突，必须将交易所得的利润支付给本人。

11.3 本人的权利和义务

11.3.1 与代理人的关系

本人的权利和义务比代理人的义务和权利少得多，因此，本人有权获得代理人履行代理义务所产生的利益。反过来，本人必须支付给代理人必要的费用。

11.3.2 与第三人的关系

合同义务

代理人与第三人订立的合同，只要是在代理权限内，都对本人有约束力。因此，本人要对认识错误或违约承担责任，尽管这是由代理人导致的。

侵权责任

本人也可能需要对与代理人密切相关的显而易见的代理行为导致的侵权行为承担替代责任。

Quinn v CC Automotive Group（t/a Carcraft）（2010）案是替代责任的很好的范例。（参见前面介绍的“新闻报道”专栏。）

更多关于替代责任的内容见第16章。

11.3.3 1993年的《商业代理（国会指导性）条例》

普通法规定的代理人与本人的权利和义务已经提升到了成文法的地位，但只局限在有关商品销售的商业代理中。该条例给予当事人更多的保护，其中规定了终止书面合同、代理合同需要提前通知的最短期限。代理人有获得佣金的权利，该佣金必须在指定时限内支付。代理人有权检查本人的账单以确保支付金额依据的是正确的比例。

11.4 代理的终止

代理关系可能由于以下两种原因终止：

1. 法定原因；
2. 当事人的行为。

11.4.1 法定原因

死亡

由于本人和代理人之间存在保密关系，因而任何一方的死亡都会导致代理关系的终止。

因精神原因丧失民事行为能力

如果一个人精神上变得不具有合理的理解能力，就会被认定为不具有订立合同的能力。如果签订代理协议的任何一方因精神原因丧失民事行为能力，将导致代理关系的终止。然而，当代理人已经获得一项不可撤销的持续的委托授权时，本人因精神原因丧失民事行为能力也不能改变代理关系。

破产

任何一方当事人的破产会导致代理关系的终止，因为破产人的财产将由破产管理人控制，用以偿还债务。

代理协议履行不能

任何使得继续履行代理合同变得违法、履行不能、无效的事件，都会导致代理关系的终止（参见第 10 章）。

11.4.2 当事人的行为

履行

一旦任何短期代理完成，该代理关系即终止。

协商或撤销

当事人双方可能达成终止代理关系的协议。一方当事人也可以不考虑另一方想要继续维持关系的想法，撤销代理协议。如果是合同性的代理，撤销可能构成违约，另一方当时人可以主张损害赔偿。除非本人与代理人之间存在雇佣与被雇佣的关系，不要求通知期限。

在例外的情况下，代理不得撤销。代理不得撤销的情形如下：

1. 代理人的权限与代理人本人的利益紧密相连。代理的目的在于为之前就存在于代理人和本人之间的利益提供保护。代理关系直到该利益（通常是本人与代理人之间的债务）得以清偿才能撤销。例如，一个债务人目前无法偿还债权人债务，于是授权债权人变卖一些债务人的资产，以筹措偿还债务的资金。如果本人之后破产或丧失行为能力，这种代理会因为法律的规定而终止，否则代理人将获得不可撤销代理的权利。

2. 代理人被赋予一项**不可撤销的代理权**（irrevocable power of attorney）。根据 1971 年的《代理人权利法案》(Power of Attorney Act) 第 4 条的规定，本人（授权人）可以授予代理人（被授权人）一项不可撤销的代理权，用以阻止代理关系因本人死亡、丧失行为能力或破产而终止。与此相类似，如果本人是法人，其解散或终止不会影响代理关系继续存在。只有当被授权人能够证明，有必要帮助其保存关于本人财产的一项先前利益时，代理人才能获得一项不可撤销的代理权。一项不可撤销的代理权有利于代理人，但千万不要和一项持续性的代理权相混淆。

3. 代理人被授予持续性委托。2005 年的《精神能力法案》(Mental Capacity Act) 第 9 条，允许授权人授予一项**持续性委托**（lasting power of attorney）。2007 年以来，这替代了之前的持久性委托授权体系。持续性委托给授权人提供了更大的保护。例如，只有之前在公共监护人办公室做了登记，并且明确了指定人的名字，在提出申请时，这种持续性授权才有效。

持续性委托比持久性委托的范围更广，因为它使得被授权人不仅对于管理授权人的财产享有决定权，而且有权考虑其自身的福利，例如，决定是否接受医疗或者接受哪种医疗。根据《精神能力法案》第 11 条，被授权人只有在授权人有行为能力作出第 2 条规定的相关决定时，才不享有为特定行为的授权。对这类被

不可撤销的代理权：旨在保护代理人对本人财产的利益的权利；不得因为本人丧失行为能力/死亡/破产而撤销授权。

持续性委托：一种委托，使代理人有权决定无行为能力本人的福利，就像管理其自己的财产一样。

授权人的表述为："由于其精神或大脑功能受损，在特定时间不具有为自己作出决定的能力的行为人"。这既可能是永久的状态，也可能是暂时的状态。

11.5 一些常见的专业代理人

11.5.1 地产代理人

地产代理人为房屋的出售人服务，他们的任务是寻找买家。他们受到 1979 年的《地产代理法案》（Estate Agents Act）的规制，该法案要求地产代理人必须保证他们所操控的定金不受损失。他们也必须在同意为房屋的出售人工作之前告知其收取的佣金数额。只有当交易是通过地产代理人介绍时，才支付佣金。进一步的管控规定则在 2007 年的《消费者、地产代理和赔偿法案》（Consumers, Estate Agents and Redress Act）中。

11.5.2 拍卖人

拍卖人最初是作为卖方的代理人，享有以最高出价卖出物品的授权，除非没有达到最低拍卖价格。一旦交易达成，拍卖人同时成为买方的代理人。

拍卖人不被授权接受信用交易。买方必须在拍卖成功之后立即支付，当然支票作为现金的替代品是可接受的。

11.5.3 经纪人

有许多类型的**经纪人**（broker），他们最初都是双方当事人之间的中介，一方想要出售特定物品，例如股票和股权份额、保险或商品，另一方有意购买。经纪人介绍买卖并且促成合同的达成，以取得佣金。与代销商不同，经纪人通常不在物理上占有将要出售的财物。经纪人的权限由顾客根据其特殊交易的特性决定。

11.5.4 代销商

1889 年的《代销商法案》（Factors Act）第 1 条，将**代销商**（factor）定义为"在其习惯的商业过程中，有权销售商品、为特定目的托运商品、购买商品或者为保证商品的安全筹措资金的商业代理人"。因此，一个代销商，不仅享有明确的销售商品的授权——这是任何代理人都可能享有的，还可能享有承诺或者享有商品所有权的文件。这种承诺通常是用来为进口商品筹措资金，这些商品包括可可粉、小麦。

经纪人：促成双方当事人达成交易的中介。
代销商：一个代表顾客销售商品，同时为保证商品而借钱的"商业代理人"。

代销商对商品有物理上的控制。代理人将商品出售给购买者以及对商品进行其他处置，是其享有的明显的授权行为，即使代销商忽略了其命令或者超出了其实际的授权范围，所有者依然受其约束。

本章小结

1. 代理协议的产生

通过契约（委托授权书），以书面形式或者口头形式形成。

2. 代理的授权

实际授权：协议中明示的或默示的授权。

3. 没有明确授权的例外代理

通过禁止反证产生：当本人允许特定人像其代理人一样为一定行为，此人就拥有明示的/表面上的授权。

基于无因管理产生：实际控制他人财产的当事人，在紧急情况下必须采取措施对财产加以保护。

通过追认产生：一方在事后追认由他人订立的为其谋取利益的合同。

4. 代理人的义务

代理关系是信托关系：代理人必须对因其为本人从事代理行为而产生的所有利益负责，同时应避免任何形式的利益冲突。

代理人实施代理行为必须尽到合理的注意义务并具有相关技能。

5. 本人的义务

对代理人：履行代理行为相对应的义务。

支付约定的报酬。

补偿支出。

6. 本人对第三人的责任

履行合法授权的合同；

对代理人的侵权行为承担替代责任。

7. 代理关系的终止

因法定原因：丧失行为能力/死亡、破产、代理协议履行不能。

因当事人的行为：履行、协商或撤销。

持久/不可撤销/持续性的代理权阻止代理关系的终止。

课后测验

1. 在何种授权的前提下，下列代理有效？

(a) 诺斯应索思要求，帮他把DVD播放机拿去修理。

(b) 伊斯特应韦斯特的要求，开韦斯特的车去接韦斯特的商业客户，并且由于油箱空了不得不给车加油。

2. 波特在受斯塔博德雇用期间，每周从Compass公司取一次文具。在被斯塔博德解雇之后的一周里，他继续从Compass公司取走文具。Compass公司并不知道波特已被解雇。斯塔博德有法定付款义务吗？

3. 在何种情况下，第三方不受隐名合同的约束？

4. 代理人在什么情况下有权将旅行代理的义务转委托给他人？

5. 在什么时候精神上丧失民事行为能力会导致代理关系终止？

参考答案见书末的附录。

深入阅读

以下判例对于你在本章所学的法律的形成提供了重要的示例。它们是说明诉讼中法律的第一手资料，并且能给你提供更多的事实细节，同时帮助你理解法律，以及了解法官是如何作出决定的。

请尝试在判例汇编中查找这些判例，或者通过数据库获取，例如，Bailli（www.bailii.org/databases.html）。你可以从大学图书馆获取 LexisNexis 和 Westlaw，或者从判例书中找到摘录。

Anglo Overseas Transport Ltd v Titan Industrial Corpn [1959] 2 Lloyd's Rep 152

Arensen v Casson Beckman Rutley & Co. [1977] AC 747

Quinn v CC Automotive Group t/a Carcraft [2010] EWCA Civ 1412

Sachs v Miklos [1948] 1 All ER 67

网络学习

请登录 www.BIS.gov.uk/，然后搜索 "Estate Agents"，寻找更多的相关立法。

课后作业

(a) "如果代理人拥有名义代理权，没有人可以在代理权范围内阻止其限制本人的行为。" 对此进行讨论并举例。

(b) 帕特里夏加入了一个为期两年赴亚马逊丛林寻找遗失的部落的旅行团。她将宠物猫 Tabitha 留给自己的朋友布赖恩照顾，同时叮嘱不要让猫跑出家门以免走失。帕特里夏离开半年后，Tabitha 成功逃出了布赖恩的房子，并被一辆汽车撞成重伤。布赖恩带其去看兽医，兽医表示需要护理费 1 000 英镑。如果得到相应的护理，这只猫有很大的机会痊愈，否则只能选择让其睡去。

作为帕特里夏的代理人，对布赖恩应承担的法律责任给出建议。

第 12 章

商品销售：合同及其主要条款

导　言

你在上周订立了多少商品销售合同？这类合同数不胜数，对国内和国际贸易的良性发展至关重要。自 1893 年第一部《商品销售法案》颁行以来，成文法在特定规则的发展上发挥了重要的作用。它对于商业交易双方的需求非常关注；由于“概不退换”原则也具有重大影响，因此交易双方对于公平条款十分关注。20 世纪下半叶，随着战后艰苦时期的结束，英国国内市场和休闲品市场的商品种类有了极大的丰富，消费者的利益越来越受到重视，这在 1979 的《商品销售法案》中也有所体现。1994 年的《商品销售与供应法案》(Sale and Supply of Goods Act) 对这一法案进行了修正，增加了最新的立法成果，同时也对作为消费者的买方提供了实质性保护。

商品销售合同的形式、影响其效力的要素，乃至收费等，仍然主要由普通法进行规制。1979 年的《商品销售法案》以及后续的相关立法，比如 1982 年的《商品与服务供应法案》(Supply of Goods and Services Act)，主要关注对于满足买卖双方需求而言十分重要的合同要素，比如关于销售标的质量和性质的条款、所有权转移条款、行为责任条款以及强制执行手段条款等。

学习目标

在完成本章的学习之后，你应该能够：

1. 对商品销售合同进行定义。
2. 明确销售合同和销售协议之间的区别。
3. 区别销售合同及其他有关商品的合同。
4. 了解 1979 年的《商品销售法案》中商品销售合同默示条款的含义。
5. 运用这些知识解决问题，得出结论。

12.1　商品销售合同

商品销售合同（sale of goods contract）的定义为“卖方转移或同意转移商品所有权给买方来换取被称为价金的金钱对价的合同”（《商品销售法案》第 2 条第 1 款）。这里包含两类具体的合同：

1. 销售合同；
2. **销售协议**（agreement to sell）。

12.1.1　销售合同

此处的“商品所有权”是指商品的权属和所有，在合同订立时会被立刻移转。这通常发生于在商场柜台购物的场合：当你从销售员手里拿到巧克力棒、三明治或者袜子时，就立刻变成了该商品的所有者。

销售合同只有在商品确实存在且为卖方所控制的前提下才会存在，这些商品必须是特定的，在销售之时特定化并得到卖方同意（《商品销售法案》第 61 条第 1 款）。如果不能满足这些标准，那么所有权就不会从卖方移转，合同当事人之间仅仅形成了一个销售协议而已。

12.1.2　销售协议

销售协议（《商品销售法案》第 2 条第 5 款）是具有约束力的合同，一旦商品存在，从法律角度来讲，协议就被特定化，此时该协议成为一份销售合同，商品的所有权就能够移转。这种情况通常会出现在你购买汽车的时候，直到汽车被运送到你的住所，你才成为车的主人。

买方在同意购买商品时，并不会立刻获得商品的所有权，因为商品还不是**特定化的商品**（ascertained goods），其原因在于：

1. 交易的标的是**期货**（future goods），比如，还没有生产出来或者还没有被卖方获得的商品（《商品销售法案》第 61 条第 1 款）。

2. 商品还没有被特定化。例如，卖方共有 80 吨马铃薯，买方想购买其中的 6 吨。此时，马铃薯是**未经特定化的商品**（unascertained goods）。只有经过买方不可撤销地认定，商品才变成特定化的。

商品销售合同：销售特定商品的合同，根据对价获得的信息，商品的所有权会转移给买方。

销售协议：销售目前尚不特定的商品且具有约束力的合同。

特定化的商品：被买方特定化选择且事实存在的商品。

期货：还没有被卖方获得或者还没有被生产出来的商品。

未经特定化的商品：未来的或者没有被特定化的商品。

12.1.3 价格

1979年的《商品销售法案》第8章第2条第1款对“价格”一词的含义进行了明确。买方提供的对价必须是金钱，但具体数目不必在合同中明确（第2条1款）。如果价格没有特定化，合同并不会无效，因为成文法规定的是买方只要给付“合理的价款”即可，而“合理”的标准是一个事实判断，要依据具体环境给出结论。

12.1.4 商品

根据《商品销售法案》第61条第2条第1款中的定义，“商品”包括所有能够被物理上占有和控制的私人财产（动产），但并不包括财产性利益，比如公司股份以及包括商标、著作权在内的知识产权。土地（地产）并不是商品，它的转让由完全不同的法律进行规制。但是，在销售前就已经与土地分离，或者已经被合同条款规定为合同标的的农作物和其他地上附着物，就可以归入“商品”的范畴。

12.1.5 1979年法案之外的合同

通过以上定义，你会发现并非所有与商品有关的合同都被包括在1979年的《商品销售法案》中。下面列举的几类涉及商品的合同均没有包含在该法案之中。

商品与服务合同

在**商品与服务合同**（goods and services contract）中，商品的销售是伴随着服务的提供而产生的。比如，安装双层玻璃、给你的车装刹车片。这类合同由1982年的《商品与服务供应法案》加以调整。本章末会介绍这类合同的更多情况。

分期付款购买合同

这类合同由1974年的《消费信贷法案》以及1973年的《商品供给（默示条款）法案》进行规制。在一种**分期付款购买合同**（hire-purchase contract）中，接受商品的一方从法律角度来看是承租人，而非购买人。合同使承租人占有商品，但并不获得所有权。承租人可以选择最终是否购买该商品，但前提是所有的分期款项已经付清。承租人只有在行使选择权后才能成为商品的所有人。

租赁合同

这类合同由1982年的《商品与服务供应法案》进行规制。在**租赁合同**（hire contract）中，商品转让给承租人时，该承租人只能占有该商品，而不获得

商品与服务合同：一种合同，约定商品的销售是提供服务所必需的附带品。

分期付款购买合同：一种合同，约定承租人第一时间占有商品，并在全部付清款项后，可以选择获得商品的所有权。

租赁合同：一种合同，约定承租人在租期内有权占有商品，但不能获得商品的所有权。

商品的所有权。

以物易物合同

这类合同由 1982 年的《商品与服务供应法案》进行规制。在**以物易物**（bartering）的情形中，当事人以商品或服务互相交换，虽然此时的交易中包括具体的商品，但这并非商品销售合同，因为没有金钱参与交易。部分以旧换新的合同通常归入商品销售合同的范畴，这类合同中，买方可以选择以旧货来充抵部分价款。

附“免费”赠品的销售合同

这类合同可能由 1982 年的《商品与服务供应法案》进行规制，其原因在于这一法案的规制对象包括了那些其他法案不能规制的合同，在那些法案中商品所有权会发生转移。

值得思考

销售方在销售商品时提供所谓的“免费”赠品是一种常见的促销手段。如果商家对正品和赠品都要求付费，此时合同的法律地位如何？

参考答案见书末的附录。

为获得优惠券而进行商品交易的合同

这类合同过去是由 1964 年的《优惠券法案》（Trading Stamps）进行规制的，但是这一法律为 2005 年的《法规改革（商业赠券）令》（Regulatory Reform (Trading Stamps) Order）所修订。优惠券相关问题现在通常由消费者有关立法所规制。1982 年的《商品与服务供应法案》也适用于消费者以优惠券兑换商品的情形。1979 年的《商品销售法案》则适用于消费者以优惠券和金钱换取商品的情形。

12.2 1979 年的《商品销售法案》中的默示条款

根据 1979 年的《商品销售法案》第 12～第 15 条，卖方根据法律规定的合同中的默示条款自动对买方承担一定的责任。根据成文法的规定，卖方的行为应当符合以下规定：

1. 卖方拥有法定的转移商品所有权的权限（第 12 条）；
2. 商品与卖方的说明一致（第 13 条）；
3. 商品具有令人满意的质量（第 14 条第 2 款）；
4. 商品符合买方任何特定的目的（第 14 条第 3 款）；
5. 商品与买方在订立合同之前看到的样品一致（第 15 条）。

除第 3 条和第 4 条之外，其他条款适用于所有的销售合同，包括全新的商品

以物易物：以商品或服务交换其他的商品或服务。

与二手商品。第3条与第4条则仅仅适用于商业交易。

卖方违反上述任一条款，将使买方处于极为有利的位置，原因在于：

1. 这些条款全都给卖方强加了严格责任。买方不用对卖方的过错进行举证，卖方只要违约就要承担相应责任。事实上，责任的承担与卖方是否具有可责难性以及其是否意识到商品本身存在瑕疵无关。即便如此，卖方依然要承担相应责任。

2. 这些条款均由法律定义并被认定为合同的条件条款。违反条件条款，将使受害者有权拒绝继续履行合同义务并可以要求返还已经交付的金钱或财产（参见第7章）。

这些默示条款现在通过更加细致的方式加以检查。

12.2.1 所有权：第12条

在销售合同中，卖方默示承诺，其有权销售该商品（将**产权**（title）转移至买方），或者在销售协议中，卖方默示承诺其在特定时间有权转移相应财产。在转移商品时，卖方只有自己拥有产权（所有权）或者经真正的所有权人允许，才可以履行相应承诺。

Rowland v Divall（1923，CA）

被告出于信任购买了一辆赃车。偷车人显然无法转让车辆的所有权，因此被告将车销售给原告时，也无法转移车的所有权。在原告使用该车数月后，真正的车主出现并将车取回。

法院认为：原告有权要求被告返还全部购车款。尽管他已使用该车四个月，但不能减少返还的数额，因为原告没有真正获得其合同的标的，即该汽车的全部所有权。

12.2.2 商品说明：第13条

所有的商品都附有说明，如果说明不准确，那么卖方就违约了。

说明的形式

说明可能是口头表述（如“这些靴子是防水的”），也可能是卖方摆放在特定地方的书面声明（如“丝质短裙”）。卖方对于不是自己张贴而是来自制造商的说明同样负有责任，例如，商品上的标签或包装上的文字（如“西班牙制造”、“可以机器洗涤”）。

实践中，大量的销售都会用到某些种类的说明。在自助消费的情况下，消费者自行挑选所需的商品，必须充分依赖包装罐上的标签，来获知所购买的是烘豆还是甜玉米。在一些特定情形下（如产品目录销售或邮购），买方在订立合同之前无法看到实体的商品，就要完全依赖于有关的商品说明。

产权：一种所有权。

样品销售及说明

商品的销售既需要样品也需要说明，即使商品与样品相同，如果卖方的商品不符合说明，也可能违反第 13 条的规定。很多销售形式包含了样品和说明。你可能会仔细检查作为样品的地毯，但对其具体的材质和成分，则只有通过商品所附的说明才能得知。如果这类信息是不准确的，那么即使地毯所有的品质都满足成文法的要求，卖方也要承担违约责任。

质量与说明的关系

卖方对于商品品质和说明的义务会有部分重合。对于待出售汽车使用年限的描述，既是商品说明，也与商品质量有关；两种因素有内在的关联性。这对于买方来说也许是一个优势，因为第 13 条要求所有卖方都要使自己的说明准确，而不考虑其是否通过商业途径进行销售。

Beale v Taylor（1967，CA）

一位私人卖家将所销售的一辆汽车描述为 1961 年版凯旋使者的改进版，但之后买家发现这辆车是由两款不同的车拼装而成的，只有不到一半的性质符合卖家的描述。

法院认为：被告作为私人卖家，要对自己违反第 13 条的有关行为负责。但他不会基于第 14 条被起诉，原因在于，虽然汽车没有满足相应的品质要求，但这一规定只适用于商业销售。

商品的描述可能与商品的质量完全无关。即使没有任何质量上的瑕疵，商品也可以因为其不符合相关描述而被退回。

Arcos v Ronaasen（1933）

一份购买木材的合同中，卖方将木材描述为“有半英寸厚”，但商品送达后，其厚度不均，从 1/2 英寸到 9/16 英寸不等。

法院认为：由于与描述不符，商品可以被退回（参见稍后关于调整非消费者销售的第 15 条第 1 款的具体结果）。

基于信赖产生的责任

如果买方不了解说明的内容或者没有依赖它（和第三方一起对其加以检查），那么，销售行为就不是依赖说明完成的。对商品进行检查并不自动排除消费者的依赖。普通消费者并不具有足够的知识来发现说明中的瑕疵。在 Beale v Taylor 案中（见前文），买方在付款前认真检查了汽车，但这并不妨碍其依赖说明进行交易。但是，如果拥有专业知识的买方从一个没有相关知识的卖方处购买货物，那么买方就不可能依赖卖方给出的产品说明进行判断。此时，具体的交易习惯是十分重要的考虑因素。请注意下面对 Nourse LJ in Harlingdon & Leinster Enterprises 案的评论。

Harlingdon & Leinster Enterprises v Christopher Hull Fine Arts（1990，CA）

在买方看来，一位艺术品经销商对于德国印象派艺术家的作品并不具有相关专业知识。这位经销商兜售两幅号称是德国著名印象派画家的作品。在仔细检查后，买方购买了该作品，但后来发现，卖方对商品的说明是不正确的。

法院认为：买方在决定是否购买时依据的是自身的技能和判断，因此，销售并没有依赖说明。

大法官诺斯：

很多经销商（在艺术品市场上）习惯性遵从“概不退货”原则。我个人认为，这一原则为大多数经销商所接受。我认为，律师的聪明才智应该更多地着眼于促进市场机制的有效运行，而非制造障碍。因此，法院在确认合同对卖方产生的任何结果时，都要格外慎重。

12.2.3 商品的质量必须合格：第14条第2款

商业活动中的商品销售存在一个默示条件，即商品的质量应该令人满意。**“令人满意的质量”**（satisfactory quality）一词首次在1994年的《商品销售与供应法案》中引入，该法案对1979年的《商品销售法案》进行了修正。这一说法取代了原先比较陈旧的“适合销售的质量”的说法。目前存在这样的争议：第14条第2款前两项所给出的全新定义，与原先的概念相比仅存在拼写上的区别，目前法院在审理案件时依然是基于“适合销售的质量”作出判断。

“令人满意的质量”的含义

商品必须在考虑所有“相关因素”——包括价格、商品说明（第14条第2款第1项）的前提下，达到理性人心中满意的标准。法院依据一般买家的有关期待来客观判断商品的质量。第14条第2款第2项给出了“相关因素”的具体示例：

- 商品是否符合其通常的用途；
- 商品外观及其完整性；
- 没有缺陷；
- 安全性和持久性。

Trac Time Control Ltd v Moss Plastic Parts Ltd and Others（2005）

被告向原告供应所谓高质量的聚碳酸酯，以供原告生产灯具。之后使用这种原料生产的家用泛光灯被原告的客户退回，理由是这种灯具非常脆弱且极易毁损。原告由此对被告提起违约诉讼。

法院认为：基于1979年的《商品销售法案》第13条，被告提供的商品与说明不符，同时也不符合第14条第2款规定的令人满意的质量和第14条第3款规定的交易目的。因此，被告应承担相应的法律责任。

2002年的《商品销售与供应消费者条例》（Sale and Supply of Goods to Consumers Regulations）（2003年3月31日施行）对第14条第2款进行了修正，给予消费者额外的保护。该法规（第14条第2款第4项）指出，“有关因素”包括“发

令人满意的质量：符合购买方对商品的合理期待的质量。

言人或有关代表"对商品作出的"公开声明"，比如广告或者标签。卖方只有在能够证明自己不知道或没有合理意识到这些表述时，或者在相关合同签订前（第 14 条第 2 款第 5 项）通过大众渠道进行更正或撤销有关表述，才能够免除相应责任。

基于第 14 条第 2 款的责任如何产生

如果商品本身存在物理上的危险性或根本无法正常使用，那么无论其价格如何、销售数量怎样，是全新的还是二手的，显然不具有令人满意的质量。购买二手商品的买家应该更能容忍性能上的瑕疵。如果你购买了一辆已经行驶五年的旧车，你一定预料到车内的装潢会有部分磨损，而且发动机的噪音比全新的样品车要大。即使是全新的商品，你也只能得到符合你支出对价的商品。一件便宜商品的耐用性和工艺肯定不能与同类的高端产品相比。

买方仅仅需要证明瑕疵的存在，而无须对该瑕疵是现在产生的以及卖方的相应过错进行举证。第 14 条第 2 款对于买方遭遇商品的固有缺陷给予保护，因此，买方并不需要对自己是依据卖方表述作出判断进行举证。如果卖方被发现负有责任，其可以从供货方处获得补偿。

Godley v Perry（1960）

一个六岁的男孩从杂货店购买了一个塑料弹弓。当他尝试使用的时候，把手出现了问题，并击中了男孩的脸，导致其最终失去了一只眼睛。

法院认为：根据第 14 条第 2 款，卖方应承担违约责任。弹弓的把手不够牢固是显而易见的，这一产品瑕疵是由设计者还是由生产者的过错造成的，与本案的结果无关，因为卖方对其无法控制。

商品本身可能是满足质量要求的，但有可能被来自外国的民事主体所污染，污染可能会影响到商品的正常使用，进而导致责任的产生。在 Chaproniere v Mason（1905）案中，一个由常用材质制作的面包中有一块石头，这被认为不符合质量要求。

Wilson v Rickett Cockerell Ltd（1954）

运输的原煤中有雷管的碎片，导致烧煤过程中发生了爆炸，造成买方的房屋严重的结构性损坏。

法院认为：原煤的质量不符合有关要求，因为原煤与混入其中的爆炸物未分离。

商品也包括其包装和使用说明。这些方面存在的瑕疵也会导致商品的瑕疵和危险。即使是卖方保有所有权的包装，也会导致责任的产生。因此，在 Geddling v Marsh（1920）案中，矿泉水的销售方无法提供质量令人满意的商品，原因在于装水的瓶子发生了爆炸，使得购买人受伤，卖方因此而承担相应责任。

第 14 条第 2 款责任的限制

第 14 条只适用于商业行为，并不适用于私人买卖。

如果买方明知商品的缺陷（第 14 条第 2 款第 3 项），那么卖方不承担相应责任。这类售前提示可通过以下两种方式获得：

1. 商品缺陷的提示通常由卖方发出。这类提示应当对商品的缺陷进行明确描述。比如，洗衣机上会显示如下提示："产品手册丢失"、"齿轮罩有凹痕"。产品应当只存在提示表明的这类瑕疵，如果发动机存在问题，那么根据第 14 条的规定，即使这一问题是由凹痕引起的，卖方也要承担相应的违约责任。

2. 由买方进行检查。买方通常没有检查商品的义务，但如果他们这么做了，那么不能依据其在一定检查水平上发现的明显的瑕疵对卖方进行起诉。因此，表面化的检查只能发现表面化的瑕疵，但是具有一定潜伏期的瑕疵，通常无法通过全面检查发现。买方的技术和专业知识水平与此密切相关：一个普通的汽车购买者查看汽车发动机，一般不能发现那些专业经销商才能发现的问题。

如果买方没有遵守商品的使用说明，那么卖方对于造成的损害不负责任。同样，对于买方自己的错误行为造成的损害，卖方也不承担相应责任。

Aswan Engineering Establishment Co. Ltd v Lupdine Ltd（1987，CA）

卖方将防水材料装在塑料桶中提供给买方。这些容易泄漏的物质被买方六个一组放在阳光下，温度达 150°F，并持续了数天。

法院认为：卖方没有违反自身义务，其包装符合一般的要求。

卖方通常都会希望买方采取与商品相适应的预防措施。在下一个案例中，依据现在的常识，食用未经烹调的猪肉是很危险的。

Heil v Hedges（1951）

一份如果经过适当烹饪就可以安全食用的猪排，使得买方感染了绦虫。

法院认为：猪排在品质上是合格的。买方由于自己没有对猪排进行长时间烹调而被感染。

如果卖方没有提出特殊的安全要求，那么买方被认为只应采取通常的预防手段。

Grant v Australian Knitting Mills（1936，PC）

原告购买了一件羊毛内衣，之后由于生产过程中残留在这件衣服上的化学物质导致原告皮肤过敏。在提供商品时，卖方没有给出任何风险警示。

法院认为：商品不符合令人满意的质量要求。如果买方在穿衣前先行清洗，那么商品的瑕疵的确会去除，但这与本案无关，因为对于内衣来说，通常的做法是穿后清洗，而非穿前清洗。

12.2.4 商品必须符合交易目的：第 14 条第 3 款

在交易过程中销售的商品，必须达到一般想要实现的目的。同时，这些商品必须满足卖方声称的某些特定功能，特别是在买方需要合理依靠卖方的特定技术的前提下。

只有有证据表明买方对卖方的技术有所依赖，买方才会胜诉。这类依赖可以是明示，也可以是默示。

默示依赖

这类依赖发生在买方既不依据相关知识检查商品，也不询问相关问题的情况下。如果商品被发现不符合通常的交易目或买方的特定用途，那么此时就不符合有关条件的规定。如果你买一个三明治，你可以假定它符合一般人的消费需求；如果你购买洗发剂，它的商标也标明适用于年龄较小的儿童，你就可以认定这款洗发剂对于儿童是安全的。如果买方对于商品没有特殊的要求，那么在买方的超出商品一般用途的要求没有实现的情况下，卖方不承担法律责任。

Griffiths v Peter Conway (1939)

买方购买一件皮草大衣，但其特殊的敏感性皮肤对这件衣服过敏。

法院认为：卖方不承担责任，因为买方没有将自己的特殊体质告诉卖方，而商品本身是符合其销售目的的。

明示依赖

买方可能会向卖方咨询商品的具体使用方法，或者请卖方建议最适合买方的使用方法。如果你光顾一家体育用品店，要购买一块潜水用的手表，那么最终你买到的手表应该不会漏水，同时不会在水压环境下变形。

生活实例

霍勒斯打算去法国进行为期一周的徒步野营，因此，他前往快乐野营用品店购置相关装备。他挑选了一件包装上写有“防水雨衣”字样的外套。霍勒斯还就帐篷的选择咨询了店内导购弗雷德。他向导购表示，自己想要一顶容易架设且便于携带的帐篷。弗雷德推荐了店内展示的一款样品，并演示了如何架设、拆卸和打包。霍勒斯认为这款帐篷很符合自己的要求，于是购买了一顶封装好的帐篷。

在假期的第一天，霍勒斯在架设帐篷时，帐篷就出现了撕裂，他只好另找地方过夜。两天后，他遭遇了一场暴雨，发现自己的外套由于接缝处出现问题，导致并不防水。

依据 1979 年的《商品销售法案》，快乐野营用品公司违反了第 13 条的相关规定，外套不符合其生产商的产品说明。帐篷也因为难以架设，同样不符合弗雷德给出的产品说明，而且考虑到出现的撕裂情况，其也不符合第 14 条的规定。很明显，这样的产品既不满足令人满意的质量的要求，也不满足商品的目的。公司依据样品进行销售（第 15 条），由于样品的质量好过真正销售商品的质量而违反了相应法律。

12.2.5　商品必须与样品一致：第 15 条

很多商品通过样品展示促进销售，比如毛毯、墙纸、香水、化妆品。样品销售默认应当达到以下要求：

1. 样品与销售品在质量上要保持一致。买方将会对发现的任何在样品上没有而在销售品上存在的瑕疵进行举证。

2. 买方经过仔细检查，在样品中没有发现瑕疵，而事实上存在瑕疵，那么卖方不对销售品中的瑕疵承担责任。因此，如果买方本可以发现样品的瑕疵而没有做到，其就不能针对商品的瑕疵主张相应权利，但如果存在其他瑕疵，其可以主张权利。

Godley v Perry（1960）

商家展示作为样品的弹弓可以承受一定的拉力。

法院认为：这足以证明样品不存在质量缺陷。

通常，依靠样品销售也是依靠说明销售，因此，了解相关要求需要结合第13条（见前文）的有关规定。

12.2.6 拒收商品的权利

违反上述任何条款都是对合同条件条款的违反，这意味着买方有权拒收商品并要求卖方退款。买方行使这一权利有时间上的限制。如果买方迟延太久而不行使权利，他们就被认为接受了有瑕疵的商品。在这种情形下，买方依然可以就瑕疵向卖方要求赔偿，但不能退回商品。一旦买方接受商品，相关违约行为就归属于担保条款而非条件条款（更多细节参见第13章）。

新闻报道

保留消费者对不合格产品的拒绝权

2008年10月，欧盟委员会宣布，针对商品销售及有关担保（1999年指引第44条），拟推出全新的有关指引。这一立法建议指出，消费者拒收商品的权利应当在很大程度上加以限制，并以修理及更换作为主要救济手段，同时将退货的适用范围局限在特定的情形下。例如，一个细小的瑕疵应当只会导致商品价格的下降。英国法律委员会担心这一建议会引起不必要的争论，如卖方可能会认为任何过错都可以被认为是微小的，只需提供金钱补偿就可以了。该委员会指出，其他欧盟成员也有类似的权利设置，而且对现有行业和消费者的调查表明，这些权利是应当被限制的。

在一份咨询文件（2008年11月）中，英国法律委员会临时性地建议对退货权进行限制，通常可以将其限制在30天内行使。2009年5月，该委员会表示，绝大多数被咨询人都有力地支持对该权利设置限制。

有关建议于2010年被提交给英国政府，目前还没有得到回应，但是欧盟负责消费者保护的专员表示，在2010年，她支持英国对有关指引进行修订来限制退货权。

目前看来，英国消费者可以不用担心失去退货权，但这一权利应该会被附加时间上的限制。

资料来源：Law Commission Website：www. justice. gov. uk/lawcommission/areas/consumer-remedies-for-faulty-goods. htm.

12.3 其他法律中的默示条件

类似的默示条件和拒绝权在其他成文法和规章中也有规定。

12.3.1　1982 年的《商品与服务供应法案》

根据 1982 年的《商品与服务供应法案》，以下条款被设定为合同的条件条款，并适用于基于租赁合同、商品与服务合同以及以物易物合同中的所有商品。

- 所有权：第 2 条；
- 说明：第 3 条；
- 令人满意的质量及符合交易目的：第 4 条；
- 样品：第 5 条。

以下条款在所有涉及提供服务的合同中以默示的形式存在：

- 工作必须以合理的注意和技术完成：第 13 条；
- 工作必须在合理的时间内完成：第 14 条；
- 价格合理：第 15 条。

请注意，该法案规定，这些条款最初仅仅是合同条款，既非条件条款也非担保条款，它们的最终性质取决于合同中是否就此达成了意思表示上的一致。有时，违约造成的损害赔偿金额会被当作重要的证据。它们是无名条款的很好例子（参见第 7 章）。

很多合同涉及商品及服务的交付，比如，安装全新的中央供暖系统。如果系统不能正常工作，可能是商品本身存在瑕疵，也可能是具体的安装出现了问题。买方必须证明这两种可能性是造成问题的原因。如果商品存在瑕疵，那么买方可以依据第 2～第 5 条的严格责任，拒绝交易及支付相应价款。如果问题是由于安装工艺导致的，那么买方必须证明安装没有满足合理注意义务和相关工作流程的要求。即使成功证明了以上内容，买方也不能拒绝支付价款，除非对义务的违反已经达到了违反条件条款的程度。如果合同中条款不清晰，那么损害赔偿的范围就仅仅是象征性的。如果损害是散热器导致地毯被弄脏，那么你只能得到一部分价款的补偿。如果由于天花板毁损导致的水渗漏而损坏了家具、地毯等物品，你就可以拒绝支付价款。

12.3.2　1973 年的《商品供应（默示条款）法案》

在分期付款合同中，关于商品本身的条款也是默示的。2002 年的《商品销售与供应消费者条例》修订了这些法案。根据公开声明，现在买方将享受与 1979 年的《商品销售法案》第 14 条第 2 款第 2 项对买方同等的保护（见前文）。

12.3.3　1977 年的《不公平合同条款法案》

对于默示条款的违反，比如在销售合同、商品与服务合同或者分期付款合同中对所有权规定的违反，这类责任是不能排除或者限制的。对于默示合同条款的违反主要集中在说明、质量和交易目的等方面，这些责任在消费者交易合同中不能被排除，但在合理的情况下，可能在商业性的销售与租赁合同中被排除。

12.3.4 1999年的《消费者合同条例》中的不公平条款

如果买方是消费者，卖方是商家，那么这一法案与上述所有的合同均有关系。关于《不公平合同条款法案》以及《消费者合同条例》中的不公平条款的细节，参见第7章。

本章小结

1. 商品销售合同的特征

标的只包括特定商品、转移所有权、金钱对价。由1979年的《商品销售法案》进行调整。

2. 商品销售合同中的默示条款

所有权、说明、质量、符合交易目的、样品。

3. 卖方应当承诺

卖方有权将商品的所有权转移至买方（第12条）。

商品与卖方的说明一致（第13条）。

商品具有令人满意的质量（第14条第2款）。

商品符合其通常的使用目的及卖方特别规定的特定目的（第14条第3款）。

商品与买方在订立合同之前看到的样品一致。

违反这些条款的责任均为严格责任，因此制造商的过错无法构成对买方的抗辩。

这些条款均是条件条款，因此违反这些条款通常会赋予买方否认合同、拒收商品以及要求退款和赔偿其他违约引起的损失的权利。

4. 以下合同不属于商品销售合同范畴但包含同样的默示条款

商品与服务租赁合同（1982年的《商品与服务供应法案》）；

分期付款合同（1973年的《商品供应（默示条款）法案》）；

以物易物合同（1982年的《商品与服务供应法案》）。

课后测验

1. 根据1979年的《商品销售法案》，销售合同与销售协议有什么区别？

2. 为什么分期付款合同不是商品销售合同？

3. 请依据1979年的《商品销售法案》解释下列各方的权利：

(a) 阿什的供应商答应向其提供一台由Sunny公司生产的电视机，结果却送来了一台Prickle公司生产的电视。

(b) 伯奇发现自己刚从商店购买的冰箱没有制冷功能，反而可以进行加热。

(c) 波普拉发现自己买的毯子的颜色比他看到的样品要浅。

(d) 奥克在登山过程中冻伤了。商家曾向他保证，所购买的睡袋非常适合冬季严寒的户外环境。

参考答案见书末的附录。

深入阅读

以下判例对于你在本章所学的法律的形成提供了重要的示例。它们是说明诉讼中法律的第一手资料，并且能给你提供更多的事实细节，同时帮助你理解法律，以及了解法官是如何作出决定的。

请尝试在判例汇编中查找这些判例，或者通过数据库获取，例如，Bailli（www.bailii.org/databases.html）。你可以从大学图书馆获取 LexisNexis 和 Westlaw，或者从判例书中找到摘录。

Aswan Engineering Establishment Co. Ltd v Lupdine Ltd [1987] 1 All ER 135，CA

Godley v Perry [1960] 1 WLR 9

Harlingdon & Leinster Enterprises Ltd v Christopher Hull Fine Art [1990] 1 All ER 737，CA

Wilson v Rickett Cockerell Ltd [1954] 1 QB 598

网络学习

请登录 www.direct.gov.uk/en/Governmentcitizensandrights/Consumerrights/index.htm，点击 “Buying a car”，查看你相关权利的信息。

课后作业

（a）对以下合同进行区分：商品销售合同、商品销售与供应合同、分期付款合同。

（b）解释买方拒绝接受不具有令人满意的质量的商品这一权利的外延。

第 13 章

商品销售：所有权转移、交付和违约救济

导　言

从商店买一本书和从图书馆借一本书有什么区别？答案是显而易见的。如果买书，你立刻变为那本书的所有者（获得所有权），并且可以永久地随心所欲地处置它。然而，如果借书，你就不能如此处置，而是必须在到期的时候将书归还给图书馆，因为图书馆仍然是所有权人，而你仅仅暂时占有书。并不是所有的合同情形都是如此简单！在商品销售合同的履行过程中，所有者可能不会立即将所有权转移。例如，当合同涉及运输商品时，商品运输过程存在一个很长的时间差，并且商品在此过程中可能丢失或毁损。如果在发货时就转移所有权，那么损失由买方承担；而如果所有权依然保留在卖方，那么损失由卖方承担。本章将阐述 1979 年的《商品销售法案》的具体规则的运用，这一法案主要用于规制所有权转移以及买卖过程中风险分担等问题。

只有当卖方交付了适当的商品，而且买方接收商品并付款时，商品销售合同才算履行完毕（第 27 条*）。本章介绍履行合同时卖方和买方各自的义务，考察违约发生情况下的救济。

学习目标

在完成本章的学习之后，你应该能够：

1. 区分所有权与占有权。

---

* 本章中在提及《商品销售法案》的条款时省略了法案名。——译者注

2. 理解所有权在商品销售合同中的重要性。
3. 解释卖家如何保留不在其物理掌控范围内的商品的所有权。
4. 定义卖方和买方各自在合同履行方面的权利和义务。
5. 确定买方在什么情况下可能会失去拒绝收货的权利。

13.1　所有权从卖方转移到买方的成文法规则

13.1.1　用于交换的商品必须是确定的：第 16 条

确定的商品，也称“特定商品”，第 16 条给出的定义为“订立合同时双方达成一致的商品”。大量的销售都是针对这种商品；自助购物很好地说明了这一概念。

并非所有的商品在合同订立时都已确定，例如，买方预订的商品可能尚未生产，或者像谷物、煤炭等商品被汇集起来以一定单位销售，在这种情形下，当事人签订了一个销售协议，正如下文详细解释的那样，商品一旦被归入合同项下，其**所有权**（title）/**商品所有权**（property in the goods）也就随之转移。

13.1.2　当事人的意图至关重要：第 17 条

特定商品的所有权会在当事人预计的特定时间或特定地点转移。这可能由合同本身特别规定，或者从当事人的行为、特定交易的习惯或者任何其他的相关条件中表现出来。在 Lacis v Cashmarts（1969）案中，法院认为，在自助购物的商店里，所有权从支付开始转移。

13.1.3　当没有当事人意图时：第 18 条

如果当事人的意图不明，可以运用下面的规则：

规则 1：在无条件销售商品的合同中，处于可交付状态的所有权在合同订立时转移。**“无条件”销售**（unconditional sale）意味着合同中没有这样的条款：只有当买方或卖方一定程度地履行了合同时，所有权才转移。**“可交付状态”**（deliverable state）通常意味着商品可以转移给买方或交到承运人手上。因此，在 Underwood v Burgh Castle Brick and Cement Syndicate（1922）案中，当事人订立了一份销售嵌在卖家地板上的发动机的合同。法院认为，等到发动机被拆除并做好运输准备，才处于可交付状态。

规则 2：在一份有关特定商品的合同中，卖方有保证商品处于可交付状态的

所有权：对商品拥有的权利/利益。
商品所有权：对商品的所有关系和所有权。
无条件销售：所有权立即转移的销售。
可交付状态：卖方必须在之前采取必要措施保证商品可以交付给买方。

义务，所有权只有当卖方履行完义务并且通知买方之后才转移。例如，如果你订立一份购买特定体育奖杯的合同，让商店登记，在商店给你打电话通知你取货时所有权转移。

规则3：在特定商品处于可交付状态的销售合同中，卖方有称重、测量以及测试商品以确定价格的义务，所有权在卖方履行完这些义务并通知买方时转移。这在散装商品的国际销售合同中十分普遍。这一过程发生在抵达目的港之时，并允许最终的价格调整。

规则4：当买方收到商品时同意（在销售或退货时）所有权在下列情况下转移给买方：

1. “他向卖方表示同意”或者表明其接受交易，例如，将商品当作自己的对待。在 Kirkham v Attenborough（1897）案中，买方抵押（典当）了商品，这意味着交易被接受，虽然这与所有权不一致。

2. 买方超过退货期限继续保留商品，或者当没有固定退货期限时，保留商品的时间不合理。

Poole v Smiths Car Sales（Balham）Ltd（1962）

波利将他的车留给经销商史密斯夫妇，让他们帮助寻找一个买家。他没有限定时间，但三个月后该车仍没有售出，波利多次要求返还车辆，史密斯夫妇都不予理睬。

法院认为：史密斯夫妇必须支付车辆的价款，根据规则4，由于经历的时间较长，所有权已经发生转移。

13.1.4 非特定商品的所有权转移

根据第18条规则5，在下列情况同时存在时非特定商品的所有权的转移：

1. 该商品处于可交付的条件下；

2. 卖方或买方得到对方同意，实施了某些无条件占有合同规定的商品的行为。

这种**无条件的选定标的物**（unconditional appropriation），也可能根据合同其他条款的规定产生，但必须由清楚的不可撤销的履行合同的步骤组成。在 Hendy Lennox v Graham Puttick（1984）案中，法院认为，在一份提供发电机的合同中，一旦卖方组装了商品，且买方收到发票和标明序列号的送货单，就意味着选定了标的物。

Federspiel v Twigg（1957）

卖方按照合同规定，将自行车包装好、贴上标签，并做好了运输的准备。买方已经付款，但在商品运输之前卖方破产了。买方称基于卖方的行为，他已经获得了商品的所有权。

法院认为：在卖方破产的时点，商品还没有被选为标的物。卖方在将商品运走之前还可能改变主意。他有可能换一批不同的自行车，同样符合订单要求。不幸的买方不得不加入其他债权人的行列。

无条件的选定标的物：卖方指定交付买方商品的不可撤销的履行合同的行为。

然而，如果是买方安排运输，一旦被预留、打包、贴上标签或以其他方式确定，那么商品通常被认为已经指定为标的物。

13.1.5　所有权保留

请记住普通法关于转移所有权的规则，如上所述，只有当合同中没有明确规定当事人意图时才能运用。合同中可以规定**所有权保留**（reservation of title）的条款，以保护卖方，防止其得不到付款。当这一条款生效时，买方占有并使用该商品，但只有等到其付款之后才能取得所有权。这将产生很重要的后果：

1. 如果买方不付款，卖方可以从买方那里收回商品；

2. 如果买方在付款前死亡或破产，由于其并不是买方资产的一部分，符合所有权保留条款的商品可以被卖方收回。

保留条款可以分为两种：

1. 简单的所有权保留。卖方只简单地规定，直到买方付清货款，商品的所有权才发生转移。

一个关于所有权保留的条款可以保护卖方对买方享有的所有债权，而不仅仅是直接相关的那一项债权。在 Armour and Carron Ltd v Thyssen（1990）案中，所有权保留条款规定，一旦这一款项以及与卖方签订的其他合同都得到有效支付，买方将获得卖方提供的商品的所有权。这意味着当买方进入清算程序时，卖方能将提供给买方的钢材收回。

只有当相关的商品由买方占有、可确定和依然存在时，简单的所有权保留条款才能生效。如果该商品被卖出，或者与买方的其他财产混在一起难以辨认，这一条款就不能提供保护。因此，卖方向买方出售机器的一部分零件，用于买方的馅饼工厂，在这样的情形下可以适用这一条款。当买方从卖方处购买用于制作馅饼的面粉，将其与从其他处购买的面粉混在一起贮藏在粮仓中时，这一条款就不能给卖方提供保护。在 Borden v Scottish Timber Products Ltd（1981，CA）案中，卖方提供给买方的树脂被用来制作硬纸板。法院认为，一旦商品失去可辨认性、不再是独立的商品，保留条款就不保护卖方。

2. 扩展的所有权保留。这通常被称为**罗马尔帕条款**（Romalpa clause）。这可能是为了卖方的利益，让买方出售该商品或在其制造过程中使用该商品，因为这可以促进必要的现金流量，以使买方向卖方支付所购商品的款项。一个恰当措辞的条款可以要求买方将从不同卖方处购买的商品分开存放，以防与类似的商品弄混，也允许卖方对已经处于销售过程中、被混合在加工过程中的依然归属卖方的商品的金钱价值主张权利。

所有权保留：所有人不占有商品，但依然保留其所有权。

罗马尔帕条款：要求保留所有权的条款，该条款允许买方使用或处置商品，但同时卖方有权追踪销售过程。

Aluminium Industrie Vaasen v Romalpa Aluminium Ltd (1976)

卖方给买方提供了大量的铝合金。合同规定，直到卖方收到支付款，买方都应做到：

1. 铝合金在使用前必须单独存放。

2. 卖方对买方制造的商品、用到卖方铝合金的商品享有所有权；之后买方必须单独存放这些商品，并且向卖方汇报任何销售所得的款项。

3. 销售铝合金所得款项必须独立于买方的其他收入存放，并且在卖方要求时上交。

之后买方进入破产程序。

法院认为：所有权保留条款使得卖方不仅有权收回仍置于买方的商店中、价值50 000英镑未使用的铝箔，而且有权追踪买方所欠的剩下的35 000英镑，其中包括卖方商品在内的销售款项。买方是受托人（为所有权人的利益持有商品），直到其付清货款。根据衡平法规则，他们和卖方实际上有一种信托关系，因而必须对处于其占有之下的商品所得款项向卖方负责。

罗马尔帕判决直到现在都存在争议，由于它使得卖方有权强制执行，包含用所提供商品制作产品，或者出售这些商品获得收入，这种权利等同于担保（抵押）的权利。有限公司财产上的担保，根据2006年的《公司法》第874条的规定，只有在公司登记处登记以后，才可以优先于其他债权人进行强制执行。要求登记是为了公示该担保的存在，以保护潜在或已经存在的债权人的权利。这也是为了在资金不足时，阻止未经登记担保的债权人优先于其他债权人受偿。

罗马尔帕案件初审法院的法官声称，此处并没有创设一种可登记的担保。案件提交到更高级的法院后，这个问题没有被讨论。罗马尔帕判决从来没有被推翻，但在之后的案件中，法院将其解释得十分严格。由于存在事实上的细微区别，他们通常避免赋予卖方针对买方用卖方提供的商品生产的商品，以及出售这种商品带来的收入强制执行的权利。结果，除非是和罗马尔帕案件中法院支持的条款相同的情况，否则法院认为其仅仅创设了一种只有经过登记才能强制执行的担保权。

如今，只有同时满足下列条件，一个罗马尔帕条款才有可能得到支持：

1. 必须明确表明，买方将成为商品的**受托人**（bailee）：这使得买方处于类似受托人的地位，要求其处置**寄托人**（bailor）（卖方）的财产，并对其销售利润承担责任。

2. 该商品必须在生产过程之后依然保持可辨认的形式，才可以返还给卖方。

Re Peachdart (1983)

一份有关皮革买卖的合同规定，皮革商要求用其提供的皮革制成的物品都要标明皮革商的标签，那么，针对所制作的手提袋的销售款项，皮革商可以主张权利。

法院认为：从当事人双方的用语中看不出这样的意图：一旦买方使用卖方的商品，卖方的所有权就不再受到保护。一旦开始用皮革制作成品，就排除了卖方对皮革的所有权。

受托人：接受所有权人将商品的占有和处置权转移的人。

寄托人：将商品转移给受托人的人。

13.2　由非所有权人转移所有权

有时，卖方无权将商品的所有权转移给买方。例如，商品从卖方或其他以某种方式获得商品的人那里被偷走了。

通常的规则是**“不能给付自己没有的东西”**（nemo dat quod non habet），其大意是“自己所没有的就不能给予”：一个不拥有商品的卖方，或者没有所有权人授权就出卖商品的人，无法将商品的所有权转移给买方。为了保护事实或推定不知情的善意第三人，法律也逐渐发展出一些例外规则。善意买受人在下列情况下可以善意取得商品。

13.2.1　表见代理

如果真正的所有权人使得买方相信卖方是商品的所有权人，或者获得了真正所有权人的授权，真正的所有权人之后不能否认这一点（第 21 条）。

Pickard v Sears（1837）

机械属于皮卡德所有，但被第三方占有。之后，西尔斯根据法院的判决获得了该机械。在之后的三个月中，皮卡德并没有试图告诉西尔斯他是机械的所有权人，尽管他与西尔斯就其他事情有过接触。

法院认为：西尔斯拥有合法产权。鉴于皮卡德长时间以来一直没有主张其权利，他不能否认第三人表面上的所有权。

13.2.2　1889 年的《代销商法案》：由代销商销售

代销商是商业代理人（参见第 11 章）。只要卖方能证明同时满足以下条件，买方就能从代销商处取得该商品：

1. 代销商是基于所有权人的许可而占有商品；
2. 该销售是遵循代销商作为商业代理人的正常业务流程；
3. 买方是基于善意购买商品，并不知道代销商没有得到授权。

13.2.3　可撤销的销售

如果商品所有权人同意将商品错误地销售给一个盗贼（买方），将会产生一项撤销权（第 23 条）。这意味着该盗贼获得所有权。但如果所有权人在盗贼转移商品之前采取措施撤销该合同，那么盗贼将无法获得商品的所有权。由于通常很难找到盗贼以告知撤销交易，因此通知警方就已经足够（Car & Universal Finance v Caldwell（1964）案）。遗憾的是，即使真正的所有权人及时地撤销了合同，从盗贼那里善意购买该商品的当事人仍受到第 25 条的保护（见下文）。

不能给付自己没有的东西：只有具有了正当理由的当事人才能善意取得该商品。

13.2.4 由占有商品或所有权文件的卖方销售

卖方可能不会一订立合同就立即放弃对商品的占有，将其转移给买方。一个不道德的卖方在这种情况下可能会将商品再一次卖给第三方。只要这个买方是出于善意，不知道之前的销售，他就将善意取得商品（第24条）。

13.2.5 由占有商品或所有权文件的买方销售

这里指的是由已经获得商品或证明商品所有权的证据，但还没有获得商品所有权的买方，对商品的再销售。这样的买方处于和代销商一样的地位。只要之后的买方出于善意，他就可以善意取得商品（第25条）。

Newtons of Wembley Ltd v Williams（1964，CA）

原告同意将车卖给X，X在用支票支付完毕后转移车的所有权。X占有了汽车，但支票跳票。原告于是通过报警的方式撤销合同，由此剥夺了X对车的权利。X之后将车卖给Y，Y之后又将车出售给善意的被告人。

法院认为：尽管当X出售车时已经不具有任何有效的权利，第25条使得被告人依然获得了该车的所有权。

这一条款只有当最初的买方同意购买，并已经从最初的所有权人那里获得了商品时才生效。在Shaw v Commissioner of Police（1987）案中，当事人通过告知所有权人他找到了一个潜在的买方而得到车，他并不是第25条所指的“买方”。因此，他不能使得第二买受人善意取得所有权。

13.2.6 购买分期付款合同标的的机动车辆

这是由1964年的《分期付款法案》（Hire Purchase Act）第27条规定的。其保护的是一个善意的自然人买方，而非汽车经销商。

这在现实生活中十分常见，某人用分期付款的方式购买一辆车，但在尚未付清款项之前就将车卖掉。由于分期付款人有登记的文件，因而自然人买方很难知道分期付款人/卖方的行为是非法的。如果买方已经去登记机关查看了车的记录，那么他们不再受到这些条款的保护。

在Shogun Finance Ltd v Hudson（2004）案（第8章介绍）中，上议院认为，当分期付款人是财务公司的债务人时，《分期付款法案》第27条只保护无过错的买方。已经将车出售给赫德森的盗贼，并不是债务人，因为他用虚假的身份蒙蔽了公司。该合同是由伪装自己并在合同上伪造签名的人订立的。被冒名顶替的人不用对此负责，因为协议是伪造的。

13.3 风险的转移

风险（risk）转移之前，买方可以拒绝接收在运输中受损的商品。而一旦风险已经转移给买方，卖方将不承担商品毁损的责任，除非是因为卖方的过失导致的。

除非有证据表明当事人相反的意图，否则风险随所有权的转移而转移。在实践中，当事人协商同意在所有权转移之前由买方承担风险（第 20 条）也是很常见的。在这种情况下，买方购买适当的保险变得很有必要，因为他们自己的政策通常只针对他们拥有的商品。如果商品在运输过程中被第三方损坏，不受保护的买方将遭受巨大的损失；即使商品已经被毁损得不能修复，买方也依然要向卖方支付价款，并且不能针对第三方的过失提起诉讼来挽回损失。

2002 年的《商品销售与供应消费者条例》第 4 条第 2 款修订了《商品销售法案》第 20 条。当商品是销售给消费者的时候，风险在商品交付给买方之前都由卖方承担。

即使风险和所有权同时转移，尚未接收商品的买方也可能需要额外的保险；一个既存的政策可能只保护买方实际的财产，或者至少保护买方占有的财产。

13.4 合同的履行

13.4.1 卖方的义务

交付商品

“交付”（delivery）的法定含义（“从一方到另一方的自愿转移占有权”（第 61 条））并不必然涉及实际的商品从卖方到买方物理上的转移；它也包括“拟制”的交付。

实际交付发生在大多数消费合同中，但在有些商业合同中也存在拟制交付。有时，由于买方已经占有了商品，实际的交付变得多余。例如，当一方基于分期付款合同已经占有商品时，行使其购买的选择权。在其他情形下，通知买方商品准备交付，或者给买方提供控制商品的手段，例如给买方存放商品仓库的钥匙，就已满足条件。

由第三方占有的商品，在第三方了解到它们是基于买方利益而被占有时，所有权发生转移（第 29 条第 4 款）。这要求卖方发出通知。买方可能从未在物理上占有商品，商品一直保存在第三方那里，直到将其再出售给他人。但卖方的通知使得买方有处置商品的权利。

当商品交给承运人时，不论承运人是不是买方的代理人，都视为发生交付（第 32 条）。这不适用于 2002 年的《商品销售与供应消费者条例》第 4 条第 3 款规定的，作为消费者的买方订立的合同。风险在将商品交付给消费者之前由卖方承担。

一旦交付完成，所有的风险转移给买方，卖方对于商品的安全不再承担进一步的合同义务。

风险：损失或损害的赔偿责任。

交付：商品由卖方自愿转让。

交付的安排可以在合同中找到，如果合同没有规定，则运用第29条规定的下列规则：

1. 交货地点。通常是卖方的营业场所，当没有营业场所时，可以是卖方的住所（第29条第2款）。如果合同涉及的是特定商品，合同当事人都知晓其位于其他地点，该地点是交货地点。

2. 交货时间。如果没有规定交货时间，合同要求卖方将商品交给买方，那么必须留出合理的时间，并且在合理的时间交付（第29条第3款）。关于合理的具体标准，则根据合同的相关条件决定。如果在不合理的时间交货，买方有权拒绝接收商品。在合理的时间内将商品交付，不论接收方是否接收，其效果等同于实际交付。如果商品在合理的时间交付，但买方不接收商品，则买方违约。卖方通过履行合同免于再一次发货的法定义务。买方拒绝收货也并不是总能赋予卖方撤销合同的权利。在实践中，这一问题通常由当事人通过协商确定一个新的交货时间来解决。

履行时间可能是合同的“关键所在”。合同规定一个特定的履行时间是很普遍的。不及时交付构成违约，遭受实际损失的一方可以起诉要求损害赔偿。然而，迟延交付则并不必然使得买方可以拒收商品。而只有在时间是合同的条件条款，或者其优势被描述为“至关重要”的时候，买方才可以拒收商品。在以下任一情形下，时间在合同中至关重要：

(a) 合同条款明确强调其重要性；

(b) 合同条款/或者卖方明知的其他相关的条件暗示其重要性（一份要求将婚礼蛋糕送到婚礼仪式现场的合同，非常清楚地暗示了送货时间是至关重要的，而不需要买方指出交货时间是哪一天）；

(c) 合同最初规定了在合理的时间交货，但卖方没有按时交货，于是双方当事人通过协商确定了一个新的交货时间。新的交货日期“至关重要”。

提供符合合同条款规定的商品

交付的商品不符合合同中规定的规格，或者不符合第12～第15条规定的默示条件条款，买方有权拒绝收货（参见之前的章节）。

13.4.2 买方的义务

接收商品

根据第27条，买方有接收商品的义务。如果时间是至关重要的，买方在特定的时间必须收货；否则，买方必须在合理的时间收货。拒绝收货构成违约，由此给卖方造成的合理费用（例如，运输和储存的费用）由买方承担。

根据第35条，当买方有下列行为之一时视为接收商品：

1. 告知卖方，其接受交付。

2. 在合理的时间内没有通知对方拒绝收货。

3. 将商品用于一定的用途，“排除了卖方对商品的权利”。这可以包括将商品出售给第三方。

除非合同得到完全履行，买方并不总是负有接收任何商品的法定义务。规则如下：

1. 所提供商品的数量不符（第30条）。如果合同规定了特定的数量，所交付的商品多于或少于规定的数量，买方通常都有权不接收。如果买方选择收货，那么必须按比例支付。在针对非消费者的销售中，如果短缺或超过部分是“如此的微不足道，以至于允许买方拒绝收货是不合理的”（第 30 条 A 款），则买方不得拒绝所有货物。由卖方证明拒绝收货是不合理的。如果订购时提到的是一个大概的数额（“大约 20 吨”），那么在合理范围内有所增加或减少时，交付都必须被接受。

2. 分期交付。除非已在合同条款中规定，否则买方可以不接受分期交付（第 31 条）。如果买方拒绝分期交付或者卖方的某一次分期交付存在缺陷，在每个案件中无过错的一方是否有权撤销合同，都是一个实际问题。

无过错的一方没有必要负责拒绝接收的商品的返还。由于卖方违约，买方拒绝收货时，买方并没有归还商品的义务（第 36 条）。卖方必须安排商品的收回。

支付商品的价款

买方支付商品价款的义务，与卖方交付的义务是同时发生的。直到付清款项，买方才有权取得商品，除非当事人作出了相反的安排。有时，当事人约定在交付前付款。基于信用在付款前提供商品也十分普遍。

13.5　商品销售合同违约的救济

13.5.1　对买方的救济

这些救济根据买方违反的合同条款的重要性有所不同。

拒绝收货和拒绝支付的权利

这里指的是撤销合同的情况，只有当卖方违反了合同的条件条款，买方才有权撤销合同，例如提供的商品不符合质量要求。如果卖方起诉买方拒绝收货和拒绝支付商品价款，买方可以提出卖方违约作为抗辩，并且针对自身损失提起反诉。

如果买方发现卖方交付的部分商品不符合合同条款的规定，买方有权接收符合合同标准的商品，而拒绝接收其他商品（第 35 条 A 款）。

拒绝收货的权利受到一定的限制。当买方被视为接收商品时，这项权利立刻消失（第 35 条）。法院通常认为，在这些情况下都认为买方接收了商品：买方使用该商品超过合理的时间，买方在抱怨之后继续保留或持续使用商品，或者将商品进行修复。

Bernstein v Pamson（1987）

原告购买新的日产汽车 3 周且在高速公路上仅行驶了 140 英里之后，发动机就失灵了，原因在于冷却系统中的密封剂凝固了。

法院认为：发动机明显不符合质量要求，原告有权获得损害赔偿。但是，他已经无权拒绝接收该车，因为从交付起到现在已经超过了合理的时间。法官认为，合理的时间是指足够新车进行磨合的合理时间，而不是发现潜在缺陷的必要时间。允许买方在很久之后拒绝收货是不公平的，因为这将不合理地阻止卖方结束交易。

由于所有的案件都基于特殊的事实判断，因而可能会出现明显冲突的判决：在 Rogers v Parish（1987）案中，法院认为市场上的顶级轿车路虎可以在购买 7 个月、行驶 5 000 英里之后拒绝收货，因为该车从交货时起就一直存在机械方面的问题，并且由于没有维修好在仓库里停放了很长时间。

买方必须有合理的时间检查商品。在决定买方是否已经接收商品时，法院必须考虑到在交付之后，买方是否有合理的机会检查商品（第 35 条第 5 款）。这一修正案在 1994 年实施，大力保护消费者的权利，但是，正如法院通常所考虑的，这是否会产生很大的影响并不确定。

购买到有缺陷商品的买方可能同意对商品进行修复，而不拒绝收货。如果这被认为是收货，买方将失去拒绝收货和收回价款的权利。而现实的情况是，很多消费者刚开始并不知道有权拒绝收货，于是接受了卖方提出的修复商品的要约。对于买方而言最好的结果是只带来不便，即暂时剥夺了商品的使用权，有时迟延和无止境推托的故事开始上演。此时，买方发现一开始就没有必要同意修复，而应当拒绝收货。为了保护这种情况下的买方，1994 年出台了 1979 的《商品销售法案》修正案，规定如果买方仅仅同意修复，并不能就此认定其已经接收商品（第 35 条第 6 款）。这将增加买方拒绝收货的机会。

生活实例

霍勒斯在当地的百货商店购买了一台 Floggit and Run 有限公司生产的洗衣机。

在接下来的 3 周，他使用了 6 次洗衣机，然后洗衣机就停止了运转。由于该故障发生在消费者足以指出商品非磨损的潜在瑕疵的时间内，霍勒斯拒绝收货。然而，Floggit and Run 公司称第二天将会有工程师去维修机器，于是霍勒斯同意了。工程师如约前往，排除了故障，洗衣机又用了 6 次，然后甩干装置发生故障，霍勒斯洗完的衣服仍是湿的。工程师又被招来，他声称洗衣机没问题，发生故障的原因要么是霍勒斯塞的衣服太多，要么是负载不平衡。于是霍勒斯再一次洗了较少的衣服，洗衣机还是不转。

此时，给霍勒斯的最好建议是，尽快通知 Floggit and Run 公司收回洗衣机，并退款。他完全有权这样做。该洗衣机明显不符合质量要求，也不具有应有的功能。霍勒斯在这种情况下同意修复并不构成接收商品，只要他在合理的时间内提出拒绝收货即可。

然而，当买方被认为没有在合理的时间内拒绝收货时，将失去该权利。

Jones v Gallagher and Gallagher（2005，CA）

琼斯在厨房已经装修完成时，想要拒绝收货。他们最初和最主要的抱怨是颜色弄错了，但没过多久他们又提出了新的主张，并允许 Gallaghers 进行整改，在整改之后又想要全部拒绝收货。他们认为，根据第 35 条第 6 款，自己依然有权拒绝收货。在此期间，他们一直对产品进行投诉，因而拒绝收货的权利始终存在。

法院认为：拒绝收货的权利已经消失，因为从琼斯打算行使该权利起已经过去数周。原告投诉的主要是颜色问题，但这一问题应当在厨房装修完成之前早就注意到。但原告推迟了提出这个问题以及其他问题的时间，并且在过了很长时间之后才提出拒绝收货。

最近，上议院在 J & H Ritchie Ltd v Lloyd Ltd（2007）案中指出，当商品返还给买方，让其对商品的修复情况进行检查时，就构成了一个独立于销售合同的协议。这暗示，卖方有将缺陷本质告知买方的义务，然后买方才可以决定是否撤销该销售合同。

J & H Ritchie Ltd v Lloyd Ltd（2007，HL）

作为承包养殖户的原告从被告处购买了播种机和耙。一经使用，原告就注意到其振动响声很大，于是没过多久就将问题告知了被告。被告同意对设备进行检查，并可能进行修理。之后，原告将机器退回去，被告按照产品“出厂标准”进行了修理，但并没有就导致缺陷产生的原因作出说明。在被施压后，被告仍拒绝解释出了什么问题，但原告从工人那里知道了原因：机器缺少乘轴。由于担心该缺陷可能导致该设备其他方面的损害，不符合生产者的保证，原告拒绝接收商品。

法院认为：原告有权拒绝接收商品。关于修理的协议暗示了，被告应当告知原告导致故障发生的原因，并且原告保有拒绝收货的权利，直到他获得了作出是否保留商品的“知情选择”所需的信息。

布朗法官称：

尽管耙被修复后……和新的一样，但卖方没有遵守协商一致所暗示的告知程序，使得买方有权拒绝接收已经售出的商品。如果卖方付费获得一个工程师的报告，那么买方看到报告后仍打算接收商品，但卖方也没有这么做。在这种情况下，买方拒绝收货的权利在 1999 年 5 月 26 日被正当化了。

值得思考

上议院在 J & H Ritchie v Lloyd Ltd 案中研究了维修协议，因为作为被告的卖方同时也是制造商。然而，如果卖方是零售企业而非制造商，这对于普通经营类的案件也适用吗？

参考答案见书末的附录。

拒收商品的权利在非消费者交易情形下运用得并不多（第 15 条 A 款）。根据第 13～第 15 条，如果当事人违反条件条款，作为消费者的买方可以在接收商品之前拒收，而不论所导致的损害多么微不足道。非消费者的买方（并非基于个人使用目的而购买），如果违约行为非常轻微，那么其不具有拒绝收货的权利，原因在于如果赋予买方拒收商品的权利，将显得十分不合理。

新闻报道

针对侵略性和误导性的销售策略日益扩大的消费者保护

《不公平交易条例》（Unfair Trading Regulations）中的消费者保护条款，由公平交易办公室和当地的贸易标准部门执行，从 2008 年开始实施。同时，实施 2005 年的《商业行为指引》（Commercial Practice Directive），以协调欧盟各国的消费者保护，使消费者避免各种不诚信的商业行为。这些推翻了 1968 年的《贸易标准法案》（Trade Descriptions Act）和 1987 年的《消费者保护法案》第三部分（误导性标价）中与新法重合的大部分内容。

该条例积极禁止通过不诚实的表述、半真半假的信息或者遗漏信息、侵略性的销售方式鼓励销售，以及其他可能导致“普通消费者”达成一项交易的行为，如果没有这一行为，人们不会接受该交易。普通消费者的测试是客观的，因而没必要证明有人确实被骗或者受到过多影响。该商品的目标人群中的理性人受到影响就足够了。然而，根据该条例，受害者并没有直接执行的权利。

2011年4月，法律委员会提出一项立法建议，以向因侵略性或误导性的行为而订立合同的消费者，提供新的民法上的救济。这将针对违反条例的受害者提供一种简单的获得救济的方法，因为现有的合同法中提到的救济是支离破碎且令人迷惑的（例如，虚假陈述、错误和违约）。

资料来源：The Law Commission website © Crown Copyright.

要求特定履行的权利

如果卖方拒绝交货，由于时间因素至关重要，这将构成对条件条款的违反。如果商品足够特殊，买方在例外情况下可以要求卖方特定履行（详细的解释见第10章）。

获得损害赔偿的权利

如果卖方违反条件条款，买方有权获得损害赔偿以及撤销合同。而如果违反的是担保条款，买方只有权获得损害赔偿。可以得到的赔偿中一部分由第10章中论述的遥远程度和数量规则决定，但1979年的法案对程序进行了如下规制：

1. 未送达的损害赔偿（第51条）。如果存在商品市场，买方可以获得同卖方达成一致的价格与当前市场价之间的差价赔偿（如果有的话）；如果从合同订立到违约的过程中，价格上涨，这一损失也应得到赔偿。买方也有权获得在卖方拒绝交货的过程中导致的任何“直接和自然”的损失。

2. 在收货后产生的损害赔偿（第53条）。如果卖方违反了条件条款，但买方接收了商品，失去了拒绝收货的权利，该违约将会被视为违反担保条款，因而买方对所有实际造成的损失有权获得损害赔偿。

Lee v York Coach & Marine Ltd (1977)

李夫人在3月份从被告处购买了一辆二手车。之后，在一次行车过程中遇到危险，她想要强行停车却失败了，由此发现刹车有问题。她花了100英镑对刹车进行维修。9月，她通知卖方想要退货。

法院认为：卖方提供的车辆违反了1979年的《商品销售法案》第14条规定的条件条款。然而，由于李夫人没有在合理的时间内通知被告想要退货，她只能就被告违反担保条款获得损害赔偿。

请注意，最近的修正案（1979《商品销售法案》）第35条第6款规定，同意甚至要求修理都不必然意味着接收商品。这对于与李夫人处于同样境地的购买者来说是有帮助的。然而，在购买六个月后想要退还一辆二手车仍有可能被认为太迟了。

2002年的《商品销售与供应消费者条例》第4条第5款修订了1979年的《商品销售法案》第48条，赋予作为消费者的买方额外的权利。1979年的《商品销售法案》第48条B款赋予作为买方的消费者要求修复或更换那些送货时间不符合合同的商品的权利。此外，买方（第48条C款）有权要求减少合同价款或撤销合同。

如果买方要求修复或更换商品，卖方应承担所有的必要支出并且必须在合理的时间内承担其合同义务。然而，当与减少价款或撤销合同相比，修复或更换商品不可行或不值得时，卖方也并非必须这样做。其合理性取决于商品的合同价值、由于缺陷导致的减少价值的重要性，以及替代性救济是否会给买方带来极大的不便。如果发现买方的请求是不合理的，法院会判决减少价款或解除合同（第 48 条 B 款）。

13.5.2　对卖方的救济

卖方享有与买方类似的权利，当买方违反合同的条件条款时，卖方可以撤销合同。如果买方不支付商品价款或拒绝接收商品，卖方也有权获得损害赔偿。

如果卖方没有获得价款，还可针对商品本身享有额外的权利。卖方有权将商品当作对买方拥有债权的担保（第 39 条）。法案赋予卖方以下权利：

1. **留置权**（lien）（卖方保留对商品的占有权）；
2. 停止将商品运送给买方的权利；
3. 转卖商品的权利。

留置权

如果卖方保留了对商品的占有权，就有权持有该商品，直到买方付清全款，即使所有权已经转移给买方（第 41 条）。

该权利在下列情况下存在：

1. 买方尚未付款，并且没有约定允许赊账；
2. 商品按时交付，但现在已经过了支付期限；
3. 买方已经破产，比如无法依照一般的商业程序支付债务，或者债务已经到期（第 61 条）。

依据第 43 条，在下列情况下，留置权丧失：

1. 买方已经支付了价款；
2. 在将商品发送至买方的途中，卖方对商品的控制权被第三方获得，而卖方也没有保留相应的处置权；
3. 卖方放弃了权利，例如不同意完成交易。

停止送货的权利

基于第 44 条和第 45 条的权利，只有在买方破产的情况下才能够实现。即使买方拥有所有权，这一权利依然可以实现。送货这一过程自商品交至承运人之手开始，至买方或其代理人收到商品时结束。如果承运人是买方的代理人，那么此处停止送货的权利就不存在。

如果买方或其代理人阻碍商品运送或在商品送至目的地之前占有了商品，那么该停止送货的权利也不复存在。

未得到付款的卖方通过实际控制商品、提请承运人及其他商品监管人注意的

留置权：一方当事人在另一方当事人付清款项前持有商品的权利。

方式来行使这项权利。

转卖的权利

根据第48条，如果买方没有付款，并且有下列情形之一，那么卖方有权将商品转卖：

1. 商品容易腐烂；

2. 买方破产，即无法对已经到期和未到期的债券进行偿还，卖方会将转卖商品的意图通知买方。

转卖后，新的买方获得商品的所有权。

如果卖方转卖遭受了损失，其有权起诉最初的买方承担该损失。如果卖方获得利润，其可以保留该利益。

本章小结

1. 商品所有权转移给买方

(a) 一旦商品被特定化；

(b) 在交易时被特定化；

(c) 依据1979年的《商品销售法案》第18条，如果没有规定时间。

2. 所有权被保留

简单的保留/罗马尔帕条款。

3. 不能给付自己没有的东西

商品所有权只有经由真正拥有所有权的人才能转移。

4. 上述条款的例外

由供应商销售。

由拥有撤销权的卖方销售。

由占有商品或拥有商品所有权文件的卖方销售。

通过分期付款协议对一辆汽车进行销售。

5. 合同的履行

卖方：依据合同规定运送商品。

买方：接收商品并付款。

在合理的时间内有权拒收有瑕疵的商品。

6. 救济

卖方：损害赔偿/撤销权/留置权/停止送货/转卖。

买方：撤销权/损害赔偿。

课后测验

1. 基于1979年的《商品销售法案》，在下列哪些情形下商品的所有权成功转移？

(a) 博兰购买了一块手表，但留在商店中刻字。

(b) 煤炭商人订购了5吨无烟煤。

2. 什么是罗马尔帕条款？

3. 没有所有权的第三方何时有权转移商品的所有权？

4. 伯纳姆向糖果批发商Pemberton订购了200个复活节的彩蛋，Pemberton将彩蛋交给Carshalton Carriers运送，但货车被舍伍德劫持，所以伯纳姆最终没有收到货。本案的法律关系是怎样的？

5. 将合同中的时间作为核心要素的重要性何在？

6. 根据1979年的《商品销售法案》第35条，何时可以认定买方接收了商品？

7. 买方何时有权拒绝收货？

8. 在下列情况下，阿什当可以行使什么权利？

(a) 霍诺没有履行支付价款的合同义务，草莓依然由阿什当保管。

(b) 阿什当给塞利运送了一卡车胡萝卜，之后听说塞利破产了。

参考答案见书末的附录。

深入阅读

以下判例对于你在本章所学的法律的形成提供了重要的示例。它们是说明诉讼中法律的第一手资料，并且能给你提供更多的事实细节，同时帮助你理解法律，以及了解法官是如何作出决定的。

请尝试在判例汇编中查找这些判例，或者通过数据库获取，例如，Bailli (www. bailii. org/databases. html)。你可以从大学图书馆获取 LexisNexis 和 Westlaw，或者从判例书中找到摘录。

Newtons of Wembley Ltd v Williams [1964] 3 All ER 532，CA

Re Peachdart [1983] 3 All ER 204

J & H Ritchie Ltd v Lloyd Ltd [2007] 1 WLR 670，HL

Rogers v Parish [1987] QB 933

网络学习

请登录 www. tradingstandards. gov. uk，然后点击“help and advice”（左手栏），然后尝试“weekly consumer quiz”。

课后作业

可以认为当涉及风险和所有权转移时，法律给予卖方较之买方更多的保护吗？

第Ⅲ编

侵权法

The law of tort

第14章 缺陷产品的侵权责任

导　言

你的一位同事在工作地附近的面包店购买了香肠卷，没想到香肠卷被沙氏门菌污染了，你在分吃了一部分香肠卷之后，病了三周，无法工作，并且失去了在正常情况下应获得的工资。作为缺陷食品的消费者，你在法律上有诉权吗？合同法只保护缺陷产品的购买者，其他受害人则通常不能依据合同起诉，原因在于他们和销售者之间不存在合同的相对性。

侵权法是有关违反民法而导致人身伤害、财产损失以及其他种类个人损失的法律，它给当事人提供了两种可能的诉权。由于销售者销售被污染的食品，意味着食品制作过程中有疏漏之处，你可以起诉过失侵权。你也可以根据1987年的《消费者保护法案》(CPA 1987)，起诉食品存在明显缺陷。哪一种主张对你来说更有效呢？

本章将给出答案。

学习目标

在完成本章的学习之后，你应该能够：

1. 认识关于缺陷产品在合同法和侵权法上的责任的关系。

2. 理解有关缺陷产品注意义务的过失责任范围。

3. 了解间接经济损失和纯粹经济损失之间的区别。

4. 设想产生过失侵权责任以及1987年的《消费者保护法案》中的责任的情形。

14.1 过失侵权责任

过失侵权行为赋予个人或财产遭受损害的当事人起诉的权利，起诉对象是对他人人身安全没有尽到合理注意义务的当事人。过失侵权是最常见的侵权诉讼，并且与所有意外伤害的情形相关，例如，道路交通事故、工作环境导致的疾病和伤害以及医疗损害。它在产品责任中也扮演着十分重要的角色：因产品缺陷遭受损失的当事人，有权起诉过失造成产品缺陷的生产者或其他应对产品质量负责的当事人，要求其承担过失侵权责任。

要成功主张过失侵权责任，原告必须对以下所有事实进行证明：

1. 被告应对原告承担**注意义务**（duty of care）；
2. 被告未能履行该义务；
3. 结果是，原告遭受损害。

14.1.1 注意义务

原告必须证明，被告在导致被起诉的损害行为的过程中对原告负有注意义务。这一概念是由上议院在下列关键案例中确立的。

Donoghue v Stevenson（1932，HL）

一个炎热的下午，多诺霍女士和她的一个朋友在一家咖啡厅喝下午茶。她的朋友从咖啡厅的经营者那里购买了被告生产的姜啤。姜啤装在不透明的杯子中，在她们的桌边被打开。在高兴地喝完了一杯后，多诺霍女士将瓶子倒过来以确保没有剩下啤酒，结果她惊奇地发现瓶内有蜗牛的残骸。之后她得了肠胃炎，并且起诉Stevenson（生产者）过失侵权。

法院（多数意见）认为：生产者对多诺霍女士负有注意义务。由于她是产品的使用人，因此，可以合理地预见到，她会受到产品生产过程的影响。

阿特金法官称：

产品的生产者对消费者负有合理的注意义务。原因在于，其生产的产品就是其想要最终销售给消费者的产品，没有在中间阶段进行检查的合理可能性，并且其明知如果在准备和存放过程中不履行注意义务，将会导致消费者的生命或财产受损。

在消费者保护意识很强的今天，人们很难想象在Donoghue v Stevenson案之前，处于多诺霍境况中的行为人在侵权法上没有任何权利。1932年以前，过失侵权责任被限定在本身具有危险性的缺陷产品（例如枪支或弹药）导致的损害。Donoghue v Stevenson案确立了产品过失责任的普遍原则，有时被称为**“邻居原则”**（neighbour principle）。这是因为阿特金法官称，行为人只对其邻居承

注意义务： 当事人在行为过程中，不得伤害任何其能合理预见、有可能造成伤害和损失的其他人。

邻居原则： Donoghue v Stevenson案中阿特金法官确立的规则，称被告只对与其充分接近的行为人承担注意义务。

担义务，而这在法律上意味着："当我在为一定行为或不为一定行为时，应当考虑到与我的行为相近并且受我的行为直接影响的人。"

阿特金法官判决的范围和影响

阿特金法官的判决对民法有重大影响。之后的法官可以以"邻居原则"为跳板发展过失侵权责任的所有形式。为了理解其影响，有必要研究阿特金使用的关键词，并且了解之后的判例法是如何解释这些词的。

生产者

注意义务迅速从产品的生产者扩展到提供装修、安装和修理服务的人员（参见稍后介绍的 Stennett v Hancock（1939）案），以及应在销售之前检查商品的被告方。今天，注意义务覆盖了整个产品和服务行业。进一步的介绍见第 15 章。

产品

判例法表明，过失侵权责任还涉及许多日常生活中使用的产品，例如，汽车（Herschtal v Stewart & Ardern（1940）案）、电脑软件（St Albans City Council v International Computers（1996）案），以及一些看似不是产品的物品，例如墓碑（Brown v Cotterill（1934）案）和止痒内裤（Grant v Australian Knitting Mills（1936）案）。

阿特金法官提到了"产品的准备或包装"，因此注意义务扩展到产品的包装和安装说明。产品本身可能绝对安全，但由于包装不当或者产品缺乏正确的安装说明或警示变得不安全（例如，药品、除草剂）。

最终消费者

多诺霍女士是绝佳的**最终消费者**（ultimate consumer）的例子——缺陷产品实际的使用人，并且因缺陷受到损害，但她并不必然是购买者。

这里的"消费者"含义十分广泛，不限于产品或服务的使用者。消费者可以被定义为具有合理可能性、受到缺陷产品影响的行为人。商品或服务的提供者对消费者负有义务，因为提供者应当将消费者的需求考虑在内。

Barnett v Packer（1940）

一个商店的售货员在陈列巧克力时，被巧克力中突出的金属丝划伤了。

法院认为：生产者对商店售货员以及吃巧克力的人都负有注意义务，原因在于任何拿着巧克力的人都有可能因为这种异物而受伤。

即使是与最初的交易方没有任何关系的旁观者，也可能受到邻居原则的保护。

Stennett v Hancock（1939）

原告是一名路上的行人，被卡车行驶过程中飞出的车轮撞击，致使一条腿受伤。

法院认为：最近一次负责汽车轮胎安装的汽车修理厂对原告负有注意义务。原因在于如果卡车的一个轮胎脱落，任何可以合理预见的道路使用人都可能受到伤害。

最终消费者：直接或间接被缺陷产品或服务损害的任何行为人。

注意义务的限制

Marc Rich & Co. AG v Bishop Rock Marine（1995，HL）

上议院认为，在决定一项过失侵权的诉讼中是否存在注意义务时，法院必须考虑是否满足以下标准：

1. 合理的可预见性；
2. 近因；
3. 基于公平、正义与合理性的公共利益。

这些要素是彼此联系、相辅相成的。

1. **合理的可预见性**（reasonable foreseeability）。如果被告导致的可能使特定原告受到损害的风险是可以合理预见的，就存在注意义务。例如，在 Stennett v Hancock 案中，如果卡车轮胎安装得不安全，就可能导致危及行人安危的事故发生，这是可以合理预见的。

2. **近因**（proximity）。原告所起诉的被告的行为与原告之间必须存在足够接近的关系。阿特金法官（Donoghue v Stevenson 案）称近因不限于“单纯的物理联系，而应当被扩展到这样的情形：原告受到负有注意义务的行为人的行为的直接影响，并且负有注意义务的人应当知晓其过失行为会给他人造成直接影响”。上述 Barnett v Packerand 案和 Stennett v Hancock 案给这种近因提供了很好的例证。它们都缺乏物理上的近因，但被告依然构成过失侵权。

在下列情形下，不存在这种近因：

（a）产品不再处于被告的控制之下。如果在使用之前，产品被第三方或原告篡改或检查，这种方式可能导致或发现产品的缺陷，那么被告已经失去了对产品的控制。请记住 Donoghue v Stevenson 案中，姜酒是装在不透明的瓶子中当场打开并提供给多诺霍女士的。不受欢迎的蜗牛不可能因为第三方的介入而出现在酒瓶中。餐桌上的那瓶啤酒与它刚被生产出来时没有任何区别。由于啤酒被封装在瓶子中，因而不可能发生其他的损害。

（b）产品已经离开被告太长时间。无论产品是否被使用，让生产者承担永久的注意义务是不公平的。

Evans v Triplex Glass（1936）

埃文斯先生购买了一辆新的沃克斯豪尔（Vauxhall）汽车，汽车的挡风玻璃是由汽车制造商安装的。该挡风玻璃由 Triplex 公司生产的坚硬安全玻璃制成。仅一年后，埃文斯及其家人在一次旅途中因为挡风玻璃破碎而受伤。

法院认为：Triplex 对埃文斯不负有注意义务，原因在于：

- 玻璃的任何缺陷都有可能是沃克斯豪尔公司在安装挡风玻璃的过程中导致的；
- 如果玻璃存在缺陷，沃克斯豪尔公司在安装之前原本应当检测出问题；
- 从 Triplex 失去对产品的控制到事故发生之间，已过了很长的时间——玻璃可能在使用的过程中功能减弱。

合理的可预见性：限制注意义务的范围，即只有当原告的损失能合理预见时，才存在注意义务。

近因：当危险行为发生时，要证明存在注意义务，在原告与被告之间必须存在足够密切的关系。

（c）原告在使用产品时或使用产品之前没有采取合理的预防措施。原告必须证明其是根据说明书合理使用了产品。

3. **公共利益**（public interest）。这一标准包括的情况十分广泛，涉及政策或公共利益等相关问题。无论这一标准可能给原告个人带来多大利益，除非它是公平、正义和合理的，并且不会损害一般的公共利益，否则一项注意义务不会得到承认。法院可以拒绝将过失侵权责任的范围扩大到已经存在法律保护的领域，否则将鼓励人们不采取合理的预防措施（例如保险）来保护他们的利益。当能够促进公共利益时，会发展出注意义务。在 Donoghue v Stevenson 案中，公共健康方面的考虑以及多诺霍女士并没有其他的诉讼权利，使得对生产者施加一项注意义务是可取的。让生产者承担损失是公平的，原因在于生产者通常是为了从其产品中获得利润。

纯粹经济损失几乎不产生注意义务

法院通常认为给造成**纯粹经济损失**（pure economic loss）的行为人施加注意义务是不公平、不合理的。这种损失通常来自有缺陷的产品，而非本身十分危险的产品，仅仅导致原告遭受经济损失。法院认为这种损失是合同性的，原因在于导致损失的仅是产品的质量，而并非主观上有造成危险的过错。然而，这一限制对于不是从被告处初次购买产品的行为人来说，并没有帮助。

生活实例

霍勒斯的姨妈在圣诞节从 Flash Electricals 有限公司买了一条电热毯送给他。电热毯是由 Cosiwarm 公司生产的。由于产品存在缺陷，电热毯在圣诞夜导致霍勒斯的卧室起火，地毯和家具遭受损失，霍勒斯因吸入浓烟而生病。他有权起诉生产电热毯的 Cosiwarm 公司，要求下列损害赔偿：

1. 由于吸入浓烟导致的痛苦和疼痛；
2. 他在身体恢复期间的任何收入损失，以及更换家具和装饰卧室的费用。

这些都是由于被告过失导致的一系列费用，被称为间接经济损失。

霍勒斯更换有缺陷的电热毯的花费得不到赔偿，原因在于这被认定为是纯粹经济损失；缺陷本身并不足以导致生产者承担过失侵权责任。产生注意义务的是产品对人身或其他财产造成的物理损害。商品质量上的缺陷，并不产生过失侵权责任。

接下来的案例也说明了纯粹经济损失和**间接经济损失**（consequential economic loss）之间的区别。

Muirhead v Industrial Tank Specialities Ltd（1986）

原告经营一家龙虾养殖场，使用的氧气泵是由被告和第三方通过订立合同而生产的。结果发现氧气泵在英国电力系统中无法使用，一直跳闸。原告的龙虾死了，并且在他尝试找出哪个环节出了问题期间，无法重新养殖。

法院认为：原告有权获得重新养殖龙虾的间接经济损失以及龙虾死亡的经济损失的赔偿。他无权获得停止养殖龙虾期间所损失的利润以及更换氧气泵的费用，原因在于这些都只属于纯粹经济损失。

公共利益：普通人都能受益，并能影响法庭承认或否定注意义务的决定。
纯粹经济损失：仅是金钱的损失，而非人身伤害或其他财产的损害。
间接经济损失：因原告受伤或者财产受损而非缺陷产品本身所遭受的损失。

在例外情况下，如果能够证明原告是基于生产者的建议而购买商品的，对生产者的专业知识存在信赖，原告可以主张纯粹经济损失。这给当事人之间创设了一种高程度的近因关系，使得给生产者施加注意义务是公平、正当和合理的。

Junior Books v Veitchi（1982，HL）

Junior Books订立了一份建造仓库的合同。他们告知建筑承包商，想要使用由指定的分包商即被告提供的地板。由于地板存在缺陷，仓库无法使用，不得不花巨额费用更换了地板。

根据合同，Junior Books并没有起诉的权利，因为通过指定Veitchi为地板供应商，Junior Books解除了建筑承包商的责任，并且Junior Books和Veitchi之间并没有签订合同。于是，Junior Books以过失侵权提起诉讼。

法院认为：原告依赖于被告的专业知识，足以使得当事人之间存在近因关系，因此被告对于纯粹经济损失负有注意义务。

Veitchi案的判决结果不能用于Muirhead案，因为Muirhead没有为供应商指定生产者。法院通常认为，原告和供应商之间的合同提供了赔偿的适当方法。供应商应当与原告进行协商来订立特定条款，以给其足够的保护，如果这样做不可行，应保证其避免承担纯粹经济损失，例如营业中断。纯粹经济损失的注意义务问题在第15章会有进一步的解释。

新闻报道

惩罚性赔偿金可能是可诉的经济损失

——Network Rail Infrastructure Ltd v Conarken Group Ltd（2010）

作为被告的两家公司雇用的卡车司机在驾驶的过程中疏忽大意，损坏了属于Network Rail公司的财产。在维修期间，造成了大范围的火车停运。因此，Network Rail公司依据其订立的合同，不得不向相关的铁路运营公司支付高额的惩罚性赔偿。

被告承认其对维修费用的责任，但是辩称其对惩罚性赔偿金不承担责任，原因在于惩罚性赔偿金属于纯粹经济损失。

法院认为：被告应对原告支付给Network Rail公司的惩罚性赔偿金负责。只要该损失是物理损害的明确后果，同时因果关系已经成立，那么经济损失通常都是应该赔偿的。至于经济损失中是否包括与第三方订立的合同中应支付的款项，则与此无关。

Network Rail公司应支付的赔偿金，很明显是铁路因维修而关闭所导致的直接后果，而铁路的维修是因被告雇员的过失行为造成损害的必然后果。被告可以合理预见，其造成铁路基础设施严重损害，会给原告带来维修期间铁路服务和使用的中断以及收入的减少。上诉法院在2011年EWCA 644案中支持了这一判决。

14.1.2 原告必须证明被告违反义务

原告仅证明被告对其负有注意义务还不够，还必须通过客观标准证明被告没有尽到合理的注意义务，即对可以合理预见的事故没有提供合理程度的保护。这包括应当考虑目标群体的特殊需求，并且针对产品的使用提供足够的警示和说明。例如，一个毛绒玩具的生产者必须考虑到其泰迪熊的使用者是婴儿和刚会走路的孩子，要确保他们能按说明使用。因此，生产者必须保证没有使用有毒的物质，并且熊的眼睛和鼻子都很牢固。在下一章，我们将会更加详细地研究违反注意义务的情形，以及提供服务过程中的过失责任。

14.1.3　原告必须证明损害结果

原告还必须证明是被告违反义务的行为实际造成了损害后果。在前文霍勒斯因电热毯受损的案例中，如果没有证据证明电热毯的缺陷有引发火灾的风险，却有明显证据表明是霍勒斯家中的电线存在缺陷而导致了火灾的发生，那么霍勒斯无法胜诉。

被告并非必须对自己的行为造成的所有后果承担责任：有些结果可能和其最初的行为的因果关系过于遥远。在过失侵权中，被告通常要对所有可以合理预见的损失承担责任，但对于极度不可能和侥幸发生的结果不承担责任。

违反注意义务和间接损害的问题将会在第 15 章进行更深入的阐述。

14.2　1987 年的《消费者保护法案》（第一部分）

1987 年的《消费者保护法案》（CPA 1987），用立法的方式执行《欧共体产品责任指引》（EC Product Liability Directive，5/374/EC），将缺陷产品的**严格责任**（strict liability）引入英国法。

14.2.1　过错责任和严格责任之间的区别

大部分侵权行为（包括过失侵权）都是以**过错责任**（fault liability）为基础的。原告不仅需要证明被告的行为违法且导致了损害，还需要证明被告故意给原告造成损害，或者因忽略了给原告造成的风险而受到谴责。

严格责任是侵权法中的例外。此时，原告无须对被告方的故意或过失进行举证，仅需要证明被告的侵权行为与其遭受的损害后果之间存在因果关系。这一规定在一定程度上可能增加了原告的胜诉机会，因为对被告没有采取一定注意的证据通常都存在问题。

20 世纪 60 年代，在一些涉及药物（如沙利度胺）副作用导致损害的案件中，药物通常都对没有出生的胎儿造成了严重的伤害。这类案件使得公众对于过错责任导致的问题给予了极大的关注。同时，也促进了 1978 年佩尔森委员会（Pearson Commission）对相关法律的改革提出建议，这一呼声也来自法官和压力集团。但下一届政府对这些建议采取了漠视态度，直到欧共体促使 CPA 1978

严格责任：在例外的情况下（如根据 CPA 1987 起诉），原告只需证明发生了侵权行为并且导致了损害结果，就可以胜诉。

过错责任：大多数的侵权诉讼都需要原告证明被告有过错，即其行为是故意的、粗心大意导致的或没有合理预见的。

颁布，情况才发生了根本的改变。

14.2.2 1987年的《消费者保护法案》第一部分的主要条文

谁可以起诉：第2条第1款

根据该法案，任何遭受损害的人都有权起诉，要求对缺陷产品给其人身或财产造成的损失进行赔偿。

提供产品的方法：第46条

产品可以通过销售、交换、租赁、赠送等商业方式提供。

潜在的被告：第2条

第2条第1款规定，对于“产品缺陷导致的全部或部分损害”，下列人员承担责任：

1. **生产者**（producer）。包括制造商以及负责获取和提炼一种产品（例如矿泉水和电）的人。

2. 自主品牌供应商。将自己的名字印在商品上，或将拥有的特定商标用于商品的人，已经表明自己是产品的生产者。

因此，印有“自有品牌”商标的商品（如许多超市的商品），出现在商标上的商人被认为是生产者。如果商标表明商品是由其他的生产者制造的（如“由X公司生产，特供Sainsburys超市”），那么可能存在争议：供应商并不是生产者，因为他们并没有把自己当作生产者。

3. **进口商**（importer）。首次将产品进口到欧盟国家的当事人需要承担责任。（也并不必然是进口商对进入英国的商品负责。）

4. 供应商。供应商只有在他们难以应受害方的要求识别制造商、生产者或进口商时，才承担责任。

“产品”的含义：第1条

“产品”（product）包括包装和说明书、非常宽泛的制造品，以及其他商品和设施。

1. 制造品。包括其他产品的组件。尽管建筑本身不是产品，但变成土地附着物的建筑材料（如窗框或大梁）都是本法案规定的“产品”。

2. 获取或提炼的物质。包括电和水之类的东西。

3. 其“本质特征”属于“工业或其他工艺”的物品。在A and Others v National Blood Authority（2001）案中，被告提供的血液和血液制品被认定为符合本法案第1条规定的“产品”含义，原因在于其包含一定的工业流程。抗凝血剂由收集的血液混合而成，在储存前还需要进行其他处理。

生产者：制造人或加工人。

进口商：从非欧盟国家首次将某种产品进口到欧盟国家的当事人。

产品：涵盖了各种商品，包括农产品、水和天然气等产品，甚至血液。

---

4. 谷物类的农产品和游戏。在 2000 年修订 CPA 1987（2000 年的《产品责任修正令》（Product Liability Modification Order）的立法目的是具体实施 1999/34/EC）之前，并不包含在该法案之中。

该法案多大程度上包括像书籍、电脑程序这种承载信息的物品，尚不清楚。通过这种形式传递的信息，如果存在缺陷，也有造成损害的可能性。一本关于菌类的书错误地将一种有毒蘑菇描述为可食用的，将造成灾难性后果。医学证据表明，某些电脑游戏会引发晕厥和偏头痛。除非这些问题都由法院最终给出判决，否则仍然是不确定的领域。

缺陷意味着危险：第 3 条

《消费者保护法案》关心的不是产品的质量，而是产品的安全。因此，除非是不安全的，否则产品并不被本法案认定为有**缺陷**（defective）。即除非产品给消费者或消费者的财产造成损害，否则没有人需要负责任。本法案规定的安全标准是人们"在一般情况下有权期待"的。而这一标准实际上是由法院确立的，并不必然反映公众的期待。公众的期待有时被认为高得不合理。下面的 Bogle v McDonalds Restaurants 案恰如其分地说明了这一观点。有些产品在使用过程中存在固有风险，不能彻底排除，例如电动工具。某些产品如果要规避风险，则成本过高。在这类案件中，风险/收益分析在决定一个合理标准时是必要的。

该法案在确定是否符合标准时，需要考量以下因素：

1. 包装和任何警告或指示。一种药可能成分和本身是绝对安全的，但是由于缺乏说明或警告可能就变得危险，这种药对于不具备特定医疗条件的人群而言不适宜。

2. 产品的一般用途。在判断生产者生产的产品是否安全时，必须考虑相关消费者的需求。就产品边缘的锋利程度、无毒材料和可拆卸的部件的大小而言，与供成年人进行娱乐的物品相比，供儿童使用的玩具需要达到不同的安全标准。如果消费者非出于正常目的使用产品而受到损害，通常侵权责任不成立。通过指定产品的目的以及其针对的年龄群，生产者可以限定产品的"一般用途"。

3. 产品的发布时间。这涉及保质期问题，以及产品已经达到了适当的安全标准，但现有的技术表明这些标准还不够严格的情形。

接下来的案例很好地说明了法院是如何判断产品的缺陷问题的。

Bogle and Others v McDonalds Restaurants Ltd (2002)

本案是关于在购买麦当劳的茶和咖啡时，许多未成年人弄洒之后被烫伤的诉讼。许多人受伤非常严重，伴随剧烈的疼痛且需要植皮。然而，没有一起案件是麦当劳的工作人员直接泼洒的茶或咖啡导致伤害的，伤害通常是由其他顾客或者原告自身跌倒和打翻饮品导致的。

原告辩称，麦当劳生产的热饮料的温度和提供的方式存在缺陷，包括杯子的材质有问题、对工作人员缺乏适当的培训，以及没有警告顾客存在被烫伤的可能性。

菲尔德法官认为：根据《消费者保护法

缺陷：产品对人身或财产有物理上的危险。

案》，麦当劳提供的产品并不存在缺陷，原因在于：

1. 通过入职前六个月的监督和之后定期的评估，员工接受了非常全面的培训。培训包括在将饮料递给顾客之前确保杯盖盖紧，以及在适当情况下委婉提醒有饮料溢出的危险。提供的饮料处于顾客通常期待的温度。茶和咖啡的购买方通常已经达到了足以认知风险和采取谨慎措施的年龄。

2. 杯子的设计并不容易导致泼洒。一个标准的杯子通常只有在倾斜 20°角时才会溢出，更大的杯子则是 18°角。盖上盖子后，杯子即使被打翻或掉落，饮料也不会溢出。揭开盖子（例如，为了加糖）之后，依然可以被很好地盖上。

3. "人们通常期待所购买的茶或咖啡都是热的。有些人更喜欢用无盖而不是有盖的杯子喝热饮。人们通常了解，如果热饮泼洒到某人身上，可能会导致严重的烫伤。他们相应地也知道必须小心以避免这种泼洒，尤其是当他们与小孩子在一起的时候。鉴于其员工接受了对杯子封盖的培训，并且考虑到所使用的杯子和杯盖的材质，我认为麦当劳提供的热饮已经达到了人们通常期待的程度。"

原告必须证明被告对缺陷负有责任。如果类似于 Piper v JRI（Manufacturing）Ltd（2006）案中的情况，就可能是存在疑问的。在该案中，产品由可能导致缺陷产生的第三方交付，这使得被告辩称，根据概率的平衡性，缺陷是由第三方造成的。

Piper v JRI（Manufacturing）Ltd（2006）

派珀先生做了全髋关节置换手术，使用了 JRI 公司生产的假肢。在安装后不久，假肢断成了两截，不得不将其移出并替换。这使派珀先生失去了行动能力，并且增加了额外的疼痛和进行更多手术的痛苦。

根据 CPA 1987，他起诉假肢存在缺陷。JRI 则辩称自己受到第 4 条的保护，因为产品从工厂发出时并没有发现存在该缺陷。

法院认为：派珀先生的主张不成立，原因在于他无法证明缺陷发生在产品的生产过程中。生产过程中出现缺陷的假肢，大部分在被告检测产品的过程中被挑出来了。

值得思考

派珀先生可以考虑起诉其他的什么人？
他的起诉可以依据哪种类型的侵权？
他在证明本案时存在什么困难？
参考答案见书末的附录。

可诉的损失：第 5 条

这包括死亡、人身伤害和原告非出于商业目的遭受的财产（包括土地）损失。原告关于财产损失的数额必须至少达到 275 英镑。

由于纯粹经济损失是不可赔付的，因此替换和修复缺陷产品的费用也不能主张。过失侵权的规则在此处也适用。

因果关系和责任：第 2 条

原告必须证明缺陷产品是其主张损失的理由。由于是严格责任，原告无须证明被告主观上的过失，只需证明产品存在成文法意义上的缺陷即可。

14.2.3　抗辩

根据该法案第 4 条，被告如果能找出相应的证据，存在以下抗辩：

1. 产品符合欧盟或英国的安全标准，产品的缺陷也遵守了这些标准。

2. 产品是在发货之后出现缺陷的。被告只有在产品进入流通领域后存在缺陷时，才承担责任。如果是由于消费者或第三人的使用或滥用而出现缺陷，被告不承担责任。

3. "技术或发展状态的风险"抗辩。这是一个特殊的潜在破坏严格责任的抗辩。如果可以证明在产品发布时，被告的行为已经满足了所有根据现有研究和技术知识确立的安全标准，并且没有发现缺陷，那么被告不承担责任。

这一抗辩是为了保护新产品的生产者。有观点认为，如果没有这一抗辩，生产者可能出于对诉讼的担心，而限制对公众有潜在益处的重要新产品的开发。然而，这依然是有争议的话题。指引并没有禁止这样的抗辩，并且欧盟其他国家也用不同的方式作出类似规定。在该法案之前，法律委员会（Law Commission）和皮尔逊委员会（Pearson Commission）以会增加风险为由，反对免除责任。受到强烈质疑的是，类似于镇定剂的药品运用这一抗辩，可以免除责任。而根据合同法，这样的抗辩是无效的。此外，认为只要有适当的保险，生产者可以保护自己免除责任，这一观点也存在争议。

4. 被告在商业过程中并没有在任何时间将产品提供给第三方。

共同过失和同意也与此相关，第 16 章将进行讨论。

14.2.4　时间限制

根据 1980 年的《时限法案》（Limitation Act）第 11 条 A 款，原告必须自知晓损失、被告和被告身份之日起三年内起诉。自原告获得该产品之日起超过十年的最长时限，将不能就产品缺陷起诉。

表 14—1 列出了缺陷产品的责任。

表 14—1　　缺陷产品的责任

法律领域	合同法	侵权法	侵权法
	1979 年的《商品销售法案》（SGA 1979），1982 年的《商品销售与供应消费者条例》（SGA 1982）	过失侵权	1987 年的《消费者保护法案》
谁可以起诉	仅限买方	受害方（最终消费者）	受害方
谁可以被起诉	卖方	产品的生产者 产品的服务提供商 有预见义务的供应商	产品的生产者 自有品牌拥有者 进口商 供应商

续前表

法律领域	合同法	侵权法	侵权法
必须证明什么	商品——违反 SGA1979 第13～第15条 商品和服务——违反 CPA 1987 第4、第5条 商品——符合 SGA 1979、SGSA 1982 的规定 服务——缺少合理注意和技能、合理的时间限制、合理的费用	(i) 注意义务 (ii) 违反义务 (iii) 间接损害	(i) 产品存在缺陷并且不安全 (ii) 发生损害结果
赔偿的损失	只要不是过于遥远的任何买方遭受的损失或损害，包括购买价款	只要不是太遥远的受害方遭受的任何损失和损害；不包括购买价款和其他纯粹经济损失	死亡/人身伤害 土地和货物的受损（超过275英镑）
责任	商品——严格责任 服务——过错责任 只是民事上的	过错责任 只是民事上的	严格责任 根据 CPA 1987 第二部分，也可能产生刑事责任

生活实例

霍勒斯的姑姑贝蒂送给他一件礼物——Cosiwarm 生产的电热毯。霍勒斯第一次使用该电热毯就起火了，导致他身体受伤和财产受损。在主张过失侵权的同时，霍勒斯还根据 CPA 1987 起诉，因为其损失肯定超过了 275 英镑的最低限额。

如果证明电热毯存在缺陷，根据 CPA 1987，生产者 Cosiwarm 应当承担责任。即使 Cosiwarm 并不一定是电热毯的生产者，根据 CPA 这依然是最好的主张，原因在于这将使霍勒斯在选择被告时有更大的灵活性。

贝蒂是从 Flash Electricals 处购买的电热毯，如果电热毯是 Flash Electricals 的自有品牌，那么它是电热毯的“生产者”。如果没有商标表明谁是生产者，Flash 作为“提供者”除非知道谁是生产者，否则依然要承担责任。即使 Flash 仅仅是电热毯的进口商，如果是从欧盟以外的其他任何国家获得该产品，依然会作为“进口商”被起诉。

由于 CPA 1987 规定的是严格责任，因此只要能证明电热毯存在缺陷，并且实际上造成了火灾，不需要证明被告违反了注意义务，就可以胜诉。

14.2.5 1987年的《消费者保护法案》的影响

随着相关案例的出现，一些评论家认为，除了在过失侵权的情形下，对法律加以解释的方法并没有给原告提供更多的保护。由于产品责任指引表明其目的是使得原告无须证明被告的过错，因而克服了其中一个最主要的胜诉障碍，但这依然令人担忧。该法案（第1条）表明其是为了遵守指引而制定的。

European Commission v UK（1997，ECJ）

欧盟委员会称，英国并没有执行该指引的义务，该指引涉及有关缺陷产品概念以及抗辩、技术性抗辩的范围。

法院认为：《消费者保护法案》的解释必须与欧盟的指引相一致，当两者发生冲突时，指引优先适用。

在这个案件之后的两个案件清楚地反映了这一点。

Abouzaid v Mothercare（UK）Ltd（2000，CA）

12 岁的原告，在被他弟弟的推椅碰倒后，企图接触被告的产品（一个 Cosytoes 睡袋），他的手扯到一个有弹性的固定带，上面的连接扣击中了他的眼睛，结果导致一只眼睛失明。

法院认为：根据《消费者保护法案》第 3 条，本案中的产品存在缺陷，根据公众的合理期待，可认为产品的安全性不符合要求，原因在于眼睛的脆弱性和本产品造成如此严重伤害的风险性。产品的使用中存在风险，但被告并没有警告使用者以避免风险。

之前没有受伤的报道这一事实，以及被告人不希望对使用人的脸部造成如此严重的伤害，都表明被告并不存在过失。然而，根据《消费者保护法案》，过失与责任并无关系，只要证据表明产品存在缺陷，那么责任就可以被认定。

在下面的案例中，法官在解释缺陷产品的含义和辩护范围的过程中援用了指引。

A and Others v National Blood Authority（2001）

原告在输入被告提供的被污染的血液制品后感染了丙肝。

法院认为：根据《消费者保护法案》，该产品存在缺陷。原告无须证明被告的过错或过失，只需证明其符合对该产品可预见的使用安全的合理期待即可。任何一个理性人都会期待用来输血的血液不受到污染。

《消费者保护法案》和《欧盟指引》都要求法院考虑“理性人对安全有所期待的所有条件”，但并不包括被告是否可以避免该危险，或者避免危险是否不可行、成本高、难度大。

技术状态的抗辩应当做小范围解释，以避免其削弱指引的目的。这只保护已经接触到所有可以获得的最先进知识，却依然不知道风险存在的被告。

这些判例给消费者提供了更加公平的竞争环境，这一环境也是《欧盟指引》旨在协助建立的。这也可以被看作一个明智的损失分配系统，原因在于原告主张应由生产者承担赔偿自己所遭受的损失的责任，生产者则希望从产品中盈利。生产者也并非被强加了不合理的义务，因为其损失是可以投保的，并且投保成本最终由消费者承担。

本章小结

因缺陷产品受损的行为人，可以主张二者之一：

(a) 卖方违约（前提是原告购买了该商品）；

(b) 侵权（过失侵权/CPA 1987 第一部分）。

1. 过失侵权

被告：生产者。

原告必须证明：义务（生产者对产品的最终消费者负有的义务）、违反义务（违反注意义务）、损害结果。

责任：过错责任，证明没有尽到注意义务。

赔偿范围包括人身伤害和所有间接经济损失。一般情况下，不对纯粹经济损失进行赔偿。

2.《消费者保护法案》

原告：任何因产品受损的人。

被告：生产者/自有品牌供应商/供应商/进口商。

责任：严格责任。原告必须证明产品存在危险（不符合理性的公众对安全的期待），并且导致了相关的损失。

赔偿主张限定为超过275英镑。纯粹经济损失不予赔偿。

课后测验

1. 起诉过失侵权的原告必须证明什么？

2. 在过失侵权的诉讼中，哪些因素对证明注意义务十分重要？

3. 什么情况下能终止对产品的注意义务？

4. 巴兹尔从Tarragon商店购买了一个猪肉馅饼。这个馅饼是由Marjoram Foods生产的。巴兹尔和罗斯玛丽分食了这个馅饼，之后他俩都生病了。巴兹尔和罗斯玛丽拥有什么民法上的权利？

5. 过失侵权和1987年的《消费者保护法案》的责任有什么主要区别？

参考答案见书末的附录。

深入阅读

以下判例对于你在本章所学的法律的形成提供了重要的示例。它们是说明诉讼中法律的第一手资料，并且能给你提供更多的事实细节，同时帮助你理解法律，以及了解法官是如何作出决定的。

请尝试在判例汇编中查找这些判例，或者通过数据库获取，例如，Bailli（www.bailii.org/databases.html）。你可以从大学图书馆中获取LexisNexis和Westlaw，或者从判例书中找到摘录。

Donoghue v Stevenson［1932］AC 562，HL

Junior Books v Veitchi［1983］2 All ER 301，HL

A v National Blood Authority［2001］3 All ER 289

Network Rail Infrastructure Ltd v Conarken Group Ltd and another［2010］EWHC 1852；［2010］TCC 132

网络学习

请登录http：//en.wikipedia.org/wiki/Donoghue_v_Stevenson。向下滚动，找到一个完整的法律报告的链接，以及一些案例的有趣背景资料。

课后作业

弗洛伦斯和她 8 岁的女儿戴西一起去逛超市。超市正在进行 Funny Mug 脸部化妆品的促销，并给小朋友提供一次免费的化妆。弗洛伦斯让戴西去参加活动。弗洛伦斯买了一些冷冻酥皮和一包混合的沙拉叶，沙拉叶上附有“食用前请彻底清洗”的说明。然后，她去熟食柜台给其年长的邻居埃德温娜购买火腿。她一个小时后回到家，立即将火腿交给了埃德温娜，并将酥皮按说明放进了冰箱。她用沙拉叶为自己和丈夫戈登做了配茶的沙拉。

当天晚上，弗洛伦斯和她的丈夫戈登因为沙拉中有细菌而生病了。

第二天，戴西得了过敏性皮疹，医生说是由于脸上的颜料导致的。

在那一周的后几天，埃德温娜因为火腿中有沙氏门菌而中毒。

一个月后，弗洛伦斯将酥皮从冰箱中取出并解冻。当她卷酥皮时，发现酥皮有浓烈的汽油味，无法食用。

讨论对戴西、埃德温娜、弗洛伦斯和戈登的有效救济。

第15章 瑕疵履行的侵权责任

导　言

本章内容分为两个部分。第一部分主要研究过失的瑕疵履行侵权中的注意义务，其中包括对传统过失侵权范围之外的一些存在问题的注意义务进行分析。第二部分则重点讨论相关义务的违反和因果关系。

正如前文提及的，依据 Donoghue v Stevenson 案的原则，任何有合理的可能性受到所提供的服务影响的第三方，如果其直接遭受了人身或财产的损害，那么服务方对该第三方就负有过失侵权中的注意义务。有这样一位中央供暖工程师，由于其安装中的过失，致使居住在大楼中的住户受到供暖系统散发的一氧化碳气体的毒害，因此，这位工程师对这些住户负有相应的注意义务。

有时，存在大量潜在的原告也是可能的。汽车修理厂不仅仅对你一个人负有认真修理并保证你的车辆安全的注意义务，此时注意义务的对象还包括你车上的乘客、其他使用道路的人以及你开车时周围的行人。

但是法律不可能让被告那么容易被每个潜在的遭受其过失侵权损害的人所起诉。过失侵权责任被法院限定在特定的条件下。关于纯粹经济损失的起因和返还问题，在前面的章节已提及。但这一领域还存在大量的问题，包括有关提供服务过程中虚假陈述导致的侵权、惊吓伤害侵权、第三方伤害以及公共管理机构（如社区委员会和警察机构）在依法行政过程中涉及的问题。

仅仅证明义务的存在还不能保证胜诉。如果你提起过失侵权诉讼，那么你必须就被告没有采取合理措施而违反注意义务，进而导致你的损害进行举证。通常，这两者之间的因果关系并不遥远。

学习目标

在完成本章的学习之后，你应该能够：

1. 了解引发纯粹经济损失的注意义务与该损失之间的关系。
2. 了解精神惊吓损害赔偿责任的范围。
3. 描述第三方行为和不作为侵权中存在的义务。
4. 了解公共管理机构在行使法定职权时可能出现的过失侵权。
5. 解释违反注意义务的具体条件。
6. 区别事实因果关系和法定因果关系。

15.1　第一部分——存在问题的义务的具体情形

在第 15 章，我们可以了解到，从传统上来看，过失侵权的起诉理由主要包括造成受害人死亡、人身伤害以及财产损害。对于这类违反已经确实存在的注意义务的行为进行起诉并没有争议。在 Caparo v Dickman（1990，HL）案（稍后介绍）中，奥利弗法官表示，"被告疏忽大意与原告遭受伤害之间存在义务上的联系，对此加以证明不存在任何困难"。在 Sandhar v Department of Transport（2004）案中，大法官梅对这一说法加以肯定，他表示，"直接导致的人身或物理上的损害，是构成过失侵权大厦的第一块砖，通常也是加害人违反对受害人或毁损财产所有人注意义务的重要组成部分"。

现在的过失侵权法包括一些非传统的侵权类型，而法院对这些领域给予了更多的关注。对于注意义务是否存在的判断标准（合理性预见、近因、公正合理）也更趋于严格。为了限制注意义务的范围，以使其更为公平合理，法院可能采取非常严格的标准判断合理性预见，并要求对关系非常密切的近因关系进行举证。政策的发布（无论其是否公平合理都会适用于相关义务）会巩固法官的判断，即便没有法官会明确提及这一点。

15.1.1　纯粹经济损失

过失侵权责任通常不是由服务质量导致的，更多地是由对受害人造成人身或财产损害引发的。任何由瑕疵履行造成的纯粹经济损失一般无法得到偿付，这是由 Spartan Steel Alloys v Martin（1972，CA）案和 Murphy v Brentwood Council（1990，HL）案的判决所确定的（稍后介绍）。

初学这部分内容的同学会发现，很难区分间接经济损失和纯粹经济损失。法官通常只会说出"纯粹经济损失"这个概念，而不会明确其具体内涵，你需要从判决中寻找有关线索。比较有帮助的方法是，将原告支出的有关成本加上被告行为或产品导致的相关损失数额（间接经济损失），与纯粹的金钱损失——这里通常是指未来可能的收入（纯粹经济损失）进行对比。在 Pride & Partners v Institute for Animal Health（2009）案中，因为病毒从研究机构流出，进而导致口蹄疫爆发，对于由此给农户造成的间接经济损失，被告应承担相应责任。此外，作为原告的农户还遭受了纯粹经济损失，原因在于政府的限制令，比如减少牛奶产量和饲料开销，而针对这笔损失要求的赔偿没有得到法院的支持。图根达特法官承认，由于牲畜损失造成的迟延交易，进而对农户产品的市场价值造成的相关损失，的确属于潜在的经济损失，但针对这一损失要求赔偿的起诉无法胜诉，因为这些损失仅仅是被告过失侵权行为的一个间接结果。这就很好地证明了法院不太愿意允许对经济损失提起诉讼。接下来的案件对于如何区分两种类型的经济损失提供了一个很好的范例，同时该案还会展示法官在这一问题上用以免除责任的几种具体方式。

Spartan Steel Alloys v Martin Ltd（1972，CA）

一天清晨，一辆在原告钢铁厂外工作的铲车，由于驾驶员操作中出现过失，切断了钢铁厂熔炉的电力供应，致使其整整一天无法运行。已经放入熔炉的生铁也因此毁损，而且当天无法对此进行相应处理。

法院认为：原告可以基于损害的生铁以及在正常生产条件下的销售收入向被告要求支付损害赔偿，因为后者是直接的经济损失。但是，对于没有完成熔炼所导致的可能的利润损失，法院不予支持，因为这一损失是纯粹经济损失，且没有造成原告其他的财产损害。

丹宁法官说："实际上，对于经济损失的偿付本质上是一个政策问题。任何法院都可以只基于政策原因将特定义务排除在外，进而限制被告承担相应责任。"

丹宁认为，对于原告无法完成熔炼工作，被告不存在注意义务，原因在于：

1. 强加给被告一项义务并不公平，因为法定的电力及其他公共设施的提供方享有因供应受阻而产生纯粹经济损失赔付的豁免权。

2. 这里的阻碍是公认且常见的。大部分人经常遭遇停电，"他们也没有跑去找自己的律师"。他们已经对可能的损失进行了投保或者安装了备用发电机以防万一，"或者通过第二天增加工作量来弥补当天的损失，这是法律所鼓励的健康的态度"。

3. 如果注意义务在下列情况下存在，即"一部分真实，大部分被夸大甚至是错误的，对于这类诉讼机会不可能进行查实"，便会产生大量的诉讼。

4. 会给合同当事人施加不合理的负担，"经济损失的风险应该由遭受损失的当事人（通常人数众多）共同承担，而个体承担较小的损失，这是比较容易接受的情况，比单一当事人独自承担较大损失好得多"。

5. "法律适用于其应当发挥作用的案件"，比如对原告的人身或财产造成损害。

正如丹宁法官所说的那样，在你对 Spartan Steel 案中的原告报以同情的同时，请理解纯粹经济损失在很多案件中的重要地位。营业中断保险对于 Spartan Steel 这类案件通常都是适用的。毫无疑问，Martin 也投保了，但是法院倾向于认定原告在理应投保的情况下承担相应的风险。另外需要注意的是，在进入司法程序之前，原告通常会通过诉讼要求保险人以被保险人的名义追讨相关损失。但是，法院不可能认为让保险人追讨超过保费的损失是公平的。

Murphy v Brentwood Council（1990，HL）

原告新近建造的房屋由于地基出现问题而塌陷。结果，原告只能将房屋以 35 000 英镑的价格售出，这一价格远远低于正常的市场价格。原告就此起诉当地政府的建筑监管部门在对地基进行检查时有过失侵权行为。

上议院认为：房屋的确存在瑕疵，但没有对墨菲先生造成人身伤害和财产损失。因此，地方当局对原告不负有注意义务，原因在于本案中原告仅具有纯粹经济损失：房屋价值减少。

在双方当事人之间也不存在足够的近因，因为市政管理部门无法合理地预见到，墨菲先生对于旨在保护人身安全而非财产升值的相关的质量检查结果过分依赖。对于像墨菲先生这种没有任何合同关系或其他近因关系的人，由建筑物引发的损害一般不会产生侵权责任，对于没有直接介入相关侵权的质量审查委员会施加责任也不太公平。而且，在这种情况下，将房主的货币损失强加给纳税人也是不公平、不合理的。奥利弗法官认为："我不确定，将有关负担赋予大多数市民要比由保险公司承担明智。"

在 Murphy 案中，政策的发布具有重大影响，而保险决定了何种裁量更为公平合理。我们更希望有关政府部门将税收用于公共服务而不是帮助私人房主。但是，正如消费者团体指出的那样，普通的建筑保险不包括由材料或工艺瑕疵而引发的结构性问题，只包括通常由干旱、地质运动等自然现象引发的结构性问题。

房主还有其他的救济渠道。他们可以依据 1972 年的《建筑物瑕疵法案》（Defective Premises Act）第 1 条第 1 款规定的有关义务进行起诉，该义务具体表述为："任何从事与建筑有关工作的人，必须保证其工作是基于专业的方式完成，以使建筑物具备符合人类居住的条件。"其中包括纯粹经济损失，但这一规定对墨菲先生没有帮助，因为该案已经超过了六年的诉讼时效。

如果交易的房产有由建筑者或者进行实质修复的建造者提供的可转让保障，该房产受法律保护。这类补偿条款比《建筑物瑕疵法案》中的条款更宽松。买方及后续受转让人可以终身基于担保提起诉讼，因此，此处的诉权并不以与建筑方存在合同关系为前提。

在下面的 White v Jones（1995，HL）案中，原告因为上议院认定了其与被告之间存在密切关系而胜诉。

White v Jones（1995，HL）

一位老人在与两个女儿吵架之后，将二人剔除出自己遗产继承人名单。三个月后，她原谅了女儿们，并通知自己的律师，她愿意订立新的遗嘱，让每个女儿可以分到 9 000英镑的遗产。两个月后，老人在律师完成必要工作前去世。由于律师疏忽大意造成的迟延，导致女儿们没有得到遗产。两个人遂起诉了这位律师。

法院认为：律师与两姐妹之间具有特定的关系并建立了密切的联系。通过起草遗嘱，该律师被认为愿意承担确保遗嘱有效的责任。因此，可以合理地预见，任何可能的受益人都会因为遗嘱无效而遭受纯粹经济损失。

请注意存在区别却同样有效的由上议院在具体案件中适用的判断近因的标准：

- Murphy v Brentwood Council 案：原告的合理信赖；
- White v Jones 案：认定被告自愿承担相应责任。

White v Jones 案确定的方法更为实际，第三方要求被告从事会影响原告利益的行为，而原告并不知情，因此从现实来讲，原告不能据此对被告产生合理信赖。

在一些案例中，两种因素都会出现（例如，参见稍后介绍的 Hedley Byrne v

Heller 案）。

下面的 West Bromwich Albion 案表明，特定关系需要明确的证据来证明被告对特定结果愿意承担责任，进而使得原告对被告的信赖是可以合理预见的。

West Bromwich Albion Football Club Ltd v El-Safty（2007）

迈克尔·阿普尔顿在原告的俱乐部训练时膝盖受伤。他的合同要求他依据俱乐部的投保条款，接受俱乐部雇用的一位医务人员的护理。被告是为投保人提供服务的具体人员，其护理费用由保险公司提供。由于被告疏忽大意而建议原告进行手术治疗，导致阿普尔顿不能参加职业足球比赛。如果采取保守治疗，那么他将在四个月内重返赛场。

结果，俱乐部表示，因为失去了阿普尔顿这名球员，其损失额高达数百万英镑，其中包括寻找替补球员的费用以及为阿普尔顿支付的薪酬。

法院认为：被告并不因为这些损失而对原告负有注意义务。其基于保险条款领取报酬并对球员进行护理，并不对球员的具体康复以及经济事务提出建议。由于被告并没有被认定对原告的相关损失承担责任，因此原被告之间不存在特定的关系。同样，依据本案的具体情况，强加这些义务也不公平合理。

15.1.2 过失陈述

原则上，过失陈述与过失行为所产生的责任并没有区别。一方当事人可能由于信赖了错误的建议而遭受人身伤害，这与被其他过失行为所伤害并没有区别。在 T v Surrey County Council 案中，由于孩子的母亲接受了作为被告的委员会基于过失给出的建议，导致孩子因保育员的行为而受伤。委员会对原告的母亲给出了建议，它与原告之间形成了密切的联系，而且原告会受到其母亲基于建议所采取行为的影响，这是可以合理预见的，因此委员会对于原告负有相应的注意义务。

实践中，由于过失陈述比过失行为具有潜在的更深远的影响，因此相应的注意义务也被严格限制。一瓶被蜗牛污染的姜啤只会伤害一两个人，但是过失陈述会影响上千人，而且其影响效果会持续很久。法院不倾向于支持被告对不特定多数人在不确定的期限内承担责任。

在例外的案例中，有关义务被认为存在于当事人之间，此时被告对所有形式的损害（包括纯粹经济损失）承担责任。义务产生于被告与原告的密切关系或者原告对被告的信赖。在 Hedley Byrne 案中，对原告、被告之间的关系从定性角度给出了多种描述：**“特殊关系”**（special relationship）或**“准受托人”**（quasi-fiduciary）以及“类合同”。

特殊关系：对过失行为引起的纯粹经济损失起诉的核心部分。原告合理地充分信赖了被告的知识和专业技能。

准受托人：尽管不是信托关系但存在类似的高度信任的关系的人。

Hedley Byrne v Heller (1963, HL)

一家名为 Easipower 的公司与作为广告商的原告签订合同，在电视与面向全国发行的报纸上刊登广告。依据合同条款，如果该公司不履行相应义务，那么原告负担相应支出。在对与 Easipower 合作的银行进行初审之后，原告比较满意，继续履行相应合同。三个月后，原告继续向该银行进行咨询，就是否值得与 Easipower 就“涉及 100 000 英镑额度的交易”进行合作。银行就其最初的意见再次给出了答复，即 Easipower 公司值得信赖，“其公司结构合理，就普通交易来说是合适的合作对象”，但银行又增加了一条意见，“你所给出的交易金额比我们通常见到的要大”，而且银行进一步表示，这项调查“是秘密的，仅供你们私下使用，我行对 Easipower 公司相关事务不负责任”。依据此调查，原告继续和 Easipower 公司合作，但随后此公司破产，原告损失 17 000 英镑。原告基于作为被告的银行提供的建议存在过失，将其起诉。

法院认为：如果免责声明存在，被告对原告不负有注意义务。但是，由于缺乏有效的免责声明，同时被告负有不能作出过失陈述的义务，以及双方之间存在“类合同”的特定密切关系，因此本案中原告可以就纯粹经济损失要求被告赔偿。

15.1.3 决定特定关系存在的判断标准

是否存在特定关系是过失侵权中能否获得纯粹经济损失赔偿的关键，特定关系的存在必须满足特定的标准。

15.1.4 近因

双方必须尽可能具有近因关系，其中应存在高度的信任。这种关系可能通过以下方式形成：

1. 被告直接向原告进行陈述，Hedley Byrne v Heller 案是典型的例子。
2. 陈述是针对第三方的，但该第三方将陈述内容传达给了原告。

Smith v Eric S. Bush (1989, HL)

作为评估师的被告将其对房产的价值评估报告出示给了作为买方的原告。依据这份报告，史密斯女士购买了房产。

法院认为：由于原告合理地依据被告的建议作出判断，因此被告对原告负有注意义务。

（本案更多细节详见第 7 章。）

3. 陈述是向第三方作出的，但第三方依据此陈述造成了原告的后续损失。

Spring v Guardian Assurance (1994)

原告为作为被告的保险公司工作，但其工作非常单调。于是，他向苏格兰相互保险公司 (Scottish Amicable) 求职。LAUTRO（保险公司自律组织）要求对这种另行求职的保险公司从业人员进行调查。这类调查被法官认为“太过严厉，可能会导致原告的保险职业生涯终结，而苏格兰相互保险公司不想这样做”。由于针对原告的指责并没有依据，因此原告针对被告在调查准备过程中的过失进行起诉。

上议院（多数意见）认为：根据 Hedley Byrne 案确立的原则，被告对原告负有注意义务。依据原告的身份，其应当具备相应的技能和勤勉的工作态度，并有相应的证据证明。被告对苏格兰相互保险公司的调查以及原告对此调查的依赖程度，使得被告对原告负有相应责任。

合理信赖和责任假定

原告相信有关陈述并据此预测被告的行为是有一定合理性的。在这种情况下，被告应当承担相应的责任。

这些因素实际上就像硬币的两面，但请注意，White v Jones 案（见前文）表明，可能出现这样的情况：在原告没有信赖被告的情况下，被告依然认为应当承担相关责任。

在 Hedley Byrne v Heller（1963）案中，上议院总结了帮助确定合理信赖是否存在的标准：

1. 被告有能力给出值得信赖的建议。这里包括专业知识、职业资格以及其他专业领域的有关能力。

2. 具有出具意见的特定场合。发生争执时给出的专家意见或者在社交场合给出的建议，都不能被合理信赖。即便是在商务会议场合，如果没有经过仔细核查并提供相关数据，这类建议也不能被采信和依赖。

3. 免责声明或附有条件。如果被告明示或暗示其建议不宜被信赖，那么此时原告的信赖就不具有合理性，因此，合理性预见也就不成立。在 Hedley Byrne v Heller 案中，银行给出的**免责声明**（disclaimer）是免除其注意义务的关键性因素。1977 年的《不公平合同条款法案》第 2 条第 1 款规定，致人死亡或受伤的免责声明不能排除相关过失侵权责任，因此，特定的免责声明并不总是能有效保护被告。但是，过失侵权的责任可能在其他损害场合被合理排除（参见上述法案第 2 条第 2 款）。

即使没有免责声明，任何值得质疑的建议，比如，“据我所知”、“如果去年履行”、“我的数据未经过检测”、“你可以有第二选择”，都使得原告对被告的信赖失去合理性。

Hedley Byrne 原则的限制

到目前为止，从 Hedley Byrne 案和其他案件中我们可以发现，唯一可能遭受损失的是原告本人。在 Caparo v Dickman（1990）案中（事实部分见下文），法院第一次遇到了面对公众的陈述。这一对 Hedley Byrne 原则的必要限制，防止了被告对潜在的大量和无限制的人承担相应的责任。上议院认为，在这种情况下注意义务通常不成立，除非满足下列条件：

1. 当建议给出时，被告对于其具体适用有合理的预见（如 Caparo Industries plc v Dickman（1990，HL）案）；

2. 被告必须合理地知晓建议的接受方，具体到特定（不一定有名字）的个人或特定组织的特定成员（如 Caparo Industries plc v Dickman（1990，HL）案）；

免责声明：当事人为避免过失侵权行为或建议的后果所招致的法律责任，而作出的声明。

---

3. 被告必须合理地预计到原告会信赖此建议，并不会对其作进一步调查或寻求其他建议（如 McNaughten（James）Paper Group Ltd v Hicks Anderson & Co.（1991，CA）案）。

义务的确立必须公平合理

围绕这一问题，你会发现很多明显相互矛盾的判决。根本原因在于，法院在解释近因和可预见性的概念时的严格程度会依据每个案件有所不同，这是为了防止注意义务的产生对公共利益施加影响。法院很乐于帮助像前面提到的史密斯女士这样没有太多财力的弱势消费者，但同时法院也不希望减少有渠道获得更多建议并具有相当经济实力的个体的责任，特别是那些追求巨大利益的交易人员，如 Caparo v Dickman（1990）案所示。同样，如果有替代司法救济存在，那么基于过失侵权的诉权就显得多余了，即使这些救济手段因为特定的案情而不能适用于特定的原告。以下案例对于 Caparo 标准进行了具体阐释。

Caparo Industries plc v Dickman（1990，HL）

原告拥有 Fidelity 公司的股份。被告是一家对 Fidelity 公司进行年度审计的会计师事务所，在审计中出现过失，指出 Fidelity 公司的利润为 130 万英镑，损失为 46.5 万英镑。原告随后增持了股份，并成功进行了并购。之后，原告发现 Fidelity 公司的真实价值要远远低于会计师提供的数据。

法院认为：此处被告没有针对原告的注意义务。此处信息的重要性不言而喻。会计报告是使股东决定如何在大会上进行投票的关键依据，但并不是个人的投资建议。如果此处注意义务成立，那么它就不仅仅是保护股东的利益，而是保护所有公开市场潜在买方的利益，因此就产生了对不特定的大部分人的潜在责任，这显然是不合适的。

McNaughten（James）Paper Group Ltd v Hicks Anderson & Co.（1991，CA）

公司董事长依据会计师出具的会计报告制定了相应的并购草案，会计师对此不负有相关注意义务。

法院认为：由于对原告利用会计报告草案无法预见，特别是在原告还拥有从其他渠道获得的专家意见的情况下，因此，被告对此不承担责任。被告同样了解会计报告是在很短的时间内完成的，而且内容并不完善，它的作用只是大致指出一家公司的财务状况，而不是一种决定性的意见。

请将上述两个判例与接下来的判例进行比较：

Morgan Crucible Co. plc v Hill Samuel Bank（1991，CA）

原告依据一份被告公司出具的利润表进行预测而采取了并购措施。作为被告的会计师和银行表示，经过全面仔细的检查，这一预测符合公司的会计程序。

法院认为：被告应承担责任。它使得原告依据其出具的有关信息进行并购。尽管被告出具独立的建议，但大部分信息只有被告可以获得且不能独立判断，因此原告信赖它具有合理性。

还可参考 Smith v Eric S. Bush（1989）案，该案的具体情况见前文。大部分关于过失陈述的案例都会聚焦于纯粹经济损失，以下案例则关注人身伤害。

T v Surrey County Council（1994）

T是一名幼儿。其母亲咨询郡委员会，询问是否可以雇用一位已经登记的保育员。委员会没有告诉T的母亲，前段时间，该保育员所照看的幼儿脑部出现损伤，尽管没有直接证据证明此事与保育员有关，但之后这名保育员被建议只能照顾年龄在两岁以上的儿童。之后，T遭受了这名保育员的暴力对待，并导致严重的脑部损伤。

法院认为：因为郡委员会的建议与安全直接相关，所以该委员会对T负有注意义务，本案据此存在充分的近因关系。该委员会应该合理预见到，由具有特定知识的专业人员作出的建议会被原告充分信赖。如果这类建议不正确，将会直接对T的安全造成危害。

上述案件的法官表示，由于存在人身伤害，比只存在纯粹经济损失的情况更容易满足Donoghue v Stevenson案的原则，因此，本案存在Hedley Byrne案中明确的近因关系。在Clay v Crump（1963）案中，作为被告的建筑师对装修中受伤的工人负有责任，原因在于其错误地估计了一面墙的牢固程度，墙坍塌而导致工人受伤。法院认为，被告能够合理地预见，如果自己给出的建议有误，将会使工人处于危险之中。

一个十分有趣但至今没有解决的问题是金融与司法领域的专家意见引起了责任，这类建议是通过电视、广告在一定时期内向公众发布的。也有一些出版物声称可以帮助你进行产权转让或订立遗嘱。此处存在大量潜在的原告，使得法院不愿作出有利于原告的判决。另一方面，这类公开出版物倾向于让大众对其提供的消息加以信赖，并明确表示，其提供的信息有帮助、有建设性，而且这类信息也都是由相关领域专家提出的。对这类信息越关注（例如，在广播节目中，有电话打入进行一对一的对话），义务产生的可能性就越大，除非这里有明确有效的免责声明。

生活实例

霍勒斯作为一名发烧级电脑用户，阅读了大量的电脑杂志。在一次聚会上，他遇到了弗洛伦斯，后者被霍勒斯显露出的有关知识所打动，询问他能否帮助购买一台电脑用于自己新的设计业务。霍勒斯表示自己知道哪里有打折的机器，并在下一周和弗洛伦斯一起来到了Mouse Technology大厦。在霍勒斯的建议下，弗洛伦斯购买了一台在霍勒斯看来可以满足她所有需要的电脑。但是，使用了几周之后，弗洛伦斯发现这台电脑明显不适合自己的工作，不得不另外购买了一台机器，这又花费了其1 500英镑。

霍勒斯不愿意承担相应责任。他本人在相关技术方面并不是一个专家，并不具有法律上承认的相应知识，而且考虑到两个人之间非商务关系，就将自己排除在Hedley Byrne关系之外。在Chaudhry v Prabhakar（1988）案中，关于购买二手车的非专业意见也产生了相应的责任。但是，与该案中的当事人不同，弗洛伦斯本人也在交易现场，并有机会通过导购来检测霍勒斯的建议是否可靠，因此，她对于霍勒斯的建议的信赖不具有合理性。

15.1.5　精神打击（精神伤害）

在被告的过失行为导致原告人身伤害的情形中，必然存在注意义务。如果原告所患疾病只是由被告的行为招致的精神打击或悲伤而引起的，那么此时强加一个注意义务对被告而言显得负担过重。单纯的精神打击或悲伤情绪造成的损害无法赔偿，但是如果引起了医学上承认的疾病则会产生相应的责任。这类疾病可以是身体上的，比如心脏病，但是最近大部分的诉讼更多地集中于精神上的疾病，比如创伤后压力综合征。

在 Page v Smith 案中（稍后介绍），上议院认为，确定**精神惊吓**（nervous shock）案件中注意义务的规则，依据受害人是被告行为的**直接受害人**（primary victim）还是**间接受害人**（secondary victim）而有所不同。直接受害人被定义为直接受事故影响的人，其可能遭受人身伤害或有合理理由为自身的安全状态产生恐惧。

Dulieu v White（1901）

被告的过失导致所骑的马失控，撞坏了一家酒吧的外墙，此时原告——一名酒吧服务员正在工作。她成功地躲过了飞来的砖瓦，并未受到直接伤害。但之后，她因为遭受惊吓而流产。

法院认为：被告能合理地预见原告在被告行为所造成的影响下，会因为担心自身安全而产生恐惧，因此被告应当承担相应责任。

间接受害人并没有过深地介入事故，因为其仅仅是事故的目击者。因此，应有更为严格的标准来限制义务的产生，否则会导致出现大量的原告而使被告对所有这些人都承担责任，从而产生不公平的后果。

直接受害人

被告导致了危险的出现，因为义务的产生主要是基于过失侵权原则。注意义务的产生是由于被告对原告的物理伤害或精神伤害具有合理预见性。

Page v Smith（1995，HL）

被告在驾驶时出现过失，导致自己的车与原告的车相撞。车的损害不太严重，原告表面上也没有受伤。但不久之后，原告在漫长的康复过程中反复罹患肌痛性脑脊髓炎（主要是精神层面）。

法院认为：被告对原告负有与其他行驶者一样的注意义务，原因在于他应该合理预见到原告可能因为自己的不当驾驶而遭受损害。原告并不一定要证明车祸导致其遭受了精神伤害。物理伤害与精神伤害的区别在这类案件中是无关紧要的。

精神惊吓：由于目睹或牵涉被告的过失行为造成的事故，而受到惊吓或精神上的伤害。

直接受害人：直接处于精神打击危险之中的人。

间接受害人：精神惊吓诉讼中的原告，同时也是忍受目击被告行为的后果而受到损害的人。

上议院表示，Page v Smith 案中的限制也适用于 Johnston v NEI International（2007，HL）案。在该案中，多位原告因为替雇主工作而长期暴露在石棉环境下，导致罹患了胸膜斑块。基于之前的判决，本案中原告的诉求很可能得到法院支持。

Johnston and Others v NEI International（2007，HL）

多位原告被诊断出患上了胸膜斑块（肺部组织硬化），原因在于他们长期在石棉环境中工作。诊断结果是在雇主的过失侵权行为发生数年之后出具的。由于担心自己的病情会发展为石棉肺，约翰斯顿和其他工友一直非常焦虑和担忧，其中一人（格里夫斯先生）还患上了临床抑郁症和肠易激综合征。

上议院认为：所有的诉讼请求不能得到支持。

1. 约翰斯顿先生和其他两位原告声称被告应对其胸膜斑块及心理焦虑负责，但原告最终败诉，原因在于法律责任的成立要件包括法律承认的现实伤害。而斑块只是一种普通的生理变化，并非可以起诉的疾病。因此被告对于原告的伤害很有限，而原告对于未来的担忧也不属于可被作为起诉理由的疾病。即使考虑两者，也不构成可诉性的伤害。

2. 格里夫斯先生败诉的原因在于，一个具有合理毅力的普通人会由于害怕未来可能罹患疾病而产生精神上的疾病，这一结果不具有合理的可预见性。

原告还辩称自己是直接受害人，身体上的伤害就是胸膜斑块，被告对其负有相应责任，这是长期暴露在石棉环境下的可预见的结果。这一诉求同样没有得到支持，因为 Page v Smith 案确立的原则被局限于因为过失侵权直接和即时发生的伤害，原告遭受的伤害必须是“针对突发且令人产生惊恐的事故的应激反应，原告没有机会进行准备”（霍普法官）。在暴露于石棉环境下和最终罹患胸膜斑块之间相隔了 20 年，因此，两者之间已经不具有因果关系了。

Johnston 案的判决存有一定的争议。已经先期支付原告费用的保险人对结果很满意，但潜在的原告以及其支持者强烈反对。苏格兰政府迅速启动了立法程序，并通过了 2009 年的《损害赔偿（与石棉有关的情形）法案》（Damages（Asbestos-Related Conditions）Act），这一法案有效地在苏格兰境内推翻了 Johnston 案的判决。而北爱尔兰也于 2011 年通过了类似的法案。

下议院于 2008—2009 年作出了 Johnston 案的判决，之后被下议院通过的 2009—2010 年的《损害赔偿（与石棉有关的情形）法案》推翻。但在履行相应的程序，即经上议院讨论的时候被中止，因为议会休会。

新闻报道

政府干预：胸膜斑块法律责任

2010 年 3 月，政府宣布，导致雇员罹患胸膜斑块在英格兰和威尔士地区不会产生相应的法律责任，因为医学证据表明，长期暴露在石棉环境下会导致一定的疾病，但不是胸膜斑块。但是，政府对胸膜斑块患者还是提供了一些救济，政府宣布，这类案件的原告如果在 Johnston 案之前提起诉讼，有权在 2010 年 8 月—2011 年 8 月申请一笔金额为 5 000 英镑的非法定赔偿。

非自愿参与人

尽管被告的行为才是真正的原因，但作为**非自愿参与人**（involuntary participant），原告觉得自己应对事故的发生负责。此时，原告仍会被认定为直接受害人。

> **Dooley v Cammell Laird（1951）**
>
> 原告正在操作起重机，但该起重机由于其雇主的过失而没有被很好地固定。起重机的缆绳突然断裂，原告目睹了巨大的货箱砸向地面，同时被其工友可能遭遇的命运所惊吓（事实上，此人奇迹般地没有受伤），导致急性精神失常。
>
> 法院认为：由于原告的反应源于以为自己的行为导致了事故，并对其工友产生担心，这些都具有可预见性，因此雇主应承担法律责任。

在这类案件中，说服法庭认同存在充分的可预见性并不容易。在 Monk v Harrington Ltd and Others（2008）案（稍后介绍）中，蒙克先生确信他要为一起事故负责，而这一行为加重了他自己的创伤，但在具体案件中，为了防止不公平结果的出现，蒙克先生败诉，具体原因在于，在该案的情况下，很难合理预测到当事人会遭受精神伤害。

救助者

只有在上议院发布 White 案的判决之后，依据在事故中充分的介入性，救助者才会被自动认定为直接受害人。这一原则的理论基础在于，鼓励公众在紧急情况下施以人道救助，符合公众利益。

> **Chadwick v British Rail（1967）**
>
> 原告经历了一个筋疲力尽的夜晚，他对一起严重的火车相撞事故中的重伤员和濒死受害人进行急救和抚慰，结果导致自己患上了急性重度抑郁症。
>
> 法院认为：志愿者对伤者进行帮助并可能患上心理疾病，是具有合理预见性的，因此，此处针对原告的注意义务是存在的。

在 White v Chief Constable of South Yorkshire 案中，上议院对针对救助者的注意义务进行了限制，它只存在于救助者陷入危险或有理由相信其陷入危险的情况。

> **White v Chief Constable of South Yorkshire（1999，HL）**
>
> 由于警察没能有效控制希尔斯堡体育场的入场秩序，导致发生了踩踏事故，95 人遇难，数百人受伤。原告是当时参与现场救助的初级警务人员，由于长时间的救援并目睹了现场的惨状，原告最终患上了创伤后压力综合征。
>
> 法院认为：原告的请求不能得到支持，因为原告并没有产生对危险的恐惧，所以不存在针对原告的注意义务。

非自愿参与人：精神打击的直接受害人，尽管没有责任，但受到被告的过失行为的影响。

判决可以基于政策原因（公共利益）适当加以调整。上议院希望对越来越多的来自紧急救助人员的赔偿诉求进行限制，这些人员基于可能产生的负面情绪而非危险情形提起这类诉讼。如果不经过认真核查，这类诉讼的成本可能会损害有关机构的服务规定，并给纳税人增加负担。但是，像查德威克先生这样的人今天不会胜诉，除非法院准备认同其处于足够的危险之中或者其感到恐惧是合理的。以下案例对此进行了详细阐述。

Monk v Harrington Ltd and Others (2008)

由于作为被告的建筑公司的过失行为，在建设温布利体育场时发生了事故。蒙克先生的两位同事在平台垮塌时从60英尺高处落下。其中一人不久后死亡，另一人则摔断了一条腿。在此过程中，蒙克先生一直试图帮助两位同事。之后，由于目击整个过程，蒙克先生患上了创伤后压力和抑郁综合征，并一直受到这一病症的折磨。

法院认为：在蒙克先生对同事施救时，不太可能认为自己也处于危险之中，因此也就没有合理的理由支持蒙克先生自己所认为的，是他造成了相关事故这一想法。因此，蒙克先生并不是直接受害人，此处不存在对他的注意义务。

本案是对救助者进行司法分类所引发问题的很好例子。如果依据法律规定，法律的权威将会阻止法庭帮助那些政策上倾向于施加责任的诉讼当事人。建筑行业尽管已经得到了比以前更好的规制，但是事故记录依然非常触目惊心。在强加责任是否必然会使当事人提高安全标准遭受质疑的同时，至少可以使得像蒙克先生这样的原告可以因其人道主义行为遭受的损失获得一定的补偿。

过失性虚假陈述与精神打击

陈述与行为一样，也会导致责任的产生。发送具有足够敏感性的坏消息也会违反有关注意义务，因为对于精神损害的合理预见被阻却了（AB v Tameside & Glossop Health Authority (1997) 案）。同样，人们具有传递准确新闻的法律义务。在 Allin v City & Hackney Health Authority (1996) 案中，法院认为被告应对原告收到敏感但虚假的信息——她的儿子死亡，进而遭受的精神打击负相应的法律责任。要了解过失性虚假陈述产生的义务，应更多地参考 Hedley Byrne 案中的关系，而不是关于精神打击的一般规则。

对直接受害人负法律责任，对于服务提供者来说成本过高。具体例子如国王十字车站大火案，该案中，伦敦交通系统对于包括消防员在内的大量原告负有相应的法律责任。1987年，共计193人在乘坐 Herald of Free 公司的客轮前往泽布吕赫的途中，由于船只倾覆而溺水身亡，该案中，受到极度惊吓的受害者及其亲属是大规模诉讼的主要提出者。1989年，Marchioness 客轮在托马斯港沉没，共计51人死亡，这是另一个代表性案件。

间接受害人

这些受害者仅仅目击了事故，或者仅仅是在不存在危险和合理恐惧的情况下介入了事故。下一个案例是第一次由间接受害人提出的诉讼，并确立了现在调整大量此类案件的基本原则。

Hambrook v Stokes (1925, CA)

一位母亲目睹了被告过失驾驶马车冲下山坡，直接奔向她的两个正好消失在道路转弯处的女儿。尽管她没有亲眼目睹事故，但她在马车撞毁墙壁并接近自己的女儿时，听到了事故的声音。所幸，女儿们奇迹般地毫发无损，母亲却由于担心孩子们的安危而遭受过度惊吓并罹患了严重的心脏病。

法院认为：被告应当承担责任。由于被告的行为造成事故，目击者遭受精神打击，此处存在相应的注意义务，因为一个正常人在这种情况下遭受心理创伤是可以合理预见的。目击者的惊吓可能源于目睹事故的发生过程，也可能源于目睹事故发生后的第一现场。惊吓必须源于原告的亲眼目睹，而不是由第三方告知。

在之后的案例中，上议院进一步对法律进行了发展，强调了原告在物理上以及时间上与事故之间必须存在近因的重要性，并对“事故之后”的范围进行了限制。

McLoughlin v O'Brian (1982, HL)

被告过失驾驶引发交通事故，造成原告的丈夫和孩子重伤，目睹了伤情的原告精神上受到打击，患上了急性抑郁症，且性格发生了很大变化。

法院认为：原告胜诉。尽管原告没有出现在事故现场，但其在事故发生一小时后目睹了惨状，这已经满足了时间近因，她的反应是可以合理预见的。

在 Alcock v Wright 案中，上议院确立了决定间接受害人注意义务的具体标准。

Alcock v Wright (1991, HL)

16 名原告深爱的人在希尔斯堡惨案中受伤（参见章末的“网络学习”），他们提起诉讼但均未胜诉，因为他们都不满足上议院确立的必要性标准，这些标准在这类场合对合理性预期和近因的适用进行了限制。

法院认为：原告必须对以下事实进行举证：

(a) 他们由于受到突然和即时的视觉冲击，而被某种已经由医学证实的疾病或身体状况所折磨。这一要求排除了那些并非遭受突发惨剧的折磨而是受到逐渐形成的困扰自身的恐惧和压力所影响的人。

(b) 可以预见原告的反应：其与受害者之间具有基于爱情或亲情的亲密关系。这种关系默认存在于夫妻之间或父母与子女之间；其他非此类关系的原告必须证明，在具体情况下其与受害者存在相应的亲密关系。（并非所有的 Alcock 案的原告均满足这一要求）。

(c) 他们的反应是一个具有合理勇气的正常人目击这种程度的惨剧所应产生的正常反应。

(d) 他们与事故存在足够的近因。近因的衡量标准包括时间和空间两方面。原告通常必须十分接近事故现场，可以目睹事故的发生，或者在事故发生后很短时间内目睹了事故现场，这两种情况都满足近因的要求。原告还必须自己直接目睹相应的场景，而不能经由第三方的叙述得知。（这一规定排除了 Alcock 案中，那些通过电视报道得知惨剧的原告以及在事故发生 8 小时后前往辨认遗体的原告。）

值得思考

你认为上议院在 Alcock 案中为什么要坚持间接受害人一定要直接目击了事故，并规定通过电视看到事故的不能被认定为间接受害人？

参考答案见书末的附录。

Alcock 案的标准对于检验是否为间接受害人以及回答这一主题的相关问题很有用处。它们的具体适用在接下来两个案例中会有详细的示例。

Taylorson v Shieldness Products（1994，CA）

原告是一名 14 岁男孩的父母，这名男孩因被告雇员的疏忽而被其驾驶的卡车撞倒，并于三天后去世。男孩的父母并没有目睹事故本身，仅仅在男孩被初步急救后，看了他一眼，随后男孩被送往第二家医院。在男孩的救治过程中，他们也不在现场。男孩的父亲当晚去了事故现场，但母亲直到第二天才见到男孩。他们一起陪伴他走过了最后两天，在此期间男孩一直依靠生命维持系统延续生命。之后，基于这一变故，男孩的父母因患上抑郁症提起诉讼。

法院认为：被告不存在注意义务，因为父母在时间和空间上与事故之间不存在足够的近因。而且，对于原告的赔偿更多地是基于其悲伤而非惊吓。

在希尔斯堡案件中，被报道的原告中唯一胜诉的是约翰·麦卡锡（McCarthy v Chief Constable of South Yorkshire（1996）案），他由于罹患创伤后压力综合征获得了 20 万英镑的损害赔偿。他同父异母的兄弟伊恩在一个看台上因窒息而死。约翰满足 Alcock 案的标准，因为他当时就在现场，虽然在不同的看台，但他目睹了惨剧的发生过程。因此，他被认为具有充足的近因，而且他与受害者的关系自动证明了他们有密切的情感联系。

实际上，本案中，只有极少数的间接受害人最终胜诉。

Palmer v Tees Health Authority（1999，CA）

原告的女儿被一名精神病患者劫持并杀害。原告患上了创伤后压力综合征，并断言是由于被告没有诊断出这名病人对儿童存在危险才导致惨剧发生。原告表示，在 15 分钟内，她首先发现自己的女儿不见了，而后被告知女儿遭到了劫持，这使自己受到了即时的惊吓。当她女儿的尸体在三天后被发现时，原告就在那名精神病人的房子附近，但没有被允许看到自己女儿的遗体。原告表示，自己的精神疾病就是由于其在现场并在劫持发生后和找到尸体后第一时间出现在了现场，关于这一点原告之后予以证明。

法院认为：原告的诉讼请求不能得到支持，原因包括以下两点：

（a）她并没有亲眼看到劫持和谋杀，也没有发现尸体，同时也不是在事情发生后第一时间介入，因此没有满足充分的近因要求；

（b）原告的目击和经历并不能满足 Alcock 案确定的惊吓的突然性标准。她的具体情况和希尔斯堡案件中一些败诉的原告很类似，他们在最恐惧的结果变为现实前，都度过了一段焦虑的时期。她对可能发生的结果的想象与“目睹突然出现的情况或听到恐怖的事情”是不同的。

但是，最近上诉法院准备对 Alcock 原则作出更为宽泛的解释，以解决一些极端的案例。

Walters v North Glamorgan NHS Trust（2002）

由于健康中心的过失，原告的儿子死于肝功能衰竭。在最后的 36 小时里，原告在儿子住院后目睹了很多使其产生心理创伤的情景，从她发现儿子患有癫痫，并一直吐血，到最后随着生命维持装置的撤离，儿子在自己的怀里去世。对于儿子的病情，原告收到了相矛盾的信息。事实上，她的情绪经历了过山车一般的变化，从“逐渐产生希望到希望减少直至全部破灭”（大法官沃德）。结果，原告遭受了病理性悲伤反应。

法院认为：本案的情况应当被认为足以使原告产生“恐惧”，因此，Alcock 案的标准得到了满足，对原告的注意义务成立。

这在过失侵权问题中是一个复杂而又充满矛盾的领域。相应的规制通常看起来都很武断，有时还会产生明显有失公平的结果。一份 1998 年出版的《法律委员会报告》（Law Commission Report）（第 249 号，关于精神损害的赔偿责任），建议对间接受害人的注意义务进行立法改革，以取代 Alcock 案的原则。报告中提出以下建议：

（a）与受害人之间具有情感关系的人的范围应被扩大，应当包括兄弟姐妹以及至少两年的同居关系（包括同性之间）者。

（b）原告的疾病不一定是由突然的惊吓造成的，也可以是长时间的焦虑和压力造成的。

（c）近因与原告是在事故发生之前还是之后目睹有关情况无关。

（d）如果身体伤害是可以合理预见的，那么即便最终只造成了精神损害，法律责任也不可免除

到目前为止，这些建议还没有被议会采纳。

15.1.6　不作为侵权和第三方侵权的损害赔偿责任

不作为侵权

侵权法更为关注被告对原告（过失行为）积极的损害行为及其相关赔偿问题，与此相比，对于被告不作为造成原告利益损失（义务未履行）的情况则关注较少。因此，不作为侵权行为很少产生注意义务。在 Stovin v Wise（1996）案中，戈夫法官说：“不作为侵权与积极行为的侵权应得到不同的对待，这有充分的理由。法律规定个人为一定行为并需要考虑可能对其他人造成损害是一回事，法律要求不为任何行为的个人要防止给其他人带来损害则是另外一回事。”他进一步表示，这包含了政治、道德和经济上的考量。强行施加的法律责任可能会不公平地限制个人自由。个人因为从道德上讲应该介入而没有介入，从而承担赔偿的经济负担在道德上是不公平的。“对于过失行为（比如恐吓）引发的损失可以施加赔偿责任，但要求没有积极行为的当事人为其他人利益进行赔付则与上述情况不同，且不太公平。”

正如戈夫法官所述，区分道德责任和法律责任十分重要，因为两者不会必然重叠。比如，在没有义务的前提下，你没有阻止一个盲人走向一辆飞奔而来的巴士，此时显然不能让你承担相应的过失侵权或其他侵权责任。

“过错不作为”可能产生注意义务

有时，不作为是不会产生相应义务的，尽管经过仔细分析，我们会发现不作为并不是一个独立的过失行为，而通常是一系列行为的一个环节，但这一系列环节已经产生了相应的责任或者原告对被告产生了信赖。在这些情况下，注意义务已经在当事人之间存在。例如，如果你开车时没有踩刹车或保持一定的警惕性而撞倒任何一位行人，需要负法律责任。如果你选择帮助盲人穿过马路，此时你就创制了一个注意义务，在你把事情搞糟的情况下，就要负法律责任。同样的情况还包括，一名学校老师没有阻止一名学生爬进动物园的熊山，或者一名医生没有告知病人某些药品不能和特定的食物一起服用，最终导致病人的健康受损。

第三人行为

法律存在一种假定，即我们所有人对于自己的行为负有责任，因此，一方对第三方的侵权负责的案例就比较少见（这里不包括代理责任）。

Smith v Littlewoods Organisation（1987，HL）

Littlewoods买下了一家废弃的电影院，希望在该土地上开一家商店。在电影院被拆除后相当长一段时间里，没有Littlewoods的雇员出现在那里，一些破坏分子进入那片区域并纵火。火势绵延到了邻近的史密斯的房产。史密斯认为Littlewoods缺乏针对闯入者的安全措施，进而违反了阻止损害发生的注意义务。双方都认为，只要雇用警卫24小时工作就可以阻止闯入者的破坏行为。

法院认为：尽管土地的占有者有义务合理地管理土地并保证其不给相邻土地的主人带来危险，但Littlewoods没有注意义务，因为没有特定的情形表明破坏分子的出现是可以合理预见的。

格里菲思法官认为：“法律会要求土地占有者采取措施应对这类情况，我不认为这种情况永远不会出现，但在极端的情况下才应该这样做。土地上的商店并没有固有的危险，我也不能认定没有设备的电影院比其他市中心空置的建筑物更容易吸引破坏者。我们并没有从当地警方得到这样的信息，即破坏者在对建筑物造成破坏时，火势波及附近的建筑物。”在这种情况下，要求24小时警卫值守，是“不能承受”的负担。

Littlewoods案是法院对合理预见性的适用采取限制的很好例证。破坏他人财产是城市中有代表性的问题。但是，在涉及财产损害的诸多案件中，法院通常会认定原告购买了保险，因此对于第三方损害或者不作为侵权，法院都不会对原告报以同情。这一政策的目的是鼓励财产所有权人更为谨慎，同时防止保险公司通过诉讼方式挽回自己的损失。

土地占有者通常不具有保障其房产不伤及邻居的义务，除非有证据证明存在相应的风险。如果被告的房产之前遭遇过闯入和破坏，这会使得法院更有可能认为这类损害对于原告来说具有合理的可预见性。

在下列情况下，会产生相应的义务：

1. 基于之前存在的关系，被告有责任控制第三方的行为。

Home Office v Dorset Yacht Co. Ltd（1970，HL）

原告的游艇被一名从附近监狱逃出的少年犯损坏，英国内政部（Home Office）应对此负法律责任。

2. 被告与原告之前存在的关系使得被告有责任阻止损害的发生。

Stansbie v Troman (1948, CA)

斯坦斯比是一位室内装潢师，负责特曼女士房子的装潢。他在出门购买墙纸时没有锁门，此后有盗贼进入，斯坦斯比应对由此造成的损失负责。

15.1.7　公共管理机构和成文法规定的自由裁量

公共服务的提供者，比如消防队、警察和地方当局，依据成文法规定的义务和权力进行运转。这类义务是强制性的，但通常定义得非常宽泛，关于如何行使，给当局留下了足够的自由裁量空间。例如，地方当局必须为在下游地区的儿童提供全日制的教育，但具体如何操作则留有很大的自由度。例如，当局可以决定，单一性别学校是否可供选择，并确定选择机制以及针对中等学校的转学制度。一些地方当局为身体有缺陷以及学习困难的学生提供特殊学校，另一些地方当局则把这些学生安排进普通学校。这类选择考虑了特定社区的具体需要，但其必须受到预算的限制。

成文法义务的存在是为了通过提供当地需要的服务来尽可能满足公共利益。传统上法院不愿意使政府机关的注意义务得以成立，这类义务通常是普通公众由于当局**法定自由裁量**（statutory discretion）对自己产生损害，进而提出的。通常，这类起诉都是基于公权力不作为而导致第三方对原告造成损害。这些因素和法院的意愿相结合不会约束议会授予法院的自由裁量权，这就使得法院实际上不太愿意在审判中使注意义务得以成立。政策在这类情况下起到了非常重要的作用。

消防队及救护服务部门承担有限义务

Capital and Counties Bank plc v Hampshire Fire Brigade (1997, CA)

消防员对原告的房屋进行了灭火，但是在离开时关闭了屋顶的自动灭火装置，导致室内温度依然很高。不久之后，火势再起导致房屋毁损。

法院认为：消防队基于民事法律没有义务进行救火。因此，注意义务被限制在特定情况下，即消防员的行为直接导致原告的问题恶化。本案中，作为被告的消防队应承担相应的责任，因为其介入导致原告的损害加重。

请记住，法院在这类案件中的判决会被对原告进行投保的期待所影响。如果案件涉及死亡或人身伤害，我们可能会看到不同的审判方法。急救服务从属于医疗服务，且比其他紧急救助承担的责任更大，因为其服务的时效性要求更高，一旦出现求救电话，就要第一时间派出救护车。

法定自由裁量：适用议会相关法案使对成文法义务的确立具有一定的灵活性。

Kent v Griffiths and Others（No. 3）（2001，CA）

原告患有急性哮喘，因为救护车延迟到达使其没有及时接受救治，最终导致原告的大脑严重损伤。

法院认为：考虑到在当时有充足的救护车可供调配，且求助者被告知救护车已经派出，因此，救护车应在合理的时间内到达。急救服务是医疗服务的一部分。因此，将其服务质量与医院提供的服务质量看齐是合理的，而不能将其与消防队和警察系统相比较。

警察

警务当局承担的相应责任与其他类型的雇主责任相同，即需要为其警员的过失以及未能保护其羁押下的人员免遭伤害负责，但法院拒绝受理警察明显过失导致未能阻止犯罪发生的案件。有人认为这会不公平地在这一问题上限制法院的自由裁量权，而这一问题恰恰又需要极大的灵活性，并会引发警察的防卫行为，同时也会造成公众对警务人员的偏见。

Osman v Ferguson（1993，CA）

一名学校教师十分迷恋一名小学生，骚扰学生本人和家庭，毁损其财产，并企图撞击其汽车。警察得知后，对该教师进行了调查，但没有逮捕。此后这名教师继续进行骚扰，并发展为向这位学生及其父亲射击，并导致前者受伤，后者死亡。针对警方过失侵权行为的诉讼被提起。

法院认为：诉讼要求不能成立。关于警察与被侵害者存在特定关系进而推断出存在足够的近因，这一说法存在争议。但是，要求警察对犯罪行为的受害人负有注意义务既不公平也不合理。相关标准并没有得到完善，同时也会使得对其他犯罪行为进行调查和监督的警力资源被分散，进而影响到公众的安全。

本案似乎表明警察在裁量权问题上享有完全的司法豁免。

自 Osman v UK（1999）案后，法院不得不采取一些不那么规范的方式处理案件，在 Osman v UK 案中，欧洲人权法院认为，给予警方豁免权实质上违反了《欧洲人权公约》第 6 条的规定（公平司法权）。上议院（Barrett v Enfield Borough Council（1999）案）随后表示，任何对于警方当局豁免权存疑的案件，必须证明注意义务是否存在。当然，这并不意味着该义务必须存在，而只是给予原告重新审视自身案件的机会，由此赋予其公平司法的权利。

考虑到上议院的判决，如果想要说服法院：警察违反《欧洲人权公约》第 2 条的过失侵权行为或责任，其中存在相应注意义务，这几乎是不可能的。

Chief Constable Hertfordshire v Van Colle and Smith v Chief Constable of Sussex（2008，HL）

这两起诉讼都是针对警方未能及时保护处于暴力攻击危险中的当事人而提起的。第一起诉讼是一位盗窃案的目击证人 X 在出庭作证前被盗窃案的嫌疑人谋杀。有证据表明，此前 X 收到了大量来自 Y 的威胁和恐吓，而这一切，警方都是知晓的。

史密斯一直告诉警方，A（他的前合伙人）曾经威胁要杀死自己，并提供了足够多的逮捕此人的证据。比如，他收到了超过 130 条来自 A 的短信，其中一些包含了明显具有威胁意味的字眼，如“你死定了”、“你小心点，就要疯狂了”、“我主意已定，一定会杀了你”、“我昨天带着刀等在斗牛犬酒吧，可惜你没来”。但是，警方选择忽视史密斯先生的报案。最终，他被人用铁锤砸成重伤。X 的代理人基于警方违反《欧洲人权公约》第 2 条提起诉讼，史密斯先生则以过失侵权为由提起诉讼。

法院认为：两起上诉均被驳回。

X 案：基于 Osman v UK 案对于责任成立的规定，法院不会接受警方违法的认定，除非在那个时点，警方理应知道，“来自第三方的犯罪行为对于确定的个人具有现实危险性且十分紧迫”。Y 是一个严重“心理失常且行为难以预测的人”。因此，警方不能基于 X 是另一案件的目击证人就将其划在普通大众之外，并由此推断 Y 对于 X 的安全有足够的危险性。Osman 标准并不是一成不变的，而且特定的事实是否符合有关标准也很重要。

Smith 案（宾厄姆法官对判决持不同意见）：基于 Hill v Chief Constable West Yorkshire（1989，HL）案所确立的规则，警方对于保护特定人免于刑事犯罪的袭击，不具有普通法上的注意义务，除非在极其特定的情况下，只有这么做才能保护公众利益。特定的有证据证明的威胁会使警方的注意义务成立，但此处并非如此。

以上解决方式也许看起来不太公平，但请记住，这类刑事案件的受害人还有其他的争议解决渠道，比如刑事损害赔偿委员会和正规的诉讼体系。

教育及社会服务部门

过去，法院通常不允许对当地政府的教育和社会服务部门基于过失侵权而起诉，原因在于这会妨碍资源的自由使用，并干扰社会政策。在 X v Bedfordshire County Council（1995）案中，上议院驳回了两起诉讼，其针对的是地方当局未将儿童送进教养院的过失性决定。法院认为，本案并不存在注意义务，且社会服务部门可能会被不适当地限制。如果法院判决社会服务部门败诉，可能会导致它们的行为更为消极，并毫无必要地将儿童一律送进教养院。

正如上文揭示的，自从欧盟人权法院对 Osman 案判决后，法院的态度不得不发生转变。这从上议院在 Barrett v Enfield Borough Council（1999）案的判决中可以找到佐证。

没有将儿童送入教养院，这一案件现在可能会胜诉（Pierce v Doncaster etropolitan Borough Council（EWCA 2008）案）。但是，由父母提起的关于其子女被错误地送进教养院的诉讼仍然不太可能胜诉。在 Lawrence v Pembrokeshire County Council（2007，CA）案中，原告的孩子被错误地置于具有一定风险的登记场所，此时劳伦斯夫人则被错误地怀疑虐待了孩子。该起诉被法院驳回，原因在于法院认为此处并不存在注意义务。原告对此提起上诉，并认为应根据 1998 年的《人权法案》的规定，国内审判应适用《欧洲人权公约》第 8 条（家庭生命权），并据此增加现行法律中过失侵权的具体情形。上诉法院认为，上议院（JD v East Berkshire Community Health NHS Trust and Others（2005）案）已经决定（尽管之前已经贯彻了《人权法案》），考虑到地方当局的行为基于善意，因此本案的过失行为没有对被错误怀疑具有虐待行为的父母创设相应的注意义务。此处不应对注意义务的范畴做扩大化处理。在劳伦斯夫人和委员会之间缺少足够的近因。如果要求儿童保护机构能够在调查和防止虐待期间自由行使裁量权，而不受到潜在司法机构的制约，那么将会对公众利益产生影响。

在这类案件中，通常都存在替代的救济方式。劳伦斯夫人在申诉专员调查之后已经得到了赔偿，而且基于《人权法案》提起诉讼也是可行的。

1998年的《人权法案》的影响

自2000年起，基于1998年《人权法案》对违反国际公约的行为提起针对公共机构的诉讼变为可能。这比基于过失侵权提起诉讼更为合适，也更可能胜诉，特别是在不作为侵权、防止第三方损害或者滥用自由裁量等领域。在Z and A v UK（2002）案中，原告（X v Bedfordshire County Council（1995）案中的两名儿童原告）对委员会违反《人权法案》第3条（有权不受到非人或侮辱性待遇），没能保护他们免遭虐待提起诉讼并胜诉。另一名儿童的案件则涉及委员会违反《人权法案》第8条（尊重家庭生活的权利），导致该名儿童被不恰当地送进教养院。他的母亲依据第8条提起的诉讼同样胜诉。这类诉讼现在被引入英国法院，法院在审判时必须参照《欧洲人权法案》的判决（详见第3章）。

总结：义务标准只具有指导意义

通过了解本章中各种存在义务的情形，你现在可以意识到，法官在决定注意义务是否存在时通常会考虑合理预见性、近因、公平以及政策原因等各类标准。学生通常会向教师询问这些词语的具体含义，希望老师提供解开这些难题的魔法钥匙。请注意，这是一个不会有满意答案的问题。这些词语本身很难从法律的角度定义，也不会对注意义务在特定情况下是否存在提供确定的答案。它们适用的具体情况（例如特定案件）对于它们的定义和限制具有十分重要的影响，因此，判决会出现很明显的矛盾。正如大法官梅在Merret v Bubb（2001）案中说的，“期待一个放之四海而皆准的标准，是异想天开”。

如果一个案件没有直接造成原告人身和财产伤害，那么此时是不会存在相应义务的，即使原告有其他的救济途径或者可以通过保险弥补损失，情况也是如此，同学们一定要牢记这个结论。法院对于创制不可定义的义务是很谨慎的，并倾向于通过越来越多的方式对义务本身进行发展。因此，作出改变最好是谨慎的而非过于激进的，否则可能出现难以控制的结果。

15.2 第二部分——义务的违反

关于被告没有采取合理的行为尽到注意义务，应由原告加以证明。此时，“合理”的标准是客观的，与在案件特定背景下的“**理性人**”（reasonable man）的标准不同。

对法院审判进行指导的特定标准是存在的。

15.2.1 事故发生的可能性

事故发生的可能性越大，被告需要采取的注意就越多。只有事故的风险合理降低，才能满足法院的要求。依据现有标准，风险没有必要被完全去除。

理性人：用于判断合理性注意的标准，在特定环境下会作出一般人的正常反应。

Bolton v Stone（1951）

原告被一个由被告管理的板球俱乐部里打出的板球击伤。俱乐部的隔离护栏有 17 英尺高，球从三柱门处飞出了大约 80 码。

法院认为：考虑到护栏的高度和三柱门的距离以及一般情况下球可以飞行的距离，本案中被告已经采取了合理措施以减小风险，因此被告不负担法律责任。

但是，类似的事故在其他情况下可能使被告承担法律责任，原因在于有的事故发生的概率较大。

Hilder v Associated Portland Cement（1961）

一些孩子经常在属于被告公司的土地上踢球，这是当地众所周知的事情。这片土地邻近公路，由一面不到三英尺高的围墙与公路相隔。一位摩托车驾驶员经过时被踢出的球击中而最终丧命。

法院认为：由于没有采取足够的措施降低事故发生的概率，因此被告应当承担法律责任。被告既没有阻止孩子们在其场地上踢球，也没有设置可以防止足球飞向公路的护栏。

15. 2. 2　潜在损害的程度

可能造成损害的程度越大，被告需要做的降低风险的工作就越多。

Paris v Stepney Council（1951）

原告受雇于被告的公司从事手工工作。他只有一只眼睛有视力，但在之后的工作事故中，其健康的眼睛也失明了。

法院认为：被告没有向原告提供护目镜，也就没有尽到对原告的合理注意义务。这与正常视力的人在工作中是否必须佩戴护目镜无关。原告受到的伤害比其他雇员要严重得多。

15. 2. 3　防范措施的可行性：风险收益分析

法院在决定注意的合理性时会采用一定的标准进行判断，即该注意能否在给予原告合理性保护的同时不会给被告增加过多负担。这时会采取**风险收益分析**（risk-benefit analysis）的方法。毕竟，没人会保证完全没有风险的环境存在。

Withers v Perry Chain Ltd（1961）

原告受雇于一家工厂，她需要在生产流程中接触油脂，由于对油脂过敏，原告患上了皮肤病。雇主将她调到另一个完全不用接触油脂而且很适合她的岗位，但过敏依然存在。

法院认为：被告公司已经尽其所能防止被告遭受损害，因此，被告没有违反注意义务，原告败诉。

风险收益分析：在决定所需的注意等级时，需要进行一定的平衡，来决定何种预防措施是必要的，且该措施不应不合理地阻碍有益的效果。

Latimer v AEC（1953）

工厂的地板在一次洪水后变得非常湿滑。被告在大部分可供行走的道路上铺撒了木屑，并对其雇员发出了警示。原告在一处没有撒木屑的地方摔倒并受伤，没有铺撒木屑的原因在于这个地方很少有人经过，原告认为此处在地面湿滑的情况下应该予以封闭。

法院认为：风险的程度和致人受伤的可能性不能解释这种极端情况。预防措施必须基于具体环境并具有可操作性。

被告拥有的资源、行业的性质和规模都是法院会加以考虑的因素。但是风险越大，损害的范围越广，被告的成本也就越低。这是一个本属于普通法，但其标准却受到健康和安全方面成文法（参见第18章）发展影响的领域。这一领域通常都要求对特定行为进行事前风险评估。证明风险评估过程足够全面的证据以及采取的预防措施，通常都可以满足注意义务的要求。风险评估已经成为一种被广泛接受的实践做法，即使在没有成文法要求的情况下也是如此。

15.2.4 拥有特定技能的原告

如果原告拥有特定的技能，使其能够意识到潜在的风险，被告就不必采取特别措施对其进行保护。

Roles v Nathan（1963）

两名清洁工试图封堵烟道上的窟窿，但由于被告房屋里的锅炉依然在工作，最终因为烟雾太浓而导致身亡。

法院认为：被告没有构成侵权。清洁工拥有丰富的从业经验，而且很清楚在作业之前应当将锅炉熄灭。这与被告没有发出警示无关。

15.2.5 被告拥有的资质

如果被告拥有相应资质，但其没有依据该技能或资质对原告给予足够合理的注意，就应当承担相应责任，如 Bolam v Friern Hospital Management Committee（1957）案（稍后介绍）。

Phillips v William Whitely（1938）

作为被告的珠宝商在为原告穿耳洞后造成其耳朵化脓，对此被告不承担责任。

法院认为：被告的行为不构成过失侵权。他的行为满足对其所具备的技能应当给予注意的要求。外科医生的标准显然不能适用于他。

. 只有达到职业资质的水准才会纳入法院的考量范围。经验的多寡不是法院考量的因素，拥有相同职业资格的新人与经验丰富的人适用同样的标准，他们均被认为应具有相当程度的从业经验。在 Wilsher v Essex Area Health Authority（1986）案中，上诉法院认为，本案中的医生是新手还是经验丰富者与本案无关（事实部分稍后介绍）。

这一原则延伸至汽车驾驶员领域，无论是刚刚拿到驾照的司机还是经验丰富的司机，都适用同样的注意义务要求（参见 Nettleship v Weston（1971，CA）案）。这也是为了防止保险公司规避针对第三方的责任。

对于让声称没有特定技能或未经过特殊训练的被告承担注意义务，需要结合具体的情况合理确定。在 Perry v Harris（2008）案中，上诉法院认为被告不对在生日聚会上被儿童的充气城堡弄伤的受害人负责。因为被告的行为尽到了监护人合理的职责，而在当时，持续性的监护是不必要的，因此，受害人的重伤也就不具有合理的可预见性。同样，对于没有经验的木工，其修理工作的标准不能和熟练的技工相提并论（Wells v Cooper（1958，CA）案）。

儿童被认为应当具有与其年龄相符的能力。在 Orchard v Lee（2009）案中，一名 13 岁的少年在体育场玩捉迷藏时严重撞伤了学校食堂的一名女厨师，上诉法院认定，该少年并没有违反其注意义务。一名正常的 13 岁儿童不会合理预见到其行为可能会造成这样的损害。

15.2.6　良好的做法

目前通用的良好的实践做法可以证明合理注意应当存在。因此，在 Thompson v Smiths Ship Repairers Ltd（1984）案中，作为被告的雇主没有对雇员的耳朵提供保护，并不能视为其没有尽到合理注意义务，除非政府已经警告雇主必须保护雇员的耳朵。

良好实践的类型不止一种，支持原告和被告的专家意见也会产生冲突。法院并不具有相应的专业知识来判断谁是正确的。原告必须证明被告从概率上讲更可能违法。如果有证据表明，被告的行为与另外一位具有专业技能的人的良好实践一致，那么原告败诉。

Bolam v Friern Hospital Management Committee（1957，CA）

原告在接受电疗时造成骨盆骨折，有专家意见表明，原告在接受治疗时，其四肢应当被有效固定。

法院认为：通过对可能性的平衡，没有证据表明，被告没有给予足够合理的注意。医院能够证明其对病患使用缓冲护垫保护四肢是医学界的通用做法。

上议院认可了在 Bolitho v City and Hackney Area Health Authority（1997）案中确立的 Bolam 原则，但同时强调，仅仅证明专业意见对实践做法的认同还不够充分：一位专家证人必须在评估风险和收益之后，能够证明其在特定案件的特定情形中的适用具有合理性。

15.2.7　令人不满的结果

在 Bolam v Friern Hospital Management Committee 案中，大法官丹宁言简意赅地总结了合理注意的本质，他指出，“医生不能保证一定治愈病人，律师同样不能保证一定胜诉”。尽管已经尽到了所有的合理注意义务，但原告仍然可能遭受损害。原告遭受损害的证据，乃至被告具有过错的证据，都不能必然证明被告没有尽到合理注意义务。

Luxmoore May v Messenger May Bakers（1990，CA）

作为拍卖商的被告声称对美术作品的估价很在行。但其没有正确判断属于原告的两幅油画的潜在价值，导致原告在随后出售这两幅画时得到的价款大大低于其真实价值。

法院认为：原告没有证明被告的行为没有尽到合理注意义务。被告提供的证据则表明，具有相当水准的鉴赏家也会犯同样的错误。

15.2.8 注意标准的有关立法

2006年的《赔偿法案》

该法第1条规定，法院在确定被告是否已经尽到了合理注意义务时，需要判断其是否被要求采取了下列措施：

（a）在一定程度上使用某种特定方式避免该项欲实施的行为；

（b）阻止人们实施与该行为相关的行为。

根据之前所学的内容，你会发现成文法仅仅反映了目前的司法实践，因此显得有些多余。议会的目的大概在于改变人们对这一领域法律的认识，并试图使人们确信，普通行为不会因为对司法的畏惧或者过大的风险而被禁止，也就是不鼓励反行为主义。在此之后的判决中，相应的限制的确有所增加，这也进一步鼓励公众相信，生活可以是零风险的，因为任何可能的事故都有相应的责任承担者，所以也是可预防的。

这一立法最好的印证是，《健康与安全执行条例》（Health & Safety Executive）（2006年8月）中建议对风险控制原则进行立法，其具体的论述是：在工人和公众的安全应当被合理保护的同时，对于风险控制也应当保持一定的敏感性。但这并不是要“建立零风险的社会”、“停止重要的娱乐和学习活动”或者“夸大或公开微不足道的风险来恫吓公众”。

15.3 对后续损害的证明

原告必须对被告未能尽到合理注意义务与原告声称所遭受的损害之间存在的联系进行证明。其中包括两大因素：首先，原告必须证明如果被告没有为一定行为，损害就不会发生（事实因果关系）；其次，需要证明损害是可以合理预见的（法律因果关系）。

15.3.1 事实因果关系：“排除”原则

被告没有尽到合理注意义务必须与损害的发生具有实质性因果关系。原告必须证明，如果被告的作为或不作为被**“排除”**（but for），自己不会受到伤害。

排除：原告的损害必须是由被告的不当行为导致的。

Barnett v Chelsea & Kensington Hospital Management Committee（1969）

由于医院过失而没有诊断出原告砷中毒，导致原告死亡。

法院认为：依据专家意见证明，即使医院诊断出其病因并进行正常治疗，原告依然会死亡，因此医院不承担法律责任。

McWilliams v Arrol（1962）

原告的丈夫在修理天花板时跌落，他在工作时没有佩戴安全腰带。有证据表明，尽管这类工作中通常都会提供腰带，但事故当天，存放腰带的库房没有开门。原告认为，如果使用了安全腰带，她的丈夫就不会跌落。

法院认为：由于作为被告的雇主证明，原告的丈夫平时工作时一般都不要求佩戴安全腰带，因此原告一定会败诉。

各类案例

只要该因素是造成损害的唯一可能，那么“排除”原则就可以很好地适用。在下面介绍的各类案例中，原告不能证明相应的可能性，即被告的行为与事故的发生存在实质性因果关系。

Wilsher v Essex Area Health Authority（1986，HL）

由于医院没有给原告——一名早产儿——提供合适的混合氧气，被认为对其造成了实质性损害。

法院认为：由于原告还受到其他情况的影响，任何一种情况都可能造成同样的损害，因此，本案不满足“排除”原则，原告不会胜诉。盖然性没有得到证明，即混合氧气是不是损害的实质原因没有被证明。

在之前的案例中，上议院采取了不同的方法进行处理。

McGhee v National Coal Board（1972，HL）

原告在一个砖窑工作，其工作环境脏乱而且炎热。由于工作地点没有淋浴条件，原告只有在回家之后才可以洗浴。之后他患上了皮炎。原告不能对盖然性进行证明，即如果在下班前洗澡能否预防皮炎。

法院认为：有证据表明没有洗浴将很大程度上增加患病的可能性，因此被告应承担法律责任。

在 Wilsher v Essex Area Health Authority 案中，上议院认为 McGhee 案使用的方法是“僵化的且有问题的”：事实正确但并非法律原则。这使得 McGhee 标准本身受到置疑，同时也使得很多同学对有关差异感到迷惑。但是，在 2002 年上议院对法律进行了解释。

Fairchild v Glenhaven Funeral Services（2002，HL）

本案多位原告由于长期暴露在富含石棉纤维的环境中工作，均罹患了间皮瘤（一种不可治愈的致命癌症）。有充分证据表明，所有的雇主均严重违反了安全生产要求。但是，具体的因果关系依然存在问题，原因在于所有的原告都受雇于不止一个雇主。每一位雇员只可能因为其中某一段的雇佣关系而患上疾病。而且在本案中，证明具体是哪一个雇主造成了原告患病是不可行的。

法院（未达成一致）认为：考虑到举证的不可能性，原告应当胜诉。此处适用不那么严格的 McGhee 原则是公平合理的，因为所有的雇主均违反了安全标准要求，这一做法已经实质上增加了雇员患病的概率。本案事实部分与 Wilsher 案的情况明显不同，在 Wilsher 案中，除了氧气问题之外，还有大量可能造成原告残疾的因素。在 Fairchild 案中，石棉是唯一可能的致病因素。上议院在 Wilsher 案中，没有接受 McGhee 案确立的新的法律原则，这一做法被其认为是不正确的。

被告应共同承担这一法律责任。因此，原告有权从被其起诉的雇主处获得全额赔偿，原因在于，该雇主可以在对原告赔付后，令真正使得原告患病的雇主分担相应的责任。

Fairchild 案的判决非常重要，因为其将 McGhee 案中的方法牢固确立为法律原则。这同样也是一个基于公共利益或"政策"而进行判决的很好例子。如果雇主成功逃避了法律责任，就会鼓励其他具有同样情况的雇主无视安全标准，并相信相应的因果关系无法确立，而保险机构也会从中不公平地获利。

四年后，在 Barker v Corus UK Ltd，Murray v British Shipbuilders Ltd，Patterson v Smiths Docks Ltd（2006，HL）三个案件中，上议院再次丰富了相关原则，当然，这三个案例的具体事实与 Fairchild 案略有不同。这就导致 Fairchild 原则一方面被扩大，另一方面又同时被限制。

扩大

在 Barker 案中，贝克先生可能罹患间皮瘤的风险不仅仅源于他的雇主，同时也存在于其自主创业期间，这就与雇主的责任无关了。法院认为，考虑到有证据证明被告的过失行为实质上增加了患病的概率，原告是否与其他的患病风险源有过接触与被告的责任无关。同样，其他风险是侵权行为、非侵权行为还是自然原因导致的，都与本案的判决结果无关。

限制

在 Baker 案以及其他案件中，上议院的大多数意见认为，共同及严重的法律责任只有在被告的确造成原告患病的情况下才会确立。还有少部分意见认为，在 Fairchild 案中，上议院实际上认定被告实质上有侵权行为。大多数（五位法官中的三位）仅仅认为被告使原告处于患病的风险之中。因此，他们的法官身份使其重新审视 Fairchild 案中的观点：每个被告只有在后果严重（个人导致损害）时才承担责任，并依据雇佣期按比例进行赔偿。这一观点对当前这类案件的原告施加了其不愿意看到的影响，原因在于，所有之前的雇主使得现在的被告避免了破产的危险，正如前文提到的，贝克先生也曾经自己单干过一段时间。

考虑到一些具体案件中的责任，这是一个非常具有争议的判决。霍夫曼法官说："那些最终导致共同及严重的责任成立的规则，使得司法的刚性需要被柔化。"对于作为被告的保险人来说，这一判决是受欢迎的。但是，对于原告与被告的处理显得过于刻板会引起争议，如罗杰法官在寻求议会支持时明确表达了不满。理查德·莱顿（人身伤害律师协会（Association of Personal Injury Lawyers）主席）称，这是"对受害者、受害家庭的侮辱"，之后议会迅速采取干预措施，取消了 Baker 案创设的有关限制。

2006 年的《赔偿法案》第 3 条

法案第 3 条对于过失侵权以及基于特定情况——如 Fairchild 案和 Barker 案使雇员暴露于危险环境中以及未能提供有效保护（第 3 条第 5 项）——进而违反成文法义务的情形，规定共同及严重的法律责任成立。

法案于 2006 年 7 月接受了王室法律顾问的评估，第 3 条具有追溯效力，这意味着，所有未来的案件必须符合这一规定，即便损害的发生是在法案生效之前。这还意味着一些之前的判决结果需要被更正。

对于我们当中同意上议院在 Fairchild 案中的意见的人来说，议会的干预是非常受欢迎的，上议院认为，在这种存在问题的因果条件下，完美的司法是无法实现的，任何不利的司法后果应由违反注意义务并受惩罚的一方承担，而不由那些无辜的受害者承担。

未来，我们不能忽视 Fairchild 案与 Barker 案。法案第 3 条清晰而准确地反映出所暴露的问题以及判断因果关系的原则。议会已经有效地使得判决的部分内容写入了成文法，因此，这两个案例在未来法院对判决进行解释和适用法案第 3 条时依然有用。在 Sienkiewicz v Greif（UK）Ltd and Knowsley Metropolitan Borough Council v Willmore（2011）案中，最高法院直接适用了其之前的判决。最高法院认为，如果原告能够使本案满足 Fairchild 案的因果关系原则，即被告违反相应义务是原告生病的实质性原因，那么将由一位或者多位被告承担相应法律责任。法案第 3 条中所称的“实质性”，旨在排除重大的风险，而不是要求对被告增大了原告承担的风险进行举证。

机会丧失

在 Fairchild 案中确立的更为自由的判断因果关系的方法，并没有扩展到原告丧失机会的领域。尽管对有关损害可以进行赔偿，但原告必须像其他民事案件中一样，确定被告与损失之间有较大可能存在实质性因果关系。

在 Hotson v East Berkshire Health Authority（1987）案中，原告臀部骨折，但医院没有诊断出其神经受损严重，导致原告的臀部关节长期损伤，极大地影响了其日常活动。原告起诉，由于医院的过失使其丧失行动能力。最后原告败诉，原因在于，他无法证明，如果没有被告的过失行为的介入，他就能够痊愈。有专家证据表明，这种疾病的治愈率仅有 25%。因此，由于无法证明治愈率至少超过 50%，因此原告也就无法证明其重新获得活动能力具有一定的可能性。这一审判原则由上议院在 2005 年的 Gregg v Scott 案中确立。由于被告的过失行为，格雷格先生的癌症没有被及时诊断出来，因此使治愈率降至 25%。如果及时诊断出病因，治愈率将可以上升至 46%。原告最终败诉，原因在于介入因素无法对治愈的可能性造成实质性影响。

15.3.2　法定因果关系（因果关系较远的损害）

损害的原因与结果之间的因果关系不能过于遥远。被告不对其可能造成的所有结果负法律责任。

法律对于故意以及非故意的侵权进行了区别对待，具体表现在确定因果关系较远的损害的时候。我们认定，故意侵权对于所有直接的结果都是故意的，所以在闯入建筑物的侵权中，被告对于所有的直接结果都负有法律责任，而不论这些结果是否会被合理预见（Re Polemis（1921，CA）案）。但是，在 The Wagon Mound（1961）案（见下文）中，法院判定，针对原告的非故意侵权（例如过失侵权或妨害侵权）所造成的损害必须是在合理预见的范围之内。

Overseas Tankships & Engineering v Morts Dock & Engineering Ltd（The Wagon Mound（No. 1））（1961，PC）

原告的码头因大火而毁损，起因是焊接时的火星点燃了由于被告的过失而遗漏到码头上的油脂。

法院认为：在此类情况下，发生火灾并非被告可以合理预见的，因此被告不负法律责任。

在 Corr v IBC Vehicles Ltd（2008）案中，上议院认为科尔先生的雇主（IBC）对其死亡负有责任。由于雇主的过失导致原告患上了急性抑郁症和创伤后压力综合征，这些疾病最终使得科尔先生自杀，而这一结果是原告可以合理预见的。

如果损害可以被合理预见，那么被告就将承担法律责任。至于被告不能预见其因果关系或其严重程度，与是否承担法律责任无关。

Hughes v Lord Advocate（1963，HL）

原告是一名电话工程师，在一次线路检查后，他没有将在地面上挖开的洞重新封住，而只是罩上了一层幕布并在周围放置了一些石蜡灯。原告是一名儿童，他被看起来像火球一样的灯吸引进而跌落洞内，其中一盏灯爆炸将原告烧伤。

法院认为：被告应当合理地预见，儿童可能被灯所吸引并可能在把玩时被烧伤。而爆炸以及烧伤的严重程度难以被合理预见，但与被告是否承担责任无关。

这一原则在以下案件中被法官进一步加以明确：

Jolley v London Borough of Sutton（2000，HL）

作为被告的委员会没有将已经废弃的船只移走。14 岁的原告在将其架起准备修理时，被砸成重伤。

法院认为：由于造成事故的具体情形并不要求被告可以具体预见，因此委员会应承担法律责任。该船只存在安全隐患，而且可能吸引小孩子。

介入行为

有时，原告或第三方的后续行为会使由被告侵权行为导致的损害结果加重。而法院面临的问题是判断**介入行为**（intervening act）是否打破了因果关系链条，进而使得被告不必承担侵权损害责任。但是，如果介入行为是可以被合理预见的，或者被告有义务阻止这类行为，那么被告依然要承担法律责任，因为介入行为造成的损害，在因果关系上并不是过于遥远的。

介入行为：加重原告损害的事件发生在被告行为和所导致的损害结果产生之间。

McKew v Holland & Cubitts Ltd (1969, HL)

由于被告的过失侵权行为导致原告的大腿受伤。原告的腿因此变得不容易控制。在很清楚自己身体状况的情况下，原告在一次尝试迈下一级很高的台阶时，没有借助楼梯的扶手。他的腿突然失控，导致整个人摔下楼梯，又添新伤。

法院认为：被告对于原告因为跌下楼梯而遭受的伤害不负责任；原告迈下楼梯是一个介入行为，而被告不可能对此进行合理预见。因此原告的诉讼请求是不合理的。

在下面的 Wieland 案中，由于原告没有意识到自己之前行为的后果，导致案件的判决出现了不同的结果。

Wieland v Cyril Lord Carpets (1969)

由于被告的过失行为，原告受伤。原告被送往医院接受外科手术，这使得原告头部的活动受到限制，因此原告需要使用双焦眼镜。第二天，当她完成检查准备回家时，感觉非常不适，她来到了被告的展厅，同时也是原告侄子工作的地方，让他带自己回家。由于没有看清楚道路，原告摔伤了。

法院认为：由于自身疏忽并导致原告无法处理日常生活，被告应当对原告所有的伤害负责。下楼梯并不是无法合理预见的，因此没有打破因果关系的链条。原告还没有时间适应由于手术带来的视觉上的问题，并且在二次伤害中原告还受到了一定的惊吓。

当有第三方介入时，被告是否有义务对其进行控制或阻止此类行为的发生，与最终责任是否成立有关。

Reeves v Commissioner of Police for the Metropolis (1999, HL)

里夫斯在警察看守所内自杀。他被确认当时的精神不稳定。

法院认为：警方由于自身过失对里夫斯的死亡负有责任，警方未能合理监控里夫斯的行为致使其最终自杀。里夫斯的介入行为不仅是可以合理预见的，而且是警方应当着力避免的。

“蛋壳头”规则

“蛋壳头”规则（“eggshell skull” rule）是 Wagon Mound 原则的例外。如果原告有一些极其特殊的弱点使得其遭受了一类无法合理预见的伤害，那么被告也要承担相应的法律责任。

Smith v Leech Brain & Co. Ltd (1962)

由于被告的过失行为，一位雇员的嘴唇被轻微烧伤，这通常不会造成严重的后果。但是，其嘴唇上的潜伏癌细胞却因为这次事故被激活，并导致其死亡。法院认为，即使这一结果是难以预料的，被告也应对雇员的死亡负责。

“蛋壳头”规则：远距离规则的例外，它使得被告对于因原告的特殊体质或状况而导致无法预见的损害负责。

在 Page v Smith（1995）案中，上议院认为，“蛋壳头”规则同时适用于精神损害和物理损害的情形。这一规则同样适用于经济上极度弱势而遭受被告损害的原告。

Mattocks v Mann（1993）

原告的车由于被告的过失而损坏。在修理时，修理店延迟修理，并在保险公司付款前拒绝完成全部工作。原告自己则没有钱支付相应的修理费用。

法院认为：被告（实际上是保险人）应当对原告租车与偿还相应费用之间的花费负责。

本章小结

1. 存在问题的注意义务

在相关问题领域，对于注意义务的举证要求是很严格的，具体依据的是高度的可预见性、近因以及公共利益。

2. 纯粹经济损失

原告与被告之间必须存在相当接近的特定关系。这里包括原告应当对被告的专业知识或其推定应当承担的责任有所依赖。被告的免责声明或有条件的承诺可以阻却相关关系的产生。

过失性虚假陈述与过失侵权行为均可以导致侵权责任的产生。

3. 精神惊吓

惊吓必须造成身体或精神上的损害，该损害必须通过现代医疗诊断加以确认。

直接受害人：由身体伤害导致的精神惊吓，被告需要对原告承担责任。

间接受害人：原告必须满足 Alcock 标准，被告才会承担相应责任：

(a) 突然的惊吓导致了经医院确诊的伤害；

(b) 对当事人的反应具有合理的可预见性；

(c) 原告的反应符合具有正常勇气的普通人的标准；

(d) 原告对于事故的发生具有时间和空间上的近因。

4. 不作为/第三方行为

被告对于原告负有一般的注意义务或对第三方加以控制的义务。

5. 公共管理机构在成文法上的自由裁量

注意义务很少成立。

有限义务：消防和急救服务。

有关人权的起诉通常都是可行的。

6. 注意义务的违反

考虑到以下情形，原告必须证明被告没有尽到合理注意义务：

(a) 被告的行为导致重大的风险；

(b) 对原告造成损害的合理可预见的范围；

(c) 原告具有的任何相关技能；

(d) 被告具有的技能或资质。

因果关系：违反相关义务与对原告的损害必须存在直接的联系：

(a) 事实上的因果关系：损害必须由对注意义务的违反造成（“排除”测试）；

(b) 法律上的因果关系：违反注意义务与损害结果之间的联系不能太过遥远。

对联系程度的测试：在非故意行为（如过失侵权或妨害侵权）中，行为造成的损害必须是可以合理预见的。

介入行为使得损害与行为之间的因果关系过于遥远，除非这种行为对于被告来说是可以合理预见的。

课后测验

1. 下列情形下是否存在注意义务？

(a) 蒂尔夸对吕比的古董钟表给出了一个错误的估值。

(b) Beryl 电器公司将自己生产的电热水壶送给萨海尔作为圣诞礼物，但该水壶无法正常工作。

(c) 埃默拉尔德目睹了一起由戴蒙德造成的严重事故，事故中，埃默拉尔德的女儿克里斯特尔死亡。

(d) 安伯的住所经常被盗贼光顾，盗贼都是通过安伯的邻居加尼特家围墙上的洞进入安伯的房间的。

2. 在以过失侵权为由的诉讼中，衡量被告注意义务的标准是什么？

3. 什么是“蛋壳头”规则？

参考答案见书末的附录。

深入阅读

以下判例对于你在本章所学的法律的形成提供了重要的示例。它们是说明诉讼中法律的第一手资料，并且能给你提供更多的事实细节，同时帮助你理解法律，以及了解法官是如何作出决定的。

请尝试在判例汇编中查找这些判例，或者通过数据库获取，例如，Bailli（www.bailii.org/databases.html）。你可以从大学图书馆获取 LexisNexis 和 Westlaw，或者从判例书中找到摘录。

Hedley Byrne v Heller [1963] 2 All ER 575，HL

Alcock v Wright [1991] 4 All ER 907，HL

Fairchild v Glenhaven Funeral Services [2002] 3 All ER 305，HL

Overseas Tankships & Engineering v Morts Dock & Engineering Ltd（The Wagon Mound）（No. 1）[1961] 1 All ER 404

网络学习

请登录 www.bbc.co.uk，然后在搜索栏中输入“Hillsborough Disaster”。浏览网页，然后点击“Local Archive Hillsborough on the BBC”。然后浏览下一页，点击“Hillsborough Disaster”并研究你感兴趣的内容。

课后作业

艾丽斯收购了一家小型面点屋。快乐家园建筑协会的乔治对此进行了调查，并给艾丽斯提供抵押贷款。由于乔治出具了相关报告，艾丽斯向快乐家园支付了报酬。出具的报告也表明，这家面点屋不存在结构性问题，可以进行询价并转让。同时，这一调查行为也暗含了“本报告只能用于估值目的，且不承担法律责任”之意。

艾丽斯与厨房装饰公司签订了翻新厨房的合同。该公司为艾丽斯安装了一台全新的由 Cinders 公司生产的烤箱。

艾丽斯搬进来后，发现房屋所用的木材腐烂严重，还跌落进一间储藏室而摔断了腿。由于身体受伤以及房屋材料问题，导致店铺推迟了几个月才开张。在店面终于开始营业一周后，新烤箱出现了故障，使一个正在准备的婚礼蛋糕被烤焦，进而导致艾丽斯违反了相关合同，被新娘的父亲起诉要求赔偿相应损失。此时厨房装饰公司已经破产。

就乔治以及 Cinders 公司可能承担的过失侵权责任，向艾丽斯提供有关建议。

第 16 章 建筑物侵权责任

导　言

本章介绍了侵权法中规定的建筑物占用人维持和使用建筑物的相关法定义务。作为建筑物占用人，你有义务保证建筑物对内、外部第三方都是安全的。你也必须保证建筑物的使用不会给其他人造成任何不合理的不便。当你经营一家企业时，这些会变得尤其重要，因为与住宅相比，办公场所将会有更多的访客。你必须对你的员工、顾客以及其他商业访客的安全负责。你还必须考虑你的邻居、范围更广的公众的安全。你必须采取合理的措施，防止你的商业行为对他们造成侵害、破坏或其他不合理的干扰。

如果你被卷入一起诉讼，当你可以证明构成一个有效抗辩时，可以不承担责任。然而，如果仅仅声称是你的员工而非你本人实施的侵权行为，不能构成有效的抗辩，原因在于这种情况下你依然要承担替代责任。侵权责任一般抗辩的概述以及替代责任的原理，共同组成了本书的侵权责任部分。

学习目标

在完成本章的学习之后，你应该能够：

1. 理解占用人对因建筑物的状态或发生在建筑物中的行为造成的损害承担责任的不同方式。

2. 区别 1957 年的《占用人责任法案》和 1984 年的《占用人责任法案》的影响。

3. 辨认造成私人妨害和公共妨害需要承担责任的情形。

4. 描述针对责任的抗辩可能存在的情形。

5. 将替代责任规则运用到假定的情形。

16.1 占用人对建筑物内部人的责任

16.1.1 过失行为

占用人在其土地上实施一定行为时，如果未尽到合理注意义务，根据你前两章学到的过失侵权的一般原则，可能要对第三人承担责任。如果损害是由建筑物的结构状况导致的，那么根据1957年和1984年的《占用人责任法案》（Occupiers' Liability Acts），占用人可能需要承担责任。

Ogwov Taylor（1987，HL）

被告在家里为挡雨板喷漆时，不小心使屋顶着火了。原告是一名消防员，在灭火时受伤。

法院认为：与1957年的《占用人责任法案》相比，本案依据过失侵权起诉更为合适，原因在于大火是被告在使用喷灯过程中的过失行为引起的，而不是建筑物本身的状况引起的。因为原告受伤是被告的过失行为可以合理预见的结果，被告应当承担责任。

16.1.2 危险建筑物

占用人有维持其建筑物结构处于合理的安全状态的法定义务。如果你经营一家旅馆，你必须小心谨慎，以避免顾客因过度打蜡的地板、过低的横梁以及湿滑的瓷砖而受伤。这部分的规则由成文法规定。

16.1.3 1957年的《占用人责任法案》

1957年的《占用人责任法案》（OLA 1957）规定了**占用人**（occupier）对法律上所称“访客”的责任。**访客**（visitor）即得到占用人同意而出现在建筑物中的人，比如家庭成员、雇员、顾客、窗户清洁人员以及抄表人员。然而，根据第2条第6款，任何行使法定权利的人也包括在内，比如警察和消防员，以及任何其他进入对公众开放的建筑物的人。

Maloney v Torfaen CBC（2005，CA）

M在夜里喝醉了酒之后回家。当他抄近路回家时，在一个陡峭的草坡摔倒了，滑到地铁的水泥墙上后受伤。

法院认为：被告并没有违反OLA1957，原因在于M并不是一个访客；草坡只是单纯的景观，并不用于通行，因而并没有隐含的通行许可。

占用人：在相关时间内控制建筑物的人。

访客：根据OLA 1957，得到占用人允许而进入建筑物的人。

谁是占用人

在 Wheat v Lacon（1966，HL）案中，占用人被定义为，在事故发生时控制建筑物的人。如果你在对建筑物进行彻底翻修时离开了，导致损害的是建筑工人、车间钳工、水管工，而非你自己，那么他们应当对伤者承担责任。有时可能不止一个占用人。在 Wheat v Lacon（1966，HL）案中，酒吧的营业执照持有人和啤酒厂老板都被认为是酒吧的占用人，因为根据租约，啤酒厂负责建筑物的修缮，因而对建筑物有控制权。

什么是建筑物

法律将**建筑物**（premises）定义得十分宽泛，不仅包括建造物和空间，而且包括“任何固定的和可移动的结构”，并且包括“任何船只、车辆和航天器”（第 1 条第 3 款）。法院认为可包括许多不同种类的事物，甚至包括脚手架和大型挖掘机（Bunker v Charles Brand（1969）案）。

占用人责任的范围

占用人必须尽到合理注意义务，确保基于特定目的造访其土地的访客的合理安全（第 2 条第 2 款）。占用人没有义务消除所有针对访客的风险。占用人可以合理认为，一般的身强体壮的成年人都会知晓相关建筑物的普通危险，并且会采取措施避开危险。所以因楼上的窗户无法关闭，一个成年男子探出身子太远而掉下楼，旅馆的老板并没有违反其义务（Lewis v Six Counties（2005，CA）案）。

请注意，占用人的义务仅限于给予合理的注意，确保合理的安全，并且只针对访客。占用人对访客的同意仅限于其出于来访目的进入。如果一个访客进入一个其不应进入的建筑物，并且遭受伤害，根据 1957 年的《占用人责任法案》，占用人不承担责任，原因在于访客超出了其被允许进入建筑物的范围。根据 1984 年的《占用人责任法案》，对没有得到占用人允许进入建筑物的人员，占用人对其负有注意义务，并可能需要承担替代责任（参见稍后介绍的 Tomlinson v Congleton Borough Council（2003）案）。

注意的标准

与过失侵权一样，占用人也存在一项合理注意义务。如果仅有事故发生，占用人不承担责任；受害的访客必须证明占用人没有采取足够合理的预防措施阻止损害发生。何谓“合理”则需要结合具体的情况来判断。

Cunningham v Reading Football Club（1991）

由于酒吧没有维修露台，松动的石块给足球流氓提供了方便的武器。原告——在路上执勤的警察因此受伤，于是起诉了酒吧。

法院认为：酒吧失职，因为可以合理预见到，社会上的危险分子在发生冲突时会出于非法目的使用那些石块。

建筑物：根据 OLA 1957，法院的解释十分宽泛，指任何固定的和可移动的结构。

危害的种类、建筑物的性质以及访客的需求都是相关的考虑因素。每个案件都需要根据特定事实作出判断。

Murphy v Bradford Metropolitan Council (1991)

在早上8：30以前，学校管理员对学校那条有名的湿滑道路进行了两次除雪，原告就在那时滑到受伤。

法院认为：被告没有尽到合理注意义务。道路的性质、使用道路的人数以及恶劣的天气都要求使用沙砾，而不只是常规的清理。

其建筑向公众开放的占用人必须考虑到各类人群（包括儿童、老人以及残疾人）的需求，因为可以合理预见到这些人群也可能构成其客户群。1957年的《占用人责任法案》对两类访客作了特殊规定：儿童和有特殊技能的访客。

1. 儿童。占用人必须考虑到儿童比成年人对自己安全的注意程度要低，因此对其必须给予更高标准的注意（第2条第3款A项）。一个对成年人没有危险的事物可能对儿童来说存在危险诱惑。

Glasgow Corporation v Taylor (1922, HL)

在公园里，儿童因食用树上漂亮的浆果而中毒，公司应当对此承担责任。

占用人也并非对儿童发生的所有事故负责：占用人的注意标准不会高于一个合理谨慎的父母。占用人可以合理假定，年龄很小的儿童会受到陪同的成年人合适的照顾。

Phipps v Rochester Corporation (1955)

一个五岁的儿童跌落到Rochester公司建筑工地上的壕沟中，占用人被认为不应承担责任。

法院认为："儿童的安全注意义务必须主要由其父母承担"（德夫林法官）。

然而，是否承担责任还取决于建筑物的性质。建筑工地对于无人监管的儿童来说是不安全的，原因在于通常在建筑工地上不会有儿童出没。在Maloney v Lambeth Council（1966）案中，一个四岁的儿童从楼梯扶手的空隙中跌落，尽管该缝隙并不会给成年人造成任何危险，但当地政府（房屋的占用人）应对此案承担责任。

2. 有特殊技能的访客。占用人对于按合同提供服务的当事人从事与其工作相关的活动导致的危险不承担责任，因为鉴于其商业技能和经验，合同当事人应当知晓这些危险（第2条第3款B项）。

Roles v Nathan (1963, CA)

原告对锅炉进行烟道维修时，因锅炉着火而窒息。

法院认为：占用人不应对原告的死亡负责，因为原告具有相关工作的知识和经验，应知道在开始工作之前要熄灭锅炉。

根据 1957 年的《占用人责任法案》第 2 条第 4 款，如果占用人采取了合理的预防措施，挑选了一家能胜任的公司，并且检查了其完成的工作，占用人通常不对外部公司因建造、修理或维护而遭受的损害承担责任。此时，访客必须对合同相对人提起诉讼。

2006 年的《赔偿法案》第 1 章不仅适用于普通法中的过失侵权，而且适用于违反成文法中的义务。因此，这一规则在依据 1957 年和 1984 年的《占用人责任法案》对个案的注意标准作出判断时也是有用的。

义务的免除

注意义务可以通过一系列方式得以免除。最理想的情况就是消除危险——在下雨天，如果楼梯湿滑，你可以在商店入口处铺上地毯。然而，消除危险并不总是可行的，无论是及时的还是长期的——如果你移除了古色古香的茶叶店里的低横梁，可能会造成屋顶坍塌，给你的顾客造成比磕到头更大的风险。排除合理的障碍乃至提出警告，就足以保护消费者。

根据 1957 年的《占用人责任法案》第 2 条第 4 款，占用人只要给出了足够的危险警示，就被认为已经尽到了合理注意义务。足够的警示是指，该警示必须足以使得访客处于合理安全的状态。警示的展示时间必须充足、内容必须足够明确，以使访客能够合理地避开危险。警示应当指出危险的性质（“请小心：地板湿滑”），并且给出适当、安全地避开危险的意见（“请走其他出口”）。书面的警示对于那些可以合理预见到不识字和不能理解意思的人（例如，孩子和盲人）来说是无效的。

当危险对于使用人来说显而易见时，不需要警示。在 Trustees of Portsmouth Youth Activities Committee v Poppleton（2008，CA）案中，P（一个成年人）因在上诉人家中的攀岩墙上攀爬而受伤。在攀岩墙所在房间的地上铺着厚厚的席子，房间外面写着禁止跳跃的警示。P 企图从攀岩墙跳到对面支撑的墙上，但不小心跌落，导致其颈部以下瘫痪。P 声称，他认为席子将会在摔倒时起到保护作用，并且应当被告知危险。上诉法院驳回了其请求，认为被上诉人并没有违反注意义务。跌落的风险是显而易见的。没有一个理性人会认为，从墙上跌落仅依靠席子就能免于受伤。

可诉的损失

根据 1957 年的《占用人责任法案》，侵权责任产生的损害赔偿针对人身和财产损害。

排除责任

只要满足 1977 年的《不公平合同条款法案》，很容易排除违反 1957 年的《占用人责任法案》中规定的义务产生的责任。但当访客因为占用人没有尽到合理注意义务而死亡或遭受人身伤害时，企业的责任不能被排除。

如果在当时的条件下被判断为合理，对于财产的损害责任也可以被排除，例如，由不受占用人控制的第三人导致的损害。

生活实例

霍勒斯最近搬了新家。在下雨天，其门前的道路非常湿滑。某一天大雨过后，给当地的比萨店派发广告传单的伯纳德摔倒，并拉伤了背部，他因此而无法继续工作。作为占用人，根据1957年的《占用人责任法案》，霍勒斯对伯纳德的合理安全负有注意义务，除非他在门上张贴“不收垃圾邮件”的告示。除非明确表达了相反的意思，通常占用人默示同意人们进入其住所派发物品。如果其没有采取预防措施减少或排除危险，那么可能违反其义务。霍勒斯也许真的不知道危险的存在，这种情况是有可能的，比如道路湿滑只有在下雨天才显现出来，并且从其搬入新家至今尚未下雨。而如果霍勒斯本应知道下雨会路滑，那么至少作为介入因素，其应当发出一个适当清晰的告示（“小心地滑”）。

霍勒斯最近搬了新家。门前的道路在变湿的时候很滑。伯纳德在给当地的一家比萨店派发传单时滑倒并受伤。在前门，霍勒斯挂了一个告示，写着“不收垃圾邮件”。这意味着伯纳德是一个闯入者。

根据OLA 1984，除非伯纳德能证明霍勒斯对其负有义务，否则其无法起诉。如果之前曾经下雨，足以警示霍勒斯要重视地滑的问题，他可能负有一项义务，因为道路湿滑是非常容易避免的。霍勒斯可能辩称，不接受垃圾邮件的告示意味着他没有预料到还会有人发传单。但如果他知道有人忽视了这一告示，那么这一辩解无效。如果确实存在一项义务，那么张贴一个合适的警告可以将该义务排除。

16.1.4 1984年的《占用人责任法案》

本法案规制占用人对于未经其允许出现在建筑物内的人员的责任。本法案的对象不仅包括闯入者，而且包括国家公园的访客，以及根据2000年的《农村和道路权利法案》（Countryside and Rights of Way Act）行使其“流浪权”的人。毫无疑问，占用人对此只负有十分有限的注意义务。鼓励一个入室盗窃的人主张其从主人家中楼梯摔下的损害赔偿，不符合公共利益。然而，误入有危险的植物或机械的建筑物中的无辜的当事人，显然应该得到一些保护。下面的发生在1984年《占用人责任法案》之前的案例说明了这一点，其依据的就是类似的规则。

British Railways Board v Herrington（1972，HL）

原告是一个六岁的儿童，他从一个公园通过归属于铁路公司的破损围栏，误闯入铁轨而受伤。驾驶员已经提前将闯入者的情况通过电话进行了汇报。

法院认为：铁路公司董事会应当对儿童受伤承担责任，因为其知晓闯入的可能性，并且本来可以通过“举手之劳”（例如，维修护栏）来避免该风险。

义务何时产生

根据1984年的《占用人责任法案》第1条第3款，必须满足下列标准：

1. 占用人必须对危险有合理的认知；
2. 占用人必须知道或合理怀疑潜在的进入者出现在建筑物的附近或者可能

合理地出现在附近；

3. 对于存在的风险，在任何条件下，由占用人提供一些保护都是合理的。

法院会考虑占用人的资源、进入的可能性以及危险的程度。一个偏远山区的湖泊比一条穿过人口稠密地区的电气化铁路的危险要小得多。接下来的两个案例说明了判断是否满足第1条第3款规定的标准的可能路径。

Maloney v Torfaen CBC（2005，CA）

（事实部分见前文。）

法院认为：根据OLA 1984，被告不承担责任，原因在于，原告醉酒以及当时已天黑增大了危险，被告并非理所当然地知道这些情况。进一步说，被告并不能合理预见到原告出现在斜坡上。附近有一条安全的道路直通原告的住所。

Keown v Coventry Healthcare NHS Trust（2006，CA）

13岁的K在医院所属的建筑物上的火灾逃生通道底部攀爬时摔倒，该通道被公众当作一条捷径。

法院认为：被告不承担责任。由于该危险并非来自建筑物本身，因而医院不对K负有注意义务。K是因在建筑物附近的行为受伤，而并非由于建筑物的状况受伤。

对于成年人来说没有危险的建筑物，可能对儿童来说存在危险。危险是否存在则是事实和程度上的问题。不能仅仅因为其是儿童，就忽略其可能遭受危险的可能性。

在Keown案中，法院可能受到这一事实的影响，即原告从公共通道误入火灾逃生通道。如果后者不向闯入者开放，可能会导致在大楼意外发生火灾时给人们带来更大的风险。

义务的范围

根据1984年的《占用人责任法案》，占用人的责任限定于负有这样的注意义务：合理地认为进入者不会因为相关危险受到伤害（第1条第4款）。把这一义务和1957年的《占用人责任法案》规定的占用人对合法进入者的积极义务进行对比十分有趣。该积极义务即占用人必须保证访客的合理安全。但1984年的法案规定的占用人对进入者的义务是消极义务：采取合理的措施避免损害。

履行义务

这一最小义务的履行方式可以是采取拒绝人们入内的合理措施。在一般情况下，发出一个明确的警示对成年人来说已经足够，适当维护的边界围栏则足以防止儿童入内。

下面的案例说明了这些规则是如何运用的。

Ratcliff v Harper Adams Agricultural College（1999，CA）

原告是一名大学生。一天晚上，他翻越一面7英尺高的墙，跌落到学校的游泳池。由于游泳池里的水太浅，他摔断了脖子，造成瘫痪。

法院认为：大学不承担责任。即使学校应当意识到学生可能以这种方式闯入，也没有违反其义务。学校的义务并没有扩展到警告成年的闯入者注意显而易见的危险，或者在夜晚保持建筑物的照明以保护闯入者的安全。

最近上议院采取了一个类似的稳健做法。

Tomlinson v Congleton Borough Council（2003，HL）

汤姆林森先生在公园的浅水中潜水，由于头部撞到岩石而瘫痪。该湖是淹没的采石场，并且在湖边清楚地写明了禁止游泳，并且警示存在危险。

法院认为：公园不承担责任。鉴于原告在下水游泳之前知晓其头部撞到湖底的风险，被告不负有警告其存在风险的义务。并且，该风险是显而易见的，期待被告对其提供保护是不合理的。

当人们面对显而易见的危险情况时，应当自担风险，给公共机构强加保护自我伤害的个人的义务是不合理的。

可诉的损失

1984年的《占用人责任法案》规定的责任，被限定为仅包括死亡和人身伤害（第2条第9款）。

16.2 占用人对建筑物外部人的责任

占用人对建筑物外部的人具有一系列侵权法上的义务。由于占用人没有尽到合理注意义务，对于与此密切相关的原因所造成的人身或财产物理上的损害，受害人可以起诉占用人过失侵权。

基于对损失的合理预见，法律规定了侵权人所需承担的较重的责任。这不仅包括对有形损害的责任，而且包括由于占用人对建筑物的使用所造成的不合理的不便。法律损害包括两种不同的侵权行为（私人妨害和公共妨害），但二者存在一些共同点。

16.2.1 私人妨害

有时，土地占用人的土地或行为可能对邻近土地的**占用人**（occupier）造成不合理的影响。相关制度的目的在于保护后者的利益。一项妨害通常不是故意或直接导致的，而是发生在被告土地上的某些情况产生的副作用。

证明责任

原告必须首先证明，被告导致了损害。这包括：

1. 原告建筑物结构的损害。

Davey v Harrow Corporation（1957，CA）

戴维先生起诉Harrow公司，主张因公司植树行为而导致其土地塌陷的损失。

法院认为：公司董事会应承担责任，因树根侵犯到原告的土地，从而对原告的土地造成了不合理的影响。

占用人（私人妨害）：受到妨害影响的建筑物的所有人或承租人。

2. 对原告土地上物品的损害。在 British Celanese v Hunt（1969，CA）案中，被告建筑物中储存的金属箔吸附到电缆上，导致原告公司断电。被告要对机械和元件的损失承担责任。这也可能导致人身伤害，尽管只有当该伤害是由于被告的过失或故意行为导致时，这一损害才是可诉的。私人妨害制度更多地保护土地上的利益，而非人身安全。

3. 居住环境的损害。当被告的行为不合理地减少了原告建筑物使用的舒适度和方便性，被告可能需要为**居住环境的损害**（amenity damage）承担责任。这可能与其他的财产损失一起发生，也可能独立存在。令人困扰的是其范围十分宽泛，通常包括噪音、气味、烟尘和震动。在 Halsey v Esso Petroleum（1961）案中，法院认为 Esso 应对其加工厂的一系列妨害行为承担责任。刺鼻的令人作呕的气味进入原告的建筑物，夜晚被告锅炉的噪音使得原告的门和窗户都在震动，导致原告无法入眠。每天经过的大卡车产生高强度噪音，也对原告产生了影响。

在关于私人妨害的起诉中，原告必须证明被告的行为导致了不合理程度的干扰。通常证明有形的损害就已经足够。

St Helen's Smelting Co. v Tipping (1865, HL)

作为被告的化工厂排放的浓烟损害了原告的树木。

法院认为：这一损害表明对原告土地的合理利用造成了不合理的干扰。被告的行为是否局限在一定范围内则与此无关。

然而，当单独主张对环境的损害时，要证明不合理的干扰更加困难。通常我们会主张邻居的行为影响我们的生活；然而，极少数人能说服法院认同这种干扰是不合理的。法律企图在当事人之间寻求利益的平衡，并且需要一定程度的付出与索取。当你对商店进行整修时，你的邻居可能会因噪音和灰尘受到困扰，但只要采取了合理的控制措施，你就会受合法权利的保护。六个月之后，当你的邻居有类似行为时，你也应表示理解。

每个案件都是根据特定事实进行判断的，但可能与下面的这些标准相关：

1. 地点。在 Sturges v Bridgeman（1879）案中，塞西杰法官称，“在 Belgrave 广场上被认为是妨害的事情，在 Bermondsey 则并非必然构成妨害”。毫无疑问，塞西杰法官更愿意住在 Belgrave 广场附近而不是住在 Bermondsey，但你可以辨出他的话语中的常识。如果你住在一个人口密集的工商业地区，与之相联系的和平和安静的程度会下降。与此相类似，在农村地区，农业活动被认为是正常的行为，对与此相关的一定程度的气味和噪音都是必须容忍的。然而，请注意地点的相关性被严格限定为环境损害的案件，在给原告造成有形损失的场合则不适用。（参见 St Helen's Smelting Co. v Tipping 案）。

建筑许可不构成对妨害的抗辩。在 Wheeler v Saunders（1996）案中，被告获得了扩建其养猪场的建筑许可。这使附近充斥着浓烈的难闻气味。上诉法院认为，建筑许可仅仅是允许农场建设，而不是造成妨害。如果你能说服法院，该建筑许可实际上允许改变该地点的性质，就可以将造成的干扰正当化。

居住环境的损害：对建筑物的无形损害（例如噪音或气味）也可能导致妨害责任的产生。

在 Gillingham Borough Council v Medway Chatham Dock Ltd（1993）案中，Dock 公司拿到了全天候施工的建筑许可，使得一大片安静的住宅区因往返码头的重型卡车不断经过而变得繁忙、嘈杂和肮脏。原告败诉，因为法院认为该建筑许可已经改变了该地区的性质，必须通过考虑该地区新的性质来判断合理性问题。然而，这仅适用于例外情形下的案件，因为法院通常不愿意承认某地性质的改变。

Watson and Others v Croft Promo-Sport Ltd（2009，CA）

被告获得了在位于农村的机场旧址筹建摩托车竞赛场地的许可。家离赛道 300 米的原告因噪音提起诉讼。

法院认为：获得建筑许可并不自动地影响第三方在该地区享有安静的权利。本案中，该地区的性质并没有发生改变，因而被告的行为是不合理的。

法院发出了一项限定该竞赛场地每年只能使用 40 天的禁令。

2. 妨害的时间、程度、持续时间和频率。与白天的噪音相比，夜晚的噪音更具有可诉性。例如，在 Leeman v Montague（1936）案中，妨害发生在公鸡报晓之时。给原告造成的不便越大，该妨害持续时间和发生频率的重要性越小。法院很可能在合理减少妨害因素的情况下，允许被告的行为继续（参见 Watson and Others v Croft Promo-Sport Ltd（2009，CA）案）。

3. 阻止妨害的可操作性。在 Andreae v Selfridge（1938）案中，法院认为，被告无法证明其对建筑物施工导致的噪音和灰尘采取了合理减少妨害的措施，因此需要承担责任。法律承认，某些对原告造成的困扰是被告的行为无法避免的结果。如果被告能证明其采取了合理措施避免妨害的发生，那么相比于有形损失，其对无形损失几乎不需要承担责任。

Moy v Stoop（1909）

原告因其隔壁的日托幼儿园中小孩啼哭产生噪音，起诉幼儿园。

法院认为：该噪音是被告的行为无法避免的结果。这不是被告疏于照顾儿童而产生的，因此被告不承担责任。

4. 被告的动机。大多数妨害都是由未经思考的行为导致的，但偶尔被告也可能确实想要给原告造成痛苦。如果原告能证明被告具有这样的动机，那么可能需要重新审视被告的行为，使得被告潜在合理的行为被认定为不合理。

Hollywood Silver Fox Farm v Emmett（1936）

被告认为原告的农场使其土地上建筑物的销售受到影响，于是在整个银狐的繁殖季节，都在其土地上开展激烈的射击活动。他明知这将会影响到动物，并且会给原告的生意造成损害。

法院认为：由于被告恶意采取不合理的行为，因此应承担责任。

5. 原告的敏感度。原告必须证明妨害的程度高于普通人能够合理期待的忍受程度。一个敏感的原告不能因其特殊的需求而给被告强加过重的义务。

Robinson v Kilvert（1889）

被告在其地下安装了一个锅炉。这导致原告与被告相邻的地下室温度升高、湿度下降。大多数人可能乐于见到这种结果，但原告起诉了被告，因为之前地下室的环境适于保存纸张，而更高温和更干燥的空气会导致纸张的损坏。

法院认为：被告的行为不构成妨害，原因在于升高建筑物的温度并非不合理的行为。原告的损失源自其货物的特殊敏感性。

然而，如果干扰的程度对普通的原告来说都是不合理的，当该损失是可以合理预见的时，被告需要对敏感的原告承担责任。

McKinnon Industries Ltd v Walker（1951）

被告建筑物中飘出的有毒烟雾，导致原告的兰花死亡。

法院认为：被告应当承担责任，因为不仅仅是异国情调的花朵，任何植物都会产生类似的结果。

6．公共利益。在判断利益冲突和合理性的时候，法院会在一定程度上考虑公共利益。关于特殊土地使用的建筑许可可能会与此相关。然而，如果法院认为被告的行为是不合理的，即使其符合公共利益也不能免除责任，这可能会影响到救济方式的性质。

Dennis v Ministry of Defence（2003）

皇家空军低空飞行训练活动，给原告的房屋带来巨大的声响和极高频率的噪音。

法院认为：这一行为构成不合理的干扰。然而，出于公共利益的考量，这一飞行训练活动应当继续，因此损害赔偿足以代替禁令。

合理的可预见性

与过失侵权相比，证明建筑物侵权中的妨害更简单。因为在妨害中，原告不需要证明被告没有尽到合理注意义务，只需要证明所遭受损害的种类是处于被告地位的理性人应当合理预见的。被告的知情状态是关键。

显然，被告应当预见到其行为的后果。如果是由第三方（例如之前的占用人或闯入者）造成的妨害，除非被告应当合理知晓这一点以及原告的风险，否则被告不承担责任。

Sedleigh-Denfield v O'Callaghan（1940，HL）

被告的土地边缘有一条沟渠。当地政府在该沟渠与被告土地交界的地方铺设了一条管道（排水管）。该管道的末端延伸到了被告的土地上，在管道的另一端应当装一个铁丝网，然而，工人将铁丝网装在了管道的末端，完全发挥不了作用。被告并没有给予当地政府进入其土地的许可，因此政府闯入了被告的土地。被告知道，如果铁丝网堵住了管道，就有发生洪灾的危险。通常情况下，被告保持管道的通畅，但一旦该工作存在疏忽，在下大雨时，堆积的垃圾就会导致原告的土地上洪水泛滥。

法院认为：被告应对私人妨害的行为承担责任，因为其没有采取合理的可行措施来排除该土地上已知的危险。在合适的地方装上用以阻止洪水发生的铁丝网是很容易的。

法院将这一原则延伸到那些完全自然发生的事件中。

Leakey v The National Trust（1980，CA）

原告有一幢房子位于一个陡峭的山坡脚下。该房子由 National 信托公司管理，公司已经告知原告，有证据表明，由于干旱引起山体轻微滑坡。之后，发生了大规模的山体滑坡，大量的碎石掉落在原告的花园中。

法院认为：信托公司知晓这一损害的风险，却没有采取合理的阻止山体滑坡的措施，因而需要承担责任。

在私人妨害行为中谁可以起诉

私人妨害制度保护的是土地上的安宁权，并且在法律传统上一直被认为是专属于所有人——占用人或承租人的排他性权利，因为其涉及土地的资产价值或舒适价值。其他的居民没有起诉私人妨害的权利。

Malone v Laskey（1907）

原告及其丈夫居住在被告的屋子里。被告是原告丈夫的雇主，但他们之间不是租赁关系。原告被因隔壁建筑的震动而脱落的厕所水箱砸到头，于是起诉被告私人妨害。

法院认为：原告无法胜诉，因为她是"单纯被允许居住的人"，对该建筑物不享有任何权利。

上议院在 Hunter v Canary Wharf（1997）案中支持了这一原则，在该案中，上议院推翻了上诉法院在 Khorasandjian v Bush（1993）案中的判决，即将起诉的权利扩展到占用人家人的判决。

谁可能被起诉

当前的占用人是最常见的被告，但造成妨害的当事人（例如，一个之前的占用人）也可能被起诉。出租房屋的房东，如果明知租户对房屋的使用会发生妨害，那么也要承担责任。因此，在 Tetley v Chitty（1986）案中，一个房东将其部分土地出租，用于卡丁车赛道的开发，应当对产生的噪音妨害承担责任。

然而，必须是出租所导致的不可避免的妨害，并且必须是与承租人对土地的使用相关，才能成为可诉的妨害。

Hussain and Livingstone v Lancaster City Council（1999，CA）

原告是持续的种族歧视运动的受害者，被告房屋的承租人也是该种族歧视运动的一份子。根据 1985 年的《住房法案》（Housing Act），Lancaster 城市委员会有法定权利驱逐给邻居造成困扰和妨害的承租人和其他占用人。

法院认为：被告不应对该损害负责。被告应负责的范围被严格限定在土地的使用影响了原告土地的情形。原告所起诉的并非侵权损害，该种族歧视运动并非出租房屋的结果。

时效的抗辩

如果被告能证明其造成的妨害已经超过 20 年，并且在此期间没有任何人起诉该行为，那么可以不承担责任。仅证明其实施行为长达 20 年还不够，还必须向法院证明其已经给原告或之前的人造成了 20 年的妨害，**时效**（prescription）才足以构成抗辩。

Sturges v Bridgeman（1879）

在原告的牙医诊所旁边，有一家糖果加工厂。加工厂里发出噪音的设备已经使用了 20 多年。后来，牙医在其花园里靠近加工厂的边界墙一侧，新建了一个咨询室，出现了问题。于是其起诉了糖果商。

法院认为：被告应当就私人妨害承担责任，因为噪音的程度是不合理的。时效并不构成适当的抗辩，因为本案中被告的行为持续了 20 年，但妨害并没有持续 20 年。原告进入噪音更大的环境是与此无关的。

16.2.2　公共妨害

责任的范围

公共妨害构成的侵权与私人妨害构成的侵权类似，其产生的条件都包括噪音、气味、灰尘和震动。然而，公共妨害的范围更广，包括任何不合理干扰公共便利和舒适的行为。这包括在高速公路和河流航道上设置障碍物。实施公共妨害通常涉及犯罪。如今，有大量的成文法中关于刑事犯罪的规定，用以保护公众健康，防范各种污染，并且规制食品供应和市场中的商业行为。在 20 世纪之前，这些行为都是由公共妨害制度规制的。

潜在的被告

诉讼可能针对造成妨害或者发生妨害之时土地的占用人提起。

潜在的原告

侵权诉讼被用以最大限度地保护公众，因而禁令可能是必需的。禁令由首席检察官或地方当局作出。个人只有在遭受了比普通大众更严重的特定损害时，才有起诉的权利。

请注意，与私人妨害不同，此处并不要求原告对所遭受损失的土地拥有占用人的权利，而仅需要地理上与妨害有足够的近因。

Mint v Good（1950，CA）

被告花园的墙倒塌，碎石滚到公路上，导致原告受伤。

法院认为：原告的主张成立。阻塞公路构成公共妨害：此行为会给所有经过的公众带来不便。很明显，受伤的原告物理上遭受了特定的损害。

举证责任

公共妨害要成立，必须满足下列条件：

1. 妨害行为必须影响“公众”。该妨害行为必须潜在影响多数人，以至于能

时效：对于一个已经持续 20 年的妨害行为，当事人可以继续实施该行为的权利。

够期待任何人都会采取措施阻止其发生。

Corby Group Litigation v Corby District Council (2009)

本案中18名年幼的原告在出生时都存在肢体畸形，他们的母亲在1986—1999年怀孕期间，居住在科比市或经常前往科比市。他们声称科比市政委员会应当对他们的出生缺陷承担责任，因为其缺陷是由于市政委员会在大型钢厂旧址上进行土地复垦，导致母亲摄入或吸入了有毒物质。

法院认为：只要每个原告能够证明因果关系，市政委员会就要对该公害妨害、过失侵权以及违反1990年的《环境保护法案》(Environmental Protection Act）承担责任。因为其没有采取合理的措施阻止可以合理预见的损害，即将原告的母亲暴露于含有有毒物质（包括镉、铬和二氧芑类物质）的空气中。这些物质混合在灰尘和泥土中，随着经过的卡车被风吹散到复垦土地周围的地区以及附近的道路上。1989—1998年，在被告生活的地区，出生缺陷的统计学概率也支持了这一结论。

2. 造成的不便必须达到不合理的程度。此处运用与私人妨害类似的标准。

3. 必须造成损害后果。这包括对人身、土地和财产造成的物理上的损害，以及对舒适感受的损害。纯粹经济损失也可能是可诉的。因此，在 Lyons & Co. v Gulliver（1914）案中，法院认为，被告应对其剧院外排队造成堵塞，使作为原告的茶叶店遭受损失承担责任。

4. 损害必须是被告能够合理预见的。与私人妨害一样，原告并不需要证明被告没有尽到合理注意义务。被告如果能够证明自己已经采取了合理可行的预防措施，以阻止可预见的损失，那么可以不承担责任。在高速公路上的妨害行为则需要更高的证明标准。

Dollman v Hillman (1941)

原告因在被告肉店外的公路上踩到掉落的一块肥肉而滑倒受伤。法院作出判决，被告给予原告损害赔偿。

16.2.3 Rylands v Fletcher 案的规则

这一规则源自 Rylands v Fletcher（1865）案。在该案中，磨坊主雇用承包方在其土地上建造一个水库。在建造过程中，承包方发现了废弃的矿洞，但只是草率地将之封住。当水库建成并蓄满水后，水从矿洞泄漏出去，淹没了原告与此相邻的矿井，给原告造成了巨大的损失，并导致原告的经营中断。法院认为被告应对原告的损失承担严格责任，因为“一个出于个人目的，在其土地上引入、收集或堆放任何危险物，如果危险物泄漏，那么必须将之保持在其土地上。如果他没有这么做，那么对于该危险物泄漏造成的任何自然后果，都要负主要责任”（布莱克本法官）。这一意见得到了上议院的支持，并且增加了被告对土地的使用必须是“非自然的”这一限制。

举证责任的重点

1. 规则中的“物质”。这潜在涵盖了任何泄漏后可能导致损害的事物。某些绝对安全的物品一旦泄漏也可能造成很大的损害。有大量的例子，例如，气体（Batcheller v Tunbridge Wells Gas Company（1901）案）、电（National Telephone

Co v Baker (1893) 案),还有一些类似于 Hale v Jennings (1938) 案的离奇案件:掉落的飞机座椅毁坏了农场附近的射击场,以及 Crowhurst v Amersham Burial Board (1878) 案:被告墓地上掉落的紫杉树枝,导致该土地附近原告的牛中毒。

2. 堆积。物品必须是被告带到土地上的,而不是由于自然的原因出现在土地上。

3. 土地的非天然使用。这被法院解释得越来越严格。正如早在1913年法院就认为,这必须是非通常的使用:“必须是特殊的使用,同时给他人增加了危险。并不是对土地的一般使用,或者基于整个社区利益的一般使用”(莫尔顿法官在 Rickards v Lothian 案中的意见)。在 Read v Lyons (1947) 案中,关于战时将炸药储存在兵工厂的案件,波特法官认为,“必须考虑到所有的时间、地点以及行为等因素,因此被认为危险和非自然的事物也会随环境改变”。毫无疑问,Rylands v Fletcher 案中的责任不存在。

在 Transco plc v Stockport Corporation (2003) 案中,尼科尔斯法官认为,被告对土地的使用必须是“特殊和例外的”,才会导致责任的产生。霍夫曼法官则认为,应当只针对那些被告向原告保证范围之外的无法合理预见的风险。

4. 泄漏。该物质必须从被告占用的土地上泄漏到被告占用和控制之外的地方。被告不需要对泄漏发生的土地享有财产性利益;只要关键的物质受到他们的掌控即可。泄漏可能发生在高速公路上,因而原告也不需要对该土地享有财产性利益。

起初,Rylands v Fletcher 案被法院当作一个新的法律规则,用以规制被模糊定义的一类行为,即在当时被认为是例外和危险的行为。由于工业装置的原因,出现了大量跟泄漏有关的案件。在19世纪和20世纪,这类诉讼司空见惯。起初,有大量胜诉的判例。现在,我们会认为这种对土地的使用是一般的,这类行为也通常是安全的。

在公共妨害的情形下,严格责任逐渐被司法削弱,现在的责任是以合理预见为基础的(Cambridge Water Co v Eastern Counties Leather (1994) 案)。此外,发展出了全方位的抗辩,例如,如果不存在过失,法定职权保护某些公共机构免除责任。原告胜诉的原因是他能证明妨害或过失。而今天 Rylands v Fletcher 案中的妨害通常被认为仅仅是“妨害的一种”(宾厄姆法官在 Transco plc v Stockport Metropolitan Council (2003) 案中的陈述)。有些法官建议将这些条款全部废除,但上议院在 Cambridge Water 案和 Transco 案中并没有支持这样的动议。在 Colour Quest and Others v Total Downstream UK plc and Others (2009) 案中,严格责任被法院认为是一个可行的诉讼理由,虽然也涉及过失责任。

Colour Quest and Others v Total Downstream UK plc and Others (2009)

2005年12月,一起巨大的爆炸和由此导致的火灾发生在由 Total UK 控制的 Hertfordshire 储油设备中。操作设备的工人没有注意到压力表被卡住,导致原油从油箱中溢出。备用开关失灵,导致该设备被油淹没。油蒸气自燃,引发了巨大的爆炸(规模达到里氏2.4级并且爆炸声响彻英吉利海峡)。40人受伤,并且该爆炸毁坏了附近其他当事人的储油设备,同时造成了七英里半径范围内巨大的商业损失。

法院认为:Total UK 应对 Colour Quest 承担过失侵权责任,由于其没有采用适当的程序阻止油箱泄漏,尽管这是一个反复出现的问题。根据 Rylands v Fletcher 案,其应当对该地遭受损害以及在当地或外地遭受妨害的人们承担责任。其应当向当地其他的石油公司、成百上千的商户和住户支付总计7.5亿英镑的损害赔偿。

16.2.4 救济

在公共妨害和私人妨害以及 Rylands v Fletcher 类型的案件中，救济都是财产损害赔偿和人身损害赔偿。

16.2.5 1998年的《人权法案》的影响

法院肯定了在某些妨害案件中，1998 年的《人权法案》的可适用性。

McKenna v British Aluminium Ltd（2002）

原告是来自 30 多个家庭的孩子，他们起诉英国铝业公司允许工厂排放废气和噪音给他们造成精神上的痛苦和身体上的伤害。他们声称这侵犯了《人权法案》第 8 条赋予他们的权利（尊重隐私和家庭生活的权利）以及协议 1 第 1 条（住宅的安宁权）。

英国铝业公司辩称，由于孩子们对于所起诉妨害的土地都不享有财产性利益，因而起诉应被驳回。

法院认为：起诉不应被驳回，因为有足够的证据支持索赔的主张。关于妨害的法律与公约中的权利潜在地相冲突，必须对此进行协调。否则，一个住在家里的人，财产受到侵犯，只有当其对该财产享有专有权利时，公约赋予他的权利才受到保护。这一问题只有通过审判才能得到解决。

请注意，McKenna 案本身并没有对有关公共妨害和私人妨害的法律进行修订。法律修订只有在经过一系列的法院判决之后才会发生，并且也可能上诉到上议院。这种程序还没有判例。然而，这一案件暗示了 1998 年的《人权法案》潜在的发展。

在 Dennis v Ministry of Defence（2003）案中，法官认为，如果不是以公共妨害为由起诉获得救济，可以判决国防部违反了《人权法案》第 8 条和协议 1。

因此，根据 1998 年的《人权法案》提起诉讼，在公共机构是被告的情形下，可以采取替代方案。如果侯赛因（Hussain and Livingstone v Lancaster City Council（1999，CA）案）可以起诉市政委员会违反《人权法案》第 8 条，那么他们有可能会胜诉，但遗憾的是，这一起诉发生在《人权法案》实施之前。

表 16—1 列出了占用人对建筑的民事法律责任。

表 16—1　占用人对建筑的民事法律责任

法律领域	1957 年法案	1984 年法案	公共妨害	私人妨害
潜在的被告	房屋的控制人	房屋的控制人	所有人/承租人/妨害的制造人	所有人/承租人/妨害的制造人
潜在的原告	合法的进入者	闯入者	任何遭受特定损害的公众	相邻房屋的占用人
损害发生的地点	被告的房屋	被告的房屋	被告房屋内外的任何地方	原告占用的房屋
损害的类型	人身伤害、财产损失	仅针对人身伤害	人身伤害、财产损失，以及住宅的安宁	财产损失、住宅安宁，可能还包括人身伤害

续前表

法律领域	1957 年法案	1984 年法案	公共妨害	私人妨害
损害发生的原因	房屋的状况	房屋的状况	房屋的状况，以及其中发生的行为，或者在高速公路上设置障碍	房屋的状况，以及其中发生的行为
责任的性质	没有对访客的安全给予合理注意	没有给予合理注意，避免对闯入者造成人身伤害	没有合理预见到给原告造成的损害	没有合理预见到给原告造成的损害

16.3 侵权行为的抗辩

即使原告可以向法院证明，被告的行为构成侵权，被告也可以证明其具有从轻的情节，可以免除或者至少减轻责任。下面的抗辩可以适用于本书中介绍的所有侵权行为。

16.3.1 同意

如果原告明示或暗示同意被告的行为，那么被告不承担责任。原告必须在作出决定时完全知晓可能产生的结果，并且有自由选择的权利。

Smith v Baker (1891, HL)

原告是采石工，被头顶上滚落的岩石砸伤。他曾经就工作中存在风险提出抗议，但不得不接受命令继续工作。并且他被告知，如果他对工作条件不满意，那么可以随时离开。

法院认为：原告并没有同意承受受伤的风险，原因在于，尽管他知道风险，但他从来没有同意承受该风险。在这件事情上，他并没有真正的选择权。

援救的案例

如果被告的行为过失导致他人陷入危险，原告因为参与援救而受伤，只有在满足以下条件时，才认为原告同意承受风险：

1. 他们没有法律或道德上的介入义务。原告的工作性质可能导致其在紧急情况下有援救的法律义务：消防员和警察是典型的例子；学校的教师监督学生出游，他们也被认为负有类似于学生父母的法律义务。大多数人看到第三者处于危险之中，都可以被认为负有采取救援行动的道德义务。

2. 他们的救援方法在当时的情况下不合理。危险越大，营救人的能力越强，认定其承受风险越合理。没有人期待不会游泳的人跳入深水营救遇险的人，因为原本只有一个人可能溺水，现在可能变成两个。然而，一个不会游泳的人也可能负有抛救生圈和呼救的道德义务。

比较下面两个案例，可以看出合理风险和不合理风险的区别。

Haynes v Harwood (1935, CA)

一个警察在繁华的街道上，在试图拦住拉马车的惊马时受伤。

法院认为：被告应对警察受伤承担责任；由于警察是在履行阻止公共危险的法定

义务，并且其介入是因为被告的疏忽没有保证马的安全，从而导致自然的、可预见的后果，因此，警察并没有同意承受风险。

Sylvester v Chapman（1935）

原告在参观动物园时试图熄灭一个烟头，因为他注意到美洲豹笼子旁边的干草堆开始冒烟。在实施这一行为时，他翻越了一道安全屏障。美洲豹受到打扰，从笼子的铁栅栏中间伸出爪子，抓伤了原告。

法院认为：原告已经同意承受该风险。虽然他有提醒动物园员工注意火灾风险的道德义务，但他将自己置身于不必要的危险之中的行为是不合理的。

同意过失

让被告不对其过失行为承担责任，一般情况下不符合公共利益。但尽管如此，如果原告的行为也存在明显过失，不考虑他们自身的安全，或者主动参与被告的过失行为，被告可能获得一项抗辩。

ICI v Shatwell（1964，HL）

原告是爆破员，在帮助拆卸定时炸弹时受伤了。原告有丰富的工作经验，鼓动其队长使用了不适当的工具。

法院认为：由于原告对自己的安全疏忽大意，因此他同意承受受伤的风险。

Ratcliff v Harper Adams Agricultural College（1999，CA）

一名学生在非开放时间闯入其所在大学的游泳馆，摔伤脖子导致瘫痪。法院认为其已经同意承受跌入潜水泳池中的风险。（事实部分参见前文。）

16.3.2 与有过失

根据1945年的《法律改革（与有过失）法案》，如果原告没有对自身安全给予合理注意，以至于加重了损失，法院将减少被告需要支付的赔偿金额。在原告不系安全带导致受伤程度加重的案件中，通常减少25%的损害赔偿（Froom v Butcher（1975，CA）案）。即使不能认定原告同意加害行为，与有过失的抗辩也能成立。与有过失的抗辩适用于任何不基于故意行为（例如诈骗）产生的侵权。

Sayers v Harlow UDC（1958，CA）

因为门锁失灵，原告被困在被告的公共厕所中。在试图引起别人注意15分钟后，她尝试从厕所隔间爬出去。不幸的是，她脚踩的卫生纸桶出现转动，使其跌落到地面。

法院认为：原告试图逃离厕所的尝试是合理的，因此，她并没有同意承受受伤的风险。然而，她选择的立足点存在不合理的风险，因而被告需要支付的损害赔偿将减少1/4。

Stone v Taffe（1974，CA）

在参加完Royal and Antediluvian Order of Buffaloes举办的聚会之后，原告的丈夫自己跳下被告酒吧中没有亮灯的楼梯，导致死亡。原告和朋友在原告的丈夫之前都安全地下了楼梯。

法院认为：考虑到死者不注意自身的安全，损害赔偿减少一半。

Badger v Ministry of Defence (2006)

巴杰先生死于癌症，主要原因在于，因被告的过失让其接触石棉。但巴杰长期抽烟也是一个诱发因素。

法院认为：因巴杰自身对于死亡的过失，损害赔偿必须减少 25%。在 20 世纪 70 年代（因为抽烟，他的健康已经出现了问题），医生便建议他戒烟，在 1991 年、1992 年和 1995 年医生又多次警告，但他都没有遵守。

此抗辩也适用于原告故意伤害自己的情形。在 Reeves v Metropolitan Police Commissioner (2000) 案中，警察要承担因其过失导致自杀发生的责任，但仅赔偿死者近亲属提出的损害赔偿金额的 50%。

16.3.3　法定权限

公共机构得到成文法授权，行使特定的职责和权力。尽管这不能作为过失侵权和违反成文法义务的抗辩，但可以构成妨害和 Rylands v Fletcher 责任的抗辩。例如，1993 年的《民航法案》(Civil Aviation Act) 第 76 条规定，只要从当时的天气条件和其他飞行条件来看是合理的，就不能起诉低空飞行的航空器构成妨害。

法定授权的抗辩可能会受到 1998 年的《人权法案》的挑战，因为这一条款与《欧洲人权法案》不一致，如果这一诉讼在英国国内法院败诉，当事人还可以在欧洲人权法院起诉。

16.4　替代责任

通常情况下，我们只对自己的侵权行为承担责任，但在特殊情形下，我们可能会因他人的侵权行为被起诉，这被称为承担替代责任。大多数**替代责任** (vicarious liability) 都由雇佣关系产生，即雇主对其雇员的行为承担责任，但替代责任也延伸到了代理关系之中。

16.4.1　雇员和独立合同工之间的区别

雇主要对其**雇员** (employee) 的侵权行为承担责任，但绝对不会为独立合同工的侵权行为承担责任。因此，区分这两者十分重要。

当你从事一项商业活动时，你将会雇用自己的员工，但同时也会聘用其他的人为你提供一些必要的服务。例如，如果经营一家商店，你会聘用导购，但会请外面的公司进行窗户的清洁。如果导购实施侵权行为，你将要承担替代责任，因为你们之间基于**劳动合同** (contract of service) 存在雇佣关系。但你和窗户清洁

替代责任：为他人的侵权行为承担责任。

雇员：全职或兼职、领工资或薪酬的工作者，其工作内容由服务合同规定。

劳动合同：雇主和雇员之间的合同。

公司之间并不存在这种关系，对方只是**独立合同工**（independent contractor），基于**劳务合同**（contract for service）为你工作。窗户清洁公司只是为你的商业活动提供便利，并不从属于你。

这一区别在大公司里可能很难看到，因为其饮食和清洁服务通常都是与劳务派遣公司订立劳务合同来提供的。独立合同工和"真正的雇员"之间的区别并非一目了然，因而判断雇主究竟应为哪些雇员的行为承担替代责任是存在疑问的。合同的条款是双方当事人意图的重要证据。如果该工作是分包出去的，那么独立合同工依然是该雇员的雇主。在工作中，提供机器、工具和原材料，并且承担经济风险的一方当事人被认为是独立合同工，尽管雇主可能对该独立合同工所在的企业有很大的控制权。

Ready Mixed Concrete v Ministry of Pensions and National Insurance（1968）

Ready Mixed Concrete 雇用的司机必须从指定的 Ready Mixed 购买汽车，并且喷上 Ready Mixed 的标志。他们不能出于自己的目的使用那些车辆，而要在 Ready Mixed 要求的任何时候提供车辆，并且在必要的时候提供可替换的司机。

法院认为：司机是独立合同工。尽管 Ready Mixed 对其有高度的控制，他们通过购买车辆获得经济利益，以及他们可以提供可替换的司机来履行合同义务的事实，都说明了当事人希望达成的是劳务合同。

16.4.2 替代责任的范围

只要雇员的侵权行为与实施劳动合同义务有足够密切的联系，雇主就要承担责任，即使是雇员存在过失或者违反了劳动合同的义务。这看上去对雇主十分严格，但法律认为，雇主有义务监督其雇员从事合理的工作。

Bayley v Manchester, Sheffield and Lincolnshire Railway（1873）

被告的搬运工米斯塔肯尼以为贝利先生上错了列车，于是将他从已经开动的列车上拽下来，导致贝利先生受伤。

法院认为：搬运工是在履行义务，尽管是用一种笨拙和不恰当的方式，铁路公司应承担替代责任。

Century Insurance v Northern Irish Road Transport Board（1949，HL）

被告的雇员在加油时违反规定抽烟，引起了爆炸，导致了严重的损害。

法院认为：被告作为雇主应当承担替代责任，因为其雇员是在以未经许可的方式履行义务。

然而，如果雇员的行为不是在工作时发生，那么雇主不承担替代责任。在 Beard v London Omnibus Co.（1900）案中，公交车售票员在汽车总站尝试倒车，由于售票员的职责并不是驾驶公交车，公司不对比尔德先生的人身伤害承担

独立合同工：为企业或个人提供服务而受雇用的人。

劳务合同：一方当事人和独立合同工之间的合同。

替代责任。

Warren v Henlys Garage Ltd (1948)

沃伦先生在加油后未付款便企图离开，加油站的工作人员将他拦下。沃伦先生声称，将会把该工作人员的无礼行为报告给经理，于是，该工作人员打了沃伦先生的下巴。

法院认为：雇主不需要承担替代责任；该工作人员殴打沃伦先生的行为并非为了保护其雇主的利益，而是作为一种报复，是在雇佣范围之外的行为。

替代责任规则的运用，越来越取决于政策。当法院认为雇主应当公开承担责任时，就会将雇员的行为解释得与雇佣工作关系密切，即使有时看上去雇员的行为仅仅是为了自身的利益。接下来的两个案例可以说明这一点。

Lister v Hesley Hall Ltd (2001, HL)

一个护理院的看护人员对所看护的男孩实施了性虐待。

法院认为：雇主应承担替代责任，因为雇员的虐待行为与其受雇从事的看护工作紧密相关。雇员是在履行合同规定的照顾孩子们的安全义务的过程中虐待男孩的。

在这类案件中，足够密切的联系可能发生在对住所的照看之外（参见下面的“新闻报道”专栏，其中运用了 Lister 案的判决）。

新闻报道

Maga v Trustees of the Birmingham Archdiocese (2010)

被告 Archdiocese 的牧师对原告实施了性虐待，高等法院判决被告不承担替代责任，原告不服提起上诉。

原告在 12 岁时由被告的牧师照顾。起初，原告很喜欢牧师的汽车，牧师与原告在街上交谈。牧师与原告越来越熟，鼓励原告为其做一些奇怪的工作，并且去教区的青年舞厅，之后男孩留下来帮忙打扫舞厅，牧师将其带回教堂，对其实施了虐待。

法院认为：被告应承担替代责任，由于虐待行为发生在牧师受雇用期间，其行为与其职务密切相关。

从工作性质来看，牧师在社区中扮演着受信赖和有责任感的角色，这与他向他人传播宗教的职责相关。被告的牧师还被分配了负责关照年轻人的特殊工作。当他对原告友好的时候，从表面上看起来，他是在履行特定的职责。这也使得他鼓励原告在教堂内参与组织教堂活动，两人之间的关系得以发展。他能够与原告在教堂内共处，有机会实施性虐待。

合同可以明确禁止雇员出于自己意愿的行为，也可以暗示即使雇员的行为包含个人报复的因素，雇主也依然承担替代责任。在 Gravil v Carroll and Redruth Rugby Club (2008, CA) 案中，G 向橄榄球俱乐部主张损害赔偿，因为在比赛结束的哨声吹响后，发生了一场混战，G 已经受伤的脸颊骨被 C 打了一拳。上诉法院认为橄榄球俱乐部应当对 C 的行为承担替代责任。原因在于 C 的侵权行为与其受雇用的行为紧密相关，并且这类事件在这种情况下经常发生，合同条款明文禁止这类行为。

上议院也认为，雇主应对其雇员违反成文法义务以及普通法上的侵权行为，承担替代责任。

Majrowski v Guy's & St Thomas' NHS Trust（2006，HL）

M认为被告的经理对他的恐吓和威胁行为违反了1997年的《骚扰保护法案》（Harassment Act），要求被告承担替代责任。被告的经理在其同事面前十分粗鲁和难以理喻地对待原告，并且多次批评原告，给他设定不切实际的业绩目标，并且威胁他如果没有达到目标将会受到处分。他声称这都是因为被告的经理歧视同性恋。

法院认为：NHS信托公司要承担替代责任。经理的行为违反法定义务并不重要，因为替代责任并非局限于普通法上的侵权行为。合同中的条款和法律的实践效果都没有表明，议会有将替代责任予以排除的意图。根据第3条，议会创设了一个新的起诉理由，即一个新的民事违法行为，而损害赔偿是针对这一违法行为的多种救济方式中的一种。

值得思考

替代责任是如何使原告受益的？

参考答案见书末的附录。

16.4.3 独立合同工的责任

尽管行为人不对独立合同工的侵权行为承担替代责任，但在特定情况下，雇主需要因独立合同工的工作造成的损害承担个人责任。这种责任产生于雇主给独立合同工强加不可委托他人的法律义务时：法律给雇主规定了特定的责任，雇主不能将其转移给其他人。

雇主需要承担个人责任的典型情形如下：

1. 影响高速公路的公共妨害。如果建筑承包商修缮你的房屋时，脚手架造成了道路堵塞，那么你需要承担个人责任。

2. 服务人员受伤。雇主对服务人员（例如雇员等）有不可推卸的提供安全工作环境的义务，因此要对独立合同工的工作所导致的人身伤害承担个人责任。详情请见第17章。

3. 医院对病人负有不能转移给他人的合理照顾义务（A v Ministry of Defence（2004）案），因此需要对所有医务人员的侵权行为承担个人责任，即使他们相互之间并没有足以产生替代责任的劳动合同存在。

本章小结

1. 侵权责任和建筑物

过失侵权：发生在被告住所的行为，给原告人身或财产造成损害。

1957年的《占用人责任法案》和1984年的《占用人责任法案》：被告住所结构或条件的缺陷，使得“访客”（OLA 1957）和闯入者（OLA 1984）遭受不利影响。

公共妨害和私人妨害：包括几类干扰，

产生于被告住所并且给附近的住所或高速公路占用人的安宁权造成不合理影响。

关于 OLA 1957 和 OLA 1984 以及对公共妨害和私人妨害的详细总结，参见表 16—1。

2. 抗辩

同意：原告对被告行为明示或暗示的同意可以构成有效抗辩。

与有过失：如果原告没有对自身安全采取注意措施，其损害赔偿可以适当减少。

3. 替代责任

雇主需要对那些根据劳动合同为其工作的人实施的侵权行为承担责任，只要雇员的侵权行为与其受雇用从事的工作足够相关即可。

4. 对独立合同工承担的个人责任

这一责任存在于雇主对原告负有不可推卸的责任时。

课后测验

1. 在下列情形下，莱斯特可能需要承担什么侵权责任？

(a) 切达正在莱斯特的商店前踩着梯子刷漆，格洛斯特夫人被从梯子上掉下来的油漆罐砸到。

(b) 斯蒂顿在商店内因楼梯湿滑而摔倒。楼梯底部有一个告示："台阶湿滑，请使用其他楼梯。"

(c) 7 岁的李米斯沃德穿过一扇贴有"供私人使用"的门，被储藏室里的碎玻璃划伤。

(d) 德比是莱斯特的邻居，发现莱斯特家的锅炉蒸汽导致自己家里潮湿。

2. 切希尔开车和骑摩托车没有戴头盔的温斯利德尔相撞，他享有什么抗辩？

3. 雇主对员工和那些独立合同工的侵权行为承担的责任有什么不同？

参考答案见书末的附录。

深入阅读

以下判例对于你在本章所学的法律的形成提供了重要的示例。它们是说明诉讼中法律的第一手资料，并且能给你提供更多的事实细节，同时帮助你理解法律，以及了解法官是如何作出决定的。

请尝试在判例汇编中查找这些判例，或者通过数据库获取，例如，Bailli（www.bailii.org/databases.html）。你可以从大学图书馆获取 LexisNexis 和 Westlaw，或者从判例书中找到摘录。

Ogwo v Taylor [1987] AC 431

Ratcliff v Harper Adams Agricultural College [1999] 1 WLR 670

Hunter v Canary Wharf [1997] 2 All ER 426

Lister v Hesley Hall Ltd [2001] 2 All ER 769

网络学习

请登录 www.river-swimming.co.uk/occu.htm，查找关于 Tomlinson v Congleton Borough Council（2003，HL）案的有趣评论，以及其他与户外行为相关的占用人责任的案例。

课后作业

Healing 公司最近在 Much-Dozing-in-the-Dell 村庄边上开了一家抗压诊所。诊所旁边刚好是农夫奥斯瓦尔德的农场，诊所有一个游泳池。在夏天的三个星期，Grinders Farming Contractors 公司受奥斯瓦尔德雇用进行收割。该工作需要在白天使用大型机械。机械的噪音影响到诊所的病人，很多人取消了费用高昂的治疗。收割过程中的灰尘和污垢使得游泳池遭受污染而无法使用，并且过滤器被堵塞而损坏，修理费居高不下。内德是 Grinders 公司的一名雇员，他扔的一个烟头引发了一场火灾。火灾蔓延到诊所，烧毁了一间避暑的屋子。

请就 Healing 公司在侵权法上享有的权利给出一些建议。

第Ⅳ编 劳动法的相关要素

Elements of employment law

第17章 工作中的权利：劳动合同、工作中的健康及安全

导　言

无论你是经营自己的企业还是受雇于某一家企业，劳动法的具体运用对你而言都十分重要，因为劳动法对于雇主和雇员之间的关系规定了一个基本的框架，这一法律涵盖了雇员从求职开始直到离职的全部过程。尽管普通合同法与劳动法高度相关，但是自20世纪70年代开始，成文法对于平衡雇主和雇员之间的力量对比起到了推动作用。雇主失去了以往他们一直拥有的能随意选择、雇用以及解雇员工的自由，以及纯粹依据自己的意愿订立劳动合同的自由。同样，雇员也拥有了各种可行的救济手段。

雇主和雇员关系的基础是劳动合同。

在本章，我们将集中学习劳动合同如何订立以及法律要求其必须包含的对双方利益进行保护的条款。

遗憾的是，很多事故都发生在工作地点。那么，如果由于工作环境而受伤或罹患疾病，会发生什么后果？在本章，我们也会对雇主在雇员安全和健康方面的侵权责任以及有关刑事犯罪进行研究。

学习目标

当完成本章的学习之后，你应该能够：

1. 区分雇员和独立合同工。
2. 了解劳动合同中的主要条款。
3. 了解普通法中的雇主和雇员在合同中的义务。

4. 理解雇主在职业疾病和伤害中相应民事责任的范围。

5. 了解《工作健康与安全法案》在促进雇员福祉方面的作用。

17.1 劳动合同：提供服务的合同

17.1.1 雇员、工人以及独立合同工

一家企业的工作人员可能既包括与企业签订劳动合同的雇员或**工人**（worker），也包括签订劳务合同的独立合同工。两者的区别十分重要，因为雇主通常不会因第三方对独立合同工造成的损害承担责任（详见第 16 章）。

雇员和工人都有义务履行相应的合同条款。雇主的义务包括支付国民保险和病假工资（只对雇员），并代扣相应的所得税。工人受雇的基础具有一定的临时性、独立性，这一点与代理有些类似。与雇员相比，工人享受的权利较少。而且，工人没有法定的病假工资、产假和陪产假，也不能基于 TUPE（参见第 19 章）获得保护，也不能对不公平的辞退提起诉讼。在本章，提及雇员的时候，一般都默认包含了工人，除非有合同明文将其排除。

独立合同工可能是公司、合伙人或者个体经营者，向雇主提供服务。他们也可能将自己的工作外包出去。在 Community Dental Centres Ltd v Sultan-Darmon（2010）案中，作为原告的一名牙医被认为不是雇员，因为他并没有依据 1996 年的《劳动权利法案》第 230 条第 1 款规定的劳动合同提供服务。因为他与牙科护理服务协会（Community Dental Services）签订了相应合同，合同规定他在必要时可以寻找临时代理人来完成自己的工作，所以他也没有基于第 230 条第 2 款开展工作。根据第 230 条第 3 款，签订劳动合同的雇员或工人必须以个人行为来履行相应的合同义务。

17.1.2 劳动合同的形式

合同的有效性取决于它的形式。合同可以不太正式的口头方式订立，书面形式并非合同存在的必要前提。但是，1996 年的《劳动权利法案》第 1 条要求雇主在雇员开始工作后两个月内，给雇员提供包括关键性条款在内的书面形式的合同。合同中应当包括：

1. 当事人姓名。

2. 雇员开始工作的时间。

3. 雇员连续受雇开始的时间。这与前述第 2 项内容不同，例如，雇员在不同的时期受雇于同一雇主。连续受雇的时间长度与雇员的权利（如不公平辞退以及裁员等）息息相关，这些内容稍后会详细论述，但这些权利与工人无关。

工人：基于合同工作的个人，其合同与雇员签订的合同类似，但享受的权利较少。

---

4. 工作纪律以及申诉程序。

5. 以下条款的详细内容：

(a) 薪酬福利；

(b) 工作时间；

(c) 带薪假期；

(d) 带薪病假；

(e) 退休金权利（除非被已经确定公布的成文法规制）；

(f) 雇员发出或接受通知的期限；

(g) 雇员职务以及具体工作内容的描述；

(h) 如果工作不能确定是否具有持续性，那么应明确预计的工作时限，或在固定期限前提下明确工作预计结束的时点；

(i) 工作地点（对于需要在英国之外工作超过一个月的雇员，必须告知海外工作的具体时限、支付工资的币种、附加福利以及与其回国有关的各项内容）；

(j) 直接影响工作的集体协议。

没有提供这些内容并不会导致合同无效。这仅仅是为了给雇员提供足够的能说明其就业环境的书面证据，使其能实现成文法中规定的权利。这些内容也没有囊括合同的全部条款，有关内容接下来将具体论述。

17.1.3　劳动合同条款的渊源

合同中的条款通常不会只出现在一份书面文件中，因为这些条款中可能既有明示条款也有默示条款，并会来自众多不同的渊源。

明示条款被规定在书面的劳动合同中，同样也会存在于前述成文法中，还可能来自合同承诺之前的口头允诺。

法院会认为以下渊源中存在默示条款：

- **习惯及惯常做法**（custom and practice）；
- 工作规则和员工守则；
- **集体劳动合同**（collective agreement）；
- 成文法；
- 普通法中关于雇主和雇员的权利及义务。

习惯及惯常做法

被国家、地区或特定行业、工作地点所接受的商业实践可能被认定为合同中的默示条款。为了具有强制执行力，这些条款必须合理、明确且与法律不冲突。例如，在兰开夏郡，纺织工厂的雇主会对工作表现不佳的雇员依据习惯扣减薪酬。这被法院认定为劳动合同中的一个条款（Sagar v H. Ridehalgh & Son Ltd (1930, CA) 案）。

这类条款削弱了日益规范化的劳动合同的重要性，另外，在与书面合同条款发生冲突时，书面条款的效力优先。

习惯及惯常做法： 在特定行业中被国家或特定地区接受的商业行为。

集体劳动合同： 由工会基于成员利益与雇主签订的合同。

工作规则和员工守则

作为合同中的非必要条款，不遵守工作规则和员工守则可能被认为是不遵守合理命令的证据。如果该守则没有成为合同条款，这对雇主比较有利，因为可以根据其意愿制定和修改守则，而不用考虑雇员的意见。在涉及劳动合同时，订立相关合同或改变合同约束力，都必须考虑雇员的感受。在涉及工作规则和员工守则的案件中，政策因素会在很大程度上影响司法判决。

集体劳动合同

工会和雇主之间订立的集体劳动合同中，既可以有明示条款，也可以有默示条款，它们是劳动合同的一部分。随着近年来公众对工会的认同感降低，只有一小部分工人合同可能会受到这类协议的影响。

成文法

立法上对于雇主的自由，特别是其选择雇员的方法，施加了越来越多的限制。例如，1998年的《工时法案》（Working Time Regulations）（直接规制工作时间）对于雇员的工作时限进行了限制，雇员可以就工时提出自己的意愿，并对最低休息时间和年假提出要求。

普通法中的相应条款

普通法在劳动合同中规定了特定条款，对雇主和雇员双方规定了相关义务。例如，普通法要求雇员应当：

1. 以合理的注意和技能完成工作；
2. 遵守所有合理的命令；
3. 以对雇主的忠诚作为行为准则。

这些义务都被规定在合同中，下面将详细论述。

17.1.4 普通法中的雇员义务

雇员应拥有工作所要求的合理注意和技能

这一要求从核心上意味着雇员不能出现过失。对雇员的合理要求基于其在组织中的地位、任职资格、经验和技能加以规定。严重的过失侵权行为可以使雇主有权辞退该雇员。

遵守合理化命令的义务

只要相关命令没有要求雇员从事工作之外的事务，通常都被认为是合理的。因为根据合同条款，雇员已经明示或默示同意了从事任何工作所需的必要事务。在UK Atomic Energy Authority v Claydon（1974）案中，劳动合同中规定，克雷顿可以被要求在英国的任何基地工作。这意味着，如果克雷顿拒绝调动就会违反合理化命令。

如果命令要求雇员从事的行为会对个人安全和自由造成影响，那么此类命令会被认为是不合理的。雇员必须能够证明即将面临的危险会导致其无法执行相应的命令。请比较以下两个案例：

Ottoman Bank v Chakarian（1930）

被告是一名从土耳其逃出来的亚美尼亚难民，在土耳其，亚美尼亚难民将被判处死刑。

法院认为：在这种情况下，要求被告接受前往土耳其的工作是不合理的。

Walmesley v UDEC（1972）

沃姆斯利被命令前往爱尔兰工作，他明确表示拒绝，因为他担心被爱尔兰共和军伤害。

法院认为：沃姆斯利违反了合同，因为他不能证明所谓伤害威胁的紧迫性和特定性。

对雇员下达的命令不能与法律规定相冲突。

Morrish v Henlys（Folkestone）Ltd（1973）

一位雇员拒绝伪造公司账簿，法院认定这一拒绝行为没有违反劳动合同。

在判断命令的合理性时，目前发展良好的行业的相关实践会被法院加以考虑。

雇员无法选择执行雇主命令的程度。除罢工之外的劳工行为，会给予雇主针对某些行为克扣薪酬的权利。雇主可能会拒绝接受雇员的部分行为，并对此事先公告，而雇员必须接受这一公告。在 Wiluszynski v London Borough of Tower Hamlets（1988，CA）案中，法院认为，政务委员会的雇员拒绝接受政务委员的质询，将被扣除全部五周的薪酬，如果继续这样做，将被开除。该雇员已被事前告知雇主将采取的措施。

忠诚善意完成工作的义务

雇员在履行合同义务时必须保证对雇主完全忠诚。雇员的动机与其责任无关。

Dalton v Burtons Gold Medal Biscuit Co. Ltd（1974）

多尔顿对考勤卡造假，以使另一位雇员获益。

法院认为：由于欺骗雇主，多尔顿违反了其所应尽的忠诚义务。他是否从不忠诚行为中获利与他是否被起诉无关。

忠诚履行合同的义务可以被细分为三大具体要求：

1. 行为不损害雇主利益。雇员的行为不得与雇主的业务产生竞争，即使雇员利用业余时间也是不允许的。如果合同要求雇员只能为雇主服务，那么从事任何其他获得报酬的工作都是违约行为。

2. 不能泄露雇主的秘密信息。雇员不能泄露关于雇主的利润、顾客、工作系统、产品或者服务的有关信息。这一义务具有强制力，尽管其限制范围较大，即使在雇员离职后，这一限制依然有效。（关于雇员违反保密规定的详细阐述见第26章）。

3. 对所有收入负责。受贿显然是违反雇员义务的，但是雇员获得未经批准的工作收益也会违反相应的义务。因此，雇员无权获得任何秘密收入。雇员可以收取小费，但这通常都被认为是其工作收入的一部分，特别是在餐饮行业中。

17.1.5 雇主的普通法义务

劳动合同中隐含的雇主义务包括：

1. 依据双方达成一致的合同支付雇员薪酬；
2. 不破坏雇员的信任；
3. 提供安全的工作条件。

向雇员支付薪酬的义务

根据1999年的《最低工资法案》（Minimum Wage Act），大部分雇员（不仅仅指那些签订了劳动合同的人）有权获得**最低工资**（minimum wage）。但依据此法案，也有一些人无权获得，比如个体经营者、志愿者、完成必要课外实习的学生以及特定政府培训项目的工作人员。

小时工资于每年10月更新。目前，21周岁以上的工人每小时获得6.08英镑。年龄在18～21周岁的工人则依据受教育水平，每小时获得4.98英镑，而至少接受义务教育的16～17岁的人，最低工资是每小时3.68英镑。另外，第一年的学徒工资为每小时2.60英镑。自2009年10月起，以小费充抵最低工资的行为将被视为违法。雇主无权削减最低工资，除非是支付所得税或者国家保险份额，这些均由成文法或与雇员签订的书面合同加以规定。实践中，劳动合同通常会规定雇主的减薪条款，雇员因此放弃了普通法对自己的保护。

无论雇主是否提供工作任务，向雇员支付工资的义务始终存在。通常，雇主没有必须提供工作任务的义务，但是，如果根据工作性质，雇员可能因为工作获得工资之外的收入，那么雇主就有义务向其提供相应的具体工作任务。例如，演员和其他表演者要求有公开表演的机会。同理，学徒也有权要求，获得运用基于合同所学的技艺实践的机会。

不破坏雇员信任

在Malik v BCCI（1998）案中，斯泰恩法官认为，雇主不能“没有合理或合适的原因，就以一种可能或有很大概率摧毁或严重损害雇主和雇员之间信任关系的方式行动”。

这一义务旨在防止雇主滥用自身权力损害雇员利益，同时使雇员进一步履行对雇主的忠实义务。多种行为都会违反这一义务：例如，在繁忙的时候没有提供

最低工资：依据1999年的《最低工资法案》规定的成文法权利确定，基于DTI而不断修改。

额外支持（White v London Transport Executive（1982）案），当着其下属的面批评主管（Associated Tyre Specialists v Waterhouse（1976）案），没有保护雇员免受侵害（Bracebridge Engineering Ltd v Darby（1990）案）。

Isle of Wight Tourist Board v Coombes（1976）

一名经理在其私人秘书（原告）可以听到的情况下，对另一名雇员说："她（原告）在周一的早上总是一个令人无法忍受的婊子。"此后，该经理也没有试图向原告道歉。

法院认为：他的行为损害了原本密切、相互信任的工作关系，因此，也就损害了雇员的信赖。

在 RDF Media Group plc v Alan Clements（2007）案中，皇家律师利夫西认为，本案中的那篇报道对原告进行语言中伤（即使是事实），违反了公司作为雇主应承担的义务，而董事会关于被告人品得出的负面评价没有违反相应义务，因为"董事会控制的是公司的意思表示，董事会成员的意见仅仅代表公司对自身的思考。法律不会禁止雇主对其雇员产生负面的看法"。

违反此类义务可能是引发雇员基于推定解雇向雇主提起诉讼的原因。如果雇主的行为足够严重，雇员有权不经告知就自行离职。但义务是双向的，如果雇员在明确告知之前违反了有关义务，也不会胜诉。在 RDF Media Group plc 案中，克莱门茨由于推定解雇而败诉，原因在于，他最终加入了一家与原公司有竞争关系的企业，因此违反了与 RDF 的合约，违反了对于 RDF 的忠实义务。正是他自己先前的行为导致了后来他起诉所针对的行为。

提供安全的工作条件

雇主必须采取一切合理的措施为雇员创造安全的工作条件。违反相关义务的责任也可以通过侵权法得到规制，其中既包括普通法也包括成文法。实践中，针对雇员人身伤害提起的诉讼，更多地是依据侵权法而非合同法。接下来对此进行详细解释。

17.2　侵权法：雇主对于行业侵害的民事责任

对于工作中受伤的雇员，以下两个基于侵权法的诉权是可行的：

1. 基于雇主违反普通法的注意义务而提起诉讼；
2. 违反成文法上的义务而提起诉讼。

17.2.1　雇主的普通法责任

这是一个**不可转移的责任**（non-delegable duty）。这意味着雇主不能仅仅通过证明损害由第三方造成而逃避责任。雇主始终要承担保障安全的责任。因此，如果独立合同工造成地面湿滑进而导致雇主的正式雇员摔断了腿，此时雇主要承

不可转移的责任：一种个人责任，不能由第三方承担。

担相应的责任。雇员必须证明在给定环境中，在合理的管理之下，雇主本可以确保湿滑的地面得到清理。因此，此处并非严格责任，但是与过失侵权诉讼中一样，雇主需要尽到合理注意义务。

普通法的义务由三个互相联系的部分组成：

1. 保证员工可以胜任自身工作；
2. 提供安全的地点和设施；
3. 提供安全的工作体系。

可胜任相关工作的员工

雇主必须尽到合理注意义务，确保员工能够胜任自己的工作，以使他们不会对其他员工造成危险。合理的注意涉及针对员工的甄选、培训、管理以及纪律标准。义务包括防止与工作无关的活动带来危险。

Hudson v Ridge Manufacturing Co. Ltd（1957）

一名因为打闹而被多次训诫的雇员，在又一次打闹时造成了一名同事受伤。

法院认为：雇主应当承担责任，因为已经有充分的迹象提醒雇主该雇员是一个潜在的危险源，雇主应当采取更充分的措施对其加以控制。

安全的场所及设施

这里包括提供合适的工具、机器以及其他符合标准的原料，同时场所必须是安全的。在 Pagano v HGS（1976）案中，尽管雇员已经对这一问题进行提醒，但雇主并没有确保其机动车处在安全的状态，最终雇主被法院认定违反了相应义务并应当承担责任。

根据1969年的《雇主责任（瑕疵设备）法案》（Employers' Liability（Defective Equipment）Act），如果设备由于诸如生产方或修理方在内的第三方的过失而存在质量瑕疵，即便雇主自己没有过错，而且不知道相关瑕疵，也应当承担责任。法院对于“设备”进行了目的解释，因此，只要物品或原料必须经雇员进行处理，都会涉及雇主的义务。在 Knowles v Liverpool CC（1993）案中，在铺设过程中粉碎的铺路石也被认为属于“设备”。

安全的工作体系

这里包括各种类型的活动，比如依据使用说明提供保护服，设置安全工作流程，对雇员进行适当的培训，确保急救设施足够清洁以及合理设置警示牌等。

Pennington v Surrey County Council and Surrey Fire & Rescue Services（2006，CA）

原告是一名消防员，在进行一场机动车事故营救时，为了移动一个水压机的活塞而导致手指被夹住。该消防员没有接受过使用这种水压机的培训，尽管他曾经使用过其他更轻型的水压机。

法院认为：由于没有让原告接受使用相关设备的培训以备不时之需，因此雇主违反了有关义务，即没有向雇员提供安全的工作条件。

雇主的责任可能来自违反前文介绍的三个独立的义务，也可能来自对混合义务的违反。例如，声称遭受持续拉伤的计算机操作人员可以证明：（1）缺少合适的设备（座椅和桌子的高度不合适）；（2）没有安全的工作条件（雇员被要求长时间使用键盘而没有休息时间）。

压力导致的疾病

从历史来看，大部分针对雇主的起诉都涉及物理伤害，但近年的一些案例中，雇主对雇员承担法律责任的主要原因在于使雇员因压力而罹患相关疾病。

生活实例

霍勒斯是斯莫维尔自治市委员会的行政官员。最近，他在工作中不太顺心。在一次和上司去开会的路上，当他试图迈过一个放在走廊黑暗角落里的大件物品时，他的手严重扭伤，需要四周才能痊愈。而这个大件物品是一位新来的雇员锡德里克放置的。作为雇主，委员会可能违反了三个方面的义务。首先，锡德里克没有接受相应的培训以尽快胜任工作。其次，如果走廊光线不好以至于连障碍物都不能被看到，就证明雇主没有提供安全的设施。最后，在通道放置障碍物也表明没有提供安全的工作条件。如果过道光线不好是因为照明问题，同样表明工作条件缺乏安全性。

Walker v Northumberland County Council (1995)

雇主在已经知道沃克先生由于工作压力患上精神疾病的前提下，还继续增加他的工作量。这导致其病情反复且有所加重，以至于不得不提前退休。意识到存在实质损害的法官表示，基于雇主提供合理安全的工作条件的义务，其违反义务造成的后果是精神损害还是物理损害在法律上并没有实质区别。

自 Walker 案判决之后，类似案件的起诉大幅增加。在 Hatton v Sutherland（2002）案中，上诉法院发布了下列指引，强调避免给雇主施加过多负担：

- 没有哪个职业能被认为从本质上可以对精神健康造成损害。
- 雇主在可以合理预见风险时，应当对雇员进行警示。
- 对健康的伤害（不仅仅是压力）必须是可以合理预见的。
- 雇主认定雇员可以承受一定程度的工作压力是合理的。这通常取决于雇员引起雇主的注意，而不是自己默默承受。
- 是否违反义务应当根据一般的标准进行判断：风险的程度、损害的严重性以及采取预防措施的现实做法。
- 如果解决风险的唯一途径是辞退雇员，那么雇主允许雇员继续工作就不会违反相应义务。
- 义务的履行通常是通过提供咨询或其他治疗方式进行的。
- 具体的因果关系通常会存在问题，因为雇员所患的与压力相关的疾病可能由多个原因造成，并不仅仅是工作环境。

下面的案例介绍了上议院对这些原则的具体运用：

Barber v Somerset County Council（2004，HL）

1995年，巴伯先生供职的学校进行重建，他被要求履行一些额外的义务以确保自己能够继续获得目前的薪酬。1996年5月，他由于焦虑等经证实的原因，病休了三周。他在回到工作岗位之后见到了学校的中层管理人员，但这些人没有给予他支持和帮助。在接下来的三个月里，巴伯先生因压力导致的疾病数次就医，1996年11月，他因为情绪失控并剧烈摇晃一名小学生的身体而最终离开了学校。

法院认为：雇主有义务自原告告知病情时起采取措施对他给予帮助。雇主没有询问过原告以了解他需要什么帮助，因而违反了相应的义务。由于学校所面临的问题导致全体员工都面临压力且工作负担过重，但这与被告的义务无关。根据所了解的情况或应当合理了解的情况，雇主由于没有达到合理勤勉雇主的标准，也没有采取积极措施保障雇员的安全而违反了相应的义务。

17.2.2 违反成文法义务的民事责任

任何刑事或行政诉讼，虽不能基于侵权法要求损害赔偿，但可以被法庭赋予相应权利。这意味着，作为行业事故或疾病受害者的雇员可以起诉雇主违反了公法所施加的义务，而非民事法律规定的雇主义务。

原告需要对下列事实进行举证：

1. 法律赋予基于损害的起诉权。法律可能通过默示的方式作出规定。1974年的《工作健康与安全法案》第47条清楚地规定，对于雇主一般性的违反义务的行为导致的损害，当事人无权起诉，此处没有提起诉讼的可能性。但是，它同样也规定，违反根据本法权威而制定的规范，当事人可以享有诉权，除非这一诉权被明文排除。如果没有明文规定，法院将会对此类救济是否符合立法目的进行认定。法院对于雇员的诉讼一般都比较宽松，很多胜诉的案件依据的都是雇主违反了1961年的《工厂法案》（Factories Act）规定的义务及相关法律。近年来这些义务被其他一些规制工作安全的法规所取代，同时大量《欧共体指引》的实施也提供了更多的制度渊源，例如，1999年的《工作健康与安全管理规章》（Management of Health and Safety at Work Regulations）。这些法规证明了雇员的起诉拥有大量的法律依据。

2. 雇员是受到成文法保护的特定人群的一部分。但有时成文法的适用领域非常狭窄。例如，保护机器操作者的法规不会保护其他类型的雇员。在Knapp v The Railway Executive（1949）案中，由于没有关闭叉道口，一位火车司机在事故中受伤，法院认为他不是成文法的保护对象，该法规的保护对象是公众。

3. 被告违反相应的义务。义务的范围由成文法规定。如果成文法规定的注意标准比普通法要求的合理注意标准要高，或者成文法要求雇主承担自己没有违反相关义务的举证责任，那么雇员依据成文法提起诉讼反而会具有一定优势。如果法律规定有严格责任，那么原告不必证明被告缺乏注意以及其所遭受的损害是由此导致的。这类义务在非常严格的条件下存在，但是可以对抗相应的起诉。

Chipchase v British Titan Products (1956)

建筑安全规章要求，雇员在 6.5 英尺高的地方工作时，工作平台应当至少有 34 英寸宽。原告在 6 英尺的高度工作，从一个只有 9 英寸宽的平台上跌落并受伤。

法院认为：他无权基于违反成文规章而起诉，因为发生事故时，他工作的平台只有 6 英尺高，低于规定的平台高度。

提供上述工作环境已经构成了义务的履行，法院通常对于非特定成文法的条款出于正常的公共利益目的进行解释。在下一个案例中，当雇员经由一条固定路线上下班时，雇主应当采取最低限度的安全和健康措施对雇员的安全负责，这被认为是一个常识。

Reid v PRP Architects (2007，CA)

里德在当天工作快要结束时由于电梯的故障而受伤，当时她正用此电梯来搬运办公室的物品。其雇主 PRP 公司就在这栋办公大楼里，占用了办公大楼的一部分。

原告认为 PRP 公司违反了 1998 年的《工作设备及场所使用规章》（Provision and Use of Work Equipment Regulations）第 5 条第 1 款——要求雇主确保办公设备有效维护且得到良好的维修。办公设备被定义为“任何用于工作的机器、工具、装置、设备（无论其是否专门用于工作）”（第 3 条第 2 款）。

上诉法院认为：PRP 公司应承担责任，原因在于电梯本身符合规章对“装置”的定义，即被用于工作。根据本案的事实，将雇主责任按照雇员下班前还是下班后进入电梯进行严格区分是不合适的。毕竟这是雇员走出该建筑物的唯一通路。

同样，在 Spencer-Franks v Kellogg Brown & Root Ltd（2008，HL）案中，原告在修理一个石油钻台控制室的闭门器时受伤。上议院认为如果物品被用于工作，那么它就是工作设备。本案中，每个人都基于工作目的而使用控制室闭门器，同时法规（及其所依据的指引）不支持对“修理”进行狭义的解释或剥夺其正常的含义。此处，依据法规的正常含义，闭门器应当被认为属于工作设备。雇主则认为，闭门器是场所的一部分，并不具有工作用途。事实上，斯潘塞先生在事故发生前一直在修理那扇门，这意味着他一直在使用工作场所的组成部分来完成自己的工作。

值得思考

有没有适用于里德的其他形式的民事诉讼？（参见 PRP Architects v Reid（2006）案。）

参考答案见书末的附录。

17.3　关于工作场所安全的刑事法律

从 1802 年的《工厂法案》开始，普通法和成文法对于雇员福利的规定逐渐增加。近些年，英国也在推动这一领域的法律发展。1974 年的《工作健康与安全法案》旨在整合有关工作场所安全健康方面的成文法规定。该法案赋予就业部（Department of Employment）——现为就业和退休保障部（Department of Work and Pensions）更大的权力来制定法规，以规制特定领域工作场所的安全。该法案在以下三个方面有重大发展：

1. 对雇主和雇员双方都设置了保持健康和安全的一般性义务；

2. 创建了健康与安全管理部门，并使其具有相应的执法权；

3. 给予就业部很宽泛的权力来制定具有法律约束力的规则，以规范一些特定的领域。

17.3.1 雇主和雇员的成文法义务

雇主对雇员的一般性义务：第 2 条

雇主有义务依据实践确保所有雇员的健康、安全和有关福利。（这仅仅针对签订劳动合同的雇员。）依据 1974 年的《工作健康与安全法案》，雇主并没有严格责任。只有在没有采取合理的且普遍用于实践的预防措施时，雇主才承担相应责任。这一规定因缺乏明确性而受到一定的非议。它与普通法上的合理注意义务非常类似，但是其以实践为依据的规定表明雇主的资源可能与其预期应采取的措施相关。

《工作健康与安全法案》第 2 条对义务的范围进行了明确规定，其中包括雇主责任的一些特定领域，这些领域反映了雇主在普通法上的侵权义务。

雇员的义务：第 7 条

作为雇员同样承担两个方面的义务：

1. 对于自身健康与安全以及其他可能被工作中的行为和不作为所影响的方面给予合理注意；

2. 在必要时与雇主合作以便其能履行自身的法律责任。

雇主对雇员之外人员的义务：第 3 条

1974 年的《工作健康与安全法案》第 3 条给雇主设置了依据商务实践为一定行为，且不能威胁到雇员之外人员安全的义务。这些人员包括独立合同工以及其他访客。第 3 条给个体经营者设置了相似的义务。该义务是消极义务，即要求雇主不得使相关人员暴露于危险之下，这与第 2 条的积极义务形成对比，以确保相关义务的实用性。

健康与安全政策：第 2 条

1974 年的《工作健康与安全法案》试图确保雇员的工作环境足够健康安全并保障雇员的相关知情权。拥有五名或五名以上劳动力的雇主应当拥有书面的健康与安全政策，同时确保其时效性并告知雇员。工作场所的安全委员会必须提供相关帮助。如果商业、革新与技术部（BIS）的规定有相关要求，雇主必须向工会的健康与安全代表进行咨询。

17.3.2　卫生安全局的权力

卫生安全局（Health and Safety Executive）的调查人员有较大的权力进入相关工作场所进行调查，并可以依据 1974 年的法案进行处罚，这一权力被后续立法（如 1999 年的《工作健康与安全管理规章》）加以扩大。卫生安全局拥有如下权力。

17.3.3　针对法案中特定违法行为的起诉

违法行为不仅仅产生于对义务的违反，对检查的阻碍也会构成违法。

2008 年的《健康与安全（违法行为）法案》（Health and Safety (Offences) Act）于 2009 年 1 月正式生效，赋予郡法院对违法者处以不超过 20 000 英镑的罚款以及不超过 12 个月的监禁的权力。刑事法院已经拥有了无限制罚款的权力，但是自 2009 年 1 月起，它也可以对违法者处以最高 2 年的监禁处罚。之前特定违法行为只能在郡法院起诉，现在还可以在刑事法院起诉，这也就增加了给予更多违法行为更重刑罚的可能性。

新闻报道

东苏塞克斯郡委员会被判向日间照看中心的受害者支付赔偿

六位有学习障碍的成人从东苏塞克斯郡委员会的日间照看中心出走，后在服用了所携带的自认为是橙汁的液体后，受到严重伤害。这些液体实际上是高腐蚀性洗碗液。他们在服用之后，立刻开始吐血，并呈现出十分痛苦的表情。他们所有人的内脏均被严重灼伤。其中一人在遭受了 17 个月的痛苦后死亡。剩下的人不得不接受一次又一次的手术来修复受损伤的嘴、喉咙以及胃，且其中三人再也无法正常吞咽食物。这起可怕的但是可以避免的事故的原因还不清楚。橙色的洗碗液盛放于特定的标有“腐蚀性”字样的容器里，但其外观与橙汁很相似。不过，这起事故本可以通过将有毒液体封闭的方式加以避免。卫生安全局的调查人员将此案件提交刘易斯市刑事法院，并表示这是他们所调查过的案件中后果极其严重的一起。

委员会被判处支付 50 000 英镑罚金及 27 000 英镑的损害赔偿。

资料来源：HSE Press Release COISE/002, 4 April 2011; www.hse.gov.uk/press/2011/coi-se-002.htm.

委员会的败诉并不能完全反映事故的严重性。但是我们必须记住，受伤的个人有权对于公然过失侵权的日间照看中心职员提起侵权损害赔偿诉讼。

改进通告：第 21 条

如果调查人员认为企业有违反成文法规定的行为，且这一行为可能持续，调查人员便可以发布通告，要求企业在特定时限内纠正违法行为。如果有必要，可以通过诉讼采取强制措施。

禁止通告：第23条

如果调查人员相信企业的行为可能导致严重的人身伤害，那么其将会发布禁止通告。禁令会一直延续到相关问题得以解决。这些通告必须清楚地揭示问题的本质，并可能包括如何解决问题的建议。第24条赋予了针对劳动法庭命令的申诉权。

17.3.4 部门规章

1974年的法案给予就业部制定特定规章以确保法案义务得以落实的权力。这一领域最初的发展较慢，但是为了符合欧共体1989—1991年发布的指引，就业部不得不于1992年发布了《工作健康与安全管理规章》。这些指引于1993—1997年逐渐具有强制力，并取代了诸如《工厂法案》以及1963年的《办公、商埠及铁路场所法案》（Offices，Shops and Railway Premises Act）等成文法。这些规章扩大了1974年的《工作健康与安全法案》给雇主设立的义务的范围，旨在将欧共体法律本土化，但1974年的法案显然没有预见到之后欧共体法律的相应内容。

本章小结

企业的具体工作由雇员和独立合同工完成，这两类人员与企业具有不同的合同关系。

劳动合同调整雇主和雇员之间的关系。它不以书面形式为生效要件，但是1996年的《劳动权利法案》要求雇主向每位雇员提供包含核心条款的书面文本。

1. 法案由源自以下内容的明示和默示条款组成

（a）习惯及惯常做法；

（b）工作规则和员工守则；

（c）集体劳动合同；

（d）成文法和普通法。

2. 雇员的普通法义务

（a）以合理的注意和技能遵守所有合理的命令；

（b）忠实义务（保密、对所有收入负责、无利益冲突）。

3. 雇主的普通法义务

（a）支付薪酬；

（b）信任及保密；

（c）提供安全的工作条件。

4. 雇主对工伤所负的责任

民事责任：普通法义务

雇主需要承担不可移转的义务，给予合理注意并提供包括以下内容在内的安全工作条件：

（a）称职的员工；

（b）安全的设备；

（c）安全的工作体系。

违反成文法义务

雇员可以在下列情况下，起诉雇主没有履行成文法义务：

（a）议会想要使民事救济成为可能（成文法能否如此解释?）；

（b）雇员是成文法保护的特定人群的一员；

（c）雇主违反了成文法；

（d）损害是由违法导致的。

刑事责任

可能基于1974年的《工作健康与安全法案》或其他一系列法规产生。卫生安全局有权进入工作场所，发布整改命令并对雇主进行起诉。

课后测验

1. 雇主对雇员应承担的法律义务与对独立合同工的法律义务有什么本质区别？

2. 安杰莉卡受雇于 Juniper 公共有限公司，担任总经理助理。在下列情况下，安杰莉卡违反了哪些合同义务？

（a）她在晚上去 Coltsfoot 公司兼职。

（b）在公司会议上提供茶点时，将一壶热咖啡洒到了公司董事会主席吕潘的电脑上。

（c）会后，一位来访顾问霍克斯比尔德对于吕潘的遭遇感到高兴，给了安杰莉卡 10 英镑小费。

3. 受雇于 Rush 公司的希瑟，在工作场所被一辆由博格贝尔驾驶的铲车碾压。由于缺乏急救设备，她的伤势进一步加重。请问 Rush 公司应承担什么责任？

4. 卫生安全局调查员在发现存在卫生和安全违法行为时，有什么权力可以行使？

参考答案见书末的附录。

深入阅读

以下判例对于你在本章所学的法律的形成提供了重要的示例。它们是说明诉讼中法律的第一手资料，并且能给你提供更多的事实细节，同时帮助你理解法律，以及了解法官是如何作出决定的。

请尝试在判例汇编中查找这些判例，或者通过数据库获取，例如，Bailli（www.bailii.org/databases.html）。你可以从大学图书馆获取 LexisNexis 和 Westlaw，或者从判例书中找到摘录。

Hudson v Ridge Manufacturing Co. Ltd [1957] 2 QB 348

RDF Media Group plc v Alan Clements [2007] EWHC 2892 (QB); [2008] IRLR 207

Reid v PRP Architects [2006] EWCA Civ 1119; [2007] ICR 78

Spencer-Franks v Kellogg Brown & Root Ltd [2008] UKHL 46; [2008] ICR 863

网络学习

请登录 www.hse.gov.uk/index.htm，点击“Resources”观看有关健康与安全规定的视频，并阅读有关案例。

课后作业

评价一下法律在重点考虑雇员健康与安全的前提下，对雇主加以规制的几种方式。

第 18 章

工作中的权利：针对歧视的保护

导　言

《平等法案》（EA 2010）把规制非法歧视行为的诸多法律纳入一部法律规范，旨在将以往拼凑的立法归入统一的法律体系，改变自 20 世纪中期以来“头痛医头、脚痛医脚”的状况。该法案涉及反歧视法律的各个方面，包括教育和服务，但本章只讨论工作中的反歧视。

该法案废除、重述或者在某种程度上简化了之前的法律条款，给雇主创设了一些新的法律义务。法律的本质总体上保持不变，因此现有的判例除非该法案或之后的立法作出了相反的规定，否则依然有效。本章中所有的成文法引用均来自 EA 2010，除非明确指出来自其他法律。

学习目标

当完成本章的学习之后，你应当能够：

1. 理解 EA 2010 规定的法律保护范围。
2. 理解哪些人属于“受保护人”的范畴。
3. 了解 EA 2010 禁止的行为的本质。
4. 理解直接歧视和间接歧视的区别。
5. 给出“职业资格”的例子。
6. 描述平等和人权委员会的职能。

18.1　2010 年的《平等法案》：核心条款

在本章的这一部分，我们将研究 EA 2010 核心条款的运用，了解这些条款保护的对象、被认定为非法行为的本质，以及根据该法案起诉的相关内容。

18.1.1　受保护的特征：第 4 条

第 4 条列举了该法案保护的免受歧视的各个方面，称为**“受保护的特征”**（protected characteristics），具体指：年龄、残疾、变性、异性婚姻和合法同性婚姻、怀孕和分娩、种族、宗教和信仰、性别以及性取向。

18.1.2　禁止的行为

该法案认定为非法的行为：直接歧视和间接歧视、骚扰和二次侵害。

直接歧视：第 13 条

第 13 条规定，如果与 A 对待或应当对待其他人相比，A 给予具有受保护特征的 B 不公平的对待，那么可以认定 A 歧视 B。

在这种情形下，A 之所以不平等地对待 B，是因为 B 具有受保护的特征，而其他人没有。这一定义包括因联系（因与另一方有联系，而对当事人采取有差别的态度）或者观念（因对其属性、能力或想法等有错误或陈旧的观念，而对当事人采取有差别的态度）产生歧视的情形。

尽管在该法案出台之前，在关于年龄、残疾、变性、性别歧视的案件中，不能主张联系歧视，但该法案依然在很大程度上反映了以前的平等立法。观念歧视不适用于针对能力、变性和性别歧视的起诉。

除非基于职业资格，否则**直接歧视**（direct discrimination）不构成任何其他抗辩。

混合歧视：第 14 条

这种歧视发生的情形是：“当 B 具备了两种受保护的特征，A 给予 B 相对于其他不具有任何法律保护特征的人不平等的对待。”例如，当事人可以主张，其同时因为种族和残疾受到歧视。然而，英国财政大臣在 2011 年 3 月的财政预算案中表明，混合歧视将不会被纳入考量，原因在于成本以及过度管制。

间接歧视：第 19 条

这种歧视发生的情形是：“A 针对 B 实施的不平等规定、标准和做法，与 B 具有受保护特征相关。”

受保护的特征：根据 EA 2010 作出的使个人或群体免受不公平待遇的规定。
直接歧视：与其他雇员相比，在受保护的方面，公然不平等地对待一个雇员。

换句话说，与不具有受保护特征的其他人相比，这使B处于劣势。例如，工作机会的最低身高限制标准，可能会被认定为针对性别的间接歧视，由于男性的平均身高比女性高，因而会让大部分女性处于劣势。当雇主可以证明其行为在特殊情况下满足合法目的均衡性时，就可以提出正当性的抗辩（第19条第2款d）。

该条款清楚地体现了之前的立法精神，将保护扩展到残疾和变性人群。

参照人：第23条

所有直接或间接歧视案件中，决定被告人是否承担责任，都是通过比较原告受到的对待，与实际或假设的不具有相同受保护特征的人受到的对待方式。因此，如果与身体健全、从事类似工作的人相比，雇主给予身体残疾的人不公平的对待，那么其应当承担责任。

与起诉歧视无关的方面：第24条

A主张B歧视，而B具有相同的受保护特征，这与决定B是否需要承担责任无关。因此，一位女性同样可能因为歧视另一位女性而需要承担责任。

职业资格：附表9第1项

如果被告能证明工作的本质使得其必须将雇员限定为具有特定特征的人，那么这种歧视是合法的。例如，基于真实的理由，在刊登中国餐馆招聘服务员的广告时要求是华人，这是合理的。这是直接歧视中唯一有效的抗辩。

18.1.3 其他禁止的行为

以下行为在以前的立法中被认定为非法，但该法案对其进行了重新定义。

骚扰：第26条

骚扰（harassment）有三种类型：

1. 与原告性别相关的不良行为，即故意侵犯原告尊严或“形成充斥着惊吓、敌意、贬低、侮辱或攻击性的环境”或造成以上影响结果的行为。

2. 与性有关的不良行为，与上述第1种行为存在相同的企图或影响。

3. 不公平的对待，或者基于性或性别的骚扰。受害者可能受到给予其不公平待遇的人的骚扰，也可能被第三人骚扰。

来自第三人的骚扰：第40条

对于第三人对雇员的骚扰，雇主也要承担直接责任。例如，雇主明知其无法控制的消费者对雇员进行两次以上骚扰，而没有采取合理的预防措施以阻止这种情况发生，因此要承担责任。这一规定既保护了雇员，又保护了求职者。

骚扰： 口头或非口头的行为，形成一种充斥着恐吓/敌对/贬低/攻击性的环境，企图侵犯他人尊严或造成侵犯他人尊严的后果。

二次侵害：第 27 条

该条款是为了保护根据《平等法案》主张其权利的人以及其支持者，免受雇主之后的不公平对待。侵权责任的成立无须有参照对象，但受害人必须遭受了某种损害。

替代责任：第 109 条

你可能还记得第 16 章学到的内容，雇主基于劳动合同需要对雇员的侵权行为承担替代责任，本人对授权的代理人也是如此。这一普通法原则被之前的平等立法纳入其中，《平等法案》也是如此，并且将其扩展到任何违反《平等法案》的行为。

雇主或本人主张自己并不知道雇员或代理人的行为，并不构成有效的抗辩（第 109 条第 3 款），但如果他们已经采取了“所有合理的预防措施”，那么不承担责任。在这种情况下，原告可以直接起诉侵权人（第 110 条）。

18.1.4　潜在的原告和被告

该法案中的雇佣条款，适用于所有就职者和求职者，而不要求必须有劳动合同。因此，其不仅包括严格意义上的雇员，还包括基于劳务合同的个体户、工人，诸如代理人、中介公司员工、学徒、合伙人、潜在的合作伙伴、见习律师，以及有工作经验的人和警务人员。军队成员也包括在内，但只受到有限的保护。

在本章中，为了便于表述，所有潜在的原告都统称为“雇员”，其相对方都统称为“雇主”。违反该法案规定义务的雇员，需要承担个人责任，因此也可能成为被告（第 110 条）。

18.2　2010 年的《平等法案》的实施

本章的这一部分将会详细介绍受保护的特征，并且用判例来说明《平等法案》在现实生活中是如何实施的。你可能想要知道禁止行为的定义，以及前文提到的各种概念，为了避免重复，这里并没有将与每一个受保护的特征有关的禁止行为都一一列举出来。你可以假定除非有相反的规定，否则这些规定都直接适用。

18.2.1　年龄

直到 2006 年的《就业平等（年龄）条例》（Employment Equality (Age) Regulations）（《执行平等待遇修正指引》(2002/73/EC)）于 2006 年 10 月 1 日开始实施，反对年龄歧视才在英国正式写进法律。在前文介绍过的核心原则下，EA 2010 主要重申了之前法律的保护，但之前的法律仅保护超过 65 周岁的老人，EA 2010 将保护扩展到所有年龄段的人。

受保护的特征：第5条

该法案所称受保护的年龄特征，是指一个人属于特定的年龄群。这一群体包括恰好有相同年龄的人，以及在特定年龄范围内的人。当人们都属于同一年龄群时，他们具有相同的受保护的年龄特征。例如，18岁的人和50岁的人属于两个不同的年龄群，60岁以上的年龄群则包括所有超过60岁的人。

年龄歧视中的参照人（第23条）是与因年龄受到不公平对待的原告来自不同年龄群的人。

禁止的行为

直接歧视和间接歧视：第13条和第19条

下面的案例是间接歧视的典型例子。

Baker v National Air Services Ltd (2009)

雇主（被告）拒绝让50岁的贝克先生参加空中交通管理员的培训，声称设定35岁的年龄限制是出于对该工作应聘者人身安全以及长时间培训成本的考虑，具有合法和适当的目的。

法院认为：被告构成间接歧视，被告的目的合法却不合理。这反映出“大众所接受的看法，即空中交通管理员必须从年轻人中选拔，老年人则不符合条件”。现有的安全保障都是十分充分的，由于在任何时候都要求确保所有员工身体健康，因此进一步的限制是多余的。这种任意而普遍的年龄限制是不合理的：是对老年应聘者不必要的歧视。

对于歧视老年人的担忧很大程度上促进了2006年的《就业平等（年龄）条例》的制定。然而，在该条例之下的第一个案件是关于一个年轻女性的。

Thomas v Eight Members Club and Killip (2007)

19岁的托马斯在当地唯一一家城市俱乐部从事秘书工作4个月之后被解雇。经理告知她，由于她太年轻，无法恰当地接待俱乐部的客户。法院认为，托马斯是直接歧视的受害者，应得到情感伤害赔偿金——这是她所有的请求，因为她已经迅速找到城市电影院的高薪工作而减少了损失。

Canadian Imperial Bank of Commerce v Beck (2010)

42岁的贝克被雇主解雇，因为其营销总监的职位被一个38岁的人接替了。

劳动上诉法庭认定，贝克先生是由于年龄被解雇的，因为雇主要求就业中介机构为其寻找的应聘者需具有“年轻的企业家形象”。这已经提出了足够的歧视证据，因而将举证责任交给银行，它必须证明年龄问题是不重要的。实际上，银行的证据并不真实，而是在事情发生之后给出的合理化解释。贝克先生同时遭受了直接歧视和间接歧视。

职业资格：附表9第1项

如果雇主能证明由于必须保证创作（例如戏剧类创作）的完整性，其合理指定特定年龄群中的人作为雇员，这可能构成一项有效的抗辩。

默认退休年龄

在 2006 年条例出台之前的很长时间，这都被认为是年龄歧视中最主要的问题。当达到有权领取国家养老金的 65 岁（男性）或 60 岁（女性）时，雇员将会被强制退休。1996 年的《劳动权利法案》对此进行了有效的规制，阻止一个超过 65 岁退休年龄（诸如警察等特殊工作的退休年龄是 55 岁）的雇员主张不公平的解雇或裁员。和 1935 年确立退休年龄时人们的想法不一样，许多老年人对于这一退休年龄十分不满，基于许多经济和社会原因，他们希望拥有选择继续工作的权利。2006 年的条例也只作出了轻微改善，比如阻止达到领取退休金年龄的雇员自动退休，并且允许其针对不公平的解雇起诉。然而，实际上并非如同听上去的那么全面。雇员仅有权请求雇主考虑能否允许他们继续工作，但有可能被拒绝，雇主需要在雇员年满 65 岁之后 6～12 个月告知其权利，然后召开与雇员的特殊会议适当考虑其请求。

在"关心老人"（Age Concern）组织的鼎盛时期，有人在 2006 年主张，强制退休年龄违反了其所依据的《欧盟指引》。该案在 2009 年起诉到欧洲人权法院，法院认为，其成员国有权规定强制退休的年龄，因为这反映的是合法的目的；其反映了当前的社会政策，并且强制退休年龄也是实现该目的的均衡手段。布莱克法官认为，这些标准都得到了满足（R（on the application of AGE UK）v Secretary of State for Business，Innovation and Skills（2009）案）。然而，政府在 2010 年的审查中却得出针对男性和女性的强制退休年龄都应废除的结论。这恰逢政府计划提高有权领取国家退休金的年龄之时。已经实施的 EA 2010 中包含了强制退休年龄（附表 9 第 8 项），但之后通过从 2011 年 4 月起废除关于退休年龄的规定，并且 EA 2010 已作出修订，以反映这一变化。

骚扰和二次侵害：第 26 条、第 27 条和第 40 条

现在，具有受保护年龄特征的雇员，针对骚扰和二次侵害享有全面的保护。

18.2.2　残疾

在 2010 年以前，1995 年的《残疾歧视法案》（Disability Discrimination Act，DDA）及其修正案规定了残疾人享有被平等对待的权利。EA 2010 则对保护条款进行了明确和完善。

受保护的特征

第 6 条第 1 款规定了**残疾**（disability）的定义，表述为：

"（1）一个人 P 如果符合下列条件，可以认定为残疾：

（a）P 存在身体或精神上的缺陷；

（b）该缺陷对 P 的日常行为能力具有实质性且长期的负面影响。"

这一表面的定义由 EA 2010 附表 1 进行了清楚的阐释，并且大部分是重复 DDA 中的定义。然而，EA 并不要求证明缺陷影响了某种特定的能力，例如听

残疾：对工作能力存在实质性且长期的负面影响的身体或精神上的缺陷。

力、移动能力或视力，因而使得原告更容易证明其残疾属于该法案规定的范畴。

何为“缺陷”

就业和退休保障部发布的指引表明，“身体和精神缺陷”这一用语应当被赋予通常的含义。之前的诉讼作出的也是类似的判决。因此，要产生责任，缺陷必须通过医学鉴定，并且与移动能力、动手能力、视力、听力、记忆力、注意力集中或理解能力相关。此外，还包括一些渐进的情形（例如，多发性硬化症、HIV病毒携带/艾滋病）。严重的外形损伤也可能被认定为残疾（例如，胎记、疤痕、皮肤疾病）。之前的判例包括 Cox v Post Office（1997）案：哮喘；O'Neill v Symm & Co. Ltd（1998）案：软组织损伤；Howdenv Capital Copiers（1998）案：急性腹痛。精神缺陷包括抑郁症、双向性疾病和认知障碍。

然而，特定的条件（例如，沉迷于酒精、尼古丁以及其他物质）则被该法案专门予以排除，尽管可以主张这种条件可能引起法律规定的缺陷。在 Power v Panasonic（2002）案中，劳动法庭认为，由于原告患有抑郁症，因而其是否因为酒精而变得抑郁无关紧要。

该缺陷的影响必须是“实质性”的，这意味着与没有该缺陷的人相比，行为人完成日常工作任务的能力相对较弱。因此，就业和退休保障部指出，完成工作的时间、完成工作的必要方法以及对原告产生的累积影响都与此相关。例如，一个有哮喘的人，如果疾病的影响是实质性的，例如他爬一段楼梯，需要比身体健康的同事花更长的时间，那么他能胜诉。因为其同事不需要每走几步就停下来喘气，并且到达顶部时不需要花很长时间恢复正常呼吸。复发的可能性也是一个相关的因素。

“长期”的具体时限

附表 9 条第 1 项规定，残疾必须是长期的，或者被认定为长期，即至少 12 个月。

禁止的行为

直接歧视

EA 2010 的核心条款对直接歧视作了规定（第 13 条），其中包括联系歧视和观念歧视。其范围本质上和 DDA 类似，如果对一位残疾人造成的影响相对于身体正常的人而言是不公平的对待，那么需要承担责任。

在这里，观念歧视与关于残疾性质的错误假设有关。例如，拒绝给有严重视力残疾的人从事电脑相关工作的机会，认为这种残疾必然会导致应聘者无法使用电脑。

EA 2010 的一个新发展是对联系歧视作了规定。这种情况发生于，一个健康的人主张因为其与残疾人的联系而受到歧视。这纠正了 Coleman v Attridge Law（2008）案中的错误，在该案中，科尔曼夫人主张由于她的儿子有残疾而受到了歧视，因为雇主不同意为她安排灵活的工作时间，以便她兼顾工作和照顾儿子。只有在这样的情况下——劳动上诉法庭遵守 ECJ 中法官的判决，将 DDA 与指引解释得一致——她才胜诉了。根据第 13 条第 3 款，给予残疾人相对于身体健全的同事更优厚的待遇是合法的。

职业要求的抗辩：附表 9 第 1 项

这可以构成对直接歧视的抗辩。例如，一张完美的脸用来做化妆品广告是合理的，因而一个脸部有严重缺陷的人可能会被拒绝从事这样的工作。

间接的不公正对待：第 15 条

这是仅针对残疾人的一个新的条款。这使得对一个人因残疾导致的其他情况予以歧视也是不合法的，因为这不是为了达到合法目的而采取的适当手段。如果使其处于弱势，那么构成不公正的对待。例如，一个人因患有癌症而比身体健康的同事要请更多的假，若他因此而被解雇，那么将构成歧视。

间接歧视

EA 2010（第 19 条第 3 款）将这一条款的适用范围扩展到残疾人。

间接歧视发生的情形是，一个不公正的“条款、标准或行为”适用于所有人，但与其他没有残疾的人相比，残疾人受到尤其不公平的对待。如果能证明该歧视行为是为了达到合法目的并采取了适当的手段，那么能够构成有效的抗辩。因此，要求消防员身体强壮是正当的。

参照人：第 23 条

要判断一个原告是否受到了不公平的对待，必须选择一个**参照人**（comparator），以决定另一个不具有相同缺陷，但与原告具有相同能力或技能的人是否会受到同样的对待。

请注意，在判断间接歧视时，不需要参照人（第 15 条）。

作出合理调整的义务：第 20 条

这要求雇主保证，与身体正常的雇员相比，残疾人不会处于“实质上不公平”的地位。这一义务可以分为三个方面：

（a）调整工作安排。例如，为方便雇员对残疾人给予照顾，安排灵活的工作时间。

（b）对房间进行物理改造。可以安装适于轮椅滑行的坡道。

（c）提供辅助工具，以方便其开展工作。

Tarling v Wisdom Toothbrushes（1997）

塔宁夫人是平足，这使得她无法长时间站立。这影响了其工作表现，导致其被解雇。

法院认为：由于雇主没有采取合理的调整措施，对塔宁夫人的解雇构成歧视。雇主明知可以使用特殊的椅子，该椅子可以免费试用四周，并且获得降价 200 英镑的补贴，但雇主并没有购买。

未作出合理调整视为歧视：第 21 条

合理性是由相关环境决定的，作出的改变不仅要和雇员的需求相适应，而且

参照人： 一个实际存在或假设的人，以便与原告进行比较，并且不具有原告受保护的特征。

要和雇主的要求相适应。企业的规模、性质以及前景都必须予以考虑，费用也是一个考虑因素，但并不是决定性的。就业和退休保障部发布的实践准则指出，安置和培训新员工的费用可以合理视为调整费用。健康和安全问题也与此有关。

有关残疾和健康的询问：第60条

这是一个新的条款。之前，雇主可以在面试之前或面试当时，合法询问应聘者是否残疾，这对于回答这一问题的人不构成歧视。这项新规定的目的在于增加招聘过程中的透明度，并防止健康和能力方面的信息被用人单位用来在此阶段拒绝特定求职者。根据第60条，雇主在决定聘用雇员之前，不得询问其健康或残疾状况。

这类问题的询问只能出于下列目的：

（a）为了判断应聘者能否参与是否适合该工作的测试；

（b）为了作出合理的使得残疾人也能参与招聘过程的调整；

（c）为了确定应聘者能否在所有合理调整之后，发挥该工作固有的作用；

（d）为了显示招聘过程的多样性；

（e）为了支持残疾人就业而采取积极行动；

（f）为了帮助一个想要聘用符合其用工要求的残疾人的雇主。

虽然从表面上看，这似乎是DDA的一种改进，但你可能会好奇，在例外规则之下提供的信息有时是否会导致偏差。

18.2.3 变性

变性（第7条）这一受保护的特征包括从男性变为女性，以及从女性变为男性，并且从他们决定想要改变性别、以改变后的性别生活开始持续受到保护，而不论其是否接受了变性的医学手术。这在1975年的《性别歧视法案》（Sex Discrimination Act）的基础上增加了专门保护想要变性和在医学上已经变性的人的权利，由2007年的《性别歧视（变性）法规》（Sex Discrimination（Gender Reassignment）Regulations）加以修订。现在，从一个性别变为另一个性别被认为是个人的事情，而非医疗上的事情。雇员并没有将变性事实告知雇主的义务，但雇主的工作安排应当确保不会对变性人有不公平的对待。

禁止的行为

除了第13条规定的反对直接歧视的保护以外，反对间接歧视的保护（第19条）也将变性人纳入保护范畴。

他们还受到第16条的保护，该条款指出，如果对因变性手术请病假者，给予相比于其他请病假者不公平的对待，那么构成歧视。

此外，针对骚扰和二次侵害，变性人享有全面的保护。

职业要求抗辩

根据附表9第1项第3条，如果雇主将非变性作为某一工作的职业要求，只要能证明这是为了追求合法目的而采取的合理手段，那么不公平的对待可以被正当化。例如，一个想要变性为女性的男人，在实施变性手术之前，可以被合法拒绝聘用为绘画写生课的裸体女模。

2004 年的《性别识别法案》

该法案是由给予变性者合法认证的变性证书转变而来的，其出台经历了两年多时间。变性者也可以获得新的出生证明，以反映其变化。通常来说，出生证明对大多数求职者已经足够。雇主合法地要求查看性别识别证书不能超过一次，提出额外的请求可能会构成骚扰。

18.2.4　异性婚姻和合法同性婚姻

受保护的特征

任何处于异性婚姻和合法同性婚姻中的人具有受保护的特征（第 8 条），因此有权不受到不公平的对待。

婚姻包括英国法中任何合法的婚姻形式。

禁止的行为

间接歧视也是禁止的行为，但具有这一受保护特征的人只能主张最基本的直接歧视，而不能主张针对观念歧视和联系歧视的保护。他们针对二次侵害受到保护，但针对骚扰不受保护。然而，处于合法同性婚姻的人可以根据其受保护的性取向特征，针对骚扰起诉。

职业资格的抗辩

根据附表 9 第 1 项第 3 条，如果雇主将未婚或不具有同性婚姻作为某一工作的职业资格，只要雇主能证明这是通过合理而且正当的方式追求合法的目的，那么不公平的对待可以被正当化。

18.2.5　怀孕和分娩

对于怀孕和分娩及其他的受保护特征，在第 4 条中作出了规定。

这部分的反歧视权利和该法案之前的 1975 年的《性别歧视法案》以及其他相关立法几乎是相同的。这些权利来源于欧盟法，其中包括《怀孕女工指引》（Pregnant Workers Directive）（92/85/EEC）以及经过修订的《平等待遇指引》（Equal Treatment Directive）（2006/54/EC）。

具有受保护特征的妇女享有在怀孕期间以及之后特定时间内不受不公平对待的权利。这使她们除了在其他的受保护特征方面受到保护之外，还在怀孕以及休产假期间受到特殊的保护。

禁止的行为

“保护期”

在**“保护期”**（protected period）内，给予怀孕的妇女不公平的对待，或者

保护期：妇女在怀孕和休产假时受保护的一段时间。

给予因分娩导致生病或休产假的妇女不公平的对待，都是违法行为（第 18 条第 2 款）。这种不公平的对待包括开除（Webb v EMO Cargo（No. 2）（1995）案）、降级和剥夺参加培训的机会。

保护期始于妇女怀孕，持续到其休产假，或者到她提前上班之时为止（第 18 条第 6 条）。在这段时间，雇主承担严格责任，其动机或意图与此无关，并且在判断责任时不需要参照人。

一旦这一保护期届满，关于不公平对待的进一步诉讼就只能针对性别歧视，除非针对的是保护期内作出的决定（第 18 条第 5 款）。

直接歧视和间接歧视：第 13 条和第 19 条

具有这一受保护特征的妇女可以根据第 18 条主张直接歧视和间接歧视，但不能主张观念歧视和联系歧视。

然而，请注意，任何受到不公平对待的雇员若与怀孕的妇女或最近分娩的妇女有关，她也可以主张性别歧视。这将保护照顾怀孕或分娩后的妇女的家人。

二次侵害

第 18 条第 4 款涵盖了在保护期妇女行使休产假权利而导致的不公平对待引起的二次侵害。

骚扰

对于这一受保护特征而言，法律并没有规定特殊的针对骚扰的保护，但可以适用性别歧视中的相关条款（稍后介绍）。

18.2.6 种族

EA 2010 很大程度上重申了《种族关系法案》（Race Relations Act）（经修订）规定的禁止基于种族的歧视。

受保护的特征：第 9 条

种族包括（第 9 条第 1 款）：

- 肤色；
- 国籍；
- 种族或民族的起源。

拥有这一受保护特征的人是一个种族群体的成员（第 9 条第 2 款）。一个种族群体可以由两个或两个以上不同的种族组成（第 9 条第 4 款）。

条款的解释

国籍

国籍表示个人与国家之间的法律关系，他们在某个国家出生或之后加入该国国籍。这决定了他们的投票权和享受国家所提供服务的权利。这也和履行服兵役的义务相关。

民族

民族比种族的含义更加宽泛。

Mandla v Dowell Lee（1983，HL）

法院认为：一个族群只有当它被成员以及外界都认为是一个清晰可辨的社会团体，并且有自己的传统和长期的共同历史时，才算存在。其他的相关因素包括：共同的地域、语言、宗教或文字。

因此，锡克教徒构成了一个独特的族群。校规禁止锡克教男生戴头巾，并要求他们的头发剪成规定的长度，这构成对他们的间接歧视。

在 Commission for Racial Equality v Dutton（1989，CA）案中，上诉法院运用了 Mandla 案的判决，认为“吉普赛人”（我们今天称之为“罗马人”）构成一个并非通常共同出现的族群，尽管其不是来自同一个种族血统。

其他法律上承认的族群包括犹太人、苏格兰人和爱尔兰人。

民族的起源必须区别于国籍。你不可能改变自己的民族起源，但可以选择一个新的国籍。例如，一个出生在土耳其的土耳其族的人，可以移民英国，由此变为具有英国国籍的人。

民族的起源有历史和地理上的识别元素，这些元素反映的是目前存在或以前存在过的国家。例如，英国人和苏格兰人有不同的民族起源，因为苏格兰以前是独立的国家。

种族群体

根据该法案，所有的种族群体都受到保护，不受不公平对待。

一个种族群体是由那些有共同肤色、国籍、人种以及民族起源的人组成的。一个人可以是一个或多个种族群体的成员，例如，一名黑人，拥有英国国籍，印度族，同时是一名犹太人（信仰犹太教）。

由于该法案的这一部分最初是为了保护少数族裔，因此法院现在需要对其进行目的解释。

Redfearn v Serco Ltd（2006，CA）

作为被告的巴士公司发现雇员 R 是英国民族主义党的成员和地方议员，于是将 R 解雇。被告辩称，因为顾客和雇员大多为亚裔人，可能对 R 实施暴力行为，所以 R 存在健康与安全的风险。由于 R 为被告工作的时间不够长，尚无权提起不公平解雇的诉讼，因此他根据 1976 的《种族关系法案》第 1 条第 1 款 a 项，起诉被告种族歧视。

法院认为：雷德芬先生受到歧视并不是由于种族原因（他是白人），而是由于其特殊的观点，该观点被少数白人认同。他被解雇并非因为其种族，而是因为他的雇主对种族的概念加以滥用。

值得思考

在 Redfearn v Serco Ltd 案中，雷德芬先生在巴士公司的快递部门上班，与公众的接触有限；他和其亚裔主管的关系十分融洽，并且他并没有在工作场合宣扬其政治观点。你能想到他可以针对雇主提出其他的何种起诉？你认为他能否胜诉？

参考答案见书末的附录。

禁止的行为

禁止因为一个人的肤色、国籍、种族或民族起源，给予其相对于不具有这些受保护特征的人不公平的对待。

直接歧视：第13条

这包括联系歧视和观念歧视。特殊的保护包括禁止故意隔离（第13条第5款）个人或种族群体。这显然是非法的，因而不需要参照人。

职业资格的抗辩：附表9第1项

只要满足合法的目的和工作的适当要求，雇主有权对某一招聘职位要求特殊的种族特征。这可能与给予特殊种族的福利条款相关，应聘者被要求必须是该群体的成员。

间接歧视：第19条第1款b项

该条款适用的情形是，雇主强加的具有歧视性的“规定、标准、做法”，具有保护特征的人无法达到而受到损害。下面的案例很好地说明了这一情形。

Mandla v Dowell Lee（1983，HL）

法院认为：校规禁止印度锡克教的男孩戴头巾，并且要求他们的头发剪成特定长度，这构成对他们民族起源的间接歧视。

“合理方法”的抗辩

如果能证明是通过“合理方法实现合法目的”，间接歧视可以被正当化（第19条第2款d项）。在Panesaar v Nestlé（1980）案中，被告工厂禁止留长胡子和长发的规定，间接歧视了印度锡克教徒，但出于卫生的目的被正当化。今天看来，如果虽然出于合法目的（保证严格的卫生标准），但实现目的的方法并不合理，那么这一判决可能会出现不同的结果。适当的头部和脸部的遮盖物可以恰当解决这一问题，这在食品工厂中属于常识。

替代责任：第109条

在Jones v Tower Boot Co. Ltd（1997，CA）案中，原告在工作场所受到了来自其他同事的语言和身体上的种族歧视。其雇主要承担替代责任。雇主要对给雇员造成的侵权行为承担替代责任，即使他个人对此并没有过错。

生活实例

弗拉什刚刚成为Smallville Borough Council的首席执行官，即霍勒斯的雇主。弗拉什进行了一系列机构改革，其中一项与衣着方面有关。这一规定禁止女性雇员上班穿裤子。霍勒斯作为所在部门的工会代表，得知两名女同事受到这一规则的不良影响。拉温德是一个印度锡克教徒，担任客户服务接线员，抱怨主管不允许其穿长衫裤，也就包括不能穿裤子。根据宗教信仰的要求，她不能露腿，一直都穿长衫裤。艾丽斯在仓储部门工作，通常都穿亮色的裤子上班。她认为这便于工作，因为工作中涉及物品的储存和运输。她遵守了衣着规定穿裙子上班后，她的同事珀西多次对她的腿指手画脚，并且有一天当她爬上梯子时盯着她的裙子底下看。

霍勒斯要求人力资源部门处理这两个问题。他辩称，着装规范对拉温德的种族和宗教构成间接歧视。这看上去是一个有效的主张。只有当雇主能作出适当回应时，强加这种规范才是正当的，如果仅是出于制服原因而没有其他合理的理由，那么这似乎是过于僵化的规则。

霍勒斯以艾丽斯的名义起诉，着装规范直接歧视女性，与男同事相比，她们受到了不公平的对待。从目前的判例法来看，这似乎是可以胜诉的。在 Owen v Professional Golf Association（2000）案中，劳动法庭认为，要求女性雇员返回家中将着装由裤子换成裙子构成性别歧视。

珀西的行为构成性骚扰，如果不采取有效措施解决这一问题，Smallville 公司将要承担责任。

18.2.7 宗教和信仰

针对这方面歧视的保护在 2003 年就已经存在：2003 年的《就业平等（宗教和信仰）条例》（Employment Equality（Religion or Belief）Regulations）引入，使 2000 年的《平等待遇指引》得以实施。EA 2010 大部分都是对该条例的重复规定。

宗教和信仰这一受保护的特征：第 10 条

定义反映了《欧洲人权公约》的第 9 条（思想、宗教信仰的自由）

宗教

宗教的含义本身是由法院定义的，即使是在缺乏信仰的地方也是如此（第 10 条第 1 款）。包括所有的宗教，以及任何宗教和哲学上的信仰（包括无神论和不可知论）。所有的宗教派系和派别都受到保护，例如浸信会和塞法迪犹太教。由于非主流的宗教派系也受到保护，一个宗教必须有清晰定义的信仰派系和结构。劳动法庭认为唯心主义也是一种宗教信仰，并指出唯灵派是英国第八大信仰团体（Greater Manchester Police Authority v Power（2010）案）。

信仰

宗教信仰和非宗教信仰都包括在这一定义中。信仰不一定非要涉及忠诚和信念，但必须满足特定的宽泛标准。在 Grainger plc and Others v Nicholson（2010）案中，伯顿法官将信仰表述为："信仰必须对人们的生活和行为有影响，并且是实质性的，必须在某种程度上是中肯的、严肃的、坚决的和重要的。其必须在民主的社会中值得尊重，并且尊重人的尊严，不和他人的基本人权相冲突。"他拒绝驳回格兰杰的主张，格兰杰称自己因对天气变化的信仰在工作中受到歧视。

禁止的行为

当受保护的特征是宗教和信仰时，相对于其他不具有受保护特征的人，具有受保护特征的人受到不公平的对待是违法的。

直接歧视和间接歧视：第 13 条和第 19 条

对于直接歧视和间接歧视（包括观念歧视和联系歧视）导致的不公平待遇，都可以起诉。如果雇主可以证明是为了达到合法目的，具有一定的合理性和必要性，那么间接歧视可以被正当化。案件通常是针对制服或着装的要求，阻止人们宣扬其宗教信仰，因而构成不公平对待。接下来的案例能很好地说明，这类案件中表面上的歧视是如何被正当化的。

Azmi v Kirklees Metropolitan Borough Council（2007，EAT）

阿兹米女士作为一名助教，坚持戴头纱，违反了不准戴头纱的规定，因而被学校辞退。

她声称，由于其宗教信仰要求她在教室里有男教师的场合下戴头纱，因而学校董事会对她构成直接歧视和间接歧视。

学校董事会辩称（通过观察原告在工作中的表现），遮盖其脸和嘴的头纱影响了她和学生进行有效交流的能力，并且影响了学生学会阅读。

法院认为：相对于其他女性雇员、穆斯林教徒或者其他基于非宗教信仰的原因遮住面部的人，原告并未因宗教信仰而遭受不公平的对待，因而本案并不存在直接歧视，因为其他人也要遵守同样的规则。本案也不存在间接歧视。学校董事会制定的着装规则中包括穆斯林女性无法满足的一个条款，并非针对头纱，但是它承认该政策对需要佩戴头纱的人会产生影响，但要真正对这一政策进行评价，需要结合其影响具体问题具体分析。该政策是中性的，或者至少不是针对非穆斯林实施的。学校董事会的做法具有合理性，并且是为了达到合法的目的（学生的学习）。

在 Eweida v British Airways（2010）案中，上诉法院认为，埃维德女士作为一个虔诚的基督徒，通常佩戴一个十字架，英国航空公司（British Airways）的着装规则禁止在脖子上佩戴任何首饰，这并不构成间接歧视。因此该反对间接歧视的条款是为了给特定人群提供保护，而并非单独针对某一个人。没有证据表明其他基督徒也受到了不利的影响。然而，法院声称，如果英国航空公司无法证明其着装限制具有一个足以正当化的理由，那么仍有可能构成间接歧视。后来，英国航空公司修订了其着装规范，允许雇员佩戴宗教象征饰品。

这些案件都表明，坚持一项宗教和信仰本身的权利是绝对的，而宣传宗教和信仰的权利是受到限制的。（参见 Power v Greater Manchester Police Authority（2010）案。）

有时，具有不同受保护特征主体的需求可能发生冲突。

新闻报道

R（on the application of Eunice and Owen Johns）v Derby County Council（2011）

原告是五旬节派的基督徒，其收养儿童的请求被德比市政委员会拒绝，原因在于原告信仰的教派教义中不接受同性恋。原告申请行政复议。

法院认为：申请不能得到批准。潜在的养父母对同性恋的态度与决定其是不是合适的收养人有关。根据 2004 年的《儿童法案》第 10 条，这一成文法的指引规定，市政委员会对在养父母照顾之下的儿童性健康负责，不论孩子的性取向如何。养父母如果无法适当支持被收养的同性恋孩子，那么可能会阻碍市政委员会履行成文法上的义务。市政委员会调查欧文斯一家的态度是正确的，这样做是为了履行法定义务。根据《平等法案》，权利没有等级之分，因而有时对宗教信仰权利的保护和对性取向权利的保护可能发生冲突。此处，成文法指引的条文使得有关性取向的权利优先受到保护。

本案并没有实际的宗教歧视发生，具有其他宗教信仰或没有宗教信仰的申请人如果持有与欧文斯夫妇类似的观点，也会被市政委员会拒绝。

职业要求

法案赋予有组织的宗教以及有宗教精神的特定机构一定的豁免权。

有组织的宗教

附表 9 第 2 项规定，一个隶属于有组织的宗教的雇主可以要求其部长以及关键职位的雇员具有其指定的性别和性取向。变性人、女同性恋、男同性恋和双性恋者都可以被依法排除。婚姻状况也可以成为相关标准之一，离婚并且其配偶尚在的应聘者可以被排除。

例如，英格兰教会可以合法拒绝是女同性恋或男同性恋的牧师应聘。罗马天主教会可以要求其牧师是未婚且没有离过婚的人。

这样的要求被强加给雇员的情形只能是：这一要求只能适用于公认的宗教，且必须与教义一致，以避免与广大的宗教追随者相冲突。

相关的解释很狭隘，并且仅适用于涉及提供宗教服务和牧师关怀的直接管理者。

有宗教精神的雇主

根据附表 9 第 3 项，一个隶属于有组织的宗教或信仰的雇主受到保护，有权要求其关键职位的应聘者符合职业要求。精神可以被定义为相关机构的组成和功能方面的、与文化或哲学相关的、能够证明宗教或信仰的证据。

例如，这包括教会学校等负责培养传教人员的高等教育机构，以及其他工作的本质是反映宗教信仰的组织，例如人文学会。

18.2.8　性别

在 EA 2010 颁布之前，这一领域的立法是 1975 年的《性别歧视法案》（经修订）。它对婚姻、怀孕、育龄和变性的歧视作了规定。根据 EA 2010，性别歧视反而是不相关的。

尽管《性别歧视法案》最初的制定目的是抵制针对妇女的性别歧视，但根据相关条款，男性也享有同样的权利。在某些年份，与女性相比，男性胜诉的案件更多。EA 2010 很大程度上重申了《性别歧视法案》对于性别歧视的规定，但也有部分内容予以加强。

受保护的特征：第 11 条

这包括任何年龄的男性和女性，涉及的是群体，即男人/男孩或者女人/女孩。

EA 2010 规定，因性别直接或间接歧视他人是非法的。给予男性和女性不同的对待，并不必然构成非法的歧视，除非给予一方相比于另一方不公平的对待。

性别平等条款：第 66 条

这是为了保证劳动合同中的条款不会因为性别而给予雇员不公平的对待。所有的劳动合同都必须包括这样的条款，或者将类似的条款自然隐含在合同中。这就要求，如果劳动合同中的一个条款给予雇员相对于异性的参照人而言不公平的对待，应当修改条款以与参照人类似。类似地，如果参照人的合同中包含了一个不公平条款，而雇员的合同中没有，那么雇员的劳动合同中必定隐含了这样的条款。有实质性不同的证据可以被正当化。

禁止的行为

直接歧视：第13条

直接（公开）歧视发生于这样的情形：行为人因为性别而相对于异性受到不公平的对待。要求候选人必须是男性就是典型的例子。在 Batisha v Say（1977）案中，一个女性应聘一个山洞导游的工作被拒绝，理由是这是一项“男性的工作”。在 Moyhing v Barts and London NHS Trust（2006）案中，EAT 认为一项政策要求男护士在对女性患者进行私密检查时要有人陪同，对男护士构成直接歧视。因为女护士对男性患者进行私密检查时没有这一要求。

直接歧视包括联系歧视和观念歧视。

体力和耐力这样的身体素质不应当被当作性别特征对待。不能因为一项工作涉及拎重物，就自动将女性应聘者排除在外。虽然通常来说男性比女性强壮，但有些女性比有些男性强壮。

职业资格：附表9第1项

这一抗辩可以保护这样的雇主——他能证明一项工作必须要求特定的性别。

一项工作基于生理上的原因可以要求特定的性别，例如脱衣舞者。隐私和尊严的问题也可以构成合法的考量，例如性别单一的医院或监狱。如果条件有限，不能合理提供单独的卧室和盥洗设施，那么在委派常驻性工作时指定特定性别的人，也不构成法律上的歧视。

Etamplc v Rowan（1996，EAT）

法院认为：出售女性服装的售货员并不必然是女性。一位男性应聘者也符合该工作的大部分要求。只是女性工作人员在监督更衣室时不会给女性顾客造成任何不便和尴尬。

间接歧视：第19条

间接歧视（indirect discrimination）或隐性歧视产生于这样的情形：雇主给雇员强加一个看似中立的“条款、标准或做法”，使得雇员相对于异性员工处于不利的地位，并且雇主无法证明这是为了达到合法目的而采取的适当手段。

Home Office v Holmes（1984）

法院认为：一项要求雇员全职工作而非兼职工作的规定，间接歧视女性。相对于男性，她们从事全职工作的机会受到照顾孩子的限制。与该工作的性质相比，要求雇员全职工作不合理。

间接歧视：隐性歧视。适用于所有劳动者的选择标准、政策、利益、规则或条件，但对于具有相关特征的成员存在歧视。

骚扰：第 26 条和第 40 条

针对性骚扰的法律提供了特殊的保护（第 26 条第 2 款）。

Porcelli v Strathclyde Regional Council（1986）

波尔切利女士是一个实验室的技术人员，两名同事对她进行性骚扰和人身恐吓，希望她离开实验室。

法院认为：她是歧视的受害者，鉴于其同事的行为属于“特殊类型的手段……他们并不会以此方式针对不受欢迎的男性”。

同工同酬

这一直是一个针对女性性别歧视的备受争议的领域。历史上，妇女都从事等级较低和薪酬较低的工作，比如清洗、护理、餐饮和销售等。和女性一起被聘用的男性，从事类似甚至相同的工作，通常能获得较高的薪酬。1970 年的《同工同酬法案》（Equal Pay Act）首次纠正了这种偏差，1983 年的《同工同酬（修订）条例》（Equal Pay（Amendment） Regulations）对此进行了修订，以遵守《同工同酬指引》（Equal Pay Directive）（75/117/EEC）X 中有关同工同酬的规定。遗憾的是，尽管有法律规定，但女性的平均收入还是比男性低 16%。

EA 2010 很大程度上重申了之前的立法，增加了少量的保护。**平等条款**（equality clause）（第 66 条）对同工同酬问题具有特殊意义，它规定同工同酬是劳动合同必须包含的内容，而无须特别约定。获得职业养老金的资格也在 EA 2010（第 67 条）中被首次规定。

同工同酬的规定，不仅包括工资、薪酬，而且包括全部货币性福利，如带薪休假、病假工资和加班。非货币性福利也包括在内，如公共设施和体育设施。

平等的工作：第 65 条

与从事下列工作的男性相比，妇女有权主张相同的薪酬以及其他合同权利：

- “类似的工作”，意味着工作是相同的或大致类似的；
- “认定为类似的工作”，意味着尽管工作性质不同，但根据评估方案被认定为类似的工作；
- “同等价值的工作”，意味着尽管是不同的工作，但考虑到工作需要的技能水平、决策或管理能力，可以被认定为具有相同的价值。

根据欧盟的法律，这些条款都需要进行目的解释。

现在让我们看一下这些条款的更多细节，以了解实践中是如何运用的。

类似的工作

妇女必须证明其工作从整体上、从所需的特殊技能以及责任来看，与男性从事的工作是相同的或十分类似的。只要她能证明这一点，就能胜诉，除非雇主能证明两项工作存在本质上的不同，例如，就从事工作所需的资格或技能而言，如果将两项工作认定为相同的工作，则不符合社会利益，或者从事某项工作需要的体力至关重要，从事另一项工作则不然。

一个表面上的区别，例如给予男性较高的头衔，并不能糊弄法院。

平等条款：雇佣合同中的默示条款，以确保当事人受到公平的对待。

Capper Pass v Lawton（1977）

法院认为：一个被聘用给董事餐厅做饭的女性，其工作和食堂的厨师助理本质上是类似的。唯一的区别在于，助理厨师做的饭更多，受到一定的监督，每周比该女士多工作4小时。

繁重的工作获得较高的薪酬是合理的。

Noble v David Gold & Sons（Holdings）Ltd（1980）

作为仓库工作人员，男性比和他们一起工作的女性获得的报酬高。

法院认为：这是合理的，因为男性承担的是装货、卸货的工作，而女性从事的是较轻松的分类、贴标签以及包装货物的工作。

未被履行的观念上的责任，并不构成实际的区别。

Shields v Coomes（Holdings）Ltd（1978）

雇主声称，在赌场里，男性雇员获得比女性雇员更高的工资，是因为他们还发挥了安全保卫的作用。

法院认为：女性雇员有权获得相同的报酬，因为雇主无法证明男性雇员接受了安全培训，或者男性雇员处理过安全事故。因而，男性和女性从事的工作并没有实质的不同。

认定为类似的工作

如果雇主拥有一个有效的工作评估方案，根据该方案，女性的工作水平被认为与男性的一样；或者如果对男性和女性的工作价值给予同样的评价，女性的工作经过评估应当比男性的工作水平高，但男性雇员得较高报酬，那么女性雇员有权对雇主违反平等条款进行起诉。该工作评估方案适用的标准，对于男性和女性来说必须是相同的，以避免性别歧视。

这提供了一种对工作进行系统评估以确定其相对价值的方法。采用积分的方式对工作进行评估，综合考虑责任、技能、努力和决策等各个方面的因素，可以将不同类型的工作进行比较。

工作评估方案并不是必需的，由于实践中运用得较少，因此这方面的判例并不常见。

同等价值的工作

要确定工作的价值，法庭必须对相关的工作进行评估和比较，对技能、知识、行业或专业资格、身体和精神上的努力、责任和决策水平加以考虑。

Hayward v Cammell Laird Shipbuilders（1988，HL）

法院认为：工厂厨师的工作和其他具有专业技术的工人（例如木匠、画家和绝缘体工程师）的工作具有同样的价值，其有权获得和技术工人相同的基本工资。享有比其他技术工人更多的疾病补贴、假期以及用餐权，并不影响其获取相同标准的工资。

这一条款意味着对范围极其广泛的工作都可以进行比较。一项需要技能的体力工作与管理工作相比，可能具有相同甚至更大的价值。

参照人

参照人必须是现在或者过去从事过原告的工作，或者在与女性雇员直接或间接相关的另一工作岗位上工作的人。

原告有选择参照人的权利。这最初由上议院在 Pickstone v Freemans plc (1988) 案中规定，以阻止雇主让一个“有资格的男性雇员”从事女性雇员从事的工作，并且向其支付相同的报酬。她可以选择多个参照人。有时这可能是胜诉的关键，由于其合同中规定了多个服务条款，因此只选择一个参照人是远远不够的。参照人并不一定是目前和原告一起工作的雇员（第 64 条第 2 款）。这是上诉法院在 Macarthys v Smith (1981) 案中确立的，以阻止雇主用支付较低报酬的女性雇员替代男性雇员。

假想参照人

这是在没有参照人的情况下提供的新的保护。例如，如果雇主告诉其女性雇员，若她是男性将支付更高的工资，尽管该女性雇员的岗位或类似工作都没有参照人，她也可以运用假想参照人提起性别歧视的诉讼（第 71 条）。

职业养老金

1970 年的《同工同酬法案》和 1975 年的《性别歧视法案》都不适用于养老金，但欧盟法提供了养老金方面的反歧视立法。

Barber v Guardian Royal Insurance (1990, ECJ)

法院认为：根据该法案第 141 条，强制退休的男性仅有权主张迟延支付的养老金，而相同年龄、处于相同职位的女性则有权立刻要求获得养老金，这样的规定是不公平的。

1995 年的《养老金法案》(Pensions Act) 第 62～第 66 条要求在退休金服务方面，平等对待自 1990 年 5 月 17 日以来所有的退休人员。

性别平等规则（EA 2010 第 67 条第 1 款）现在的目标是，使男性和女性在职业养老金和相关福利方面获得平等的待遇。第 61 条规定，非歧视规则适用于每一个职业养老金方案，禁止一个“负责人”歧视、伤害或骚扰任何一个将要加入或已经加入该计划的成员。

实质性区别

根据该法案第 69 条，如果雇主能够证明给男性和女性雇员支付不同工资存在“实质性原因”，那么其不承担责任。实质性原因是具有真实性、相关性和重要性的原因，并且不构成直接性别歧视。如果构成间接歧视，那么只存在一项有效的抗辩，即采用合理的手段保证合法目的的实现。雇主可以有效主张，男性和女性的工资差异是巧合，因为二者从事的工作具有实质性区别，而并非性别原因导致。这些区别体现在职业资格、工龄、工作地点以及加班时间等方面。机构和经济等因素也可以使薪酬差异正当化，但这是法院在个案中需要具体判断的实际问题。

在下面的案例中，法院认为员工短缺也可以构成实质性区别：

Rainey v Greater Glasgow Health Board（1987，HL）

董事会和NHS订立了一份供应假肢的合同，于是从NHS的部门中招聘了一些安装假肢的人员，按当时的工资水平支付薪酬。但之后发现员工短缺，于是又从私人机构招聘了20名员工（全是男性），支付相对于之前的雇员更高的工资。之前从NHS招聘的雷尼女士起诉这构成歧视。

法院认为：由于市场调控的原因，薪酬差异是合理的。

关于市场原因的主张只有在特定条件下才有效，一旦不具备这些条件，雇主必须支付相同的报酬（Benveniste v University of Southampton（1989）案）。

在下面的案例中，法院认为经济条件不被认为是薪酬差异的正当化理由：

North Yorkshire County Council v Ratcliffe（1995，HL）

法院认为：给宴会女性服务员支付相对于男性服务员较少的薪酬是不合法的，雇主不能主张这么做是为了使自己在竞争性谈判中获胜。这正是该法案想要禁止的歧视。

在 Blackburn and Another v Chief Constable of West Midlands Police（2008）案中，上诉法院认为，夜班工作是一个实质性原因。因此，给上夜班的男性警察支付较高的工资，并不构成对为了照顾孩子选择不上夜班的女性警察的歧视。这样做是客观合理的，因为这符合给予加班工作人员额外奖励的合法目的。

怀孕和分娩期间同工同酬

雇主不应该在女性雇员怀孕和休产假期间为其发放较低的工资和提供较差的待遇，在劳动合同中已隐含了产假工资的条款。在判断这种问题时不需要参照人（第73条）。

在离岗期间，这些女性雇员正常的薪酬将暂停发放，但会根据服务条款获得产假工资。并且，她们在离岗期间依然有权获得其正常上班能获得的津贴和增加的工资（第74条）。

如果她是一个职业退休金计划成员，隐含的产假条款将保护其在休产假期间免受退休金的损失。

透明化支付

为促进平等的利益，该法案要求雇主确保其薪酬结构对雇员和交易对象而言是清晰易懂的。

有些雇主通过增加保密协议，并将这些内容在劳动合同中规定，来防止员工讨论和比较薪酬，从而维持薪酬的不公平。根据第77条，这样的条款如果阻止员工公开其相关收入，或者要求现在或以前的同事公开收入，那么这样的条款是没有法定效力的。

根据该法案（第77条第3款），信息披露只有在与薪酬有关，并且旨在发现被特定保护人群是否受到歧视时，才是合理的。如果雇主惩罚那些披露了或想要披露薪酬信息的雇员，那么有可能构成侵害罪。

执行同工同酬的诉讼

一个女性雇员认为自己获得的报酬和男性雇员相比不公平，如果她在劳动法庭起诉后八周内无法提供清晰的证据，有权要求雇主提供证据（第 138 条第 4 款和第 5 款）。

然而，在起诉之前，女性雇员应当寻求非正式地解决这一问题的渠道，如果失败，再根据《ACAS 守则》（ACAS Code）提出正式的申诉材料。调解仲裁委员会也可以提供调解。

劳动法庭处理同工同酬案件有特别的程序。如果胜诉，法庭将作出一项判决，妇女有权获得同等报酬、因诉讼程序而支付的费用以及可能遭受的其他利益损失（第 132 条）。同工同酬赔偿中的损害不包括精神损害。

由雇主公开薪酬信息

就业和退休保障部发布的条例要求拥有雇员 250 人以上的雇主公开其薪酬结构的信息（第 78 条）。英国政府在 2011 年宣布，至少在接下来两三年内不会发布这样的文件。

18.2.9　性取向

简介

2003 年以前，雇员几乎不享有针对性取向方面的歧视的法定保护。关于人权的有关立法提供了一些补救措施。《欧洲人权公约》（第 8 条、第 13 条和第 14 条禁止歧视条款）虽然没有明确规定性取向，但可以作出目的解释。1998 年的《人权法案》在英国法庭中运用《欧洲人权公约》，使得英国法在这个领域得到了进一步的发展。

《欧洲人权法案》在 Smith and Grady v UK（1998）案中认为，在军队中禁止女同性恋和男同性恋的规定，侵犯了他们的权利，这涉及第 8 条（隐私权和家庭生活权），以及第 13 条（获得国内有效救济的权利）。这导致国防部的政策发生了根本的改变，国防部于 2005 年解除了这一禁令。

欧共体的法律最终促进了国内法基于 2000 年的《平等待遇指引》作出改变，实施 2003 年的《就业平等（性取向）条例》。

这些法规使得因为雇员的性取向给予的不公平对待（即歧视）是非法的。因此，因为性取向而歧视异性恋、女同性恋、男同性恋以及双性恋都是非法的。

EA 2010 很大程度上重申了之前的立法，但在骚扰和二次侵害方面增加了权利。

受保护的特征：第 12 条

一个人的性取向包括：

（a）同性恋；

（b）异性恋；

（c）双性恋。

因此，包括女同性恋、男同性恋、异性恋和双性恋。

禁止的行为

根据该法案，因为一个人的性取向而给予其不公平的对待是违法的。

参照人

指处于类似境况但不具有受保护特征的人。将同居的人和结婚的人进行对比，两者之间并不存在本质的区别（第 23 条第 3 款）。

直接歧视和间接歧视：第 13 条和第 19 条

如前所述，直接歧视包括观念歧视和联系歧视。对同性恋的负面成见就足以被认定为不公平的对待。

职业资格

根据附表 9 第 3 项，如果是出于合法目的采用合理手段，那么可以构成对直接性取向歧视的有效抗辩。年轻同性恋的支持团体以刊登广告的方式招聘一位同性恋咨询工作者的行为可以被正当化，但仅限于这样的条件，即他们的客户愿意接受同性恋的性取向并与他们分享经验。

骚扰：第 26 条和第 40 条

具有这一受保护特征的行为人，可以主张来自雇主（第 26 条）和第三方（第 40 条）的骚扰。

一个异性恋可能会因为被开玩笑认为是同性恋而受到骚扰，即使其同事并非真的认为其是同性恋。在 English v Thomas Sanderson（2008）案中，柯林斯法官认为最基本的问题是："如果有人提出这样一个问题，在涉及性取向的案件中，当事人是否反复及冒犯地使用'同性恋'这样的字眼，此时的答案与原告的真实性取向或其表现出来的使其饱受折磨的性取向无关。如果诉讼是基于性取向而产生的，那么原告真实的性取向与诉讼无关。"请注意，桑德森先生最终败诉，原因在于，尽管他被有关同性恋的笑话所嘲笑，但他本人没有受到所谓的骚扰，因为他没有被他人的行为所冒犯。由于桑德森先生也加入了开玩笑的人之中，并且和他们都是好朋友，因而不存在骚扰。EAT 支持了这一判决（Thomas Sanderson v English（2011）案）。

替代责任

如果雇主明知雇员有非法行为，但没有采取有效措施阻止非法行为继续，那么要承担替代责任（第 109 条第 4 款）。

Martin v Parkham Foods（2006）

2005 年 5 月，署有马丁先生名字的有关虐待狂和同性恋的涂鸦出现在其工作场所卫生间的墙上。他向人力资源部门反映了情况，但清理工作十分有限，仅仅抹去了他的名字。公司另外作出了不要毁坏建筑物的声明，但没有提及仇视同性恋的事情。

2005 年 10 月，他的名字又一次出现在涂鸦上。他再一次反映了情况，但被告知无法找到罪魁祸首。然后，他写了一封正式的投诉信，于是 Parkham 公司暂停了马丁的工作并开展调查。

2005 年 12 月，在停职期间，马丁先生辞职，并以骚扰、直接歧视和劝退为由起诉。

法院认为：Parkham 公司应对马丁先生受到的骚扰和直接歧视承担替代责任。

Parkham 公司没有为阻止仇视同性恋的行为再次发生采取任何合理的措施。公司应当通过适当的培训、公司简报或通知让所有员工都清楚，仇视同性恋的行为是不允许的。

马丁的申诉没有被认真调查，并且公司没有向马丁道歉也是不妥的。

马丁先生被停职也是不合理的。这些因素使他对公司失去信任和信心，导致他被推定解雇。

18.3　反歧视立法的实施

原告在将案件起诉到劳动法庭之前适用该法案。当事人必须在歧视发生之日起三个月内起诉。起初，可以适用申诉和可能的调解程序，但如果这些努力都失败了，那么将起诉到法庭。

18.3.1　救济

劳动法庭的权力：第 120～第 126 条

1. 建议：可以责令用人单位采取切实可行的措施来纠正这种情况。

2. 损害赔偿：如果歧视导致推定解雇，受害人有权获得因此遭受的经济损失和精神损害赔偿（见第 19 章）。

3. 判决：旨在防止进一步的歧视行为发生，并且可能同时要求给付损害赔偿。起初，这仅针对雇主和原告，但第 124 条引入了一项新的权力，即针对雇主的判决可以要求其采取惠及所有雇员的措施。例如，法庭可能会要求雇主就反歧视的内容重新培训所有雇员，或者实施一项新的政策。

18.4　促进平等

该法案的目的不仅在于保护个人免受歧视，更是旨在促进普遍意义上的平等。

18.4.1　公共部门的平等义务：第 149 条

这项义务从 2011 年 4 月开始实施。

根据该法案，附表 19 中所列的公共部门负有以下三项义务：

（a）消除歧视、骚扰、二次侵害以及本法案禁止的任何其他行为；

（b）促进具有相关受保护特征的人和不具有这些特征的人之间的平等机会；

（c）培养具有相关保护特征的人和不具有这些特征的人之间的良好关系。

（a）适用于所有受保护的特征，但（b）和（c）不适用于婚姻和合法同性婚姻。

附表 19 规定，国家各部委、大多数政府部门和地方当局属于公共部门。另外一些虽然不是公共部门但履行公共部门职责的主体，由于履行了公共部门职责，也属于第 149 条规定的公共部门。

平等和人权委员会有权发出公告，并且采取其权力范围内的任何措施以确保职责的履行。

18.4.2 特定平等义务

根据第153条，部长有权颁布条例，履行促进具体的平等的义务，其目的在于更好地履行第149条第1款规定的权力机关的义务。政府当局就这一问题进行了协商，但到目前为止还没有颁布具体的条例。

18.4.3 社会经济义务：第1条

法律赋予作为公共部门的雇主特定的义务，即其必须考虑到所作出的战略性决定对弱势个体可能造成的影响。这些部门具体包括地方当局、健康和初级保健信托基金以及警务机构。然而，政府废除了这一条款。

18.4.4 积极行为：第159条

雇主可以指定或聘用一名具有受保护特征的雇员——当工作人员中缺乏这类人员时。这一情况只会在相关候选人具有同等资格时发生，具体案件需要具体分析。

这一条款也并非允许雇主实施这样一项政策：给予具有特定受保护特征的雇员相对于其他不具有受保护特征的雇员更优厚的待遇。

这一做法目前存在争议，只在2010年4月相关指引发布时实施过。

18.5 平等和人权委员会

2006年的《平等法案》第1条创设了**平等和人权委员会**（Equality and Human Rights Commission，EHRC）。从2007年10月起，它取代了平等机会委员会、种族平等委员会和残疾人权利委员会。这三大委员会的职责在于分别监督与性别、种族和残疾相关的立法工作。EHRC承担了这三大委员会的职责，并且起到了将所有反歧视立法作为一个整体进行监督的作用。它还负责促进平等和人权文化的发展。

18.5.1 委员会的核心职能

目前该委员会的核心职能是：

1. 促进和鼓励平等和多元化的意识和做法。
2. 通过可以便捷获得的建议和信息，促进对法定权利的理解。
3. 通过个案的工作，行使法定权利。
4. 通过促进对建议条款的理解，借助调查和咨询有策略地执行法定权利，朝着消除非法歧视和骚扰的目标努力。

平等和人权委员会：英国监督反歧视法律的主体。

---

5. 为了更好地遵守1998年的《人权法案》，通过公共机构的良好实践，增强人权意识，促进对人权的理解和保护。

6. 促进平等法中规定的不同群体之间、受保护人和社会大众之间的良好关系。

18.5.2 未来的改革

政府于2011年宣布，作为有关“准政府机构”政策的一部分，准备对委员会进行改革，以明确其主要职能，缩减非核心职能，建立更为透明的工作机制，确保其可以提供更大的价值。实践中，这很有可能导致机构的进一步精简，目前已经有很多职位被宣布裁撤。

本章小结

1. 2010年的《平等法案》的范围

该法案保护具有八种受保护特征的人免受不公平对待，即年龄、残疾、变性、异性婚姻和合法同性婚姻、怀孕和分娩、种族、宗教和信仰、性别以及性取向。

2. 结构

本法案规定了禁止的行为的类型：

(a) 直接/间接歧视（职业资格成立有效的抗辩；合法目的的抗辩仅适用于间接歧视）；

(b) 骚扰；

(c) 二次侵害。

雇主也可能需要对雇员的歧视行为承担替代责任。

该法案在对待具有受保护特征的人时，规定了特定的义务。例如，其要求对残疾人的工作岗位进行合理的调整。

逆向歧视在极其有限的程度上被允许。

责任的抗辩也包括在内。“职业资格”的抗辩适用于逆向歧视的主张。为了达到合法目的而采取适当的方式，是针对间接歧视的有效抗辩。

3. 救济

从劳动法庭获得的损害赔偿、建议和判决。

4. 促进平等

公共机构负有增强和促进平等的一般义务（第149条）。

第159条允许雇主采取优先的积极行动设定职位。

5. 平等和人权委员会

该委员会负有促进平等的责任，通过监督实施、帮助个人提起诉讼、开展调查和提出改进建议的方式履行这一职责。

课后测验

1. (a) 安特洛普女士是Cheetah plc的清洁工人，与男性包装工相比，她的工资较低。

(b) 巴克先生因为性别没有应聘上Warren Family Planning诊所的工作。

他们拥有什么合法权利？

2. 直接歧视和间接歧视有什么区别？

3. 在什么情况下，仅针对特殊种族的人设定工作岗位是合法的？

4. 拉比特女士在休产假期间没有获得支付给相同层级雇员的奖金。她的朋友黑尔女士去问老板福克斯先生，并指出，根据2010年的《平等法案》，拉比特女士有权获得奖金。两周后，福克斯先生辞退了黑尔。请给黑尔女士和拉比特女士一些建议。

参考答案见书末的附录。

深入阅读

以下判例对于你在本章所学的法律的形成提供了重要的示例。它们是说明诉讼中法律的第一手资料，并且能给你提供更多的事实细节，同时帮助你理解法律，以及了解法官是如何作出决定的。

请尝试在判例汇编中查找这些判例，或者通过数据库获取，例如，Bailli（www.bailii.org/databases.html）。你可以从大学图书馆获取 LexisNexis 和 Westlaw，或者从判例书中找到摘录。

Azmi v Kirklees Metropolitan Borough Council（2007）The Times，17 April，EAT

O'Neil v Symm & Co. ［1998］IRLR 232

Rainey v Greater Glasgow Health Board ［1987］AC 224 HL

Redfearn v Serco Ltd［2006］IRLR 623.

网络学习

请登录 www.acas.org.uk/，点击"Equality"，寻找所提供的大量素材。

课后作业

Trumpet 公司的主要业务是提供公关和公共政策服务。马德琳作为前台接待员为这家公司工作了七年。最近，她在一次与工作无关的交通事故中受重伤，现在只能依靠轮椅行动。Trumpet 公司通知她，基于对公司防火体系的评估，洗手间对于轮椅使用者来说是不够安全的，因此对其安全不作任何保证。

拉杰在被公司聘用后不久，收到了一封来自公司内部的匿名邮件，上面写着"你为什么不找一个离家近的工作"，邮件还附有出售飞往巴基斯坦的打折机票的网址。他将此事报告给了他的主管格拉迪丝，但后者表示，拉杰不必在意这些事情，而且自己对此也无能为力。

简为一家公关公司工作了多年。她最近向 Trumpet 公司求职，在求职信中，她表示自己能满足相关工作的要求。在面试中，她被要求介绍几个自己从事过的成功的项目，她介绍了一个自己组织的名为"结果"的同性恋团体。最终她没有应聘成功，后来她发现另一位条件不如自己的人被聘用。她为此询问了公司的人力资源经理，得到的答复是："我们不确定你的从业经历能否符合我们团队的需要。"

请给马德琳、拉杰和简一些建议。

第 19 章 工作中的权利：针对解雇或裁员的保护

导　言

通常情况下，雇员会告知雇主自己打算去新的地方就职，以这种方式来终止自己与雇主的劳动合同。但遗憾的是，有些时候事情的进展没有那么顺利，而且雇主会首先采取行动。在本章，我们将会解释具体情况如何发生以及雇主损害法律规定的保护雇员的权利时，雇员如何获得相应的救济。

雇主终止劳动合同主要有三种方式：

1. 非法解雇。普通法中，在没有适当通知的情况下解雇雇员，会导致雇员基于普通法向民事法庭提起违约诉讼。

2. 不公平解雇。在发出通知的情况下，解雇在普通法中是合法的，但对于身处弱势地位的雇员可能是不公平的。自 1977 年开始，保护雇员的成文法权利将不公平解雇纳入规制范围。无论是否存在相关通知，雇员都有权在劳动法庭提起诉讼。除非雇主能够证明解雇该雇员是公平的（例如，基于该雇员不称职而将其解雇），否则可能需要对雇员进行赔偿，在一些例外的情况下，还要恢复该雇员的职位。

3. 裁员。雇主需要控制用工规模，但是不愿意被裁撤的雇员有基于成文法获取赔偿的权利。

下面将对相关概念进行解释。

学习目标

在完成本章的学习之后，你应该能够：

1. 了解非法解雇与不公平解雇的区别。
2. 解释提起不公平解雇之诉的条件。
3. 了解裁员起诉的条件。
4. 简要描述不公平解雇以及裁员中对雇员的救济。
5. 了解企业转让的有关概念。

19.1 非法解雇

非法解雇（wrongful dismissal）是指在雇主没有合理通知就终止与雇员的劳动合同或固定期限合同，该终止行为于合同终结日前生效，雇员可以由此提起违约诉讼。

即决撤职（summary dismissal）（无通知）只有在雇主能够证明雇员对全部不当行为负有过错的情况下才适用。这些行为通常包括盗窃、欺诈、暴力或者醉酒等不顾及后果的行为以及雇员无理由拒绝合理的命令。

19.1.1 最短通知期限

根据1996年的《劳动权利法案》，雇主对雇员的解雇通知应当满足下列期限要求，除非合同中规定了更长的特定期限（第86条）：

- 受雇一个月之内：无须通知；
- 受雇一个月至两年：一周通知时间；
- 受雇两年至十年：每受雇一年需要累计一周的通知时间；
- 受雇十年以上：十二周通知时间。

19.1.2 对非法解雇的救济

雇员有权就违反劳动合同向法院起诉，要求返还通知期间的收入损失，以及其他正常情况下可以获得的佣金及小费。学徒有权要求对预期损失进行赔偿。因为非法解雇导致不能完成持续性工作进而无法获得相应的收益，雇员可以就此提出赔偿并对不公平解雇提起诉讼。

另外，雇员也可以在劳动法庭提起诉讼，尽管作为起诉基础的损害被1996年的《劳动权利法案》限制在一定范围内。这类案件的诉讼时效通常被限定在终止合同三个月内，而其他法院的诉讼时效则为六年。（可参见第9章关于违约救济的相关内容。）

19.2 不公平解雇

这一领域的法律自其诞生起就不断变化，目前主要由1996年的《劳动权利

非法解雇：*雇主违反合同作出的解雇决定。*
即决撤职：*在无通知的情况下解雇雇员。*

法案》（已经被 1999 年的《劳动关系法案》（Employment Relation Act）修订）进行规制。

任何雇员都有权对违法解雇进行起诉，同样，他们也有权在劳动法庭对不公平解雇提起诉讼。但是，那些不能基于非法解雇提起诉讼的雇员，有资格依据**不公平解雇**（unfair dismissal）进行起诉。因此，雇主不再能够毫无代价地解除雇员的工作，除非能够使法庭采信其行为依据法律标准是公平合理的。

特定类型的雇员不享有对不公平解雇的起诉权利，如那些依据劳动合同主要在英国境外工作的雇员。

19.2.1 起诉资格

起诉必须在合同终结三个月内提出，同时必须满足以下标准：

1. 持续性雇佣；
2. 雇员就被解雇的事实加以证明；
3. 雇主必须证明解雇是公平的。

雇员必须被持续雇佣至少一年

之前对于兼职雇员必须被持续雇佣达到五年以上的规定已经被废止。上议院认为（R v Secretary of State for Employment，ex parte Equal Opportunities Commission（1994）案），这一规定违反了《罗马条约》（Treaty of Rome）第 119 条（现在是第 141 条）。其潜在地对女性产生了歧视，因为女性更容易从事兼职工作。现在每周的工作时间与是否构成持续性雇佣无关。在存在下列间断的情况下，雇佣依然被认定为持续性的：

- 生病；
- 怀孕和分娩；
- 临时停工；
- 假期；
- 更换雇主或主管；
- 被新雇主接管。

1999 年以前，**持续性雇佣**（continuous employment）的最低年限是两年（1996 年的《劳动权利法案》第 108 条第 1 款），但是在 R v Secretary of State for Employment，ex parte Seymour-Smith and Perez（1995）案后，有关条款发生了变化。而且，上议院认为，由于比男性更容易中断工作，这一法规对女性是存在歧视的。随后，上议院将这一案件提交欧洲法院来判定相关要求是否违反了《平等待遇指引》。1999 年 6 月，政府基于 1999 年的《不公平解雇和解雇理由陈述法令》（Unfair Dismissal and Statement of Reasons for Dismissal Order），对持续性雇佣确立了一年的最低标准（改变了最低年限）。

不公平解雇： 雇主进行的不能被认定为公平的解雇。

持续性雇佣： 雇员为同一雇主持续工作至少一年，这是向劳动法庭提起不公平解雇诉讼的前提。

2010 年 11 月政府表示，经过慎重考虑，将最低年限延长至两年。这一变化由国务大臣根据《劳动权利法案》第 209 条加以确立。

雇员必须就自己被解雇的事实加以证明

解雇本身可能是实际的、推定的或者认定的。

● **实际解雇**（actual dismissal）。雇主明确表示不再需要雇员提供服务。

● **推定解雇**（constructive dismissal）。雇员发出辞职声明，并表示雇主的行为使自己不可能继续为其提供服务。雇主违反不损害雇员信任的义务，是导致雇员发布此类声明的原因。大量这类案件的产生是由于雇主的性骚扰和暴力。Martin v Parkham Foods（2006，EAT）案就是一个很好的例子（详见第 18 章）。

● **认定解雇**（deemed dismissal）。休产假的雇员已经明确表示自己愿意在产假结束后回来工作，但如果雇主拒绝了其要求，就属于认定解雇。

在以下条件下，解雇不能发生：

1. 在假期结束后，雇员没有返回。这可能剥夺雇员返回的权利，但并非解雇。

2. 完成了劳动目标。如果雇佣的目的是完成特定工作，那么雇员不能提起解雇的诉讼。一旦工作完成，那么劳动关系就此终止。这通常发生在海事和渔业合同中。

3. 辞职。雇员不能自愿辞职，也不能被强制这么做。（参见推定解雇。）

遵循 ACAS 申诉机制

根据 2004 年的《就业法案（纠纷解决）规章》，雇主应制定相关申诉机制。规章的主要内容是为了防止那些可以在当地解决的纠纷被起诉至劳动法庭，以及防止那些除非采取申诉机制否则可能被排除的案件。但是，2009 年 4 月规章被废止，而后《ACAS 守则》取代了规章的原有功能，并对有关处罚以及投诉的规定做了一定的调整。与原有规则相比，《ACAS 守则》的规定更加灵活。

申诉机制应包括以下内容：

1. 雇员必须就不满的具体事实通知雇主。

2. 雇主必须于合理时间召开会议。

3. 雇主允许雇员和代理人（如工会代表或律师）一起出席会议。

4. 雇主必须对合理行为的标准进行界定。

5. 雇主应允许雇员在纠纷无法解决的情况下采取进一步措施。

雇主不合理地违反法律，将给予法庭在雇员胜诉的案件中一定的自由裁量权，法院可以在原有损害赔偿的基础上，至多增加 25%的赔偿。

雇主负有证明不公平对待并不存在的举证责任

雇主必须证明：

（a）解雇的原因；

实际解雇： 雇主明确告知雇员被解雇。

推定解雇： 由于雇主的行为，雇员被迫辞职。

认定解雇： 雇主拒绝雇员在产假后重回工作岗位，该行为被认定是雇主将雇员解雇。

（b）在当时的特定条件下，解雇是公平的。

解雇的原因

1996 年的《劳动权利法案》第 98 条规定了五种使解雇正当化的原因：

- 雇员缺乏工作所需的资质或能力；
- 雇员有不当行为；
- 雇员是冗员：其从事的具体工作不再存在；
- 合同的存续将导致违法；
- 其他实质性原因。

有很多案例对这些标准如何适用提供了很好的范例，其中也包括本书选取的以下几个案例。每个案件都基于特定的事实进行了审判。

1. 雇员缺乏工作所需的资质或能力。这些资质对于目前的工作来说是不可或缺的。

Litster v Thom & Sons Ltd (1975)

由于取得了重型货车驾照，利斯特获得了一份工作。但是，他因没有通过后续的考试而未调入更适合他的岗位。之后他收到了解雇通知。

法院认为：他被解雇是不公平的。他不应被解雇，除非有明确的证据表明这一人事安排是无效的（如果他没有通过驾照考试而迅速被解雇，那么这应该是公平的）。

- 因为过失侵权行为而导致的解雇是公平的。一个孤立的过失侵权行为不可能构成解雇的原因，除非所有的过失侵权行为共同对第三方的人身和生命造成了危险。

Taylor v Alidair (1978)

一名飞行员在飞机着陆过程中疏忽大意，导致对乘客造成惊吓，之后他被解雇。

法院认为：这并非不公平解雇，原因在于，考虑到即便是极短时间内的不称职也会导致极高的风险，因此这一职业需要满足极高的安全标准。

- 如果雇员缺乏能力可以归咎于雇主的过失，那么解雇可被认为是不公平的。在 Davison v Kent Meters (1975) 案中，一位生产线工人由于没有接受适当的培训和指导而错误地组装了几百个元件，因此，他被解雇是不公平的。
- 如果员工患有慢性病且给雇主造成了不合理的负担，那么解雇该雇员就不构成不公平解雇。雇主必须证明自己已经进行了充分的咨询论证，其中包括（合适的情况下）向雇员的医疗顾问咨询。

2. 不当行为。包括一系列明显的恶意行为，如撒谎、斗殴、盗窃、其他危险的及疏忽大意的行为，但实际上，能够成为公平解雇原因的行为，范围更为宽泛。那些对管理者动粗、工作期间饮酒以及拒绝与管理部门合作的原告也可以被公平解雇。这里的关键因素在于，与雇员应当从事的行为相比，不当行为必须是偶然性的。

Thomson v Alloa Motor Co. (1983)

一名油泵工因不当驾驶撞坏了一个油泵而被解雇。

法院认为：由于驾驶技术与其具体工作无关，因此本案构成了不公平解雇。

在 Community Integrated Care Ltd v De Smith（2008）案中，史密斯夫人由于辱骂其工作所在的照看中心的顾客而被解雇，劳动法庭认为这一解雇是公平的。根据该中心的员工守则，这类行为被归入广义的不当行为，且该中心就违反守则的相应后果对所有雇员进行了事先警告。

雇员在业余时间的行为，如果一定程度上反映了雇员不适合其本职工作或可能合理地降低雇主对雇员的信任，则也可以对其雇佣关系产生影响。

Moore v C&A Modes（1981）

摩尔女士是C&A公司的一名导购，她在另一家商店行窃时被抓。

法院认为：解雇是公平的，原因在于，她的行为清楚地反映了其道德上的缺陷，使得雇主有合理的理由怀疑她可能对自己公司的财产动心。

通常，与你雇主的配偶发生关系是错误的。

Whitlow v Alkanet Construction（1987）

惠特洛被其高级主管分配了一些需要在主管家里完成的工作，随后他违反管理规定并和主管的夫人有染。

法院认为：由于惠特洛违反了忠诚信任的义务，因此对他的解雇是公平的。

在以下案例中，基于不正当行为的解雇均被认为是合理的：Atkin v Enfield Hospital Management Committee（1975）案，没有穿着合适的服装；Boychuk v Symons Holdings（1977）案，佩戴具有煽动性的徽章，违反了工作指引及其他警告；Newman v Alarm Co. Ltd（1976）案，在上班时间发生性关系；Parsons v McLoughlin（1981）案，斗殴；Minter v Wellingborough Foundries（1981）案，拒绝参加培训课程。在上班时间使用博客而被解雇的情况出现在不止一个国家，其中也包括英国。这是否构成不公平解雇则要视具体情况而定，参见下面的“新闻报道”专栏。

新闻报道

对被解雇博主的损害赔偿

2007年3月，法国的一家劳动法庭基于不公平解雇判决赔偿凯瑟琳一年的薪酬。凯瑟琳的工作地点在巴黎，其职务是一名秘书，后被一家大型英国会计师事务所解雇，因为其以佩蒂特的名字发表了一篇博文。这篇博文的内容涉及她的家庭生活、工作同事、孩子以及前男友。她并没有提及雇主的名字，但事务所认为其中一张照片可以有效确定其受雇的公司。事务所认为她在撰写博文上浪费了大量时间，而且其博客公开发布的内容有损害公司声誉的风险。法庭认为，这些不足以构成将原告解雇的原因。本案吸引了大量的公众关注，博客的访问量激增，由此还使得原告获得两份涉及相关事件的出版合同，并获益良多。

资料来源：www.petiteanglaise.com/，Daily Telegraph，31/3/2007；Guardian，30/3/2007；The Sunday Times，1/4/2007.

值得思考

博客案件是一个有代表性的例子，它表明，也许有的时候，避免诉讼是一个不错的选择。这个案件听起来很像是雇主的过激反应，更多时候也许针对雇员发出警告是更好的选择。毕竟与博客本身的影响相比，对簿公堂本身给公司带来的不良声誉可能更多。这一起诉使得事件本身更为公开化，而且也让凯瑟琳从中得利。

你还能想到其他（不局限于劳动法）避免诉讼可能是更明智选择的情形吗？

参考答案见书末的附录。

3. 冗员。本章稍后将对这一话题进行深入探讨。

4. 成文法限制。雇主表示，雇员不能再被依法雇佣或不能再依法履行职责。没有驾照是一个明显的例子，因为驾驶是工作的核心要求。在这种情况下，解雇不是自动被认定为公平的。工作的性质、失去资格的时间、由此导致的违法类型以及重新就业的可能性都需要加以考虑。

Mathieson v Noble（1972）

一位正在出差的推销员丢失了驾照，便自费聘请了一位司机，但之后他的雇主解雇了他。

法院认为：他不应被解雇，除非有证据表明，其聘请司机的做法没有起到作用。

5. 退休：2010 年的《平等法案》。如果雇主同意雇员的退休要求，并告知其相关权利以及对雇员的要求进行重点考虑，同时雇员也的确超过了退休年龄，那么退休就不属于不公平解雇。（参见前文介绍的年龄歧视问题以及 Heyday 案。）

6. 其他实质性原因。还存在大量合理解雇的情形无法归入上面的分类。在 Gorfin v Distressed Gentlefolks' Aid Association（1973）案中，法院认为，因为性格特点而解雇一名雇员，是保持工作场所和谐的做法，同时也是合理的，特别是在其他方式都无法有效解决问题的前提下。

Farr v Hoveringham Gravels Ltd（1972）

法尔的合同中某一条款要求他的住所地在距工作场所一定的范围之内，因为他需要在非工作时间回到单位处理紧急事务。

法院认为：在他搬家至距工作场所 44 英里外后，公司对他的解雇是合理的。

● 长期患病可以成为公平解雇的实质性原因，尽管雇主必须证明自己已经采取了一些合理的措施来满足雇员（参见前文介绍的残疾人歧视问题。）

● 在雇员能够对良好的商业实践进行举证的情况下，经济原因也可以被认定为“实质性”原因。劳动法庭已经依据这一论断作出了一些判决。如果雇员试图对其合同施加损害性改变，那么其提出的推定解雇及不公平解雇的诉讼很可能败诉。例如，雇主可以证明新条款会导致成本增加。另外，维持企业经营的必要性以及保留大部分现有劳动力，都可能被认为是实质性原因。

St John of God（Care Services）Ltd v Brooks（1992，EAT）

一家医院在政府的支持资金大幅削减后，给员工提供了新的合同，其中包括减薪和加班，以及取消假日加班工资的条款。

法院认为：雇主证明了这些决定具有实质性原因，关于这些决定是否合理，要综合考虑，而不能只看其对雇员的影响。

解雇的公平性

雇主仅能够证明解雇具有充分理由是不够的，必须证明解雇也遵循了适当的程序。

1996年的《劳动权利法案》第98条第4款表明，解雇是否具有公平性需要依据案件所有相关条件以及雇主的行为是否合理来加以综合判断。这需要“依据案件的公平及影响加以判断”。雇主证明雇员接受合同以及满足其中一条标准是不够的。良好的商业实践要求解雇（不包括严重不当解雇以及公正的即决解雇）绝不能是突发的。雇员必须就其处于被解雇的危险或解雇可能是不公平的获得充分的警示。

将解雇公平化，雇主必须证明其在特定环境下以合理的方式处理了有关问题。雇主必须证明其已经给了雇员各种机会来改变现有情况，包括口头或书面的警示，提供相应的培训、支持和管理，而解雇是无奈之举。在一些案例中，重新雇佣是雇主的一个选择。如果雇员被解雇，在经过训诫之后，劳动法庭可以检查雇主是否遵守了《ASAC法案》中有关劳动纪律的规定。

2009年，《ACAS法案》取代了经由2008年《就业法案》修订的《就业法案（纠纷解决）规章》。法案要求，在解雇之前，雇主必须遵循合理的训诫程序。在任何一类解雇发生后，雇员有权以个人身份申请听证。仅有书面申请是不够的。如果不能依据相关程序进行解雇，雇员在对不公平解雇进行起诉并最终胜诉时，所获得的损害赔偿可以至多上浮25%。

19.2.2 特定情况下的解雇自然构成不公平解雇

特定的雇员更容易成为解雇的受害者，因此在特定情况下，解雇这类雇员将自动被认定为不公平解雇。下列雇员可以在不满足持续性雇佣要求的前提下，向劳动法庭提起有关诉讼。

- 1996年的《劳动权利法案》第99条（已经被1999年的《劳动关系法案》修订）：享有生育权但被解雇的女性。这些权利包括任何人均可以享受育婴假来照顾家庭。
- 1996年的《劳动权利法案》第100条：健康及安全代表。
- 1996年的《劳动权利法案》第102、第105条：职业年金项目受托人。
- 1996年的《劳动权利法案》第103条：作为雇员代表参与有关冗员裁减问题质询的雇员。
- 1996年的《劳动权利法案》第103条第1款和第105条第1款（已经被1998年的《公众利益披露法案》(Public Interest Disclosure Act)修订）“揭发”实情的雇员，他们不应因“揭发”而被解雇；
- 1996年的《劳动权利法案》第104条：对雇主提起诉讼要求以实现自身

成文法权利的雇员。

19.2.3　不公平解雇的救济

复职：1996 年的《劳动权利法案》第 113 条

这一方式通常在现实可行的情况下由雇员主动提出。如果要求被允许，雇员将按与之前相同的薪酬和条件继续工作。

重新任职命令

雇主可能被要求为雇员寻找一个合适的职位。新职位可能和雇主有一定关系（1996 年的《劳动权利法案》第 114 条）。

赔偿

雇主可能对被不公平解雇的雇员负有赔偿责任。

基本赔偿金（basic award）（1996 年的《劳动权利法案》第 119 条）用于保护雇员，弥补其因中断工作遭受的损失，因此，赔偿具体金额的计算和成文法的裁员赔偿类似，并考虑了雇员的年龄、周薪以及工龄：

- 18～21 周岁：每工作一年可以获得 0.5 周薪金的赔偿；
- 22～40 周岁：每工作一年可以获得 1 周薪金的赔偿；
- 41～64 周岁：每工作一年可以获得 1.5 周薪金的赔偿；

依据 1996 年的《劳动权利法案》第 120 条第 1 款，如果雇主没有遵守成文法规定的解雇程序，雇员获得的基本赔偿金数额可以最多增加到 4 周的薪金，否则其获得的赔偿不会超过这个数额。目前最高周薪可以达到 350 英镑，最高的基本赔偿金被限制在 10 500 英镑（30 周的薪金）。

补偿金（compensatory award）用于救济解雇给雇员带来的损失，到目前为止，其主要是针对有过错的雇主（1996 年的《劳动权利法案》第 123 条）。封顶金额是由 1999 年的《劳动关系法案》第 29 条第 4 款规定的11 500～50 000英镑。国务大臣可能会依据零售价格指数（1999 年的《劳动关系法案》第 29 条）调整基本赔偿金的最低额并提高补偿金的限额。目前的具体限额是 68 400 英镑。雇员的行为与补偿金的数额有关。如果雇员的行为是造成解雇的原因之一或其没有采取合理措施减轻损失，那么补偿金的具体数额会有所减少。

附加补偿金（additional award）（1996 年的《劳动权利法案》第 117 条，并已经被 1999 年的《劳动关系法案》修订）是在雇主没有依据命令对雇员进行重新任职或复职时被要求支付的补偿金。它由 26～52 周的薪金总额构成。

基本赔偿金： 针对被不公平解雇的雇员寻找新工作时的损失进行的损害赔偿。

补偿金： 针对基于雇主错误而被不公平解雇的雇员的损失所支付的损害赔偿。

附加补偿金： 没有依法对雇员进行重新任职或复职的雇主对雇员给付的损害赔偿。

生活实例

斯莫维尔管理委员会的工会代表霍勒斯，收到了一封来自正在休假的房屋事务主任克拉伦斯的电子邮件。克拉伦斯表示他即将辞职，原因在于自从阿诺德成为其主管后，他的工作就很不顺心。他表示，阿诺德不停地对其工作提出不公平的批评，迫使其改变休假计划来参加房客会议，而在克拉伦斯希望阿诺德帮忙处理一些疑难事务及应对出言不逊的房客时，阿诺德也没有给予支持，反而当着其他前来咨询人的面，对其大声斥责。

这一切均表明，如果克拉伦斯离开，就可以构成推定解雇。他可以引用这些事例作为证据，证明斯莫维尔管理委员会违反了对自己的信任义务。霍勒斯建议其通过斯莫维尔管理委员会的申诉程序来解决。但是，如果克拉伦斯选择辞职，他必须确认告诉霍勒斯的有关其受到不公平待遇的信息是完整的，否则有可能无法进行起诉。

19.3 裁　员

面对**裁员**（redundancy payment），雇员有权提起以下诉讼请求：

1. 裁员补贴。控制劳动力规模是法律规定的，因此为了满足被裁员工的要求，对这些员工应给予相应的失业补偿（裁员补贴）。

2. 不公平解雇。雇员如果能够证明其被认定为冗员的方式不符合良好企业的运作标准，就可以提起不公平解雇诉讼，并可能最终获得补偿金或者复职命令。

19.3.1 裁员补贴

资格

为了获得补偿，原告必须对下列事实进行证明：

1. 为相关雇主工作持续一年。

2. 相关雇员身份。特定类别的雇员不能提起不公平解雇诉讼，此类人同样也不能享受成文法对冗员的保护。

3. 解雇。能够起诉的前提是雇员必须能够证明依据1996年的《劳动权利法案》第136条，其被主动解雇或推定解雇。解雇包括终止短期合同且不提供新合同。如果自然人雇主死亡或者法人雇主解散，雇员也可能被解雇。收到裁员通知而自愿离职的雇员，不能认定为被解雇。

4. 裁员导致了解雇。根据1996年的《劳动权利法案》第139条的规定，裁员可能发生在以下任一情形下：

(a) 雇主不再经营企业或不再经营雇员所在地的分支机构；

裁员：由于雇主的结构调整、商业运作或停业、关闭分公司等原因而将雇员解雇。

（b）雇主对企业进行结构调整或改变生产方式，最终导致不再需要原有数量的雇员（如果雇主试图采取上述举措，所解雇的雇员同样会被认定为冗员）。

改变工作地点

雇员的合同中包括雇主指定的工作地点条款的，如果工作地点变化，该雇员不能被裁员。如果该条款不存在，那么是否符合裁员标准就是一个具体的实际问题。距离通常是解决此问题的关键性因素。如果服从雇主的命令，雇员就要搬家或承受比之前更远的上班路程，那么雇员在被裁员时可以提起推定解雇诉讼。请比较以下两个案例。

O'Brien v Associated Fire Alarms (1969)

由于位于利物浦的企业裁员，导致雇主将奥布赖恩调至巴洛佛利斯的分支机构工作。原告在拒绝这一安排后被解雇。法院认为：原告被裁员。如果接受命令，将会导致上班路程大幅增加。

Managers (Holborn) Ltd v Hohne (1977)

法院认为：雇员因拒绝从位于霍尔本大街的办公室调至位于摄政街（距离很近）的办公室而被解雇，并不属于裁员。

提供合适的替代工作

如果雇员被安排了合适的调动，那么其被解雇后不能提起裁员起诉（1996 年的《劳动权利法案》第 138 条第 1 款）。“合适”的标准是一个由劳动法庭根据具体案件确定的实际问题。诸如路程、家庭问题、缺少适合雇员子女的教育设施等实际情况都可能被加以考虑。雇主必须表现出对雇员的合理关心并考虑其特殊的个人情况，但这也是有限制的。在 Fuller v Stephanie Bowman Ltd（1977）案中，一位秘书在雇主位于梅菲尔的分公司工作，之后拒绝被安排在家中办公，这一行为被法院认定为不合理，因为对于成人用品商店来说，在家中工作是很合适的。

根据 1996 年的《劳动权利法案》第 138 条第 2 款，雇员需要在替代职位工作至少四周来判断其是否合适。如果雇员在不到四周时间里放弃，那么他不会享有任何裁员补贴。

裁员诉讼的时效

雇员必须在短期合同结束或通知时限结束时起六个月内起诉。依据公平和平等原则，最后一次起诉会被法庭接受。

货币补偿

在具体的计算中会考虑雇员的年龄及其工作年限，最长为 20 年：

- 18～21 岁：每工作一年可以获得 0.5 周的薪金；
- 22～40 岁：每工作一年可以获得 1 周的薪金；

● 41～64 岁：每工作一年可以获得 1.5 周的薪金。

周薪的上限为 400 英镑，但是，没有什么可以阻止雇主自愿超过这一限额。依据 1999 年的《劳动关系法案》，国务大臣有权依据零售价格指数改变这一数额。

19.3.2 裁员导致的不公平解雇

被裁的雇员有额外的提起不公平解雇诉讼的权利（第 98 条）。为了避免承担责任，雇主必须证明其裁员名单是经过合理挑选的。选择标准不能有所偏私。雇员必须得到适当的告知及充分的咨询，同时对其替代职位进行了适当的考虑。

关于裁员是否合理，需要考虑企业的规模以及自身的情况。胜诉方可以得到与其他不公平解雇相同程度的赔偿。

19.4 企业转让

自 1981 年起，由 1977 年的《既得权利指引》(Acquired Rights Directive)倡导，并由 1981 年的《企业转让（劳动保护）规章》（Transfer of Undertakings (Protection of Employment) Regulations）规定，新雇主掌控一家已经存在的企业实体（**企业转让**（transfer of undertaking）），该企业的员工享有保有现有工作及相关条件的权利。这些规定都被 2006 年的《企业转让（劳动保护）规章》（TUPE 2006）所取代。

在保留之前规章中的权利和义务的情况下，新法规将其更加清晰化并加以更新，以使案例法的发展成果得以体现，同时还增加了雇员的权利和雇主的义务。法规吸收了 Holis Metal Industries v GMB（2007）案确立的“相关转让”的概念。该案中，部分英国的毛毯制作企业被转让给一家以色列公司，后者拒绝接收其所有的员工。EAT 拒绝驳回 GMB 的诉讼请求，并认为 TUPE 可以潜在地适用于涉及英国之外的企业的转让。

高级法官安塞尔认为：

> 《既得权利指引》和第三个规章的具体内容都准确地对企业转让的有关规则进行了规定，其目的在于在企业转让过程中保护雇员的权利，对我而言，一种具有目的性的方法应该充分保护那些雇员，而不论其转让行为是否跨越了欧盟的边界。

19.4.1 “相关转让”的含义

相关转让包括：

● 将一家正常运转的企业或其中的一部分转让给另一位雇主（比如，公司收购或并购）；

企业转让： 新的雇主接管一家已经存在的企业。

●“改变工作条件”，比如签订退休协议、重新投标或将工作带回家完成。

因此，企业转让只会发生在个别雇员的雇主发生变化的时候。一些具体的企业转让具有排他性，比如通过购买股份对企业进行收购，此时雇主（公司本身）没有变化，但股东发生了变化。

19.4.2　“企业”的含义

这一概念由法院给出了十分宽泛的解释，其范围包括非营利组织和普通的企业，比如通过竞标方式发包的公共服务机构或者慈善机构。没有一个因素在这个定义中是关键性的，而且，欧洲法院曾经对其中的技术性规则的使用提出过警告。同时，“企业”也可以代表转让企业中的组成部分，只要它是具有一定独立性的经济个体即可。确定“企业”概念的底线在于，是否有证据证明转让的部分可以保持一定程度的独立性，使它可以独立存在，或者作为一个独立的部分存在。

19.4.3　谁受到保护

任何在被转让企业或其分支机构中工作的雇员，在转让发生前就已经被雇佣，将会受到保护。那些被解雇的雇员，如果能够证明其解雇与转让有关，同样享有起诉权。雇员不仅包括那些签订了劳动合同的员工，而且包括学徒以及由中介机构提供的工作人员。

19.4.4　雇员的权利

集体和个人的权利均由规章创制。

给予雇员的信息和咨询

新老雇主必须将有关转让的情况（包括时间及原因）通知有关工会或其选举出的雇员代表。转让的法律、经济及社会影响也是需要传达的信息，其中包括雇主需要通知雇员的所有消息。某些具体的做法（如精减人员），还需要征求工会或选举出的雇员代表的意见。

TUPE 2006 规定了未向雇员提供相关信息所需承担的法律责任，并且赋予劳动法庭可以命令新、老雇主连带或各自针对雇员进行赔偿的权力。

雇员责任信息条款

TUPE 2006 要求让与人在转让前将所涉及的雇员的身份、年龄以及集体合同的细节、申诉渠道等告知受让人。如果不能采取这类举措，在出现不公平及不平等的情况时，雇员可以向劳动法庭提出支付 500 英镑赔偿金的请求。

工作保障

任何与企业转让有关的解雇都是不公平的，除非存在**“经济、技术或组织方面的原因”**（economic，technical or organisational reason，ETO）导致必须改变企业的用工结构。因此，当冗员出现时，依据1996年的《劳动权利法案》解雇雇员一般被认为是公平的。

延续现有劳动条件及合同有关条款

企业转让不会终止雇员的合同：几乎所有的权利、义务以及雇员原有的责任都会转移至新企业。只有涉及ETO时改变才是公平的。如果雇主没有满足这些要求，雇员有权提起推定解雇和不公平解雇之诉。

19.4.5 破产企业

TUPE 2006使得破产企业的转让更为容易。法律防止了债务的转让并规定在特定情况下赋予受让人裁员的权利。

ETO：经济、技术或组织方面的原因使得由于转让所导致的用工变化或工作条件变化公平合理。

本章小结

非法解雇：法院或劳动法庭诉讼。

不公平解雇：依据1996年的《劳动权利法案》的劳动法庭诉讼。

雇员必须证明：

(a) 解雇（实际解雇、推定解雇或认定解雇）；

(b) 12个月以上持续性雇佣；

(c) 使用申诉机制。

雇主必须证明：解雇是公平的（包括原因和程序）。

1. 救济

(a) 复职；

(b) 损害赔偿：基本赔偿金、补偿金、附加赔偿金。

2. 1996年的《劳动权利法案》中有关裁员的规定

雇员有权在满足以下条件的前提下获得赔付：

(a) 12个月以上持续性雇佣；

(b) 相关雇员身份；

(c) 由于现实的或即将来临的裁员而被解雇。

3. 裁员导致的不公平解雇

如果雇主不能证明依据公平程序进行裁员（选择、咨询、合适的替代工作）。

4. 企业转让（TUPE 2006）

目前的劳动合同条款，在收购/并购/出让后继续对相关雇员有效，部分企业适用ETO标准的内容。

根据ETO标准，任何源于企业转让的裁员都是不公平的。

在转让前应当为雇员提供咨询/信息。

在收购破产企业时，雇主需要承担部分调整责任。

课后测验

1. 请区分违法解雇与不公平解雇两者的区别。

2. 下列情况中，Tiger公司可以基于何种理由解雇雇员？

(a) 泽布拉在三年前获得了一份见习卡车司机的工作，但他六次都没有通过重型货车的驾照考试。

(b) 卡姆尔在圣诞聚会上对沃特-霍格女士进行了性骚扰。

(c) 波萨姆作为一名货车司机曾经三次撞车。

(d) 莱因洛最近一个周六晚上因醉酒闹事而被判刑。

3. Lynx公司是否可以将下列员工裁员？

(a) 阿德瓦克由于听到了裁员传闻而辞职。

(b) 波库派恩是一名高级程序员，其现在的工作场所被关闭。他被告知需要调到80英里外的另一家分支机构。

4. 雇主进行裁员前需要遵循什么程序？

参考答案见书末的附录。

深入阅读

以下判例对于你在本章所学的法律的形成提供了重要的示例。它们是说明诉讼中法律的第一手资料，并且能给你提供更多的事实细节，同时帮助你理解法律，以及了解法官是如何作出决定的。

请尝试在判例汇编中查找这些判例，或者通过数据库获取，例如，Bailli (www.bailii.org/databases.html)。你可以从大学图书馆获取LexisNexis和Westlaw，或者从判例书中找到摘录。

Farr v Hoveringham Gravels Ltd [1972] IRLR 104

Gorfin v Distressed Gentlefolks' Aid Association [1973] IRLR 290

St John of God (Care Services) Ltd v Brooks [1992] ICR 715, EAT

Shergold v Fieldway Medical Centre [2006] ICR 304, EAT

网络学习

请登录 www.acas.org.uk/index.aspx?articleid=1439，获取更多有关工作纠纷程序及处理的信息，并观看调解及仲裁有关视频。

课后作业

请解释在雇主拥有合理的解雇原因时，该解雇还会被认定为不公平解雇的情形。

第Ⅴ编

公司法导论

Introduction to company law

第 20 章 企业组织形式

导　言

任何设立企业的人都需要确定其最初的形式。大部分企业最初都是独资经营者，经营人获得全部利润，但同时又对包括资本积累以及公司对外义务等在内的所有企业事务负责。两人以上设立企业时，合伙企业是一个很好的选择。合伙人可以分享利润，但与独资经营者一样，对企业的全部债务负个人责任。但经营人和合伙人在资本积累上都存在限制，通常只拥有以家庭作为担保获取贷款这种单一融资途径，因此存在一定风险。实质上，企业主可以通过有限责任来降低风险。规避风险的最好方式是成立有限责任公司。这使得企业成为公司，其与出资人相对独立，如果公司倒闭，出资人除最初的出资外，不会再有其他损失。这使得公司具有比合伙或独资经营更好的投资前景。在本章，我们将详细讨论这几类企业在设立上有什么区别。首先，有必要了解在本章反复出现的与企业组织形式有关的三大法律概念：法人资格、公司以及有限责任。

学习目标

在完成本章的学习之后，你应该能够：

1. 定义本章介绍的不同类型的企业组织形式。
2. 理解法律责任的概念。
3. 区分公众公司与私人公司。
4. 解释有限责任的含义及其产生。

20.1 法律人格、法人及有限责任

20.1.1 法律人格

根据英国法律，所有人自出生起就被赋予了**法律人格**（legal personality），直至其死亡为止。一个人的法律人格由其人身权利和义务组成。这些会随着主体本身的变化而变化。儿童只拥有非常有限的权利，同时几乎不承担义务。普通的成人拥有由其身份决定的一系列权利及义务，比如，已婚或未婚、雇主和雇员、纳税人、福利救济人、债务人和债权人。

20.1.2 法人

不仅仅是自然人拥有法律权利和义务，法律也允许拟制或法定的人（法人）拥有法律人格，以与其组成人员相区别。

法人（corporation）依据法律的运行而产生（组成），其诞生必须完成一系列法定程序。本章主要关注那些基于非商业目的并依据《公司法》的要求进行登记进而创建的法人。但是，法人也可基于不同的原因通过其他方式创建。王室可基于一系列不同的目的，依据皇家宪章创建法人，其目的包括教育目的（如大学）、职业管理目的（如皇家测量师协会）或公共媒体服务目的（如英国国际广播公司）。议会可以通过立法形式赋予法人特定组织的身份，国有企业都是通过这一方式产生的。

所有类型的法人都具有一些共同的特点：

1. 均由法律创设。法人的成立必须遵循必要的法律程序（特许、法律规定或注册）。一经创设，法人将会持续存在，除非特定法律程序产生。一家注册公司可能破产，一个特许法人获得的特许可能被撤回，有关身份的终止可能导致法定法人的撤销。

2. 可能有一个或多个成员。法人可能是一个由一人管理的机构（单一法人），比如主教或公共信托人，但大部分法人都拥有至少两名成员（社团法人）。

3. 自身具有法律人格。法人的权利、义务与创制它的特许文件或法律相关。公司的法律人格与其成员严格区分开来。成员的变动不会影响公司的存续。即使是法人的所有成员突然死亡，公司也会继续存在。

4. 公司成员在执行公司指令时发生违约、侵权或犯罪，由公司对相关违反行为负法律责任。例如，一家注册公司污染一条河而被起诉并处以罚款。罚款金额应来自公司的银行账户，而不是下达指令造成污染的那位执行经理的口袋。

法律人格：普通人或法律拟制人拥有的一系列权利和义务。

法人：拥有自身法律人格的机构或组织，并与其所有权人或成员相区别。

20.1.3 有限责任

法人的法律责任属于其自身而非股东，因此，股东通常不会对法人债务负责。注册公司的成员负**有限责任**（limited liability），这意味着，他们不会完全被豁免，他们承担的责任通常被限定在其所同意的出资额之内，即便在公司资金告罄不能清偿债务时也是如此。大部分公司以股份的形式来限制责任，但是，以担保的形式限制也是可行的。还有一些公司则采用了无限责任。

20.2 独资经营者

任何人均可以成立企业，并以自己的名义或企业的名义进行交易。这类**独资经营者**（sole trader）对于企业有独立的控制权，获得所有利润，同时承担企业的经济风险及所有法律责任。独资经营者提供企业的初始资本，其中一般都包括以独资经营者所有的房产为抵押获得的银行贷款。由于要对所有企业债务负责，因此独资经营者可能会因为企业的债务而破产。

20.3 合　伙

这是一种**非法人团体**（unincorporated association），也就是说这是一个与其成员在法律责任上没有任何区别的组织。目前存在许多不同种类的非法人团体，成立的目的涉及社会、教育、政治以及商业。你可能属于其中之一：体育俱乐部、压力团体、地方商会、工会以及政党，乃至童子军、女童军。合伙与这些组织的区别在于合伙人的动机：他们联合起来是为了运作一家具有前景的企业，赚取并分享利润。

拥有一定专业人才（比如医生、律师以及会计师）的商业组织喜欢采用**合伙**（partnership）的形式。它们可以共享一些个人无法负担的设备支出。这种形式对于初创时期的小企业也很有效，它可以从多人处获得启动资本和专业技术。合伙人和独资经营者一样，通常依赖银行贷款，其自身也对企业债务负责。1890 年的《合伙法案》（Partnership Act）对于合伙的创立和规制进行了规定。

20.3.1 成立合伙

比较常见的做法是通过书面合同成立合伙，该合同有时被称为合伙合同。合同不一定要求采取书面形式。合伙关系可能会适用于两人以上共同经营企业（风

有限责任：公司成员对于注册公司承担的有限的金融责任。

独资经营者：一人企业的经营者。

非法人团体：自身不具有法律人格的团体。

合伙：以分享利润为目的的两人或多人共同工作。

险共担），以创造并分享利润为目的。合伙关系包括所有确定的权利义务，从企业成立时起便存在。计划成立企业并不会立刻形成合伙关系。

以澄清和证实为目的，起草合伙合同是明智的做法，可以明确企业的本质、目的、名称、住所以及每位合伙人的投资额、利润如何分配以及如何支付。如果存在隐名合伙人，即只投资并获取利润的合伙人，那么合伙协议就要注明，哪些合伙人需要对企业管理负责。

合伙合同，无论是否采用书面形式，本质上都是一种合同，它要受到本书之前章节介绍的相关规定的调整。

从事合伙的交易，可能是以合伙人的名义（如Glossit，Over and Dodge（房产中介），Bloggs Bros，Smith & Daughters），也可能是以企业的名义（如Speedy Cleaners）。

20.3.2 合伙人的数目

合伙的成立至少需要两名合伙人。2001年之前，1985年的《公司法》要求合伙企业最多拥有20名合伙人。通常认为，这种规模的企业采取注册公司的形式更为合适。但是，2001年的《合伙企业（不限规模）规章》（Partnership (Unrestricted Size) Regulations）第17条已经彻底取消了这一限制。诸如会计师事务所和检验事务所等专业性合伙也不再受这种限制的规制，因为有关法规已经禁止此类企业采取法人的形式。

20.3.3 合伙关系是一种信用关系

这意味着合伙人被要求互相信任并承担下列义务：

- 向其他合伙人披露企业全部相关信息；
- 公布由其他合伙人运作企业所获得的全部个人资金收入；
- 未经其他合伙人同意，不能与合伙企业进行竞争。

20.3.4 每位合伙人都是其他合伙人的代理人

在为了企业利益处理相关事务时，合伙人被认为是代理人。合伙人只能在其法律授权范围内行为，并要以合理的注意和技术履行义务。1890年的《合伙法案》规定，合伙人必须有明确授权来完成相应的商业行为，因此，签订的任何合同对于其他合伙人——不论其是否参与——均有约束力。不履行合同将会导致其他合伙人对其提起违约之诉。例如，如果一个合伙人为公司订购了信纸，那么其他合伙人对于其开销也要共同承担义务，即便之前大多数合伙人已经通过会议决定这笔开支是不必要的。同样，如果合伙人在处理企业事务时侵权，其他合伙人也要共同承担责任。存在过失的工作也会引发这类责任。

20.3.5 合伙人共同或各自承担合伙企业所有义务

由于合伙企业本身与其成员没有明显的界限，因此所有合伙人对其债务和相关法律义务负有个人责任。如果企业没有充足的资金，合伙人必须以自己的财力弥补资金缺口。

尽管他人可以针对合伙企业提起诉讼，但是合伙人仍要各自或共同承担相应的法律责任。这意味着如果经法院支持的债务没有支付，法院可以强制执行合伙人个人的财产。这很可能导致一位合伙人不得不对企业的全部债务进行偿付，尽管他可以对其他合伙人进行追偿。

与独资经营者一样，如果合伙企业的财产不足以清偿全部债务，那么此时也可能导致合伙人个人破产。

有限合伙

1907 年的《有限合伙法案》(Limited Partnership Act) 允许成立**有限合伙** (limited partnership)。有限合伙的合伙人中存在部分隐名合伙人，他们不参与企业的日常经营，所应承担的责任也只限于其出资额。那些负责企业日常运作的合伙人则对企业债务承担无限责任。实践中，这类合伙非常少见，因为人们更倾向于采取有限责任的方式，所以大多会选择公司的形式。2008 年，商业、革新与技术部（BERR，现在是 BIS）宣布，准备废除 1907 年的《有限合伙法案》并对 1890 年的《合伙法案》进行修订，引入有限合伙制度。人们都意识到，有限合伙模式对于私募股权和其他投资基金都是十分有用的工具。立法改革的目的是对现有法律中规定的有限合伙制度加以明确和改进，这里不是要做过于激进的修订，仅仅是鼓励对有效合伙这一形式的使用。调整一般合伙企业的法律则没有变化。

但是，立法改革经磋商没有达成一致，而且 2009 年 6 月，商业、革新与技术部宣布，不准备撤销原有法律，将在企业必须注册的前提下进行修订。最终，相关改革由 2009 年的《司法改革（有限合伙）令》(Legislative Reform (Limited Partnerships) Order) 加以实施，该法令于 2009 年 10 月正式生效。这导致 1907 年的法案产生了以下两大变化：

- 所有的有限合伙必须在其名称后标注“有限合伙”或“LP”字样。
- 公司注册部门必须发放合伙企业的注册登记凭证作为其依法设立的证据。

这一过程不会使有限合伙必然获得法人身份。BIS 宣布，近期不打算对有限合伙相关规定做进一步的修订。

有限责任合伙

1997 年，贸易与工业部（BIS 的前身）开启磋商程序来获得利益相关者关于在英国引入完全有限责任合伙的意见。

最终，《有限责任合伙法案》(Limited Liability Partnership Act) 在 2000 年正式通过，并于 2001 年生效。**有限责任合伙** (limited liability partnership) 是合伙与公司的结合。作为法人实体，它与合伙相比更类似于注册公司。请注意，它与有限合伙具有本质的区别。

有限责任合伙必须经公司注册机构批准才可以注册，同时也必须具有法人文

有限合伙： 负有限责任的合伙企业。

有限责任合伙： 拥有法人身份的注册的合伙，其合伙人以出资为限承担有限责任，由公司法与合伙法规制。

件。一经注册，有限责任合伙就拥有了法人身份，每个合伙人以其投资额为限对外承担有限责任。有限责任合伙拥有法人的所有优点，同时几乎没有法人的缺点。有限责任合伙可以自己的名义持有财产、起诉、应诉。越权规则是将公司限制在其成立时设定的经营范围之内的规则（稍后介绍），但不适用于有限责任合伙，因此，有限责任合伙可以依据合伙人的多数意见，自由运作企业。它也不必像公司一样遵循内部控制和其他规制自身成员的规定，可以自行制定相关规则。截至2002年4月，已经有超过200家有限责任合伙注册成立。

作为法人，有限责任合伙在纳税时仍被视为合伙。这是其一个重要优势，也会使得与公司股东相比，合伙人的融资优势更为明显。但是，法人需要承担特定的法律责任。有限责任合伙必须接受公司注册机构每年的财务审计，同时其账簿要允许公众检查。公司的破产程序同样适用于有限责任合伙。

请记住，有限责任合伙与有限合伙具有本质的区别，因此，BIS关于有限合伙法的修订不适用于有限责任合伙。

20.3.6 合伙的终止

合伙会基于以下原因终止：

1. 超过存续时间。大部分合伙在设立时都坚信其会一直存续下去，但是合同中也会规定合伙具体的存续期间。例如，两个人决定只在展销会期间经营一家餐饮服务设施。

2. 合伙的唯一目的已经达成。上述例子在此处也适用。

3. 合伙人死亡或破产。通常合伙都会对这种情况作出规定，如果没有此类规定，则会导致合伙终止。

4. 违法。如果合伙的目的变为违法的，合伙合同就是有瑕疵的（参见第9章）。以出口特定商品为目的的合伙，如果此类商品的出口被BIS的法规所禁止，那么此类合伙就只能终止。

5. 合伙人的通告。如果一方合伙人明示离开，除非合同另有规定，否则合伙终止。通常合伙合同会对此作出规定。

6. 法院的命令。合伙人可以请求法院基于合伙人精神或身体的缺陷、不当行为或者其他故意且持续违反合伙合同的行为而解散合伙。法院也可以基于公平等原因解散合伙。如果企业不能盈利，法院也会下达终止令。

20.3.7 对合伙的公众监督

除非是有效责任合伙，否则合伙自身的事务与注册公司有很大不同，通常不会受到比独立经营者更多的公众监督。但是，有限合伙不要求注册。它可以获得退税，同时也要满足当地政府官员关于不动产的使用要求。公众无权调查合伙的账簿，也没有法律义务对其进行审计。

如果企业使用名称，那么其名称必须被展示于营业场所，而且需要被印制在企业有关用品上（2006年的《公司法》第1 202条撤销并取代了1985年的《企业名称法案》（Business Names Act）第4条）。这使得顾客和商家可以确定企业经营者的身份。合伙人（包括有限责任合伙中的合伙人）也拥有其他任何雇主和雇员基于2010年的《平等法案》(第44条、第45条) 所享有的此类义务和权利。

20.4 注册公司

这是依据2006年的《公司法》规定的注册程序成立的法人，并由公司注册处 (Companies Registry) 进行监管。

20.4.1 注册程序的目的

具体包括：

- 在开始经营之前，检查一家企业的财务是否明晰，是否具有成功经营的机会，是否能够依据合法目的进行良好经营；
- 向公众提供有关企业的全部记录，利益相关者在交易前可以对其进行调查；
- 防止欺诈；
- 保障公司注册处对公司的持续监管。

注册公司通常被要求就其注册时提供的信息进行定期更新。

20.4.2 注册公司的类型

公众公司

根据2006年的《公司法》，**公众公司** (public company) 是指：

1. 股份有限；
2. 名称中包括“plc”字样 (或威尔士地区相同含义的表述)；
3. 有限责任；
4. 在公司注册处注册；
5. 在公司登记证书上表明其为公众公司。

公众公司应至少有50 000英镑的法定股本才可以进行注册。之所以称为公众公司，是因为其股份可以在公众间自由转让。如果公司上市，其股票可以在证券交易所进行交易。这使得公众公司可以很容易地筹措资本。上市需要满足1986年的《金融服务法案》(Financial Services Act) 规定的有关要求。实践中，只有大型公众公司才能够满足这些标准。公众公司的大部分股东都能够分享公司利润而不必加入管理层。

私人公司

2006年的《公司法》规定，任何经过注册、不属于公众公司的公司，均为**私人公司** (private company)。其名称中必须包括“有限”或“Ltd”字样 (或威

公众公司： 经注册成立的公司 (plc)，可以将其股份出售给公众。

私人公司： 不能向公众出售股票的注册公司 (Ltd)。

尔士地区相同含义的表述）。这类公司通常是由独资经营者或合伙为了追求法人优势（如有限责任）而成立的。1992年的《公司（一人私人有限公司）规章》(Companies (Single Member Private Limited Companies) Regulations) 规定，私人公司可以由一名成员组成，同时，2006年的《公司法》（第270条第3款）也取消了私人公司必须设置公司秘书的要求。

私人公司的股权通常都集中在企业的关系者（有时是其家庭成员）手中。绝大部分股东有权管理企业。这类公司有时被称为“半合伙”。股份转让由公司自行规定。如果一位股东选择退出，可以将自己的股份转让给公司其他成员，或经公司允许后将股份转让给第三方。

在经过一定发展并达到相关标准后，私人公司可以变更注册为公众公司。

1989年的《公司法》对1985年的《公司法》进行了修订，对私人公司的有关规定做了修改。这一修订的立法目的在于，撤销不必要的官僚机构以减轻小企业的行政负担。注册的程序没有变化，但是私人公司可以通过不记名投票选择不承担1985年的《公司法》要求的特定义务，比如召开年会和强制审计。这对于之前是3～4人的合伙而现在成为公司的企业来说是一个明智的选择。2006年的《公司法》则进一步简化了这一程序。

生活实例

最近，霍勒斯依据叔祖父莫里斯的遗嘱获得了20 000英镑。对于如何利用这笔资金，他没有什么想法。他的朋友西里尔刚刚申请了一个自己发明的捕鼠器的专利，希望霍勒斯与自己成立合伙企业。他向霍勒斯描绘了一幅美好的前景，并对其在未来可能获得的利润进行了畅想。

霍勒斯应该谨慎一些。西里尔最终可能非常成功，但霍勒斯的钱会一直被占用，而且他一直看不到回报，直到合伙产生了足够多的利润。除非是有限责任合伙，否则如果企业倒闭，霍勒斯将没有任何保障措施。他不仅可能失去所有投资，在最糟的情况下，他还要承担企业的债务，因而可能额外丧失更多财富。

如果霍勒斯希望投资更为安全稳妥，他应该购买3～4家有限责任公众公司的股票。然后，即便是最糟的情况，他也只会损失这些投资。如果他选择得当，这些股票会升值，而且在业绩好的年份进行分红（额外获利）。他在需要流动性时也可以自由转让这些股票，或者在投资环境不好时转而投资其他领域。

控股公司和子公司

在20世纪后半叶，公众公司的集团化运作越来越普遍。一家公司（控股公司）往往控制着其他几家公司（子公司）。这类关系发生在控股公司有能力控制子公司大多数投票权之时。根据2006年的《公司法》，公司有义务披露这类控制关系，以确保公众在与其关联方交易时不会被误导。控股公司同样有义务披露集团财务和自身财务情况（第487条）。

20.4.3 法人的后果

一经注册，企业就法人化了。这对于其财务及一般法律责任均产生一定影响，公司董事、股东以及其他与公司进行交易的外部人员均会受到其行为的影响。

公司是独立实体并与其成员严格区分

一旦注册成功完成，一个新的法人就诞生了：其法律责任严格区别于其成员。法院所称的**公司面纱**（veil of incorporation），阻止了其成员承担公司的法律责任，并隔断了其联系。以下案例将会对此进行详细阐述。

Salomon v Salomon & Co. Ltd（1897，HL）

萨洛蒙先生有一家鞋厂。他成立了一家公司并将鞋厂以39 000英镑卖给了这家公司。他得到了9 000英镑的现金和价值20 000英镑的股份，这些股份由其家庭成员以其代理人的身份持有。萨洛蒙将剩余的10 000英镑借给了该公司，这笔债务由公司财产进行了担保。之后，公司陷入财务危机并最终破产，留下尚未支付的债务。作为有担保的债权人，萨洛蒙挽回了损失，但剩下的财产无法满足其余的债权人。这些债权人认为，公司只是萨洛蒙的工具，作为其自己企业活动的辅助，而他本人应该对其余的债务人进行偿付。

法院认为：公司的设立符合《公司法》，且为独立实体，并由萨洛蒙作为代表人，为公司利益具体服务。公司的所有权及其管理权是否与之前一致与本案争议无关。公司已经借款并具有偿还债务的法律义务，而且，有担保的债权人应当优先受偿。

一般情况下，Salomon v Salomon案确定的方式应当被严格遵守，尽管这一方式的适用会被法院限定在较为狭窄的范围内，同时法院还确立了一些例外以防止欺诈。在Stone and Rolls v Moore Stephens（2009）案中，上议院认为，一人公司出现欺诈行为，公司本身自动被认定为应当了解欺诈的全过程。但是，在本案中，没有证据表明存在欺诈。尽管萨洛蒙先生自己可能是选择了躲在幕后而没有出现在风暴中心，但他没有欺骗任何人，因为其他股东对相关情况是了解的。在本案中，对公司财产的处置进行了合法的登记，因此，债权人在选择和公司进行交易前，是可以了解到相关情况的。而且，在本案中，公司已经依据法律对相关信息进行了公示。

但是，有时会出现这样的情况：公司所有权人成立公司仅仅是出于欺诈的目的。此时，公司所有权人是否应当以个人身份承担相应责任？对于这一问题，法院准备进行深入的探讨。这就是“揭开公司面纱”。

Jones v Lipman（1962）

李普曼先生签订了一份合同，打算将部分土地转让给琼斯先生。但之后李普曼改变了主意，他成立了一家公司，并将土地转让给了这家公司来阻止琼斯获得相关土地权证。

法院认为：因为李普曼对公司有绝对的控制权和所有权，且其设立公司就是为了对琼斯进行欺诈，因此，李普曼个人必须承担有关法律责任并依据合同履行义务。公司面纱不能对其提供保护。

如果公司被用来隐瞒犯罪行为，那么法院判决揭开公司面纱就是公平的。

公司面纱：保护公司不承担其成员的法律责任的规定。

Re K and Others（2005）

根据2002年的《刑事程序法案》（Proceeds of Crime Act）第41条第1款，海关部门为调查被告的走私行为，对两家公司的财产进行了保全。公司辩称，海关的做法欠妥，因为被告对其没有直接的控制权，因此不应适用刺破公司面纱规则。公司的控制权实际上在被告家人的手中。

法院认为：尽管被告与公司没有正式的联系，但公司显然被用于帮助被告实施欺诈以逃避缴纳关税。因此，在本案中，适用揭开公司面纱规则是公平的。

如果一位董事基于公司利益而过失地提供了不当的建议，基于Hedley Byrne v Heller（1963）案，其与公司构成了“特殊关系”，此时需要揭开公司面纱，由这位董事承担个人责任（参见前文对Hedley Byrne v Heller案的详细介绍）。

Williams and Another v Natural Life Health Foods Ltd and Mistlin（1998，HL）

Natural Life是一家规模很小的公司，由董事米斯特林先生持有几乎全部股份，其夫人名义上持股。除此之外，公司仅有两名雇员。威廉斯先生和他的合伙人从Natural Life处获得了加盟权来经营一家保健食品店。他们得到一本说明册，其中对米斯特林先生的学识、专业知识以及公司本身进行了一定程度的夸大。另外，他们也得到了一些关于这家加盟店的财务预测。而所有提供给威廉斯的信息都来自米斯特林，但他没有与威廉斯直接接触，只是派雇员与威廉斯进行了商谈。之后，威廉斯的店铺的营业额总是无法达到预计的水平，在开业后18个月，他放弃了经营。随后，威廉斯对米斯特林的过失建议提起诉讼。

法院认为：米斯特林个人不承担法律责任。公司面纱只有在极端例外的情况下才会被揭开，特别是在涉及一人公司的时候，否则其所有权人都会被剥夺法人机制对自身的保护。公司主管人员向外部人员给出公司经营的相关建议，依据Hedley Byrne案规则，如果存在特殊关系，那么这种建议仅仅会导致公司主管个人的法律责任。这还要求公司主管自愿承担责任，并且对方有合理依据接受其建议。

假定一位食品专家拥有十年向顾客提供建议的经验。然后，他将自己的企业法人化为一家公司，并继续向顾客提供建议。当然，在新的情况下，不能一概而论其早先的经验表明其应对顾客承担相应责任。在这一案件中，米斯特林与其意见接受方没有直接的交易行为。这里不存在任何信息和行为的交流表明米斯特林愿意承担法律责任。与接受方提交的咨询意见不同，我也认为此处没有足够证据证明意见接受方真的相信米斯特林会承担个人责任。当然，在这种情况下，也无法证明意见接受方有理由期待米斯特林会赔偿相应损失。（斯泰恩法官）

不能认定米斯特林自愿承担责任，原因在于他提供了相关信息：在任何一家一人公司，所有权人很可能与大部分公司经营方面的技术和知识无关。米斯特林没有与威廉斯进行个人交易磋商，也没有证据证明他或其他人为了米斯特林本人的利益，“直接或间接将一家管理人员认为有希望并负个人责任的加盟店”进行了转让（斯泰恩法官）。

客观评估的证据表明，威廉斯没有合理的理由相信米斯特林自愿承担责任，特别是考虑到其缺乏与当事人的直接磋商或当事人出具的保证。

针对独立实体规则，主要是在税法和破产法领域，成文法存在一些例外。例如，根据 1986 年的《破产法案》第 213 条，如果在公司清算期间，公司董事进行欺诈交易，那么这将成为证据，董事会被要求对公司的债权人承担一定的支付义务（欺诈交易包括公司所有权人已经或本应当意识到公司不能清偿当前债务，但仍然继续进行交易的情况）。

公司成员对公司债务承担有限责任

公司对其债权人承担无限责任，但其成员只承担有限责任。

有关公司的法律不允许公司成员完全不承担财产责任，因为这将会激发不负责任的交易行为。在注册公司的情况下，股东对公司债务所负的责任限于其投资额。关于有限责任的规定被认为是出于公共利益的考虑，因为这可以鼓励公众对企业进行投资，进而刺激经济。

责任可以通过股份或者担保的方式而成为有限责任。

1. 通过股份。大部分公司通过这一方式筹措资本。如果公司不能清偿债务，任何一位股东可以被要求支付最大金额——其购买股份的对价。他们的损失也就被限制在他们加入公司时的股票价值。

2. 通过担保。少数公司通过此种方式限制其责任。这类公司通常基于教育或慈善目的而成立，比如私立学校或博物馆。因为公司的成立并非为了盈利，所以不太适合通过发行股份来筹集资本。这类公司股东的责任被限制在其承诺在公司破产时所支付的金额。被担保的总额通常比较小。

作为例外，有的公司可能被注册为无限责任公司。公司股东同意在清算时对公司债务进行无限制偿付。因此，这一责任与其说是股东针对公司债权人，不如说是股东针对公司本身。

公司承担法律责任

1. 刑事犯罪。特定类型的犯罪（比如强奸罪或重婚罪），公司基于自身属性无法实施。除了这些明显的例外，公司在商业活动中产生的犯罪行为可以被起诉。例如，交易中，使用错误的招股说明书、违反健康与安全法规以及违反环保规定等都是比较常见的可以被起诉的行为。

在 1987 年的 Zeebrugge 客轮倾覆事件之后，公司可以构成杀人罪在普通法中被确定下来。2007 年的《公司杀人法案》（Corporate Manslaughter and Corporate Homicide Act，CMCH）首次创设了全新的公司杀人罪，并于 2008 年 4 月生效。法律确定“杀人”这一犯罪行为可以由“组织”完成，具体情况是，该“组织”的管理方式导致了死亡或者违反了针对死者的相关注意义务。“组织”包括公司以及合伙（第 1 条第 2 款）。“相关注意义务”包括雇主对雇员的义务、合同义务、占有人义务，销售和提供商品及建筑、构造建筑物、使用机动车或设备以及其他组织的商业活动所引发的义务（第 2 条）。相关措施是指公司的行为，但是公司经理和其他雇员可能被要求提供证据。针对公司不当管理导致死亡的恶性案件，高层管理人员应负主要刑事责任。对于此类违法行为，法院通常都会以无限制罚金作为刑罚手段。

2. 侵权。公司对雇员及法定代表人在供职期间的侵权行为承担替代责任。法律对公司规定了不可替代的义务（如，雇员安全），这意味着即便损害是第三方引起的，公司依然需要承担相应责任。

新闻报道

基于2007年的《公司杀人法案》的第一起判决

基于此法案的第一起诉讼发生在2009年，Cotswold Geochemical Holdings 被法庭认定其违法行为导致一名雇员死亡。该雇员在公司一处工地的壕沟里采集土壤样本时死亡。为了救援该工人，公司花了两天时间，从几吨泥沙中挖出他的尸体，这些泥沙都是在壕沟塌陷时覆盖在上面的。2011年2月的审判中，公司被认为构成公司杀人罪，并被处以38 500英镑的罚金。

3. 违约。通常，公司承担违约的法律责任，其具体情形与自然人违约一样（这在下一章中将会详细介绍）。

所有权和管理

公司的所有权归属其股东，并由董事进行管理。在规模很小的公司，股东与管理者可能是重合的，但是通常公司股东无权决定公司的日常运作，有时，公司股东甚至无权在公司会议上投票，因为依据公司内部规定，某类股票的持有者的权利非常有限。

公共责任

公司一经登记，公众就可以在公司注册处查询到公司的特定信息。这些信息通过公司每年申报的方式进行更新，但这一规则不适用于无限公司。公众可以在公司注册处查询到其他的公司记录。商业、革新与技术部（前身是商务、企业及监管改革部）具有广泛的成文法权力，可以针对公司存疑的违法行为展开调查。法律赋予其针对公司营业场所的检查权。检查人员可能要求公司上交有关文件，并对其进行解释。公众通常可以查阅相关调查报告。

持续性

公司一经注册就持续存在，直到法定清算程序将其终结。"清算"意味着将公司资本和财产变现。这些财产依据严格的优先规则分配给债权人和股东。进入清算程序后，即便没有血本无归，股东投资的损失通常也会非常大。

清算分为两种：强制清算和自愿清算。

1. 根据1986年的《破产法案》，强制清算依据法院的命令开始进行。这通常发生在公司无法对债权人进行清偿，由债权人向法院申请清算的情形下。官方接管人被指定为清算人。

2. 自愿清算。具体过程取决于公司是否具备清偿能力。如果具备，那么公司成员负责具体的清算程序。如果公司已经破产，那么将由债权人指定清算人对公司财产进行分配。

20.4.4 法人成为注册公司的优点

将企业变为注册公司对于企业主来说是非常重要的转变。

投资人的有限责任

有限责任公司的投资者的公司的财务责任被严格限制，他们不可能因为支付企业债务而导致个人破产。

值得思考

有限责任为什么得以发展？

参考答案见书末的附录。

股份转让

当某位公司股东不再对公司进行投资时，并不会影响企业本身的存在，尽管这可能对合伙企业造成破坏。股东在企业中的利益可能通过出售或其他方式转让给新股东。在公众公司里，这类转让权是自由的，可能在证券交易所被转让。私人公司相关制度会给转让施加很多限制，其目的是维系数量不多的成员之间的私人关系，而这些关系是保持企业活力的关键。

税负

法人以及随之产生的成员个人财产利益和企业财产利益的分离，可以证明其目的在于获得税负上的优惠。

独立财产权

企业的财产变成属于其自身的法人财产，这在很多方面都具有优势。例如，某位股东的离开不会影响企业的经营，他只要对某些特定的企业财产主张权利即可。而且，该股东可以依据当时的财产价值获得相应补偿。同样，如果公司进入清算，在公司财产耗尽也无法清偿所有债务时，公司股东并不会破产，他们所失去的只有在公司中的股份而已。

资本积累

非法人企业在获得新资本时会受到很多的限制，唯一的选择就是增加股东或向银行申请贷款。增加股东，同时意味着增加资本，但这会导致企业的利润分配更为分散，每个人获得的利润可能会有所减少。银行贷款涉及大量的利息支付，而且在没有股东房产抵押作为担保的情况下，企业不容易获得贷款。公司可以自己的财产作为抵押进行担保来借入资金。公众公司还可以通过发行债券的方式向公众募集资金（参见第 22 章）。

只有拥有大量资产的公司才可以享受担保贷款的好处。小型私人企业的股东（半合伙）通常需要以自己的房产作为抵押来为债务进行担保。

持续性

一经注册，无论股东如何变化，公司都将持续存在。只有破产程序能使公司终结。

公司法律的重要变革：2006年的《公司法》

这一大部头的法案（1 300余条）极大地丰富了现有的公司法律体系，特别是1985年的《公司法》。新法案进行了大量的改革，但同时也再次强调，对于原有立法没有进行太多根本上的修改，而只是将其语言进行了修正，使其更加通俗化。具体的规定在某些层面更为简单，其目的在于使小公司获利并使其运作方式在法律中得以反映，例如，取消召开年度股东大会的义务。一个重要的改变是理清了董事的义务和其他鼓励公司运作透明化的手段。该法案还试图鼓励更多人通过持股的方式参与公司经营。我们将在第21～第22章中了解更多关于这一法律修改的详细内容。

这一法案于2006年11月获得了国王的批准，并阶段性地逐步实施。整个实施过程于2008年10月全部完成。如无特别说明，本书相关内容均以2006年的《公司法》为准。

20.5 1998年的《人权法案》对于公司组织的影响

直接受到《欧洲人权公约》规定的义务规制的是那些由1998年《人权法案》认定的"公共机构"。但是任何企业均拥有受到保护的诉讼权，可以依据1998年的《人权法案》针对国家或有关公共机构提起诉讼。另外，作为公共机构的法院，有不得妨害任何一方行使公约权利的义务。下面将就判决如何达成以及如何对当事人进行救济加以详细说明。

20.5.1 财产权

企业可以通过《欧洲人权公约》草案1的第1条来保护自身的财产权。该条款规定，每个自然人和法人均有权平静享受其财产。这一权利并不是绝对的，如果基于公共利益或偿还国家债务加以妨碍，就具有正当性。如果打破了原告与公共利益之间的公平加以妨碍，这一行为就构成了对权利的侵害。比如，如果对于企业房产下达了强制购买的命令而没有给予足够的补偿，这一行为就构成了对权利的侵害。

20.5.2 隐私权

作为雇主的企业应当履行公约中规定的对雇员的义务，比如保护个人隐私和家庭生活（第8条）。企业需要依据工作的实际情况给雇员提供灵活的工作时间。第8条同时限制了雇主查阅雇员的邮件和电话记录。第8条还对商业隐私进行了保护，因为法院必须注意在民事诉讼过程中发布搜查令时不能违反该条款。法院必须仔细考虑令状的内容是否很好地平衡了各方的利益，并做到了分担比例的合理。

20.5.3　公平审判权

根据公约第 6 条，企业及其成员享有接受公平审判的权利。这包括起诉权和公平审判权。但是，在采用仲裁及庭外程序的情形下，这些权利就不再适用。第 6 条还包括禁止自认罪行的权利。在 Saunders v UK（1997）案中，欧洲人权法院认为，强迫桑德斯向贸易与工业部回答有关问题（拒绝回答会构成刑事犯罪）构成了对调查人员的欺诈，依据第 6 条，侵害了相关人的权利。

20.5.4　言论自由

广告、出版、电影、杂志和其他媒体企业都被第 10 条的内容所囊括（言论自由）。当法院颁布阻止信息公开化的禁令时，必须确保这一禁令没有违反公约义务。任何限制都不得超出保护国家安全、公众安全、健康、道德、名誉或其他权利的范畴，同时不能侵犯隐私。在 Venables v News Group Newspapers（2001）案中，最高法院发布禁令来阻止公开杀人犯詹姆斯·巴尔杰的个人信息。这一处理被认为是公正的，有效地保护了犯罪嫌疑人不会被轻易辨认出来，保障其在服刑结束后，不会再度陷入危险。从上述案例可以看出，无论是直接的还是间接的，企业组织作为个体很可能受到有关人权的法律的影响。

20.6　总　结

目前你应该已经认识到经营本章介绍的三种企业在法律后果上的区别。在你进一步学习注册公司的经营和形式之前，回过头来复习一下本章关于法律人格、法人以及有限责任的概念是很明智的，因为这些概念在后面四章中具有非常重要的地位。为了帮助你理解，下面会给出合伙与注册公司的具体对比。

20.6.1　合伙与注册公司的区别

表 20—1 列出了合伙与注册公司的区别。

表 20—1

	合伙	注册公司
建立	通常需要书面合伙协议，但这并不是必需的，合伙人的行为（为获得利润共同经营）也可以创建合伙。	只有依据《公司法》完成相关注册程序，才能创立公司。
人数	下限为两人，上限没有规定。	一人公司是法律所允许的，上限没有规定。

续前表

	合伙	注册公司
法律责任	合伙没有独立的法律责任，合伙人对其他合伙人在经营过程中的任何违反民事法律的行为负无限责任。任何合伙人对于公司的刑事违法行为负个人责任。	一经注册，公司就拥有了独立于其股东的法律人格。股东不对公司的违法行为负责。
有限责任	合伙人对于企业债务负有无限责任，除非其注册为有限责任合伙。	公司责任是无限的。成员对公司债务负有限责任。
监管和公共性	经营合伙不需要外部监管。合伙企业账簿和其他文件对外保密，有限责任合伙例外。	有限责任公司由公司注册处通过周年申请表进行监管。经营细节和账簿可供公众查询。商业、革新与技术部有广泛的调查权。
终止	完成了既定目标、存续时间届满、合伙人离开、破产、合伙人患精神疾病或死亡。	一旦设立，公司就会持续存在。除非破产法律程序完成，其才会终止。

本章小结

1. 独资经营者

对企业负个人法律责任。

2. 合伙

基于信用的合伙关系。

合伙人之间互为代理人。

共同或单独责任：可能为有限责任。

终结原因：存续时间届满、目的达成、死亡或破产、违法、放弃身份、法院强制。

3. 注册公司

法人的有关程序受《公司法》规制。

分为公众公司和私人公司。

法人通过注册被赋予了不同于其成员的法律人格。

有限责任（股份、担保）。

4. 1998 年的《人权法案》

公司起诉成为可能（财产权、隐私权和公平审判权）。

课后测验

1. 法人如何设立？

2. 在论述法人时，分析以下概念的具体含义：(a) 有限责任；(b) 持续存在；(c) 社团法人。

3. 合伙与其他法人组织的主要区别是什么？

4. 泰晤士、多弗和怀特是“户外冒险”这家合伙企业的成员。在下列情况下，其法律地位如何：

(a) 泰晤士在没有咨询其他成员的情况下，从亨伯处购买了两辆全新的四轮驱动车；

(b) 由于这次购买，合伙企业没有充足的资金来偿还企业债务。

5. 公众公司和私人公司的主要区别是什么？

参考答案见书末的附录。

深入阅读

以下判例对于你在本章所学的法律的形成提供了重要的示例。它们是说明诉讼中法律的第一手资料，并且能给你提供更多的事实细节，同时帮助你理解法律，以及了解法官是如何作出决定的。

请尝试在判例汇编中查找这些判例，或者通过数据库获取，例如，Bailli（www.bailii.org/databases.html）。你可以从大学图书馆获取 LexisNexis 和 Westlaw，或者从判例书中找到摘录。

Jones v Lipman [1962] 1 WLR 832

Salomon v Salomon & Co. Ltd [1897] AC 22，HL

Re K and Others [2005] The Times，15 March

Williams and Another v Natural Life Health Foods Ltd and Mistlin [1998] 2 All ER 577

网络学习

请登录 www.bytestart.co.uk/index.shtml，该网站有大量关于中小企业的信息。阅读有关独资经营者、合伙以及注册公司设立的有关指引。

课后作业

杰基和西蒙共同经营一家名为“好发型”的美发沙龙。沙龙经营得很成功。两人便打算扩大店面并充实人员，最终能在多地设立连锁店。他们对于应当采用合伙还是有限公司的问题产生了讨论。请给二人提供一些建议。

第 21 章 设立注册公司

导　言

在第 20 章的学习中你已经知道，如果独资经营者或合伙企业如果想成立公司经营业务，寻求因此带来的有限责任的优势，那么其必须遵守法定的注册程序。在本章，我们将研究当前由 2006 年的《公司法》（CA 2006）规定的这一程序。这一法律极大地融合了 1985 年的《公司法》和之前的其他立法成果。除非有特殊说明，本章中所有引用的法条都出自 CA 2006。

学习目标

在完成本章的学习之后，你应该能够：

1. 描述公司注册的过程。
2. 说明公司注册证书和实施细则的作用。
3. 解释公司的经营范围是如何确定的。
4. 理解调整公司订立合同能力的相关规则。

21.1　发起公司

公司的**发起人**（promoters）是指公司实际的设立人，他可能会聘用律师、会计师或其他专门提供服务的人，以协助完成设立公司的过程。

发起人的角色有很多种，但都需要办理登记手续。可能还涉及确定董事、办

发起人：负责设立和注册公司的人。

公场所、厂房和设备。然而，这些公司设立之后产生的职能也并非专属于发起人，因为很多公司在注册时什么都没有。它们起初是小本经营，成立公司是顺理成章的下一步。在这样一家公司中，通常发起人会从合作伙伴变为公司的董事。

21.1.1　发起人对公司成立之前订立合同的法律责任

CA 2006 第 51 条规定，发起人应当对公司完成注册程序之前签订的所有合同承担责任，即使他是以将要成立的公司的名义签订的。这是完全符合逻辑的，因为在完成注册之前公司尚未作为独立主体存在。虽然在公司注册之前，将发起人视为业务代表签订合同是必要的，但不能认为此时发起人就是公司的代理人，因为公司尚未成立。因此，发起人签订合同并未得到公司的合法授权。即使公司之后成立，也不能批准或追认在公司成立之前发起人签订的合同。因此，当合同尚未履行时，赋予签订合同的另一方当事人起诉发起人的权利是公平的。无论另一方当事人是否知晓公司尚未成立，发起人都可以依据其签订的合同起诉或被起诉。在 Phonogram v Lane（1982，CA）案中，原告和被告订立合同，由原告给被告提供资金支持，被告打算设立公司，经营一个名为“Cheap Mean and Nasty”的流行音乐团体。原告知晓该公司还处于设立之前的阶段，但这并不妨碍他依据和被告订立的合同对被告进行起诉。

CA 2006 第 51 条规定，发起人可以通过和合同另一方订立明示的协议来避免承担个人责任。这样的协议包括两类：

1. 合同中的规定：一旦公司注册完成，并且遵守合同规定的条款，那么发起人的责任免除；

2. 君子协议：如果另一方当事人同意与其订立君子协议，发起人可以享受彻底的豁免，该君子协议将对发起人的法律约束力予以排除。这意味着在现实当中，公司成立之前的合同并不具有法律效力。

21.2　设立公司

第 7 条规定，当一人或多人签署一份**公司注册证书**（memorandum of association），并遵守《公司法》的规定完成注册程序，公司得以设立。请注意，公司可以由一人组成，这使得小企业也可以注册。

21.2.1　公司注册证书：第 8 条

公司注册证书旨在表明申请者成立公司并成为公司股东的意图。如果是股份有限公司，要求申请者每人至少拥有一份股份。

CA 2006 使得公司注册证书较之前更简短，其中曾经包含很多现在由公司的章程规定的内容。公司注册证书也不再是公司章程的一部分，而仅是一个表明谁设立公司的历史性文件。其一旦注册就不能被修改。

公司注册证书：记载发起人设立公司的意图陈述的文件。

21.2.2 注册程序：第9～第13条

下列文件必须提交到公司注册处，并交纳适当的费用：

1. 公司外部章程；

2. 注册申请，其中包括：

(a) 公司名称；

(b) 公司住所（英格兰/威尔士/北爱尔兰）；

(c) 公司注册的办事机构所在地；

(d) **公司内部章程**（articles of association）；

(e) 公司是有限公司还是无限公司；

(f) 如果是有限公司，那么是股份有限公司还是保证有限公司；

(g) 认购声明（如果是股份有限公司）表明股本金额是如何进行划分和初始持股的；

(h) 所有的担保条款；

(i) 高管（董事、公司秘书）的姓名和住所；

(j) 遵守登记程序的声明。

21.2.3 登记的效力：第14～第16条

如果法定的形式都得到满足，公司设立也是为了追求合法的目的，公司注册处将对公司进行设立登记，并签发**公司登记执照**（certificate of incorporation）。这使得申请者以及指定的名义上的高管，都被记录在公司注册证书上。然后该公司在法律上能够行使在**公司章程**（constitution of a company）中规定的职能。

21.2.4 公司的宪法——公司内部章程：第17条

在CA 2006之前，公司章程包括公司注册证书和公司内部章程两个不同的部分。公司注册证书涉及的是公司与外部世界的关系，公司内部章程则仅规定公司内部的管理规则。

根据CA 2006，公司章程仅由公司内部章程以及其他特殊的修订组成（第17条）。公司内部章程中包括之前可以在公司注册证书中找到的信息。这意味着一家经过注册的公司拥有仅由一个文件组成的章程。这反映了2005年白皮书的建议。该白皮书呼吁进行简化小型公司的组织形式，以及保证所有公司管理和事务透明的改革。根据第32条，公司有义务给任何有要求的人员提供公司章程副本。

公司内部章程： 用以确定公司、高管，并规定公司经营范围和经营办理业务规则的文件。

公司登记执照： 当注册程序完成以后，由公司注册机构颁发的证照。其赋予公司独立的法人资格。

公司章程： 公司当前的内部章程。

第 19 条促使国务大臣制定由条例规定的章程草案模板。公司可以全部采纳，也可以采纳其中一部分。在默认情况下，对于任何公司，如果不选择特定的条款作为其章程的组成部分，它们会自动生效。私人公司通常采纳章程草案，但公众公司通常自己起草章程。

根据第 28 条，在 CA 2006 实施之前已经存在的公司注册证书的类似条款，与现有新形式的注册证书不同，将被认定为公司章程的一部分。

21.2.5　章程内容

所有与公司交易有关的信息。

其中包括：

- 公司名称；
- 公司**注册住所**（registered office）；
- 公司**经营范围**（objects）。

用以规范公司相关内部行为的条款

这些条款包括但不限于以下条款：

- 董事人数；
- 董事的任免方法；
- 董事的权力；
- 会议的召集和召开程序；
- 股东的投票权；
- 公司账簿的规范；
- 股息的支付。

因此，公司可以在法律范围内行使其权力。《公司法》禁止特定的行为（例如，第 580 条禁止折价发行股票），允许在符合特定程序的前提下修改章程。

新闻报道

股东投票反对管理层拟实施的 9.5 亿英镑收购案

2007 年 1 月，Countrywide 的股东——位于英格兰东南部最有名的地产代理商的所有权人，不顾董事的建议，投票否决了一项风险资本家 3i 提出的 9.5 亿英镑收购案。Countrywide 的章程要求赞成票必须达到 75%以上才有效。

最终，2007 年 4 月，在 Apollo Management（一家美国的收购公司）和 3i 之间竞购之后，股东投票同意 Apollo Management 以 10.5 亿英镑收购，因此他们否决之前的公司收购案的做法是明智的。

资料来源：Observer，14/1/2007；Independent，22/2/2007；Guardian，14/4/2007.

注册住所：公司的官方存在场所。

经营范围：表明的是公司追求的经营目标。

接下来，让我们进一步了解章程的详细内容。

公司名称

如果使用某名称会构成犯罪或不符合规范，那么公司注册处将拒绝注册该公司名称（第53条）。例如，“妓女公司”就曾经被拒绝（R v Registrar of Companies，ex parte Attorney-General（1991）案）。新公司选择的名称也不得和现有公司的名称相同（第66条）。

有些名称必须经过商业、革新与技术部同意才能使用，主要是指任何与政府部门或地方当局有关的名称。

第82条要求国务大臣制定相关的条例，宣传公司名称和其他信息。之前的立法要求公司名称展示在公司建筑物外，以及所有的公司商务文具和公司印章上。这些要求已经得到拓展。从2007年1月以来，公司还必须在其网站和电子邮件中列出其名称、注册号、注册国家和注册住所地址。

不遵守这些规定可能导致公司卷入刑事诉讼以及被罚款。如果公司不遵守上述展示公司名称的规则，公司的管理者要对此负责，甚至可能要对不是本公司从事的交易承担个人责任，因为该公司作为合同当事人，没有确定可辨识的标志（第83条）。

公众有限公司必须在公司名称后面标明“plc”字样或者威尔士地区相同含义的表述（第58条），私人有限公司则必须标明“Ltd”或者威尔士地区相同含义的表述（第59条）。

为了保护公司名称在互联网上的使用，明智之举是公司在其互联网服务提供商处注册公司的网站域名。同意注册的原则是“先到先得”。不及时注册将会使得公司不能在互联网上使用其名称。更糟糕的情况是，其他的公司可以使用其名称，唯一能获得的保护是根据1994年的《商标法案》（Trade Marks Act）（见第25章）起诉或提起反仿冒商标之诉（见第26章）。

公司注册住所

每个公司都必须注册办公场所，即公司的官方地址（第86条）。正式的通知、索赔的文件将会发到这个地址。公众想要查阅的信息也被保存在这里（第8条）。这些信息涉及注册股东、董事和债券持有人。

经营范围条款

历史上，法律要求公司明确规定其所追求的经营范围，包括与实现目标和从事指定的公司交易相关的权力。因**越权**（ultra vires）（参见稍后介绍的注册公司的合同能力）而超出公司经营范围的合同无效。在Ashbury Railway Carriage v Riche（1875，HL）案中，法院认为，一个注册为制造、销售和承租铁路设施的公司，无权建造铁路。

发起人通常采用长期、模糊和复杂的经营范围条款，以避免对之后公司经营范围拓展的限制。随着时间的推移，法院采取了一个更加弹性的标准，只要新的业务与公司的主营业务相关即可。在Bell Houses v City Wall Properties Ltd

---

越权：超出法定授权，公司的经营范围条款没有规定的行为。

(1966, CA) 案中，法院肯定了这样的条款，即赋予公司从事董事会决定的任何交易和商业行为的权力，只要该交易或商业行为与上述公司经营条款规定的行为一致或相关，属于公司一般的行为即可。

越权规则在被引入欧共体之后变得不太重要了。1972 年的《欧共体法案》很大程度上使得在公司违约的诉讼中越权规则无效（第 490 条）。1989 年的《公司法》则引入了更加弹性的规则，对 1985 年的《公司法》进行了修订，并规定（第 3 条 A 款）：公司经营条款可以规定"公司的经营范围是一般贸易公司从事的业务"。

CA 2006 进一步放宽了这一要求，第 31 条第 1 款规定："除非公司章程明确限制了公司的经营范围，否则公司的经营范围不受到限制。"根据第 32 条第 2 款，任何公司经营范围的变更都需要去公司登记部门进行变更登记。

21.2.6　公司章程本质上是合同条款

根据第 33 条，公司的章程（现在仅由公司内部章程组成）对公司与其股东双方而言是有法律约束力的合同。这表明公司及其每一位股东都要遵守章程条款。股东应当向公司支付的金钱都是股东欠公司的债权。

如果一方违反公司章程、公司和股东之间的合同规定的义务，另一方都可以据此提起诉讼。规则是由公司制定的，并且公司可以对条款进行修改，但双方都受到章程条款的约束，尽管公司是比较强势的一方。

Hickman v Romney Marsh Sheep Breeders Association (1915)

公司章程规定，当股东和协会发生争议时，必须通过仲裁的方式解决。希克曼先生被协会开除了，因此起诉协会违反合同。

法院认为：根据原告与被告签订的合同中的条款，希克曼必须等到走完仲裁程序后才能去法院提起诉讼。

股东之间可以提起个人诉讼。

Rayfield v Hands (1960)

公司章程要求董事以公平的价格购买退休股东的股份。

法院认为：如果董事不这样做，那么退休股东有权从法院获得一项针对董事的强制执行法令。

章程条款规定的公司股东的诉权，限于行使其作为公司股东的权利。如果对章程的违反给公司股东的个人能力造成损害，那么不允许其以违反章程为由起诉。

Eley v Positive Life Assurance Co. (1876)

公司章程规定埃利将终身担任公司的法律顾问。但之后公司解雇了他，于是埃利以章程为依据提起诉讼，最终败诉。

法院认为：埃利想要保护的是个人的就业权，并不是基于公司股东以章程为依据起诉。

然而，章程的条款可以作为存在赋予个人权利的单独合同条款的证据。例如，董事可以依据章程条款的规定，提起要求获得报酬的诉讼。他们必须依据任命合同起诉，但具体的合同条款在必要时可以依据章程进行解释。在 Soden v British Commonwealth Holdings plc（1997）案中，法院认为《公司法》规定的权利和义务也是合同中的默示条款。法院可以认定合同中的默示条款具有商业效力。

Cream Holdings Ltd v Davenport（2010）

Cream 公司的章程规定，公司的股权转让人有权以第三方会计师评估的公允价值转让股权。Cream 公司解雇了达文波特董事。达文波特董事为了报复，声称除非 C 公司公开特定文件，否则拒绝同意由公司在其提名的三名会计师中指定一人为其评估。

法院认为：公司章程代表着公司和其股东之间的合同，因而必须与任何处于其他合同环境和商业背景中的合同做相同的解释。

合同订立是为了履行而非不履行，基于这样的原因，合同条款暗示了股东不得无礼拒绝公司指定的会计师。原告拒不同意公司指定的会计师，以及要求公开特定信息，都是不合理的，因为章程并没有赋予他这样的权利。

21.2.7　章程条款的变更

章程可以通过特别议案的形式予以修订（第 21 条）。这必须通过投票的方式，并且要求公司股东 75%以上同意。经修订的章程副本必须送达注册登记处。

章程中的有些条款是根深蒂固的。这样的条款除非具备章程中规定的所有条件和程序，否则不能被修订。根深蒂固的章程条款可以在公司注册之前就予以制定，或者由公司股东一致通过修正案的方式产生，或者通过一项法院的命令产生。

生活实例

霍勒斯的朋友西里尔成立了一家私人有限公司，销售自己发明的捕鼠器。他以 Hamelin 有限公司作为公司的名称注册，法定资本 3 万英镑，这被分为 3 万股，每股价值 1 英镑。霍勒斯拥有 1 万股，西里尔及其妻子达弗妮拥有剩余的股份。公司章程规定，公司的经营范围是“生产和销售害虫防治产品”。捕鼠器的销售状况良好，因而霍勒斯认为自己做了一项稳健的投资。然而，他还是要看实际的回报。他不能在任何想要转让的时点将其股份转让出去，而只能在公司章程规定的期间转让。公司章程规定，任何一方想要转让公司股份，需要得到公司其他股东的同意。这使得西里尔和达弗妮能够左右公司的股东人选。

21.2.8　注册公司的合同能力

一个公司在经营过程中会签订许多合同，这些合同都是具有法定执行力的。在英国加入欧共体之前，公司可能会依据经营范围条款，主张合同超出了经营范围，属于越权（超出其权力）而无效，以逃避承担责任。另一方当事人不得主张忽略了公司经营范围的限制，由于作为公开文件的公司注册证书中已经明确了公司的经营范围，因而可以**推定知情**（constructive notice）。

Re Jon Beauforte (London) Ltd (1953)

被告公司的经营范围为缝纫，但其不从事缝纫，而开始制造镶板。之后公司破产，那些给其提供货物的供应商无法主张应收货款。

法院认为：债权人无权主张债权，原因在于该公司签订合同的行为属于越权，并且他们明知这一点。法院曾发出纸质的禁止被告从事镶板制造的禁令，这表明供应商明知该公司是在从事未经授权的行为。并且，公司的注册证书是公开的，可供查询，因而供应商被推定知道公司真正的经营范围。

在英国加入欧共体之后，为了遵守《第一公司法指引》（First Company Law Directive），法律改革势在必行。1972 年的《欧共体法案》第 9 条第 1 款规定，为了保护与公司交易的善意第三人，任何董事签订的合同都被视为符合公司能力。这意味着如果公司因违反合同被起诉，不能使用越权规则作为抗辩。虽然这是朝着正确方向前进的一步，但是受到了严厉的批评。首先，该条款限定在由董事签订的合同，但现实中公众公司极少由董事签订合同。其次，该条款没有赋予公司同样的起诉被告违反合同的权利。被告依然可以辩称，自己不受合同约束，因为这属于越权行为。

最终，1985 年的《公司法》经 1989 年的《公司法》修订，后者规定（第 35 条）：即使超出了经营范围，公司也应当被认定为具有签订合同的能力。另一方当事人是否出于善意则与此无关。CA 2006 第 39 条有效地重申了这一规定。

CA 1985 规定的有关董事拥有约束公司权力的条款也保持不变。CA 2006 第 40 条规定，董事用以约束公司以及授权其他人约束公司的权力，并不受公司章程的限制。与公司交易的善意第三人无须担心公司的行为是否符合其章程规定。他们没有询问公司是否存在限制的义务。他们被假定出于善意，即使第三方明知合同超出了公司的经营范围，也不足以将此作为出于恶意的证据。

如果第三方不履行合同，公司有权起诉；如果公司不履行合同，也要承担相应的违约责任。

越权规则在公司内部依然有效

第 40 条并没有阻止越权规则用于处理公司与其股东的关系。当董事打算超出其权限从事特定行为，但尚未完成就被公司股东及时发现时，可以通过禁令阻止董事的越权行为。

股东可以通过议案的方式批准（同意）越权行为，但这并不免除从事越权行为的董事因违反公司章程的规定给公司造成的损失，他需要对公司承担责任。

尽管董事在从事公司交易行为时负有忠诚义务，但也存在这样的风险：他们在个人的能力范围内与公司进行潜在的欺诈交易。为了防止这种情况发生，第

推定知情： 当一方当事人应当知晓相关事情时，即使其实际上并不知晓该信息，也被推定为知道。

41 条第 2 款规定，关联交易是指公司与以下对象之一从事的交易：

1. 公司的董事或其控股公司；

2. 任何与董事相关的人，或任何与董事有联系的公司（该交易可撤销）。

这赋予公司选择是否从事该交易的权利。不论公司是否选择放弃该交易，董事都必须将因关联交易获得的利润上交公司，或赔偿公司因关联交易遭受的损失。

21.2.9 公司的变更注册

根据 CA 2006 第 7 部分第 89～第 111 条的规定，可以通过变更注册的方式改变公司的性质。这意味着可以将私人公司变更为上市公司，也可以将无限公司变更有限公司，反之亦然。

如果一个私人公司经营得很好，业务不断扩大，那么“上市”可以增强其优势，因为上市允许公司向公众大量发行股票，从而更容易筹措资本。这是最常见的变更登记。

CA 2006 规定，如果其股东通过了有效的决议（第 90 条），并达到了所要求的最低资本（第 91 条），一个私人公司（有限或无限）可以申请变更注册成为公众股份有限公司。向注册登记部门提交的申请（第 94 条）包括以下材料：有关会计信息、审计报告、特定决议的副本以及相关新名称的说明。如果注册部门认定所有要求均已满足，那么将会颁发经过重新注册的企业执照。

21.3 购买壳公司

除了通过注册程序以外，公司的发起人也可以从专门提供特定服务的人员处购买一个已经成立的公司。卖方注册公司，然后将其闲置，不承担委任审计师和准备年度账目的义务。当公司卖出以后，股权转移给买方，买方将自己注册为公司的新董事和秘书。公司的名称和经营范围也可能依据买方的经营需要而改变。除了能节约发起人的时间和精力以外，购买一个现成的公司通常比完成一个新的壳公司注册过程要便宜。

值得思考

公司的设立程序如此简单，你能发现其中存在的缺点吗？

参考答案见书末的附录。

本章小结

1. 公司的设立

发起：

启动业务和注册准备。

也可能是购买现成的壳公司。

注册：

公司注册处必须收到并批准发起人提交

的必要材料：例如备忘录、章程、经营范围细节、管理人员、注册住所、法定股本、责任限制。

公司注册处发放公司注册证书意味着公司合法设立。

之后可能进行变更注册，将公司从上市公司变为私人公司，从无限公司变为有限公司，等等。

公司章程：

公司的身份证和内部规则。

变更需要股东大会75%以上投票同意才能通过。

经营范围条款：

CA 2006 实施之后，除了受到章程的限制，经营范围无限大。

2. 公司合同

以公司的名义订立的合同具有法定约束力。越权规则在公司外部无效，尽管股东对董事享有救济，用以保护公司的利益，甚至可能批准一个越权合同。

课后测验

1. 在公司注册之前，必须向公司注册部门提供什么文件？

2. 欧共体的法律对公司的行为能力做了哪些不同的规定？

3. 多格和波特兰是 Maritime Pursuits Ltd 公司的董事，想要将公司变更为公众公司。他们应该怎么做？

4. 2006 年的《公司法》规定的公司注册证书相比于之前有哪些变化？

5. 公司章程如何变更？

参考答案见书末的附录。

深入阅读

以下判例对于你在本章所学的法律的形成提供了重要的示例。它们是说明诉讼中法律的第一手资料，并且能给你提供更多的事实细节，同时帮助你理解法律，以及了解法官是如何作出决定的。

请尝试在判例汇编中查找这些判例，或者通过数据库获取，例如，Bailii (www.bailii.org/databases.html)。你可以从大学图书馆获取 LexisNexis 和 Westlaw，或者从判例书中找到摘录。

Phonogram v Lane [1982] QB 939, CA

R v Registrar of Companies, ex parte Attorney-General [1991] 2 QB 197

Rayfield v Hands [1960] 1 Ch 333

Soden v British Commonwealth Holdings plc [1997] 4 All ER 383

网络学习

请登录 www.companieshouse.gov.uk/，查找更多有关公司内务的资源。

课后作业

(a) 公司注册证书中规定经营范围的目的是什么？经营范围条款在何种程度上限制公司的交易行为？

(b) 经营范围条款在多大程度上影响第三方要求公司履行合同？

第 22 章
公司经营：筹措并保有资本

导 言

通常意义上，公司资本包括所有的企业资产，具体包括房产、设备、可供交易的股票以及商誉。本章将重点讨论专业语境下的资本问题：资本可以通过增加投资人或借贷两种方式进行筹措。

资本主要通过以下两种方式进行筹措：

1. 出售股份（股权资本）：买方成为公司股东。他们的投资可能有点赌博性质，因为其价值依赖于公司的经营状况。如果公司倒闭，股东有丧失全部投资的风险。

2. 通过发行债券的方式获得资金（借贷资本）。债券持有者不会成为公司的股东。他们会获得债券利息，而且其借出的款项会得到公司财产的担保，这是 2006 年的《公司法》对注册公司的要求。这一措施也确保了在公司倒闭时，债券持有人可以挽回其投资。

这一领域的法律较为稳定，具体由 2006 年的《公司法》加以规定，并对现有的有关原则进行了重申。

学习目标

在完成本章的学习之后，你应该能够：

1. 区分不同类型的股权资本。
2. 能够定义普通股、优先股、可赎回股以及递延股。
3. 了解股票如何购买和出售。
4. 了解一个公司如何获得贷款。

22.1 股权资本

2006年的《公司法》正式施行前，通过发行股票来筹集资本的公司一直被要求拥有法定的股权资本。这主要是针对以股份方式筹措的资本，尽管可以通过股东转让股权的方式增加资本。2006年的《公司法》自2008年起取消了这一要求。这意味着，只要经公司章程规定的成员允许，董事可以无限制发行股票。每一股必须具有特定的票面价值（第542条）。

在《公司法》颁行之前就存在，但没有发行法定股本的公司，将会基于转让的受限条款而继续存在，除非其以公司股东会议通过的合适的决议将有关限制排除。

存在不同种类的股权资本：

1. **发行资本**（issued capital）。指针对公司股东发行以及对公司债权人进行担保的资本。

2. **已催缴资本**（called-up capital）。由催缴的股本筹集而来的资本总额。持有股份的股东不用立刻对其进行支付，但会在之后一段时间被要求缴付股本。

3. **实收资本**（paid-up capital）。这与已催缴资本相同，除非股东在规定期限内没有完成支付。实收资本总额是判断公司财务状况的重要标准。

4. **未缴资本**（uncalled capital）。已催缴资本与股票票面价值之差。

5. **储备资本**（reserve capital）。公司通过特定的程序取消董事对发行资本的控制，所提供的一部分专门用于清偿企业破产债务的资金。这在实践中并不常见。

22.1.1 股票种类

公司章程对发行股票产生的权利进行了规定。例如，它规定公司可以发行附带任何权利的股票，也可以通过普通决议来限制这一权利。不同种类的股票可以产生不同的权利。股东的权利在某种程度上由其所持有股份的数量决定：包括对分红以及投票权的控制。

公司可以选择发行以下不同种类的股票：

普通股

公司可以选择只发行**普通股**（ordinary/equity shares）。其通常包含投票权。

发行资本：发行的股份。

已催缴资本：发行后要求支付估价的资金。

实收资本：与已催缴资本相同，除非股东没有完成支付。

未缴资本：已催缴资本与股票票面价值之差。

储备资本：通过特定方式筹措的资金，用以在企业破产时保护债权人。

普通股：最普通的股票。

优先股

如果公司选择分红，持有**优先股**（preference shares）的股东有权在股份分配时据约定好的固定比率获得红利，其可能占股票价值的一部分。这类股东在获得公司收益方面具有相当大的优势。他们可能是唯一获得分红的股东，也可能比其他普通股持有者获得更高的分红比率。但如果公司经营状况很好，持有普通股的股东会比持有优先股的股东获利更多，原因在于，后者以规定的比率获取分红，不能与普通股持有者分享其他多余的利润。章程可能赋予他们其他的好处：在破产时，优先股持有人可以先于普通股持有人对其投入资本进行补偿。

可赎回股

可赎回股（redeemable shares）是供短期发行的股票。股东在特定期限内持有，之后公司会将其购回（赎回）。这对于新成立的小型企业来说是一种很好的筹集资本的办法。这些股票既可以是优先股也可以是非优先股。2006 年的《公司法》第 684 条允许公司发行任何种类的短期股票。

递延/发起人股

递延/发起人股（deferred/founders'shares）可以被公司的发起人持有。他们具有额外的投票权，但要在普通股持有者之后分红和获得股息。

库存股

库存股（treasury shares）指公司购买的自己发行的股票，其自身不附带分红权和投票权。

22.1.2 股票发行

股票的首次发行发生在公司设立之时。此后的发行要依据公司章程的规定进行。股票的发行包括**增发**（rights issue），这是一种特殊的要约，针对现有的股东，其价格也有相应限制。

所有打算发行股票的公司会发布**招股说明书**（prospectus）来描述有关风险。公众公司会发布广告来向公众出售股票，但这并不意味着其自动获得通过证券交易所出售股票的权利。在证券交易所销售股票的权利由证券交易所制定的法规进行规制，其法律依据是 1986 年的《金融服务法案》，该法律也吸收了《欧盟指引》的有关内容。

优先股：赋予持有者以发行时确定的比率获得分红的权利。

可赎回股：可由公司购回的短期股票。

递延/发起人股：发起人持有的股票。

库存股：公司从现有股东处购买的股票。

增发：向现有股东发行新股。

招股说明书：由公司发布的文件，旨在鼓励以购买股票或债券的形式对公司进行投资。

大型公众公司基于其特定金融身份，需要提供一定担保以满足证券交易所上市办公室的相关准入要求。公司所填的申请表信息会被公众知悉。

公司法对于股票的发行施加了一系列限制。这些限制的目的在于防止公司减少资本进而对债权人造成不公平影响。因为对于债权人来说，公司股权资本对其是一种保障。限制原则与股价以及公司是否购买自身股票有关。

股价

根据《公司法》第 582 条，通常公司转让股票只能获得一定的货币或货币等价物。私人公司可以股份换取一定的服务，公众公司则被禁止这样做。

根据《公司法》第 580 条，首次发行时，股票的发行价格不能低于其备忘录中标明的票面价值，除非销售是针对承销商，此时允许下浮最多 10%。

股票可以溢价发行，即超过票面价值进行发行。任何以此方式筹措的资金都必须被认定为公司资本，而非利润。通过溢价发行所累积的资金必须存放于单独的账户，且只能被用于以下特定目的（第 610 条）：

1. 用以支付本应发行而未发行股票的对价，作为给股东的红利；
2. 核销股票发行中的各种开支及其他会议花销。

公司购买自身股票

为了维持资本数额，通常情况下，公司不能收购自身股票，因为这有可能（不希望）导致拆东墙补西墙的问题：股东接受了公司资产，但是，由于股份在销售后会被取消，公司的股权资本就会减少。

依据 1985 年的《公司法》，如果公司章程规定了相应的授权，那么公司可以购买自己发行的股票。2006 年的《公司法》第 690 条则对此作出了修改，只要公司章程没有限制，同时不违反法案（购买自身股票）第 4 章第 18 部分的规定，公司就可以购买自身股票。这要求公司只有在第一时间支付全部价款的条件下才可以购买自身股票（第 691 条）。关于购买的资金来源，存在一定限制（第 692 条）。而且，购买只有在股东授权的情况下才能发生（第 693 条）。

除非购买满足第 690 条的规定，才能适用一般规则（第 658 条）。这表明公司在下列任一情形下可以不接受出售、认购或其他形式转让给自己的公司股票：

1. 没有合适的对价；
2. 法院证明购买会导致公司资本减少；
3. 法院强制要求公司购买股票以保护小股东利益；
4. 由于股东没有支付对价，股票因为法律规定而被上交或罚没。

值得思考

关于公司购买自身股票的法律规定被修改，你支持这一修改的理由是什么？
参考答案见书末的附录。

22.1.3　成为股东

从公司处获得股份

当公司首次发行股票时，作为利益方的法人或自然人可以申请购买。公司可以通过发布**配股**（allotment）通知书的方式对这些要约作出承诺。此时，股份买卖的合同成立。但是，直到其名字被登记为股东，股东才能真正变成公司的所有人。公司必须颁发登记证书以证明股东对股票的持有权。依据第769条，公司有义务在配股通知书发布两个月内完成相关工作。

从现有股东处收购股份

公众公司的股东可以自由转让其持有的股份，私人公司的股东则会受到限制。第770条要求股份转让须正式通知公司。公司必须对股东变更进行登记并在收到转让公告起两个月内颁发新的股权登记凭证（第769条）。

一经登记，股票购买者就获得了这类股票所赋予的由相应公司章程规定的全部权利。在有限公司，买方对公司债务依据股票价值负有限责任。持有股份使得股东成为公司的部分所有人。除非公司破产，否则股东不能撤回其投资，但是可以将股份进行转让。

22.1.4 股东权利

获得公司公告的股息

股息（dividend）是公司在红利之外唯一可以支付的收益（第263条）。股息的派发由公司自行决定公告事宜，因此除非公司决定发布公告，否则股东不能自动获得股息。

在公司会议上投票

由于股票本身附带投票权，因此股东可以在公司会议上进行投票。具体规则由公司章程规定。投票权可以基于股东个人利益而使用，不必一定要以实现公司利益为目的。

新闻报道

你的投资会有起伏

在2008年的夏天，伴随着信贷紧缩、银行倒闭和股价下跌，“你的投资会有起伏”这句话成了金玉良言。随着萧条的加剧，公司利润和市场信心都在下降，很多人目睹了自己的股票、基金价值大幅缩水。因此，很多公司减少分红并不令人意外。根据媒体的大量报道，作为顶尖的房产代理商，第一太平戴维斯（Savills）在海外房产经营损失了4 000万英镑之后，国内的销售也大幅下滑，损失达770万英镑。其经营利润从2007年的8 500万英镑跌至2008年的3 220万英镑。结果，其给予股东的年终分红只有每股3英镑，这使得其当年度的平均分红由每股18英镑减半至每股9英镑。

资料来源：Guardian. co. uk；TimesOnline，11/3/2009；Independent，12/3/2009.

配股：分配股份。

股息：公司在红利之外支付给股东的收益。

公司破产时获得对股权资本价值的偿付

这一权利通常可以正常行使，它只会受制于公司债权人的优先权。股东之间的权利通常并不平等。那些拥有更高地位的人拥有优先受偿权。公司章程决定了股东的有关地位。

转让股份

股东可以转让所持有的股份，但要受到一定的限制。这些限制通常出现在私人公司的章程里。对于这类限制的解释存在争论，并可能提交至法庭。法庭会依据股东的利益对矛盾之处进行解释。限制必须使得公司利益最大化，这样才能被认定合法，有证据证明当董事违反忠实义务时，限制会被认定为无效。

22.2　借贷资本

《公司法》第 3 条第 1 款赋予公司借款经营的权力；公司章程会对此作出明确规定，其中包括公司资产如何被当作担保物来获得贷款。

但通过此方法获得贷款时，公司在自己的财产上设定了抵押。这被称为发行**债券**（debentures）。

22.2.1　债券

债券是公司获得有担保贷款的书面凭证。债券有三种具体的形式。

单一债券

单一债券（single debenture）是个人或组织准备以金钱形式向公司提供的借款。实践中，此类借款通常来自银行。

系列债券

公司可以向自己的股东寻求资金援助，发行**系列债券**（series debentures），接受方拥有平等的求偿权利。此类债券通常都由一家信托机构采用与对债权股证持有人相同的方式提供保护。

债权股证

公众公司有权发行**债权股证**（debenture stock），它与股票一样，可以通过证券交易所提供给公众。

为了保护债券持有人，公司设立信托机构并通过其控制公司资产，并有权指

债券：有担保的公司借入资金的书面凭证。

单一债券：个人或银行等组织向公司提供的有担保的借款。

系列债券：提供给现有股东的不同种类的债券。

债权股证：公众公司在证券交易所销售的债券。

定财产受让人。受托人通常是一家保险公司，拥有公司债权人的地位，具有为债券持有人的利益而为一定行为的法律义务。有关信托的条款可能会要求公司采取切实的预防措施来保护出借方的利益，包括对公司财产进行投保以及限制其借款权力。

债券持有人同意将一笔特定数额的资金借出，并可以对债务人主张利息。债务人可以提供一些额外的优惠以打动债券购买人向自己提供资金。以举办温布尔登网球赛为例，通过发行债券的方式，温布尔登网球赛的相关硬件设备得到了扩充，作为赛会组织方的公司在这一过程中具体负责通过发行债券的方式筹措相应资本。Welsh Rugby Union 公司为了纪念联合会杯 125 周年而发行了债券。每位债券持有人以 6 000 英镑的代价，换取了预订加迪夫千年球场的座位并购买六场国家队比赛、所有联合会杯及欧锦赛资格赛中威尔士队比赛门票的权利。债券将于 2030 年到期，到那时所有的特权将会终止。

债券是一种可转让的证券，因此其处理方式与股票相同。公司被要求保留一份债券持有人的名单并公布经注册的权属证明，这作为经注册的持有人拥有所有权的证据。

22.2.2 抵押：贷款担保

如果公司没有充足的资金在特定时点对债券持有人进行偿付，公司用于对借款进行担保的资产将会被变现以清偿债务。

公司的**可抵押资产**（chargeable assets）包括房产、设备、机器及货物（包括存货）。与这些实体财产一样，专利、版权等知识产权也是可以变现支付的资产，账面债项和企业商誉也是如此。

抵押登记

所有公布的对债券进行担保的抵押都必须在公司登记部门进行登记，时限是抵押创制起 21 天。没有在此时限内进行登记，将会导致抵押无效。无效不会减轻公司支付债务的责任，但是可以阻止债券持有人强行对担保财产进行变现。

抵押的类型

两种类型的抵押是可行的：固定抵押和浮动抵押。

1. 固定抵押。以特定资产进行的抵押，且在抵押创立时，该资产的价值被确定下来。这类抵押可以防止在抵押存续期间抵押资产被处置。因此，只有非常有限的财产可以用于固定抵押。土地、厂房和机器设备是最适合进行**固定抵押**（fixed charge）的财产。

2. 浮动抵押。此处抵押与公司的整体资产有关。在贷款成立时，债券持有人享有的担保并不依附于特定的财产，在债务到期时，债券持有人有权就公司全部资产进行受偿。因此，**浮动抵押**（floating charge）可能与公司任何可以转移

可抵押资产：用于对债券进行担保的公司财产。

固定抵押：与浮动抵押相同，但依附于特定财产。

浮动抵押：以公司整体所有财产为标的，为公司债权人提供担保。

的且不停变动的资产有关，例如股权。这类只有注册公司才拥有的财产，对于缺少固定资产的公司来说很有利。

以下情况将会导致股东抵押特定化，使抵押针对特定财产：

- 公司停止业务；
- 濒临破产；
- 公司无法支付到期债券；
- 任何其他可能导致抵押物特定化的情况。

固定抵押对债券持有人的保护要优先于浮动抵押。股东抵押的价值可能会出现波动。当公司破产时，固定抵押权人或受法律保护的债权人（如雇员）将会优先于浮动抵押权人受偿。

生活实例

霍勒斯是一个狂热的足球迷，他决定对当地的足球俱乐部“斯莫维尔流浪者”进行投资，目前这家俱乐部运行良好，并有希望打入英超联赛。他花了 3 000 英镑购买俱乐部的股票，并很期待一年后能够获得可观的分红。几周后，他收到了一份说明书，其中声称俱乐部打算扩建场地，并修建新的看台。俱乐部邀请股东购买债券来为相关改造项目融资，将向债券持有人提供球票和其他优惠。霍勒斯现在完全被说明书吸引住了，他又追加投入 3 000 英镑。债券的还款期限是五年。三年后，俱乐部陷入困境：两个表现糟糕的赛季导致其降入乙级联赛，两名核心球员因在一次争议点球判罚后殴打裁判致其重伤而被逮捕。俱乐部股票的价值大幅跳水至最初价值的 25%。霍勒斯有理由对自己的投资感到失望。他的债券应很安全，因为有公司之外的资产对其进行担保，使其在必要时可以获得偿付。但是具体到股权，则不容乐观。如果俱乐部进一步陷入财务危机，就可能面临破产。如果这一情况发生，霍勒斯可能损失所有的股权投资，因为公司的债权人会优先于公司成员受偿。

22.2.3　对股票和债券的区别的总结

表 22—1 列出了股票和债券的区别。

表 22—1

股票	债券
股票持有人是公司股东并具有投票权。	债券持有人是公司的债权人，不具有投票权。
除资本外不支付其他红利。因为红利是公司发放的利润，股东并不确定自己能否获得红利，具体的金额是多少。	债券持有人必须获得利息，这与公司资本严格区分，而且债券持有人对于其可以获得的利息有清楚的了解。
风险：可能丧失股权的全部价值。	由于贷款通常都伴有浮动或固定抵押，因此债券持有人的安全性较高。
公司通常不能购买自己发行的股票。	公司可以收购自己发行的债券。
股票不能低于票面价值发行。	债券可以低于票面价值发行。

本章小结

公司可以拥有股权资本和借贷资本。

1. 股权资本

具体包括发行资本、已催缴资本、实收资本、未缴资本及储备资本。

股票种类包括：普通股、优先股、可赎回股、递延股和库存股。

2. 股票发行

通过招股说明书的方式进行公告。

私人公司可以不向公众发布相应公告。

发行权是可行的。

股票只能以不低于其面值的价格转让。

允许溢价发行。

发行必须在公司注册部门进行登记。

只有依据2006年的《公司法》的特别规定，公司才能购买自己发行的股票。

3. 股东权利

（1）获得股息（如经公告）；

（2）在公司会议上投票（依据股票性质）；

（3）公司破产时获得对股权资本价值的偿付；

（4）转让股份（依据公司章程）。

4. 借贷资本

单一债券/系列债券/债权股证：

实际上，这些是有担保的贷款，其由公司的资产进行固定抵押或浮动抵押。

债券持有人：

向公司借出资金，并在一定期限后收回本金、利息及其他收益。

与股票持有人不同，债券持有人并非公司股东，因此不享有投票权。

课后测验

1. 发行资本和已催缴资本有什么区别？

2. 公司为什么发行可赎回股票？

3. 何种情况下公司会接受自己发行的股票？

4. 西尔弗、戈尔德、库珀和布拉斯四个人都拥有Metals公司的股票，在遇到以下问题时，他们都来向你咨询相关建议：

（a）西尔弗表示他从来没有收到过公司的分红；

（b）戈尔德作为优先股股东，发现他在公司会议上没有投票权；

（c）同样作为优先股股东的库珀，听到了Metals公司将要破产的流言，他对自己的投资表示担心；

（d）布拉斯是债券持有人，同样担心自己能否收回投资。

参考答案见书末的附录。

网络学习

请登录www.londonstockexchange.com/home/homepage.htm，点击“For companies and advisers”中的“listing”（副标题是“considering flotation”），然后点击“find out more”，来了解公司上市需要满足的相关条件。

课后作业

拉希达在一次抽奖中赢得了1 000英镑，她打算用这笔钱投资一家公司。她向你征求意见，应该购买股票还是债券。请向她解释两种投资的区别，特别是要详细解释两种投资方式分别具有的优势和劣势。

第23章 公司的日常管理：董事、秘书和审计师的职能

导 言

公司是一个独立的法人实体，由其员工进行企业的经营管理。最重要的管理者是公司的董事，他们决定公司的政策、文化和风气。除了由财务报告理事会（Financial Reporting Council）颁布的鼓励良好的公司治理、独立的《实践守则》（Code of Practice）外，董事的权利和义务大部分由成文法规定。公司秘书负有重要的管理职责，审计师则对财务的监控负责。

在本章，我们将研究公司管理人员的工作。

学习目标

在完成本章的学习之后，你应该能够：

1. 区分不同类型的董事及其职能。
2. 解释董事的义务。
3. 理解2006年的《公司法》对董事义务的影响。
4. 了解公司秘书的职能。
5. 描述审计师的工作和法律责任。
6. 列举可能发生的内幕交易的例子。

23.1 董 事

私人公司必须至少有一名董事，公众公司必须至少有两名（第154条）。公

司章程规定董事的任命办法，通常是在股东年度大会上通过投票表决产生。16周岁以下的人不能担任董事（第157条）。公司必须有一名注册的董事（第162条）了解公司详情（第163条）。*

董事是公司的代理人，主要负责公司的日常管理和公司政策的发展。这些具体的决定由董事在**董事会会议**（board meeting）上作出。

1998年以来，金融服务局（Financial Services Authority）出台了一系列《实践守则》（《联合守则》（Combined Codes）），鼓励董事对公司进行良好治理，每一项守则都旨在让董事更好地履行职责。2010年财务报告理事会发布的《英国公司治理守则》（UK Corporate Governance Code）替代了这一系列守则（参见稍后的“新闻报道”专栏）。

大型公司通常拥有相应的规模较大的董事会。其中一部分可能是**外部/非执行董事**（lay/non-executive director），他们自愿提供服务，其主要职能是出席股东会。他们并不直接参与公司的日常管理，这一职能由**执行董事**（executive director）负责。外部董事的价值存在争议：有人认为其存在对于保证独立决策和公司政策的客观性有重要意义；更多反对意见则认为他们缺乏相关知识和经验，因而对公司几乎没什么贡献，也有人认为他们太容易受执行董事的影响。《股票交易联合守则：2008年良好的公司治理和实践原则》（*Stock Exchange Combined Code: Principles of Good Governance and Code of Good Practice* 2008）中，第13条希望通过要求外部董事定期参加没有其他执行董事参加的与董事长的会面，来解决这一问题。第14条要求外部董事每年聚会来评估执行董事的工作。他们还负有义务，保证在会议的有效时间内，记录下他们关心的与公司经营相关的问题，尤其是那些他们认为没有被妥善解决的问题。2010年，根据《英国公司治理守则》，这方面有了进一步的发展，以确保董事的胜任力和独立性。（参见稍后的“新闻报道”专栏。）

23.1.1 董事的任命

第一批董事的名单在公司发起成立时被记录在提交的注册材料中。之后的董事是在公司股东大会中由简单多数同意的普通决议任命的。在公司股东大会召集之前出现董事离职或死亡的情况下，董事变更程序由公司章程规定。董事不一定是公司的股东，但章程可能会要求他们持有符合要求的股份。

23.1.2 执行（管理）董事

由于执行董事负责公司的日常管理，他们全职为公司工作，拥有与公司业务相关的专业知识和经验。他们可能与公司签订了服务合同。除非公司章程有特殊规定，否则，公司的董事同时是公司的雇员受到以下限制：

董事会会议：公司董事参加的会议。

外部/非执行董事：出席会议，但并不主动参与公司经营的董事。

执行董事：负责公司的日常管理的董事。

---

* 本章中在提及《公司法》的条款时省略了法案名。——译者注

1. 与董事签订的超过两年的劳动合同，必须得到股东大会上股东的同意（第 188 条）；

2. 公司章程通常禁止董事在董事会上就其雇佣条款投票；

3. 董事的服务协议在公司登记办公室可供公开查询。在小型私人公司（半合伙），所有的董事都必须是全职的管理者，但可以非正式地决定公司应支付他们多少报酬。

为了防止执行董事之间的利益冲突，阻止上市公司舞弊行为，《联合守则》引入了一项规定，即要求公司将执行董事的任命程序和支付的薪酬公开。公司的年报应当阐述相关的政策并告知股东。该守则还要求，非执行董事组成委员会，在商定的有效范围内决定公司的执行董事的薪酬方案。该委员会也负责决定每个执行董事获得特殊报酬（包括退休金和赔偿金）的权利。

23.1.3　代理董事

如果章程允许，董事在不能出席董事会时，可以指定另一名**代理董事**（alternate director）作为其代表。在实践中，这一职能通常由另一名董事行使。

23.1.4　影子董事

影子董事（shadow director）运用其投票权操控其他董事，是指“按照一个董事的指令或指示实施一定行为的人”（第 251 条）。他们受到董事一般义务的约束（第 170 条第 5 款）。

一个给董事会提出专业意见的人不是影子董事。

23.1.5　董事的权力

这些都是由公司章程规定的，主要涉及公司业务的经营。董事的权力包括发行股票以及以公司资产为担保对外借款。

行使权力的限制

董事权力的行使必须受到公司经营范围条款的限制；他们是公司的代理人，并且他们的权力受到公司能力的限制。

《公司法》对董事行使权力设定了限制，这些限制也可能由公司章程规定。董事权力的行使必须是为了最大限度地满足公司的利益，以完成他们被赋予的使命。

针对董事权力滥用给予第三方的保护

如果董事超出其公司赋予的权限，可能会受到现有交易的约束。根据《公司

代理董事：由现任董事指定的参加董事会的另一名董事。

影子董事：运用其投票权操控董事做决定的公司股东。

法》第40条（详见第21章），只要第三方出于善意，就可以执行该交易。代理法也提供了一些限制性保护：如果公司董事会明知一个持不同意见的董事超越其权限而不否认其行为，那么公司将受到该董事与第三方签订的所有现有合同的约束。在法律上，其他董事不得否认该合同是未经授权的，因为越权的董事构成表见代理。（参见第11章，复习有关内容。）

Freeman & Lockyer v Buckhurst Park Properties（Mangal）Ltd（1964）

被告公司的章程规定应任命一名总经理，实际上并没有任命，但人们都知道一名董事实施了外部看起来拥有总经理权限的行为。

法院认为：董事滥用权力，公司应对现有合同承担责任，原因在于董事会完全知晓该董事的行为，却没有在事件发生后对其授权作出明确的否认。

23.1.6 董事的义务

董事在行使其权利的同时也需要承担一定的义务。这些义务主要是针对公司和股东的，但也涉及公司的雇员和债权人。在2006年的《公司法》之前，这些既是成文法（根据1985的《公司法》以及相关的法律）也是普通法上的义务。

2006年的《公司法》之前普通法和衡平法上的董事义务

这些义务分为两类。

注意义务

普通法上的过失侵权要求董事在从事公司业务时，必须尽到合理注意义务、具有相关技能。然而，只要他没有实施越权行为或欺诈行为，因其行为导致公司遭受损失本身并不能直接作为其没有尽到合理注意义务、不具有合理技能的证据。

Re City Equitable & Fire Insurance Co. Ltd（1925）

由于总经理的欺诈行为，公司遭受了巨大的损失，导致破产清算。其他的董事由于没有注意到该董事的违法行为，不承担过失侵权责任。法院确立了判断合理注意的标准。

法院认为：

1. 董事必须诚实地为了公司利益为一定行为。

2. 对于合理注意，必须结合董事的经验、知识和技能进行判断。不应期待董事超出其具备的素质给予更多注意。对于外部董事承担的合理注意的要求低于总经理。

3. 董事并不总是需要持续关注公司业务，因为董事的职责本质上都是间歇性的（法院不可能要求一名没有保持持续注意的公司总经理承担民事责任）。

4. 只要符合商业实践并且不违反公司章程，董事将其职务委托给公司合适的管理人员，并不能作为其违反义务的证据。

如果董事明显违反了其注意义务，那么在股东大会上经股东投票同意之后，可以启动过失侵权诉讼。一位被发现存在过失的董事，必须对公司的损失承担个人赔偿责任。

董事可以被非正式免责（并非通过决议的形式），只要具有投票权的股东一致同意。即使有过失行为的董事控制了该投票，也是有效的。

受托义务

这是衡平法的规定，要求董事在处理公司事务时尽可能忠诚。

这有三个后果：

1. 董事必须避免自己的经济利益与公司利益发生任何冲突。如果他违反了这项义务，需要将因此获得的所有利润上交公司。

2. 董事必须在公司业务中公开所有的个人利益。通常来说，公司章程规定，只要董事充分申报了其利益，就可以保留该利益，但在涉及相关利益时，他将丧失在董事会上的投票权。

3. 董事在行使权力时必须出于善意和适当的目的。

IDC v Cooley（1972）

库利是一名建筑师，受IDC公司的聘用担任总经理。他负责与一家气板公司进行谈判，该公司曾与IDC就储气罐的设计进行沟通。在谈判过程中，他发现气板公司明显不打算与IDC公司签订合同。于是库利谎称生病，在这个时点辞职。之后，他和气板公司签订了合同。

法院认为（罗斯基尔法官）：库利必须将其签订合同所得的收入支付给IDC，原因在于他滥用了作为公司代理人的身份，利用内幕消息最后签订了合同，导致了利益冲突。“对于他在担任公司总经理期间获知的对公司有重要意义并且公司应当知道的信息，他负有转达给公司的义务。”

事实上并非他的行为导致IDC公司失去了合同，这一事实与本案无关。

Hogg v Cramphorn Ltd（1967）

Hogg公司投标收购Cramphorn公司。Cramphorn的董事真诚地认为，一个受到威胁的收购对公司来说并不是最好的选择，于是向由其员工组成的信托基金发行了额外的5 000股股票，使得Hogg的收购被否决。

法院认为：这属于滥用董事权力。该行为稀释了公司股票的价值。发行股票只能出于提升价值的目的，而不能为了对抗一项收购。

如果订立的合同违反了董事的授信义务，那么该合同可撤销，并且，公司因此有权选择是否接受该合同。只要董事没有违反授信义务并且没有违法，根据代理法，股东可以投票批准其行为。例如，在Hogg v Cramphorn案中，法院认为，由于雇员没有投票权，现有的股东可以投票批准董事的行为。

2006年的《公司法》之后的董事义务

2006年的《公司法》企图将上述董事的义务写进法律。这些规定现在被描述为“一般义务”，实际上包括普通法和衡平法中详细规定的义务。

这些义务仅针对公司（第170条第1款），并且用以替代作为其依据的普通法和衡平法中的规则。《公司法》规定，它们必须依据普通法和衡平法作出解释，并且考察相应的普通法条文和衡平法规则（第170条第4款）。这个领域的判例法在修订之前也是有效的。新的用语可能对董事义务范围的解释产生影响。

一般义务：第 171～第 177 条

这些义务并不是相互排斥的，因此在一个案件中可能同时存在不止一项义务。

董事的义务如下：

(1) 在其权力范围内行事（第 171 条）。董事必须遵守公司章程，只在相应目的范围内行事。

这催生了越权规则。

(2) 促进公司发展（第 172 条）。董事必须真诚地促进公司的发展，让公司全体股东受益。(第 172 条第 1 款)。

这重述了起初的授信义务中所暗示的、董事应当最大限度地维护公司利益的义务。用语存在某种程度的矛盾，虽然该义务初听起来是针对公司的，但《公司法》又要求董事在行事时最大限度地维护股东的利益，因而两者可能存在冲突。然而，任何矛盾都可以运用第 172 条第 1 款中制定的标准得到某种程度的解决，该条款规定了一种全面的方法。

董事在决策时必须考虑以下问题：

(a) 可能发生的长远后果；

(b) 公司劳动力的利益（替代 2006 年的《公司法》中规定的考虑员工利益的义务）；

(c) 与公司所有的交易伙伴建立良好商业关系的需要；

(d) 公司行为的环境和社会影响；

(e) 公司因其业务获得良好声誉的意义；

(f) 对待公司员工一视同仁的要求。

(3) 独立判断（第 173 条）。董事的授信义务要求其实施不受约束的自由裁量权。第 173 条第 1 款规定，这一义务受到公司章程中针对自由裁量权限制的条款约束。在立法过程中议会的辩论表明，在适当情况下，可以委托委员会或寻求专家意见。

(4) 合理技能、谨慎和勤勉（第 174 条）。这重述了普通法中的规定，即董事应具有合理注意和技能的义务，并没有实质变化。

之前，合理注意的标准由 1986 年的《破产法案》第 214 条规定，在 Re City Equitable & Fire Insurance Co. Ltd（1925）案中得到体现，《公司法》第 174 条第 2 款采用了类似的定义，要求：

> 董事应具备一个合理勤勉的人应有的注意、技能和勤勉，即：
>
> (a) 一名董事应当合理具有的与公司相关的一般知识、技能和专业知识；
>
> (b) 该董事具有的特定的知识、技能和经验。

(a) 是客观的衡量，(b) 则是一种对存在问题的董事的技能、知识和经验的主观测试。

学过侵权法的学生可能已经发现这是一种特定的 Bolam 测试。

(5) 避免利益冲突（第 175 条）。这一普遍的义务，适用于公司财产、信息和机会的利用，与适用于 IDC v Cooley 案的衡平法义务一样。

(6) 拒绝第三方利益（第 176 条）。这是《公司法》规定的另一项有关利益冲突的情况。利益包括为获取商业机会或优势地位的第三方提供贿赂和礼物。

第 176 条第 1 款禁止董事从第三方获取利益，无论他是董事还是正在从事董事的行为。第三方（第 176 条第 2 款）是指第三人而非公司、分公司或其他代表公司或分公司的个人。董事提供给第三方的好处可撤销（第 176 条第 3 款）。

如果不能合理认为第三方提供的好处会产生利益冲突，那么董事不违反其义务（第 176 条第 4 款和第 5 款）。

（7）申报所有公司拟定交易或安排中的利益（第 177 条）。根据 1985 年的《公司法》中第 317 条的规定，董事负有申报公司拟定交易或现有合同利益的法定义务。

2006 年的《公司法》将这一义务分为两种，但法律性质没有变化。现有的合同受到第 182 条的保护，这将在下文进行详细解释，拟定的合同则由第 177 条规定。

第 177 条第 1 款要求董事申报所有与其他董事之间的直接或间接利益的性质和范围。这可能涉及间接利益，例如，董事的配偶与拟定的交易相关。只要董事没有违反第 175 条和第 177 条规定的义务，除非公司章程规定，在没有公司股东同意的情况下，该交易不可撤销（第 180 条第 1 款）。

除非董事知晓利益冲突，否则不能认为其违反申报义务。

（8）公开现有交易或安排中的利益。第 182 条第 1 款要求董事向其他董事公开其在公司正在从事的所有交易或安排中的直接或间接利益。

如果董事已经根据第 177 条，在该交易敲定前就进行了相关的申报，那么不必重复申报（第 182 条第 1 款）。如果董事无法合理得知存在利益关系，那么不负有申报义务（第 182 条第 5 款）。

违反第 182 条规定的义务进行信息公开，将构成一项犯罪，导致罚款或监禁（第 183 条）。请注意，这并不适用于违反其他董事义务（第 178 条）的情形，这些情形仅受到民法的规制。包含未公开的利益冲突的合同可撤销，并且董事将对所有的利润负责。

值得思考

在 2006 年的《公司法》出台之前，董事在就两个竞争收购案作出决议时，应当履行最大限度保障公司利益的义务，如果这最终将使公司获得较多的利益，应接受较低的出价。存在争议的是，这可能给股东带来较少的经济利益。根据第 172 条第 1 款的规定，其似乎表明股东利益至上，这是否阻止董事依法选择最低的报价？

参考答案见书末的附录。

Guinness plc v Saunders (1990)

在公司涉及一起收购期间，其中一名董事收到了 500 万英镑的支付款，他将相关利益告知了董事会下辖的一个委员会，该委员会由该董事和另外两名股东组成。

法院认为：这不足以解除其义务，因为该申报必须是向整个董事会作出的。

董事对债权人负有的义务

1986 年的《破产法案》第 214 条规定：如果董事应当知道公司即将不可避免地进行破产清算，那么他们负有采取合理措施减少公司债权人损失的义务。

董事批准的交易需要经股东同意

董事会以公司名义进行的特定的交易，需要股东以普通决议的方式同意。相关的交易是指某位董事可能具有不公平的优势。包括下列情况：

重大资产交易：第190条

除非股东同意，否则他们可以拒绝一项交易，该交易是发生在公司与董事或与董事有关的人之间的，交易内容是出售或收购公司的超过5 000英镑且超过公司净资产10%的非现金资产。除非股东同意该交易，否则董事或任何关联人必须将因该交易获得的利润上交公司；其他表示同意的董事也要承担责任。

第252条规定了与董事有关联关系的人，包括家庭成员（例如配偶、民事合伙人、子女、继子女），以及董事控制20%股东投票权的公司。

董事的长期服务合同：第189条

没有股东的同意，执行董事的劳动合同中所有限制公司终止董事身份的条款都是无效的。

给董事提供贷款：第197～第214条

除了例外情况，在没有公司股东同意的情况下，不得给董事提供贷款，已经提供的贷款可撤销。例外情况包括支出的费用与开展公司业务直接相关。

解雇金：第217条

支付被解雇董事的赔偿金、退休董事的退休金，都必须得到股东的同意。《英国公司治理守则》建议这笔支出金额不宜过大。（参见下面的“新闻报道”专栏。）

新闻报道

2010年的《英国公司治理守则》

财务报告理事会在2010年5月颁布了这一守则，用以替代并丰富之前的2008年的《联合守则》。这为所有的董事进行公司治理提供了新的指引，但这一守则本质上更多地是妥协化的原则而非具体规则。

守则要求公司董事会确保股东金钱价值和公司总体运行良好。例如，被任命的董事应当符合公司提名委员会的要求，并且董事会的任命应当考量其优点，依据客观的标准判断。同时，必须考虑到包括性别在内的董事会的多元化。在加入董事会时，新董事应该被全面、正式地介绍给董事会的其他成员。所有的董事都应获得足够的时间来有效地履行其职责。

在股东对所有的非执行董事进行连任考察时，都必须评估其作为非执行董事的承诺和有效性，因为他们的职责就是对公司发展提出建设性的策略。

守则还打算减少退休总经理的“解雇金”数额：要求薪酬委员会在确定其数额时划定一条绝对的界限，以确保该数额是合适的。

守则强调了董事会在决定公司经营中存在何种以及多大程度的风险时承担的责任：这一担忧是源于信贷紧缩的大背景下各类金融机构的崩溃。

全文可见：www. frc. org. uk/corporate/ukcgcode. cfm。

资料来源：Financial Reporting Council（FRC）.

23.1.7　董事的权利

获取费用和报酬

执行董事的报酬是由其劳动合同规定的。外部董事的津贴则由章程规定，但他们有权收取费用。

23.1.8　董事的罢免和退休

通过普通决议和特殊通知罢免：第 168 条

在任职期届满前，董事有可能被免职。其程序是公司通过一项普通议案，并发出特殊通知（见第 24 章）。这可能在董事严重违反义务的情形下发生。特殊通知的复印件必须在发给股东之前发给董事，因而董事可以对此附上一份书面声明。根据第 169 条，董事有权出席会议并且提出抗辩。

董事有权行使加权投票权，尽管加权投票是为了防止董事被罢免而创设的制度。因此，在 Bushell v Faith（1970，HL）案中，公司章程规定，在一项罢免董事的决议中，他们每股有 3 票而非 1 票的投票权。费思先生作为其中一名董事，持有 100 股，有权通过加权投票的方法，战胜其各持有 100 股的两个姐姐。

虽然执行董事也可以通过与其他董事一样的程序被罢免，但如果该罢免违反执行董事与公司签订的劳动合同，公司可能需要支付赔偿金（第 167 条第 5 款）。

生活实例

霍勒斯拥有"斯默维尔流浪者"俱乐部的股份。他被邀请参加公司特别股东代表大会，并且收到了罢免塞西尔董事的特殊通知。公司董事会会议上以绝大多数比一的投票结果，选定 Fleetfood Sports Shoes plc 作为其供应商，并签订了一个大额订单。有证据表明，在此之前塞西尔接受了 Fleetfood 公司一名销售代表的宴请。塞西尔同时也是 Fleetfoot 公司的一名股东，但在投票之前他并没有将此事告知其他董事。Fleetfoot 尚未履行完价值 5 000 英镑的订单就进入了破产清算程序，导致俱乐部很难挽回损失。

塞西尔违反了两项义务：第一，接受第三方利益；第二，未公开拟定公司交易中的利益。

虽然仅仅接受 Fleetfoot 公司的宴请尚不足以成为罢免塞西尔的正当理由，但股东们可以合理地认为，他的这一行为以及未公开其与 Fleetfoot 公司的利益关系，反映了他不正直的个人品行，尤其是他还在股东会上极力促成公司与 Fleetfoot 的交易。如果塞西尔还知晓 Fleetfoot 公司即将陷入财务困境，股东就有更加正当的理由罢免他，因为这意味着塞西尔违反股东独立决策、合理注意与具有相应技能的义务。塞西尔可以在会上提出抗辩。

董事退休及辞职

董事退休和辞职的规则由公司章程规定。通常采用轮流退休的制度，于股东年度大会上决定一定比例的董事会成员在特定的服务期满之后退休。

任何阻止董事履行其义务的条件（例如，生病或在没有得到董事会允许的情况下无法出席公司会议）都有可能成为罢免的原因。

23.1.9　董事的任职资格

1986年的《公司董事任职资格法案》

任何人（不仅仅限于现任董事）都可能被法院的法令取消担任公司董事或清算人、管理人、接收人、公司财产管理人的资格，或者禁止其直接或间接经营一家公司。在下列情况下，法院可发出这样的禁令：

(a) 在刑事法院被公诉定罪。该犯罪必须与设立和经营公司相关。最长的禁令期为15年。

(b) 持续3年未提交年度报告。持续是指在5年间发生三次。最长的禁令期为5年。

(c) 欺诈交易。最长的禁令期为15年。

(d) 破产公司的董事有不当行为。不当行为包括：

- 违反董事的义务；
- 盗用或侵占公司财产；
- 不按照《公司法》的要求公开账目和年度申报；
- 拒绝与1986年的《破产法案》规定的清算组合作。

被取消资格的最长期限为15年。

破产

未清算完的破产人不得担任新公司的董事。

23.2　公司秘书

所有的上市公司都必须有一名公司秘书，但根据2006年的《公司法》，私人公司不再承担这项义务（第270条）。

这是一个关键的职位，因为**公司秘书**（company secretary）是公司主要的行政官员。公司秘书具有宽泛的确保公司履行《公司法》所规定义务的职责。公司秘书不负责管理公司和经营业务，但负责办理公司注册相关事宜。在大型公司中，公司秘书的工作可能涉及聘用员工、购买办公用品和制定退休金计划，以及实施公司章程或成文法规定的其他职能。

23.2.1　任职资格

在私人公司，对公司秘书没有特殊的任职资格要求。在上市公司，公司秘书必须具有相应的工作技能和经验（第273条），除此之外，还必须至少符合下列条件之一：

公司秘书：公司中负责确保公司遵守《公司法》的主要行政官员。

1. 在近五年中有三年担任上市公司的秘书；
2. 获得英国大律师/律师/咨询师资格；
3. 是经过批准的组织（例如 ICA，ACCA，ICSA，ICMA，CIPFA）的成员；
4. 由于具有其他的工作经验或者是其他相关组织中的成员，因而具备作为公司秘书的能力。

董事负责对公司秘书的委任。

23.2.2　公司秘书的职能

确保公司遵守《公司法》

公司秘书必须确保公司的所有可供公众查询的文件都处于有序和不断更新的状态，其中包括股东和债券持有人的注册文件。公司秘书还负责监督公司年报的制作。

年度报告（annual return）更新公司注册方面的信息，因此大部分可以在注册登记处查询注册文件获得的公司信息，都可以在年报中获得。第 855 条和第 856 条规定，下列信息应当包括在内：

1. 目前公司的董事及秘书的姓名和地址；
2. 董事会成员担任的其他董事职务；
3. 公司的注册办公地址；
4. 公司股本的详情。

进一步的要求则由国务大臣通过发布规章的形式予以规定（第 857 条）。

每年，公司应当在公司成立周年或上一次提交年度报告之日，将汇报交到公司注册登记处。根据《公司法》第 858 条，不提交年度报告，公司及其董事和秘书都构成犯罪。

自 1993 年开始实施《凯德伯瑞报告》（Cadbury Report），公司秘书对于年报的职责变得更加繁重。上市公司必须在年报中披露，公司在多大程度上遵守了守则中要求的最佳行为准则。该报告强调，公司秘书监督董事履行守则所要求的职责。不进行信息披露，可能导致公司从证券交易所的名单中被移除。

公司秘书有权成为公司的代理人

公司秘书有权在行使职权时签订各类合同，其职权包括聘用公司职员、购买或租赁办公用品、购买公司经营所必需的其他商品和服务。只要另一方当事人出于善意，合理相信公司的授权，无论公司秘书是否实际获得公司授权，另一方当事人都有权要求公司执行该合同。

Panorama Developments v Fidelis Furnishing Fabrics Ltd（1971，CA）

Fidelis Furnishings 公司的秘书租赁了汽车，声称用于将顾客送到公司。实际上，他将该车私用。

法院认为：公司应对租车合同负责，因为公司秘书表面上拥有签订这些合同的权力。公司秘书的地位在 21 世纪得到了极大的强化，相比于 19 世纪办公室中的文书角色，承担了更重要的职责。

年度报告：公司秘书必须每年填报的公司当年内务信息。

然而，有些行为不属于公司秘书的职权，包括借入资金、订立交易合同，因为这些行为不属于公司的行政管理职能。

23.3 公司的审计师

2006年的《公司法》重述了这方面的内容，与之前相比没有变化。

23.3.1 委任审计师的义务

一般每家公司都必须在每个财政年度委任一名**审计师**（auditor），但现在私人公司的程序有所变化。公众公司在确定年度账目和报告的财务会议上指定审计师（第489条第2款）。如果公众公司不指定审计师，国务大臣有权指定一名（第490条）。

根据2006年的《公司法》，私人公司没有召开会议的义务，因此私人公司通常必须通过普通决议的方式，在其账目生成28天内指定一名审计师（第485条第2款）。如果没有做到这一点，必须重新指定现有的审计师（第487条第2款），尽管这有可能被其股东阻止（第488条）。

小型私人公司一年以内的营业额不超过560万英镑，可以免除年度审计的要求（第477条）。

审计师必须是一个公认的会计机构的成员。这样的会计机构包括特许公认会计师公会（Institute of Chartered Accountants）及英国特许公认会计师协会（Chartered Association of Certified Accountants）。

根据2004年的《公司（审计调查和社区企业）法案》（Companies（Audit Investigations and Community Enterprise）Act），专业会计监督委员会（Professional Oversight Board for Accountancy）负责监测所有上市公司的审计。

23.3.2 审计师的职能

公司审计师的职能是检查公司账目是否真实地反映出其实际财务状况，并据此给股东提交财务报告。为有效履行这些职责，审计师不仅要在公司内部查阅财务数据，还必须检查公司股票交易和货币处理的程序，以及发生在公司经营过程中的不良行为。

23.3.3 审计师的权力

审计师具有为履行其职能而获取必要信息的巨大权力。他们可以查阅所有的公司账簿和记录，并且可以询问公司的管理人员（第499条）。如果故意或轻率地误导审计师，或对审计师作出重大虚假陈述，会构成犯罪。

审计师：由公司指定的，对公司的账目进行检查，并据此向股东报告的会计师。

23.3.4　审计师的责任

违约

审计师在履行其与公司订立的合同时，必须尽到合理注意义务并具有相应技能。如果不这样做，审计师需要承担违约责任。只有公司有权起诉，因为审计师和个别的股东之间不存在合同的相对性。

侵权

如果审计师没有尽到合理注意义务，或不具有相应技能，可能产生过失侵权责任。这项责任也只针对公司，而并非针对现有或潜在的股东。（参见第 15 章上议院在 Caparo Industries plc v Dickman（1990）案中的判决。）

23.4　内幕交易

所有知晓现在或将来公司证券价值相关的内部消息的人，利用该消息为自己谋取利益，并且没有将此消息透露给其他相关的人，可能构成**内幕交易**（inside dealing）。这是一项刑事犯罪。内部人员包括公司的董事、股东、雇员，以及其他所有因为其职务或专业地位接触到公司相关信息的人。了解到公司即将进行的一项收购会提升公司价值，一名审计师购买了公司的股票，如果该信息并不是公开的，那么该审计师将会构成内幕交易罪。

1980 年以后，内幕交易构成对《公司法》的违反。目前的法律可以在 1993 年的《刑事司法法案》（Criminal Justice Act）第 4 部分找到，该法案是英国为遵守《欧盟指引》（89/92）有关内幕交易的内容而制定的。掌握内幕消息的内部人员参与证券交易，如果该消息会对证券价格造成影响，那么该内部人员的行为即为违法。如果被告能够证明自己在交易时没有获取利益或避免损失的目的，可以被免除相应责任。

2006 年的《公司法》并未对内幕交易设置民事责任，因此公司或自然人股东无权要求返还相应损失或获取损害赔偿。在内部人员是公司董事的情况下，交易获利将归属于公司，因为董事的行为已经违反了其作为董事的义务。目前还没有此类诉讼的报道。

内幕交易：私下使用公司股价的内部信息谋取私人利益。

本章小结

1. 董事

所有的公司必须至少拥有一名董事。

规模较大的公司拥有由一名或多名执行董事以及外部董事组成的董事会。

董事会的工作很大程度上通过公司会议完成，执行董事负责公司的日常运作。

2. 董事的义务

在权力范围内行事。

促进公司目的的实现。

独立判断。

合理注意、拥有技能并勤勉尽职。

避免利益冲突。

不接受第三方的利益。

申报在拟定/现有交易中的利益。

3. 公司和董事之间的交易需要股东批准

签订长期服务合同。

公司和董事/关联人之间的重大资产交易。

给董事提供贷款。

解雇金。

4. 董事的报酬

执行董事：根据服务合同的条款确定。

外部董事：只能由公司章程规定。

5. 取消董事资格

公司破产。

CDDA 1986：例如，欺诈交易、犯公诉罪。

6. 退休

由公司章程规定服务期限。

7. 股东议案罢免董事

生病。

不参加董事会。

课后测验

1. 利嫩是一家纺织公司的董事，他与Bombazine进行接洽，要求后者为纺织公司百年纪念聚会提供餐饮服务。Bombazine为此进行准备，并支出了一定费用，但现在Bombazine被告知利嫩并没有得到董事会的授权，其提案被董事会否决。请问此时Bombazine享有什么权利？

2. 纺织公司出现了严重的财务问题，它对下列人负有哪些义务：

（a）公司债权人；

（b）公司员工。

3. 纺织公司的董事会建议，公司应当聘用Threads公司进行效率问题的研究。Threads最大的股东和总裁是塔费塔；她和科顿是夫妻，科顿是纺织公司的一名董事。科顿并没有提及他们之间的关系。本案的法律情形如何？

4. 纺织公司以下各位董事的法律地位是怎样的？

（a）已经破产的特威德；

（b）已经一年没出席股东会的丹尼姆；

（c）特威斯特由于对公司事务过于忧虑而罹患了抑郁症，他拒绝与其他董事进行交流，在董事会会议上只会默默流泪。

参考答案见书末的附录。

深入阅读

以下判例对于你在本章所学的法律的形成提供了重要的示例。它们是说明诉讼中法律的第一手资料，并且能给你提供更多的事实细节，同时帮助你理解法律，以及了解法官是如何作出决定的。

请尝试在判例汇编中查找这些判例，或者通过数据库获取，例如，Bailli（www.bailii.org/databases.html）。你可以从大学图书馆获取LexisNexis和Westlaw，或者从判例书中找到摘录。

Caparo Industries plc v Dickman［1990］1 All ER 568

Guinness plc v Saunders［1990］2 AC 663

IDC v Cooley［1972］1 WLR 443

Panorama Developments v Fidelis Furnishing Fabrics Ltd［1971］3 WLR 440，CA

网络学习

请登录 www.iod.com，找出董事协会给其成员提供了什么资源。

课后作业

“2006 年的《公司法》对董事义务的改变在实践中几乎没有对公司治理造成什么影响。”请对此说法展开讨论。

第 24 章

公司会议和股东参与

导　言

本章将主要关注公司与股东在会议上的交流问题。公司的日常管理由董事负责，股东通常不会对此施加影响，但是董事要对股东负责。2006 年的《公司法》要求每家公众公司每年召开一次全体大会，必须邀请股东参加，使其了解公司上一年度的经营状况。如果事情紧急，不能等到通过年会加以解决，公司可以召集临时会议。有时，股东也可以提议召集这类会议。在会议上，股东有权发表有关意见并就董事会提出的有关决议进行投票。在特定情况下，特别是董事不想介入的时候，股东自己也可以提出相应决议。

2006 年的《公司法》* 中包含了少数股东在发现董事违反有关义务且不能对其加以控制时可以采取的一些措施。我们将在本章末对此问题加以分析。

学习目标

在完成本章的学习之后，你应该能够：

1. 了解公司股东大会召开的时间和方式。
2. 描述股东大会的具体进程。
3. 了解公司股东通过的不同类型决议之间的区别。
4. 评价法律对少数股东的保护程度。

* 本章中在提及《公司法》的条款时省略了法案名。——译者注

24.1 全体大会

24.1.1 年度股东大会

年度股东大会（annual general meeting）的目的是给予股东向董事就公司年度报告进行质询的机会，并赋予股东就任何会议之前达成的**决议**（resolution）进行投票并选举新董事的权利。

公众公司应当于每年会计结算日（每个会计年度末）起六个月内召开年度股东大会（第 336 条）。这能帮助股东促使董事对年度会计审计报告中出现的问题进行解释。会议的公告期为 21 天。

私人公司不必召开年度股东大会。这一规定充分体现了 2006 年的《公司法》对于“小型化”改革的认可。大部分私人公司都是小型企业，其股东可能只有一位或几位，企业的日常工作也由股东具体负责。年度股东大会对这类企业而言显然没有意义。私人公司如果召开年度股东大会，法律规定需要 14 天的公告期（第 307 条）。

24.1.2 临时股东大会

如果发生紧急事件，不能等到年度股东大会来解决，那么公司会选择召开临时**股东大会**（general meeting）。1985 年的《公司法》将此描述为“临时的全体股东会议”，但 2006 年的《公司法》没有再作此类规定。董事有权召集股东大会可以被写入公司章程，但是法律会在特定情况下为董事规定一些特定义务。除非另有规定，否则此类会议要求 14 天的公告期。

2006 年的《公司法》规定，在下列情况下，公司应当召开临时股东大会。

资本流失严重

公众公司的董事在发现公司资本流失严重时，必须于 28 天内发出会议召集公告（第 656 条）。严重流失是指公司净资产总额下降到股权资本的一半以下。会议必须于公告发布起 56 天内举行。

股东提出召开会议

如果持有实缴股权资本 1/10 及以上的股东提出相关要求，董事必须召集全体股东会议（第 303 条）。召开会议的公告中需要解释召开会议的原因，同时必须向公司注册办公室提交。公告必须由相关股东签字。在送达后 21 天内，董事必须发布会议公告。会议必须于公告发布之日起 28 天内召开。

年度股东大会：受邀全体成员参加的公司年度会议。

决议：由全体成员进行表决的建议。

股东大会：受邀全体成员参加的公司会议。

法院命令召开会议

在无法按照通常方式召开会议或无法依据公司章程召开会议的情况下，董事或股东可以提请法院下令召开会议，并由法院给出具体的日程安排以及参会人员要求（第306条）。这有助于解决二人公司的僵局问题。

退职审计师提出召开会议

因担忧公司财务经营状况而退职的审计师可以提请召开会议，以使股东重新考虑对审计师的辞退决议（第518条）。

24.1.3 会议相关规则

会议公告

公告时长

这具体取决于会议类型和企业性质。股东可以通过协议缩短相关会议期限。公众公司的年度股东大会通常要求21天的公告期，私人公司则只需要14天（第307条）。

任何其他的股东大会只需要14天的公告期。

持有一定比例股份的股东，可以通过协议对公告期限加以缩短。这具体是指拥有公众公司95%股份的股东和私人公司90%（或私人公司章程中规定的其他比例）股份的股东。如果公司没有股份，那么必须由持有95%投票权的所有人同意（第307条）。

公告如何发出：第308条

公告须以下列方式发出：

- 复印件；
- 电子邮件；
- 公司网站；
- 以上方式组合使用。

增加电子和网络通信方式是2006年的《公司法》作出的重要修改之一。只有在所有股东都有相关设备的前提下，要求每位股东必须通过网络或电子方式了解公告内容（第310条）才是合适的。实践中，复印件可能是任何规模的公司最值得依赖的交流渠道。

公告内容：第311条

公告必须包含下列信息：

- 会议的日期、时长及地点；
- 会议的一般情况（日程）。

24.1.4 会议内容

确定会议主席

公司章程通常会规定主席的人选。如果章程没有规定，或原本确定的人员无法出席，那么任何人都可以被提名为主席。通常的人选是董事。主席的职责主要是主持会议，但参会股东的资格必须在会议开始前确定，除非这会影响会议进程。

法定人数

法定人数（quorum）是指使企业会议合法的最低参会人数。这通常由公司章程加以规定；如果章程没有规定，在单一股东公司中，一到两人就可以是符合条件的人数（第 318 条）。

如果直到会议开始前 30 分钟参会人数还没有达到法定要求，那么会议将不能举行。如果在会议期间，参会人数下降到法定人数以下，那么会议必须中止。

决议

决议是供公司股东进行表决的建议。根据 2006 年的《公司法》，相关信息须通过电子邮件或复印件的形式传递给参会人。

决议有三种类型：

1. 普通决议。**普通决议**（ordinary resolution）要求得到简单多数的公司股东的支持。这类决议通常要求增加股权资本或除名董事。

2. 特别决议。75%的主要股东出席并进行投票是**特别决议**（special resolution）生效的必要条件。其内容通常是对章程进行修改或改变公司形式。特别决议通常要求 21 天的公告期。

3. 非常决议。根据 1986 年的《破产法案》（第 84 条），公司可以通过**非常决议**（extraordinary resolution）来实现破产，决议表明公司已无力继续经营。这一决议要求 75%的股东参会，同时要求 14 天的公告期。

需要特别公告的决议

以下决议不能提交股东大会讨论，除非公司在会议开始前 21 天发布**特别公告**（special notice）：

1. 辞退或指定审计师的决议（第 510 条）；

2. 除名董事的决议（第 168 条）。

当公司收到特别公告时，必须采取必要措施通知股东，通常需要召开公告会议。董事或审计师在受到辞退威胁时，必须获得特定公告的复印件，然后可以通过向会议及股东地址邮寄书面材料来进行自我辩护。

避免混淆！特别公告本质上是公告，必须发送给公司而非股东。特别公告与特别决议无关。“特别”表明了要求参与处理决议的多数人的规模（75%）。只有

法定人数：会议开始或继续所必须达到的出席人数。

普通决议：需要简单多数成员通过的决议。

特别决议：需要 75%的主要成员通过的决议。

非常决议：需要 75%的主要成员通过的决议（如开启公司破产程序）。

特别公告：对特定事项进行表决的公告，公告时限为 28 天。

除名董事、指定或辞退审计师时才需要达到普通多数。

通过书面决议

2006年的《公司法》对私人公司和公众公司在通过决议层面进行了区分。私人公司现在需要以书面形式通过大部分决议，公众公司则只能在股东大会上通过决议（第281条）。这一改进的目的在于帮助小企业简化经营流程，并准确反映企业不想过多介入会议的实际需求。公司决议的书面记录是所需的全部资料。但是，**书面决议**（written resolution）并不足以在任期届满之前除名董事或辞退审计师（第288条第2款）。

董事提交的书面决议必须优先发送给所有股东（第291条）。股东也可以提出并转发代表5%（或公司章程规定的其他比例）以上投票权股东提出的书面决议（第292条）。决议需要附一份1 000字的书面解释。除非公司自己负责，否则相关传阅费用由股东负担。

如果公司股东的合理多数在合理时限内通过书面形式交换了有关意见，该书面决议就可以通过。

在股东大会上通过决议

这是公众公司通过决议的唯一途径。股东大会须发布会议公告，决议须发送至各股东，同时投票等程序也应正常进行，只有满足这些条件，决议才能在会上被通过（第301条）。

决议通常由董事提出，但是一定数量的股东也可以提出。

第338条赋予公众公司股东在股东大会上提出决议的权利。如果决议由持有至少5%投票权的股东或由人均支付超过100英镑、总人数超过100人的股东提出，那么公司必须将该决议发送给所有股东。这类行为也不会必然成功，但允许股东与董事会进行公开讨论，有时还会进一步扩大参与讨论的范围（参见章末“网络学习”中的具体例子：特易购年度股东大会对第338条决议的讨论）。

决议事项没有被列入有关信息公告时，该决议可以在股东会议中得到修正。

24.1.5 会议投票

可以通过举手或选票的形式对决议进行投票。举手表决的方式存在一定不足，因为其没有考虑到在对章程中特定的实权人员投票时可能造成股东产生摇摆态度。

股东可以通过投票否定董事会提出的有关决议的方式，来表明对公司政策的否定态度。即便如此，他们也很难真正推翻公司的有关决议，当然，少数票能够表明强烈反对的态度并向董事会发出明确的警告信号，同样可能对公司宣传造成负面影响。（参见下面的“新闻报道”专栏。）

书面决议：私人公司成员在股东大会上以签字而非投票方式通过的书面建议。

新闻报道

股东就英国石油公司在年度股东大会上提出的环境政策进行抗议

2011 年 4 月，英国石油公司召开了年度股东大会，会内会外充斥着对公司环境政策的反对声音，特别是对 2010 年其深海地平线钻井平台爆炸造成的污染及其处理。11 名工人死于事故，同时原油泄漏对墨西哥湾造成了严重的环境污染，并对当地人的生活、渔业以及服务业造成了巨大的经济损失。抗议者包括环保组织成员、墨西哥湾的渔民和妇女，他们聚集起来，在伦敦的卓越大楼外举行抗议集会。一些抗议者被允许进入大楼，但大部分被禁止入内。会上，许多股东表达了对该政策的不满。25%的股东投票表示希望重新选举公司安全委员会成员。同样有 25%的股东投票表示希望罢免负责公司安全、道德及环境保险委员会的高级非执行董事威廉·卡斯尔（William Castell)。还有 7%的股东投票希望罢免公司主席卡尔·亨维克·斯范伯格（Carl Henvic Svanberg)，因为他是处理原油泄漏危机的实际负责人。有 25%的股东投票反对赔偿报告中的有关内容，股东要求禁止给前首席执行官支付 100 万英镑的离职费，同时也反对给公司的金融及改革董事支付相应的红利。

资料来源：Guardian，15 April 2011，www.bbc.co.uk/news；www.telegraph.co.uk.

指定公司代理人

代理人（proxies）不能参与举手表决。章程可以排除代理人参与投票选举主席或中止会议，除非投票满足以下要求之一：

1. 最少五人以上（包括代理人）；
2. 有持有 10%以上投票权的股东；
3. 有持有全部实缴资本 10%以上的股东。

24.2 少数股东的抗议权

董事的决议可能会被大多数持反对意见的股东成功推翻，但如果董事本身也是大股东，就会产生一定问题，因为这会使他们在股东大会上通过那些小股东不同意的决议。

因此，股东可以提起**派生诉讼**（derivative action）来保护公司利益。

24.2.1 普通法的方式：Foss v Harbottle 规则

法院通常不倾向支持小股东，即使公司利益确实遭受了损害。Foss v Harbottle 规则表明，由于只有唯一的受害方有权起诉，因此单一股东无权基于公司利益起诉。而且，法院不会干涉公司在正当权限之内独立经营管理的权利。但这一规则存在以下三种例外，在这三种情况下，独立股东可以向法院提起相应的

代理人：为了股东利益代表其参加股东大会并进行投票的人。
派生诉讼：由少数股东提出的，针对董事损害公司利益的不当行为的诉讼。

诉讼：

1. 董事作出了违法或越权决定；

2. 董事有欺诈行为；

3. 董事违反章程规定的有关程序。

1998年法律委员会的报告（股东救济，第246号）对此规则提出了批评，认为其“复杂且缺乏灵活性”，同时认为有一些情形没有被包括在欺诈的范围之内，因此导致在发生这类情况时，无法给股东提供保护。目前，2006年的《公司法》已经对此进行了相应修订。

24.2.2 成文法对少数股东权利的保护

2006年的《公司法》第260条第1款实际上废止了 Foss v Harbottle 规则。该条款规定，派生诉讼是法律规定的公司股东可以采取的唯一程序。

具体有两种程序：

1. 2006年的《公司法》第11章第260～第264条规定的程序，是最新的规定；

2. 第994条规定的程序，该条款取代了1985年的《公司法》第459条。

第11章规定的程序

第260条规定，股东在董事“实际或打算为或不为一定行为进而引发过失、违约或者违反股东授信及其他义务等情况下”，可以对其提起诉讼。过失行为的起诉原因与普通法相比相应扩大。

两级程序在庭审诉讼之前都需要经过谈判。股东必须获得许可：

1. 提起诉讼（第261条）。除非有明显的证据，否则起诉会被立刻驳回。在这一阶段，只会对申请人提出的证据进行质证。

2. 继续诉讼（第262条）。只有双方证据都能满足法院要求，诉讼才能继续。

在决定是否允许诉讼时，法院必须考虑（第263条）股东是否基于善意提起诉讼或其诉讼是否有利于公司，而不是有利于股东个人。如果股东是授权他人或为了满足相关要求对问题行为进行了修正，那么诉讼不能继续。例如，第239条要求董事的过失、违约或违反董事义务等行为可以被公司股东的普通决议所修正。

2006年的《公司法》修正了这一领域的有关规定，在实质上促进了股东的诉讼。一些董事提出，由于新程序的引入加上其他在有关义务的判决中必须被考虑的因素，使得他们现在很容易被起诉。

值得思考

你认为2006年的《公司法》是否很好地平衡了董事与小股东之间的权益？2006年的《公司法》第11章是如何对董事进行保护的？

参考答案见书末的附录。

股东基于不公平损害向法院起诉的权利：第 994 条

本条规定与 1985 年的《公司法》相关规定没有任何区别。

不公平损害（unfair prejudice）是董事会的运作原则；即使董事没有故意或恶意行为，不公平损害也可能存在，但是判决也可能不公平地影响少数股东的利益。

要根据第 994 条提起诉讼，必须满足以下条件：

1. 起诉人是公司股东；

2. 起诉人有证据证明公司之前的行为不公平地损害了股东利益，或至少损害了起诉人自己的利益。

3. 起诉人有证据证明公司的积极行为或消极行为构成了不公平损害（与上述第 2 条的描述一样）。

无论不公平损害是否真实发生，法院都要依据个案的特定事实进行判断。可能出现董事并不存在恶意或过失的情况。起诉人在没有受到损失的情况下，也可能胜诉；但是大部分的起诉还是与起诉人是否被公平对待有关。

起诉人在起诉原因上有以下共同点：

- 起诉人被排除出管理层，在股东同时担任董事的小公司里，很容易通过投票把某人排除出董事会；
- 没有对股东出示账簿；
- 削减投票权；
- 并购公告及相关信息不全面。

根据《公司法》第 996 条，原告起诉成功后，法院必须采取措施减小当事人的损失，具体包括：

1. 发布针对公司管理的一些规定和限制；

2. 发布要求公司购买少数股东股份的命令；

3. 修订公司章程，且规定之后只能由法院继续对其加以修改。

下列案件对于第 994 条的适用提供了很好的例子。

Kohli v Lit and Others (2009)

科利女士是 Sunrise 广播公司的小股东。她向法院提出申请，要求法院命令作为大股东的董事购买自己持有的股份，因为依据 2006 年的《公司法》第 994 条，董事们的行为对自己构成了不公平损害。

作为被告的董事有以下行为：

1. 对自己拥有利益的另外一家公司以票面价值发行了股票；

2. 没有披露公司有关账簿；

3. 迟延填报公司会计账簿和年审报告；

4. 在没有征得股东同意的情况下，将公司资产卖给一位董事。

法院认为：折价的股票销售违反了忠实义务，由于被告没有获得真实和更高的股价，因此也就未能提升公司或其股东的利益。尽管没有披露赔偿信息这一行为并非出于故意，但不可靠的会计账簿也会严重影响科利女士对公司董事会的信任，使她不可能再信任公司。尽管会计报表由会计师准备，但董事会依然对其负有责任。第 2、第 3 和第 4 种行为联系在一起，很明显地证明了科利女士遭受了不公平损害，并使她无法忍受继续成为 Sunrise 公司的股东。因此，公司必须全价收购其持有的股份。

不公平损害：公司经营不公平地影响到少数股东的利益。

此类命令曾经被小型私人公司的少数股东成功使用，但是这一程序很难帮助大型公众公司的股东，因为他们在实践中通常并不掌握太大的权力。

股东要求商业、革新与技术部对公司进行干预的权力

如果怀疑公司严重滥用自身权力，股东可以提请商业、革新与技术部进行调查。相关成文法规定（并未被 2006 年的《公司法》废止）如下：

1. 依据 1985 年的《公司法》第 431 条，至少 200 名少数股东或持股 1/10 的股东可以提请国务大臣开展调查；

2. 根据 1985 年的《公司法》第 432 条，国务大臣可以在任何表明公司股东没有获得有关信息，并有证据证明公司实施了针对股东的欺诈及其他违法行为的情况下，启动调查程序。

2004 年的《公司（审计、调查及社区企业）法案》（Companies（Audit，Investigations and Community Enterprise）Act）第 21～第 24 条，赋予国务大臣极大的调查权，包括对文件进行查阅、正式问询以及进入企业经营场所的权力：

1. 根据 1986 年的《破产法案》第 124 条 A 款，国务大臣可以根据调查结果，要求公司基于公平原因破产。

2. 根据 2006 年的《公司法》第 995 条，如果调查人员报告有足够证据证明存在针对股东的不公平损害，国务大臣可以提出申请，由法院依据第 994 条发出要求公司破产的命令。

生活实例

霍勒斯是“斯莫维尔流浪者”俱乐部的股东，最近他参加了俱乐部组织的股东大会，对因为不当行为而免除塞西尔董事的决议进行投票。但遗憾的是，塞西尔利用他的影响力组织了足够多的股东来反对。力推罢免决议的股东不甘心被击败，他们提出利用第 11 章规定的程序来采取措施。由于并不缺乏相关证据，因此起诉很可能最终胜诉。股东可以依据公司利益而提起诉讼。塞西尔的行为很可能导致公司声誉受损，并毫无疑问会对公众造成不良影响。这一消息被《西莫维尔号角报》首先报道，随后被其他全国性报纸的体育和商业版转载。但是，如果作为董事的塞西尔修正了自己的行为，那么针对他的起诉将不被允许。考虑到他已经成功对抗了针对自己的免职决议，关于修正行为的决议似乎也很可能成功。

如果有足够多的股东的支持，他们可以要求商业、革新与技术部展开相关调查。这可能最终导致公司破产。

本章小结

1. 股东大会

公司股东受邀参加大会并对事先已经传阅的决议进行讨论和投票。

公众公司必须召开年度股东大会。其他股东大会可以在股东投票认定的紧急情况下召开。所有决议必须经由股东大会通过。

依据 2006 年的《公司法》，私人公司在举行各类股东大会的问题上有较大的自由度，可以通过书面决议的方式来替代股东大会。

会议公告：

公众公司年度股东大会：21 天。

私人公司年度股东大会：14 天。

其他股东大会：14 天。

2006 年的《公司法》增加了以电子邮件和公司网站及其他交流方式发布公告的内容。

2. 法定人数

在公司采取有效的商业行为之前，股东会议必须至少有两名股东出席（如果公司只有一名股东，则该股东必须参加）。

在会议上对决议进行投票：

决议只能经多数股东投票通过。

一些决议需要特别公告（21 天）。

普通决议：仅要求简单多数通过，并适用于大多数企业的行为。

特别决议：要求 75%的大多数通过，并适用于部分企业的行为。

非常决议：如果要根据 1986 年的《破产法案》启动破产程序，则要求 75%的大多数股东投票认可。

股东代表人可以由股东基于自身利益进行指定并代替其履行投票义务，同时接受其指导。

书面决议：只对私人公司有效。特定企业不能通过本方式实施特定行为，如，在任期届满之前除名董事。

3. 保护少数股东利益

普通法程序；

Foss v Harbottle 案的例外规定被有效废止。

4. 三种成文法程序

根据 2006 年的《公司法》第 11 章规定的程序：法院对股东提起诉讼和继续诉讼作出许可。

第 994 条：不公平损害起诉。

根据 1985 年的《公司法》，商业、革新与技术部拥有调查权。

课后测验

1. 什么是公司股东大会？

2. 在何种情况下，2006 年的《公司法》要求公司董事召集股东大会？

3. 蒂坦是 Atlantis 公司的审计师，刚被 Medusa 公司撤销了总经理的职务。在 Medusa 公司的命令生效前，必须履行何种程序？

4. 下列情形下，Vulcan 公司的股东拥有何种权利？

(a) 布鲁希尔德对公司变更为公众公司的决定不满。

(b) 西格弗瑞德认为公司董事正在进行欺诈交易。

5. 股东“派生”诉讼的具体含义是什么？

参考答案见书末的附录。

网络学习

请登录 www.business-humanrights.org，点击“Ben Birnberg”找到特易购 2007 年度股东大会关于公平交易的第 338 号决议。然后登录 www.independent.co.uk，点击“Whittingstall Tesco AGM”看一下关于农场家禽的“Hugh Fearnley-Whittingstall”决议的投票结果。

课后作业

“尽管近年来的法律进行了部分修订，但是少数股东的利益依然没有得到充分的保护。”请对此展开讨论。

第Ⅵ编 知识产权法的一般原则

General principles of intellectual property law

第 25 章

成文法中的知识产权保护：著作权、外观设计、专利和商标

导　言

法律赋予的权利，不仅针对有形财产，例如汽车这种可以进行物理控制的货物，而且针对无形的财产，即不是通过体力劳动而是通过脑力劳动获得的劳动成果。这被称为知识产权，同时受到成文法和普通法的保护。

脑力劳动在撰写书籍、拍摄电影、创作音乐以及发明高效捕鼠器中十分常见。这就与采用原有的经营策略，或对产品使用新包装和商标，取得好的经营业绩一样重要。本章将对成文法中的知识产权保护进行研究，具体包括著作权、专利和注册商标。

学习目标

在完成本章的学习之后，你应该能够：

1. 理解受到成文法保护的不同类型的知识产权的性质。
2. 描述著作权保护的范围。
3. 解释外观设计、专利和商标的注册过程。
4. 了解违反法定知识产权的法律后果。

25.1 知识产权法的成文法规制

图 25—1 显示了成文法中的知识产权。

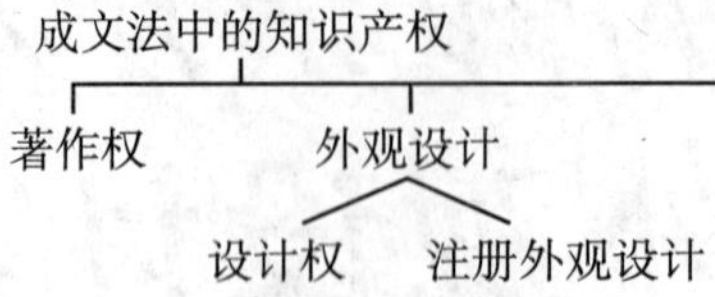

图 25—1 成文法中的知识产权

25.1.1 著作权

著作权（copyright）受 1988 年的《著作权、外观设计和专利法案》（Copyright，Designs and Patents Act，CDPA 1998）的规制。著作权的范围非常宽泛，包括（第 1 条）：

- 原创的文学、戏剧、音乐和艺术作品；
- 录音、电影、电视和电台广播及有线节目；
- 已经公开发表和出版的作品。

法律或法院对相关术语给出了定义。

1. 原创性：第 2 条。这意味着“不抄袭”，而非“独一无二”。独创性问题涉及的是想法的表达方式，而不是思想本身。同时它还要考虑完成作品的独立程度和付出的努力。一位名人可能是很多传记的主题。出现在第一部传记中的信息并不会成为该作者的专有财产，而是可以出现在之后的不同作者的作品中。最初的作者对“作品的载体”（文字的形式或使用的其他表达方式）享有权利，但对于其作品传达的信息不享有相关权利。通常可以很容易获得的知识可能因为其呈现形式而变得具有“原创性”。例如，在 McMillan & Co. v Cooper（1923）案中，法院认为一条街头指南具有著作权意义上的原创性。

2. 文学性：第 3 条。这并不像听起来的那么庄重，包括所有以有形的形式记录下来的书面、口头或演唱内容（而不仅仅包括戏剧或音乐作品），还包括表格、汇编、计算机程序及其原始设计。任何形式的书面材料，包括信件、客户名单、报告和商业计划，都可能受到著作权的保护。因此，在有限范围内著作权可以对隐私进行保护。

查尔斯王子成功地运用著作权，阻止了他在海外旅行时记录其看法和情感的日记被出版（HRH Prince of Wales v Associated Newspapers Ltd（2007）案）。

3. 艺术性：第 4 条。其范围也十分广泛，不仅包括“艺术工艺品”，例如雕塑和绘画、纺织图案和服装设计，而且包括更多普通的主体，统计图表、地图、计划、曲线图表和分布图表都受到著作权保护。此外，还包括建筑物和建筑物的模型。

著作权：用来保护原创文学/艺术/戏剧作品有形载体的所有权。

著作权保护的对象，并不是存在于创作者脑中的创意或构思；必须具有一定的载体，比如书、电影、录音带、文稿或乐谱。在形成相应的文本之前，如果你将商业计划告知他人，或为他人演唱一段你创作的旋律，他们盗窃你的创意，将违反保密协议（见第 26 章），但他们不构成对著作权的侵犯。

根据该法案第二部分，表演者对其作品享有类似于著作权所有人的权利。在流行音乐会上私自演唱歌曲，将会同时侵犯歌曲的著作权和乐队成员的邻接权。

著作权的获得：第 154～第 158 条

不存在正式的程序。只要符合 CDPA 1988 确立的标准，著作权就自动获得。

如果一个作品和英国有足够的联系，那么在英国受到著作权的保护。足够的联系包括：作者是英国公民，作者定居或居住在英国，该作品在英国首次出版。在该作品创作或出版的其他实施该法案的国家，著作权也受到保护。这包括和英国有著作权互惠联系的其他国家。

著作权的期限：第 12～第 15 条

著作权的期限长短取决于该作品的类型。文学、戏剧、音乐或艺术作品的著作权期限为作者去世之日起 70 年。电影的著作权期限是从下列人员去世之日起 70 年——导演、编剧、音乐作曲人。广播和有线电视节目的著作权期限则是从其首播开始 50 年。录音的著作权期限是从其发行之日起 50 年。

皇家版权：第 163 条

公务员和其他皇家雇员创作作品的著作权，属于王室，持续 125 年。

著作权的归属：第 9～第 11 条

一般情况下，作品的作者（创作人）是著作权的所有权人。然而，如果是雇员在受聘用的过程中创作的作品，著作权属于雇主。雇佣的过程可以被解释得很宽泛，甚至包括雇员在闲暇时间创作的并没有明示或暗示将作为雇主财产的相关作品，只要与雇员的工作相关即可。

著作权可以与其他类型的财产一样被转让。所有权人可以通过出售、赠与或遗赠等方式对其进行处分。著作权也可以通过法律的实施进行转移：如果所有权人破产，其将成为用以抵偿所有权人所欠债务的清算财产的一部分。

照片和电影的委托人的权利：第 85 条

这与所有经营摄影或视频制作业务的人员相关。摄影师或电影制片人是照片或电影的著作权所有权人，但是在未经委托人同意的情况下，该作品不得公开发表。这仅仅保护了委托人的内部使用。

Williams v Settle（1960）

原告委托的婚纱摄影中包括她父亲的照片。原告的父亲之后被杀害，被告摄影师将照片的副本出售给媒体。

法院认为：被告的行为侵犯了原告的道德权利，因为被告在未经原告允许的情况下，将原告委托其拍摄的照片出售。

一个并非被邀请拍摄的人成了照片中的主角（例如，一名街头摄影师），根据该法案，他不具有道德权利，因为该作品并非受到其委托而创作。

值得思考

如果有人没受到委托就拍摄了你的照片，你在法律上是否享有权利？
参考答案见书末的附录。

著作权所有权人的权利

著作权所有权人享有排他的复制、修改和公开作品的权利。

对著作权的侵犯

第三方未经法定授权，行使专属于著作权所有权人的排他性权利，构成对知识产权的直接侵犯（第17～第21条）。至于其是否出于私人目的使用以及从中谋利，与是否构成对著作权的侵犯无关。毫无疑问，成千上万的此类侵权行为每天都在发生，因为很多人都在拷贝光盘，或者从他们朋友的电脑中“偷取”软件。他们不太可能被起诉。然而，在公共场所使用著作权载体则需要更加谨慎：例如，用于抚慰（或鼓动）客户的商业背景音乐。

对著作权的间接侵犯（第22～第26条）发生在将著作权用于商业开发的场合，其中包括对侵权载体的销售和进口。

CDPA 1988提供了一些有限的抗辩（第29～第40条）。当存在抗辩时，使用著作权载体不构成侵权。例如，出于研究和个人学习的目的进行复制，为了批判特定观点而进行有限的引用，以及用于时事节目。图书馆和教育机构还可以享受一些有限的保护。

许可

著作权所有权人，或者表演权利协会（Performing Rights Society）之类的组织，可以授权特定人从事一些行为，这些行为如果没有获得授权将构成对著作权的侵犯。被许可人可能会被要求支付一定的费用以获得这一许可。想要使用光盘或磁带上背景音乐的厂商，需要向表演权利协会申请许可。

如果著作权所有权人不合理地拒绝许可，他们可能会被国务大臣勒令强制授予许可。例如，当公共利益受到损害时，垄断与兼并委员会（Monopolies and Mergers Commission）将提出强制授予许可的建议（第144条）。

制裁

当著作权受到侵犯时，所有权人可以提起民事诉讼（第96条）。如果被告应当合理地知道著作权的存在，许多间接侵权（包括前文提到的）也会导致刑事责任（第107条）。

表演和记录的权利

如前文所述，一首音乐作品的创作人受到著作权的保护。CDPA 1988的第二部分、1996 年的《著作权及相关权利条例》（Copyright and Related Rights Regulations）也同样保护表演者和唱片公司的权利。如果一场摇滚音乐会未经许可使用音乐作品，这一侵权行为将同时侵犯表演者及唱片公司的合法权利。非法复制现有的音乐作品也构成对这项权利的侵犯。

著作权和互联网用户

每一个接触互联网的人都应当注意著作权问题。如果你下载或复制在网上找到的材料，可能会侵犯作者的著作权，或者他人的表演和记录的权利。如果你是一个网站的所有权人，只要网站的设计和网站上的资料都是你原创的，那么你将对其享有著作权，但如果你未经他人许可，将他人的资料放在你的网站上，将侵犯他人的权利。如果不能证明采取了合理措施检测互联网上的内容，互联网服务提供商也可能构成对著作权的侵犯。

英国通过实施 2003 年的《著作权及相关权利条例》，引入了一项《欧盟指引》（2001/29/EC）。其目的是协调作者在电子商务和信息领域享有的基本权利。这些条例的详情不在本书的介绍范围之内。

25.1.2 对外观设计人的保护：外观设计权和注册外观设计

外观设计权（design right）自动产生于所有具有足够原创性的设计，并且享有和著作权类似的保护（CDPA 1988 第三部分规定）。美观和创新的设计也可以根据 1949 年的《注册外观设计法案》（Registered Designs Act，RDA）进行注册。注册的所有权人获得外观设计的垄断使用权，这一点和专利相似。

外观设计权

外观设计的作者获得该设计的著作权，但这项权利仅针对复制性侵权（非法复制并将其出版）。外观设计的所有权，使得所有权人有权控制该外观设计出于生产目的的使用。未经所有权人同意，任何其他人不得制造使用该外观设计的产品。

外观设计受到保护的产品种类十分广泛。一些根据 1949 年的《注册外观设计法案》有资格注册，另一些可能有资格作为美术工艺品受到著作权的保护。当该外观设计存在其他权利时，所有权人可以更多地依赖著作权，而非受到较多限制的外观设计权。

该法案隐含的意图是给有可能大量生产产品的极具原创性的外观设计提供有限的保护。这类产品大多是功能性的，而并非要在视觉上具有吸引力，其中大部分为日常使用的产品。这一对设计权的限制旨在阻止对工业发展的不当限制。有些工业设计的领域发展得非常快，但如果改良是对原有设计权的侵犯，将会导致发展停滞。另外，对其他设计者的创造性技能进行不合理的限制也是不公平的。

CDPA 1988 第 213 条第 2 款给出了“外观设计”的定义，即“一个产品部

外观设计权：用来保护一个三维立体的产品除表面装饰以外的原创设计的所有权。

分或整体、形状或结构（内部或外部）的设计”。外观设计只涉及针对三维物品的设计，因此，表面装饰的设计不受外观设计权的保护，但可能受到著作权的保护。外观设计必须具有原创性。原创性是指在当时相关的设计领域“不普遍”（第213条第4款）。与著作权中的原创性要求相比，这被解释得更加严格，但外观设计也不要求具有唯一性。

只有被记录在一个外观设计的相关文本中，或已经根据该设计制造出产品，该权利才存在（第213条第6款）。与著作权一样，它不保护想法。该设计也可以通过电脑完成。

只要不是在雇佣过程中或受委托创作的外观设计，设计人就是其第一所有权人（第215条）。而如果是受雇佣或受委托的情况，雇主或委托人是第一所有权人。

外观设计权的有效期限是，从该设计被有形地创作出来起，最多长达15年。如果根据该设计生产的商品在五年内进入市场，那么外观设计权的期限是从销售之日起10年（第216条）。

外观设计权的取得与著作权一样（第217～第220条）。它是所有权人的私有财产，可以被出售、赠与或按照其遗嘱处置，或者直接由法律进行规制（第222条）。所有权人享有将该设计用于商业目的的专有权利，可以通过生产该设计的文案，或通过生产该设计的产品以实现商业目的（第226条）。

第226～第227条规定的是与著作权一样的侵权行为。侵权行为仅产生民事责任（第229条），外观设计权所有权人的救济和著作权所有权人相同。

所有权人可以授予第三方独家使用该设计的权利（第222条）。在设计权有效期的最后五年，任何人都有权获得许可（第237条）。如果基于公共利益考虑，为了防止对竞争的不合理限制，许可可以被强制授予（第238条）。王室在没有获得许可的情况下，可以使用该设计生产保障国防安全和医疗服务的产品，但可能需要向外观设计权所有权人支付利润损失的赔偿金（第240条、第243条）。

注册外观设计

经2001年的《注册外观设计条例》（Registered Designs Regulations）、2001年的《注册外观设计（修订）规则》（Registered Designs（Amendment）Rules）、和《注册外观设计（费用）修订规则》（Registered Designs（Fees）Amendment Rules）修订，1949年的《注册外观设计法案》规定有些外观设计有资格进行注册。这些修订对于实施《外观设计指引》（Designs Directive）（98/71/EC）来说是必要的，其目的在于协调欧盟的立法和英国国内立法，以消除可能给贸易造成不利影响的立法差别。这一法律在2001年开始实施，扩大了外观设计权的范围，使得权利的行使更加灵活。

注册外观设计（Registered design）权利的产生与产品的生产密切相关，包括形状、图案或表面的设计。与专利不同，注册外观设计的核心并非产品的功能。满足注册条件的外观设计，必须与特定的产品相关联，根据1949年的《注册外观设计法案》第1条，该产品必须具有“新颖”以及“个性化”的特征。

注册外观设计：有个性、可能进行工业生产或作为手工艺品的三维产品的原创设计。

（1）设计。指产品的全部或部分外观，包括“线条、轮廓、颜色、形状、结构、材料或其装饰”。要成为注册外观设计，必须是使用人在使用该产品时可见的。

（2）产品。包括所有的“工业或手工制品”，但不包括电脑程序。包括的三维产品有灯具、家具门、过滤水壶等，二维产品有墙纸、地毯、服装面料等。

（3）新颖。该设计必须和现有的已“公开”的设计有重大区别。与旧法要求的“实质性差异”相比，新法对设计人的要求相对宽松。“公开”是指该产品目前已经在市场上销售，而不是陈列在博物馆内。

（4）个性。产品使用人对于该外观设计的整体印象，必须和任何类似的公开可用的设计不同。根据旧法，还有“吸引眼球”的要求，即外观设计必须是美观的。虽然这与确定个性是否存在具有很大的关联，但不再是决定性因素。对于配件领域的保护还非常有限。

其他产品组件的外观设计只要满足上述标准，就可以注册。欧盟的指引在这个问题上存在很大的争议，其成员国也无法在实践中达成一致。目前指引的这一部分已经暂停实施，因而英国保留目前的立法。配件的外观设计，应当被认定为可以独立存在的产品。该产品不得依赖其他产品的形状和结构而存在。这一规定旨在防止设计领域出现不合理的发展障碍；同时防止零配件设计人员获得垄断权力（Ford Motor Co. Ltd and Iveco Fiat SpA's Design Application（1993）案）。在 Ford Motor Co. Ltd 案中，汽车门、汽车顶、开机盖和挡风玻璃的设计都被法院排除在注册外观设计之外。

一般来说，设计人就是所有权人，但是在雇佣过程中或接受委托的情况下，外观设计的所有权分别属于雇主或委托人（第 2 条）。只有所有权人可以申请注册，不要求其具有英国公民或居民身份。申请材料应被提交至专利局的一个分支机构——外观设计注册处。由于程序比较复杂，因而外观设计权的所有权人可以通过代理机构完成注册。

注册处在确定外观设计是新颖的，并且满足了其他法定标准的情况下，予以注册。有可能要求申请人对设计进行修改。注册通常需要 6 个月，但必须在提交申请之日起 15 个月以内完成。注册需要交纳一定的费用，目前是 60 英镑。

一项注册外观设计的最初注册期限是 5 年，从注册之日起计算。可以在到期之日继续支付一定的费用，将注册外观设计再延期 5 年（第 8 条）。大多数外观设计经过 6～10 年就会因为时尚或技术的变化过时，因而对注册外观设计的延期申请通常不会超过一次。

一项注册外观设计的所有权人具有对该外观设计进行商业开发的专有权利（第 7 条）：所有权人有权制造、进口、销售或租赁使用该设计的产品。根据外观设计制作的产品，应当与其注册的数量相适应。这是对注册外观设计的要求。未经注册将会给侵权人提供一项抗辩，即他们可以主张不知道该外观设计已经被注册，因而实施了该侵权行为。除非所有权人授予一项许可，否则所有其他人运用该外观设计都将构成侵权。所有权人可以运用民事诉讼程序寻求救济。

所有权人可以授予他人使用注册外观设计的权利。为了防止对外观设计发展和开发的不合理限制，如果所有权人在注册了该外观设计权之后未对其进行开发，注册处有权发出强制性许可（第 10 条）。如果所有权人过度限制许可的发放，注册处也可以根据垄断与兼并委员会的建议，发出强制命令（第 11 条 A 款）。

根据该法案附表 1，王室有权使用注册外观设计，这与外观设计权相类似。

伪造外观设计的登记是一项刑事犯罪（第 34 条）。根据第 35 条，谎称一项外观设计已经注册也属于违法行为。

25.1.3 专利

专利（patent）由 1977 年的《专利法案》（Patents Act，PA 1977）规制，后经 2004 年的《专利法案》（PA 2004）修订（除非有相反的规定，否则进一步的解释参考 PA 1977）。专利经过注册，使发明者对该专利的开发获得垄断性的权利。发明可以是一个装置（例如，捕鼠器、电动开瓶器或者太阳能供暖系统），也可以是一道工艺（例如，制作玻璃或防水织物）。发明可以在各领域存在。

注册专利的标准被严格规定如下（第 1～第 4 条）：

1. 该发明必须是新颖的。它必须不是英国或其他地区现有技术的一部分（第 2 条）。这实际上意味着只有发明者以及与其关系密切的人知晓，并且该信息必须是保密的。信息公开在诸如在商业或学术期刊以及其他地方，将会把发明置于公共领域。与此相类似，如果该发明已经在工业上应用，就丧失了新颖性。一旦一项没有申请专利的发明成为国家技术的一部分，他人就可以对其进行开发；授予他人专利的行为，可能对公共利益产生影响，因为这给技术的发展增加了阻碍。

2. 必须是一个发明性的步骤。这就将发明界定为并非该行业常见的技术。它必须包含原创性的想法，并能代表相关行业的新发展。发明可能看似非常简单，但解决了一个存在了很长时间的问题。这甚至可能让一个外行人说："为什么我没有想到呢？"

Parks-Cramer Co. v Thornton ltd（1966，CA）

该发明是一种吸尘器，有一根长直导管，使其可以对固定机械之间的狭窄空间进行清洁，这一发明被认为具有原创性。它解决了困扰纺织行业多年的难题。

3. 必须能够在工业上应用。该发明或工艺必须可以在工业（包括农业）条件下生产或使用。植物和动物的品种，以及用于生产和培育动植物的生物学方法都不能被授予专利。微生物领域的工艺及其产品可以被授予专利，其中包括基因工程工艺。

有些发明不予以注册，例如，那些鼓励"攻击性、不道德和反社会的行为"。当下的价值观决定了什么是适当的，但毫无疑问，巧妙的刑具和性玩具会被排除在外。公共政策也对此起到很大的作用。2004 年的《专利法案》第 1 条规定，手术或治疗方法的发明不被授予专利。考虑到国家医疗服务体系对成本的控制，这种方法的注册不符合公共利益。

专利：用来保护一个具有原创性的产品或工艺的所有权。

特定的事物不能被认定为 1977 年法案意义上的“发明”，其中包括电脑程序和文学作品，它们属于著作权的保护范畴。科学发现和理论也不符合规定，因为不能直接在工业上应用。

生活实例

霍勒斯是一家名为“Hamelin”的小型私人公司的股东，Hamelin 公司销售的捕鼠器是由西里尔发明的并且成功申请了专利。

该捕鼠器非常巧妙，其主体是一个塑料盒子，该盒子发出红外线光束。一旦一只老鼠进入红外线的辐射区域，就会引发塑料盒子中的小型光盘播放机开始播放一段老鼠听到后无法抗拒的旋律。老鼠被吸引进盒子，就在它进入盒子的一刹那，一个小但有力的锤子迅速敲击其头部。之后该老鼠会被干净地移走，捕鼠器的里衬可以更换。

西里尔在专利代理人的帮助下，告知专利登记部门这项发明达到了注册的标准。幸运的是，由于他行动非常迅速，直到申请专利之后才公开相关信息。他试图将其推向市场，因而这是一项新的发明。它具有“创造性”，因为这在虫害控制领域是一个原创性的概念。最终它可以进行大量生产，因而满足“工业应用”的要求。

注册专利的权利

发明人有权申请该发明的专利权。如果该发明是雇员在受雇佣的过程中按照雇主普通或特定的指令以及履行相应职责而发明的，那么这项权利属于雇主（第 39 条）。雇主可以通过在雇佣合同中规定特定的条款，主张雇员的发明所有权归雇主所有。但如果雇员的义务并不涉及发明行为，那么这一条款无效。

Electrolux v Hudson (1977)

赫德森夫妇在家中利用业余时间发明了一种适配器，使得所有品牌的使用一次性塑料袋的吸尘器都可以使用任一品牌的真空包装袋。赫德森先生在 Electrolux 担任仓库保管员，Electrolux 企图主张该发明的所有权。

法院认为：该发明属于赫德森夫妇所有。赫德森先生的工作本质上不包括创造性行为。

发明人（通常是雇主）有权在专利申请中要求以他人的名字命名该专利（第 13 条）。

如果该发明的专利给雇主带来“巨大的利润”，那么雇员有权获得一定的补偿（第 40 条）。PA 2004 第 10 条将雇员获得补偿的范围扩大。在 2004 年之前，“巨额的利润”仅指与专利相关的收益，例如被授权的特许权使用费，而不包括专利本身的转让费。然而，专利所有权人可以自己使用该发明进行生产，从中获取利润。依据 PA 2004，以上情况在计算雇员应得的补偿时均应予以考虑。如果雇主不主动提供补偿，专利局或法院可以发布赔偿的法令。下面的“新闻报道”专栏说明了第 40 条是如何运用的。

新闻报道

根据第40条首次报道的赔偿：Kelly and Another v GE Healthcare（2009）

凯利和基乌是GE Healthcare的员工，他们是一种非常成功的心肌显像剂的共同发明者，其雇主申请了该发明的专利。以Myoview为产品名推向市场后，该产品的销售额估计超过130万英镑，占GE Healthcare利润的大部分。弗洛伊德法官认为，该发明给公司带来了“巨大的利润”，因为其使公司免于制药的竞争，并且在交易中创造了巨额的利润。法院认为，“该利润已经远远超出了一般要求雇员从事的工作的范畴”，基于专利的估价为50万英镑，判给凯利和基乌的赔偿分别100万英镑和50万英镑。

注册程序：第14～第19条

这是一个漫长而复杂的过程。申请人通常会聘请一个专利代理人。该过程中的不同阶段都有一定的时限。除非严格遵守这些时间限制并缴纳必要的费用，否则申请会被驳回。下面以主要功能为依据对整个过程进行简要介绍：

1. 申请。专利申请人必须按照所要求的形式，向专利局提出申请，并且提交发明的完整说明。这一说明必须包含充分的信息，以使在相关领域具有合理技能的人能够制造该产品或实施该工艺。这可能涉及冗长的书面说明和必要的图纸。发明人必须能指出该发明想要实现的特定目的。说明不能太宽泛，否则将被驳回或被要求修正。某些设备和工艺拥有很大的潜在市场，但是专利在授予时可能不会覆盖所有的领域。有的发明尽管尚未使用，但在技术人员的眼中有很大的价值，如果允许发明者垄断其开发，将不符合公共利益。

2. 调查和公示。一旦收到申请，专利局将进行初步的检查和调查，并且在其杂志上对该申请进行公示。这将导致两个后果：

（a）已被公布的发明成为当前行业技术的一部分；之后申请类似的专利将不满足新颖性的要求。一旦申请失败将不能重新提交。

（b）注册申请人有权针对发生在公示日期之后的侵权行为提起诉讼。

3. 实质审查和注册。此时将对专利说明进行全面审查，并对调查结果和自公开之日收到的所有其他信息进行最终检查。可能需要申请人做进一步修订。只要该发明依然符合注册的标准，将授予其专利。此项通知将刊登在专利杂志上。

专利期限

专利权的期限长达20年。之后可以支付费用延期。

所有权

专利是所有权人的个人财产权，并且可以通过法律的实施以及根据所有权人的选择进行处分，例如出售或赠与。专利也可以进行抵押担保（第30条）。

侵权

根据PA 1977，保护十分宽泛：没有获得专利所有权人同意的许多行为都是可诉的。侵权行为包括制造获得专利的产品和使用获得专利的工艺；将侵权的产品进口到英国境内也构成对专利权的侵犯（第 60 条）。专利所有权人可以针对侵权行为提起民事诉讼。

侵权行为的抗辩包括对产品和工艺的非商业性使用，以及出于测试目的的科学调查。

许可

专利所有权人可以授权他们选择的任何人使用该专利。雇主可以要求专利局在注册时表明专利是可以作为权利进行许可的（第 46 条），如果所有权人自己还没有取得成功的营销许可证，这可能对他们有所帮助。

三年后，无论该专利是否被使用，或者相关产品是否达到要求，专利局都可以授予许可（第 48 条）。当与国防、医疗以及核能政策相关时，政府部门可以许可王室对于特定专利进行广泛开发（第 55 条）。

刑事责任

根据第 109～第 113 条，伪造注册证明、谎称具有专利或申请了专利，都构成犯罪。

25.1.4　商标

商标的作用

注册**商标**（trade mark）是一种营销策略，以便提供者的商品和服务能够被其潜在的客户立刻清楚地辨认出来。一个以相同方式销售相同产品的竞争者可能构成违法。如果区别性的特征已经根据 1994 年的《商标法案》（Trade Marks Act）注册为商标，该竞争者可能被起诉侵权。注册创造了商标的所有权，其处置方式与其他个人财产权相同。

并不是所有的显著特征都是可注册的，但是针对未注册商标以及其他显著特征的假冒侵权提供了法律救济。假冒的情况由该法案第 26 章规定。

有关商标的法律由 1994 年的《商标法案》进行了更新和拓展，替代了 1938 年的法律。1994 年的《商标法案》引入了旨在协调欧盟国家关于商标方面法律的《欧盟指引》。

能够注册的商标

《商标法案》第 1 条将商标定义为，用于区分该产品或服务与其他产品或服务的用图形表示的标志。“用图形表示”意味着可以采用图片、单词或数字的形式。这很大程度上扩大了商标方面法律的范围。与设计、字母和数字（之前都包括在内）一样，现在甚至可以注册产品的形状或其包装（例如可口可乐的瓶子）。动画也清楚地包含在这个定义之内，广告歌曲乃至香水也是如此，因为这些可以分别通过符号或化学式的形式，用图形表现出来。

商标必须具有可辨识性。它可以采用言语或非言语的形式。言语类商标包括

商标：用来保护所宣传商品和服务的显著特征的所有权。

以下情况：

1. 人名。人名可以作为商标，但必须以可辨识的特征呈现出来，并且可以单独地立即被交易商辨认。这可以通过签名的方式（如沃尔特·迪士尼），或者通过风格可辨识的字母形式（如麦当劳、玛莎百货）。一个企业可能更愿意用一个虚构的名字进行交易（如 Kwikfit），以确保其显著特征。

2. 产品名称。为了防止其他企业在对其产品进行广告宣传时受到不合理的限制，如果名称与其性能、质量、原产地、用途以及该种产品的其他特征相关，就不被认为具有可辨识性。“全麦面粉”和“最好的黄油”都不能被注册为商标，但是“弗洛斯河磨坊”和“三月兔”可以注册。自创的词汇也可以出于注册的目的变得具有可辨识性，虽然其本身并没有向一般人传达清楚和普通的意义。例如，“士力架”和“霍维斯”与巧克力和面包并没有联系，完全是无意义的。通过这种方式，避免了普通单词的使用被垄断。

非言语类商标包括徽章、符号及其他图案代表，以及字母或数字的组合。这使得古龙水以 4711 作为商标在市场上进行销售。此外，还包括广告歌曲，以及形状独特的商品或包装，例如日夫柠檬。

如果一个商标不具有可辨识性、违反公共利益或公共道德、与已经存在的商标一样或类似，那么不能注册。

1. 不具有足够的可辨识性。正如上述规则规定的，在 Phillips Electronics NV v Remington Consumer Products（1998）案中，法院认为一个电动剃须刀的图案不具有足够的可辨识性，因为据此不能确定生产者，仅仅表明了该物品的功能。

因此，一个商标必须具有足够的辨识性，让公众能够确定该产品的来源，而不与其他产品相混淆。

Interlego AG's Trademark Application（1998）

申请人想用乐高积木的形状作为乐高玩具的商标。

法院认为：积木的形状辨识性不够，因而申请失败了。公众是通过乐高玩具的生产商辨认出该产品的，而不是通过玩具组成部分的形状。

2. 违反公共利益或道德准则（第 3 条）。这些标准需要在当前的社会价值观体系下进行解释。用“妓女”或“骗子”作为商标是有问题的。

3. 相同或太相似（第 5 条）。指与之前的商标完全一样或非常相似，并且用于相同或相似的商品或服务。在 Berlei（UK）Ltd v Bali Brassiere Co.（1969）案中，双方当事人都生产胸罩和腹带。Berlei 成功地主张 Bali 这一名称的使用将会导致与其产品的混淆。

有的徽章受到特别保护，只有得到商标局的许可才可以被当作商标使用（第 4 条）。其中包括皇家盾徽、王室成员的画像以及英国的所有旗帜。任何暗示王室授权的图案和文字的使用都受到类似的保护。

注册程序

注册申请人必须是商标的所有权人，没有国籍或居民的资格要求。申请人应向商标注册处提出申请。申请材料中必须包括商标的样式，并说明将使用商标的产品。申请人需要交纳相应的费用（第 32 条）。商标局对该商标是否具有足够的可辨识性进行认定，并进行必要的调查（第 37 条）。如果接受了申请，商标局必须对该申请进行公示，以便利益相关者提出异议（第 38 条）。如果没有有效的异议，在申请人交纳注册费后，商标注册成功（第 40 条），其使用限于特定种类的产品或服务。

保护期限

注册期限为 10 年，并且每 10 年可以展期一次。

侵权：第 10 条

只有在交易过程中才可能发生对商标的侵权。非法地将相同或类似的商标，用于相同或类似的产品，构成对已经注册商标的侵权。

Phones 4u Ltd v Phone4u. co. uk Internet Ltd（2006，CA）

Phones 4U Ltd 拥有一个注册商标，该商标由红、白、蓝三色组成，包含经过设计的 "Phones 4U" 字样，注册了 Phones4U. co. uk 的域名。原告主张，被告公司通过注册并使用 phone4u. co. uk 的域名来销售手机，构成对其商标的侵权。

法院认为：本案中不存在对商标的侵权。被告只是使用了一个类似的域名，并没有使用和原告相同或足够相似的特殊颜色的注册商标。

然而，上述案例中的被告构成假冒的犯罪（稍后介绍）。

商标的"使用"不仅包括将其印在产品或包装上，还包括根据该标志提供产品，以及将其用于商业杂志或广告。因此，与产品的制造商和供应商相比，侵权行为更多地发生在销售过程中。

仅将商标用于确认相关产品是否符合商业诚信和工厂生产标准，不构成侵权。如果你经营的业务是销售某一特定产品或提供服务，在你自己的宣传资料中使用其名称是绝对合法的。因此，Comet Warchouses 在广告中称其储存有 Hotpoint and Hoover 的洗衣机是合法的。

商标使用的许可

只有商标所有权人可以许可他人使用该商标（第 29 条）。许可可以对商标将用于的产品范围、使用的方式以及地区进行限制。

指定商标的使用权

与其他知识产权一样，商标权也属于个人财产权的一部分。它可以通过签字（书面形式）、遗赠或法律规定转让。

25.1.5　侵犯成文法中知识产权的救济

无论涉及的是哪种类型的知识产权，救济都大致相同。

禁令

可以授予当事人一项禁令，以防止侵权行为的发生和持续存在。

损害赔偿

可以通过损害赔偿的方式，弥补商标所有权人的间接财产损失。

没收获得的利润

所有相关货物的销售利润都将被没收。这防止了被告人从其非法行为中获得任何财产性收入。

扣押、交付或销毁命令

这些救济是针对违反专利或商标权，生产商品或标记商品的侵权行为。

25.2 欧共体法律和知识产权条约对知识产权的影响

知识产权对国际贸易产生了巨大的影响。因而，知识产权的运用和发展很大程度上受到欧共体法律的影响。英国签署的许多有国际约束力的条约也十分重要。

25.2.1 欧盟范围内：与英国法的冲突

如果权利发生冲突，欧共体的法律优先于英国法律（见第3章）。《罗马条约》规定了成员国负有促进相互之间自由贸易的义务。因此，必须鼓励货物的自由流通，禁止限制性的贸易措施，不允许滥用主导性的交易地位。同时，禁止歧视其他成员国。很容易发现，诸如许可等权利的实施可能会构成对条约的违反；欧洲法院的法官必须在很多判例中解决这类问题。

除了英国签订的条约规定的义务之外，所有相关的指引也必须遵守。例如，1994年的《商标法案》引入了在这一法律领域协调整个欧共体成员国的指引，极大地扩大了英国商标保护的范围。

最近著作权法律的一些变化也源于《欧共体指引》。为遵守欧共体法律，著作权期限的长度于1995年受到限制。另外，对数据库的著作权保护也有所增加，以作为对1997年的《著作权和数据库条例》(Copyright and Rights in Databases Regulations）的回应。

目前，根据《欧洲专利公约》（European Patent Convention)，所有权人可以在任何成员国的特定应用领域注册一项专利。申请人可以直接向欧洲专利局申请或通过伦敦专利局申请。

25.2.2 更广泛的国际背景

英国与欧盟成员国以及非欧盟成员国签署了很多条约。这些条约保护签约国在知识产权方面的权利。例如，通过签订《伯尔尼条约》（Berne Convention）和《世界著作权公约》(Universal Copyright Convention)，英国公民和居民在所有的签约国都享有著作权保护。几乎所有的国家都是其中一个公约的签约国。

《专利合作条约》（Patent Cooperation Treaty）使得英国的专利所有权人可以在其他签约国申请专利注册。

1995年，《马德里协议》（Madrid Protocol）使得其签约国有权注册国际注册商标。

本章小结

本章研究了英国成文法是如何对不同种类的知识产权进行分类和保护的。表25—1对此进行了总结，提供了这个领域主要立法的有用清单，经过不断修订，这些法律与一系列的《欧共体指引》以及条约达成一致。

表25—1

	著作权	外观设计权	注册的设计	专利权	商标
成文法	1988年的《著作权、外观设计和专利法案》第一部分和第二部分	1988年的《著作权、外观设计和专利法案》第三部分	1949年的《注册外观设计法案》(2001年修订)	1977年的《专利法案》（由2004年的《专利法案》修订）	1994年的《商标法案》
范围	原创、文学、戏剧以及艺术作品	原创的3D设计，不包括表面的装饰物	所有工业或手工产品的新设计，包括形状、图案和装饰物	新的事物/工艺、发明步骤、工业应用	用于辨认货物或服务的符号标志
所有者	发明者所有，不需要手续	发明者所有，不需要手续	注册：外观设计注册处	注册：专利局	注册：商标局
期限	最长为作者死后70年	最长15年（不可延长）	最长25年（可以延长5年）	最长20年	可无限延长
财产权	个人财产：可以通过协议、赠与、继承、法律的实施转让				
许可	自愿、王室义务	自愿、王室义务	自愿、王室义务	自愿、王室义务	自愿

课后测验

1. 皮比特对下列作品是否享有著作权？请给出建议：

(a) 她创作的一首乐曲；

(b) 她和邦廷在酒吧讨论的一个关于短篇故事的想法，邦廷已经把这个故事写出来了；

(c) 她在工作过程中制作的一张流程表，被其雇主用于公开的传单；

(d) 一个关于数学表格的小册子。

2. 赫伦设计了一系列鱼的小雕像，他想知道对于这一研究他拥有的法定权利。

3. 普芬是Fulmar Fish Foods的员工，研究了一种新的熏鱼方法。

(a) 该工艺要申请专利，必须满足什么标准？

(b) 谁将拥有该专利？

4. (a) Nuthatch Products用一段音乐给花生酱做广告。

(b) Bullfinch公司销售水果派“Yummies”。Jackdaw公司已经将“Yum-Yums”注册为其商标，用于销售棒棒糖。

(c) Merlin公司想要销售一种名为“女王最爱”的趣味馅饼，包装上印有温莎城堡的图片。

这些当事人有权注册商标吗？

参考答案见书末的附录。

深入阅读

以下判例对于你在本章所学的法律的形成提供了重要的示例。它们是说明诉讼中法律的第一手资料，并且能给你提供更多的事实细节，同时帮助你理解法律，以及了解法官是如何作出决定的。

请尝试在判例汇编中查找这些判例，或者通过数据库获取，例如，Bailli（www.bailii.org/databases.html）。你可以从大学图书馆获取 LexisNexis 和 Westlaw，或者从判例书中找到摘录。

Berlei（UK）Ltd v Bali Brassiere Co. [1969] 2 All ER 812

Electrolux v Hudson [1977] FSR 312

Parks-Cramer Co. v Thornton Ltd [1966] RPC 407，CA

Williams v Settle [1960] 1 WLR 1072

网络学习

请登录 www.ipo.gov.uk/。在这一综合性的网站上，你可以获取更多有关本章阐述的知识产权的信息和新闻。

课后作业

什么类型的作品受到1988年的《著作权、外观设计和专利法案》的保护，它赋予了所有权人什么权利？

第 26 章 普通法中的知识产权保护：假冒、恶意中伤、违反保密协议

导　言

普通法中的侵权法保护知识产权的特定方面，与成文法相比，其权利的产生更加非正式。

如果乙企业模仿甲企业的产品外观、包装或者使用类似的名称做广告，甲企业可以主张乙企业构成侵权法上的假冒，以获得保护，免受销售或名誉的损失。这和商标权利的保护有部分交叉。

一个企业的声誉很容易因不好的宣传受损。如果是怀着损害其他企业的目的故意恶意中伤，被害企业的所有者可以通过主张侵权法上的恶意中伤获得救济。

侵权法中的违反保密协议，起初是在雇员违反雇主对他的信任，为谋取个人利益不公平地兜售信息时，用来保护企业的所有者免受损失。然而，在《欧洲人权公约》和 1998 年的《人权法案》的影响下，其范围逐渐变得很宽，因此现在更经常被名人用来保护个人隐私。

学习目标

在完成本章的学习之后，你应该能够：

1. 定义侵权法上的假冒、恶意中伤和违反保密协议。
2. 区分假冒和恶意中伤。

3. 了解违反保密协议的范围，及其与《人权法案》的关系。

4. 解释上述侵权行为的法律救济。

26.1 假 冒

侵权法上的**假冒**（passing off），保护企业的**商誉**（goodwill）和声誉。通常发生的情形是，被告错误地在其商品上使用某些特征（例如，包装、标志、明确的或独特的名称），可能造成公众将其与原告的企业联系起来。

该侵权行为可能以许多不同的方式实施：

1. 被告使用和原告类似的特殊方式销售类似的产品或服务。

White Hudson & Co. Ltd v Asian Organisation Ltd（1964，PC）

原告销售止咳糖果长达五年，该止咳糖果用印有“Hacks”的红色玻璃纸包装，人们在购买时经常直接说红色包装纸的止咳糖果。被告用和原告类似的印有“Pecto”的包装纸包装其销售的止咳糖果。

法院认为：被告应当承担假冒的责任，因为公众已经将该包装和原告的产品联系在一起了。

同时可以参见稍后的“新闻报道”专栏介绍的 Numatic Ltd v Qualtex（2010）案。

2. 被告使用错误的描述，将原告产品的绝对特征用于自己的产品。

Erven Warnink BV v Townend & Sons（Hull）Ltd（1979）

被告以“Keelings Old English Advocaat”的名称，销售一种由鸡蛋和雪利酒制成的饮料；这种饮料在与价格昂贵的 Warninks Advocaat 的竞争中很有优势，因为后者的原料为白兰地和鸡蛋，要交更多的税。

法院认为：被告应承担假冒的责任，因为它将应描述为鸡蛋酒的产品描述为荷兰蛋酒。荷兰蛋酒因含有酒精而被公众认为是一种完全不同的饮料。

3. 被告声称是原告产品的所有者。

在 Bristol Conservatories Ltd v Conservatories Custom Built Ltd（1989）案中，法院认为，被告将原告建造的温室作为自己的作品。向潜在的客户展示其图片，是违法的。

4. 被告错误地声称原告将为被告的产品进行担保。

例如，在 Associated Newspaper Holdings v Insert Media Ltd（1991）案中，法院认为，在报纸中插入广告宣传册，会使得读者认为报纸支持该广告所展示的产品。

要想胜诉，原告必须证明以下几点：

(a) 被告作出了虚假陈述。该陈述必须是不真实的，但被告并不需要知道这一点。被告的动机也无关紧要。陈述既可以是明示的，也可以通过行为暗示，例如，使

假冒：以看似是另一家企业生产的产品或服务的方式，销售其产品或服务。

商誉：顾客/消费者/客户的赞赏。

用与原告产品类似的名称或包装。下面的“新闻报道”专栏介绍了一个很好的例子。

新闻报道

Numatic International Ltd v Qualtex Ltd（2010）

原告 Numatic 是著名的亨利真空吸尘器的制造商。该吸尘器呈红色管状，由头戴一顶黑色礼帽盖的笑脸装饰。

被告 Qualtex 公司生产的吸尘器尽管没有笑脸，但与原告商品的形状十分类似，即蓝色的管子，配黑色的礼帽盖。原告主张被告假冒，并且寻求一项阻止被告销售其产品的禁令。

弗洛伊德法官认为：应当授予原告禁令。Numatic 公司对于亨利吸尘器的形状和特征享有的可保护利益和商誉是无可争辩的。一项针对消费者的调查表明，真的有公众错误地将 Qualtex 生产的产品当作是 Numatic 的产品购买。尽管被告的产品缺乏真的亨利吸尘器的脸部特征，但这并不意味着，缺乏一项或多项特征就足以区分一个仿制的产品与原始的产品。

（注意：查看详情请登录 www.bailii.org/ew/cases/EWHC/Ch/2010/1237.html，其中展示了这两个模型放在一起的图片。）

（b）该陈述发生在交易中。法院将“交易”定义得十分宽泛，其参与主体包括非营利组织。

（c）该陈述必须是对原告的顾客作出的。有关假冒的法律是为了保护原告的商誉，因此，原告目前必须在相关领域和被告经营同样的业务。如果一个商业组织只在当地享有商誉，那么在 200 公里之外的地方，其他商业组织使用类似的营销手段则不属于违法。然而，法院可能会考虑其地域扩张的可能性。

（d）给原告业务造成的损失必须是可以合理预见的。原告不必证明被告故意给其造成损失。如果公众无法合理地将原告的业务与被告的行为联系在一起，那么被告不承担责任。

Granada Group Ltd v Ford Motor Co. Ltd（1973）

法院认为：由于使用“Granada”进行交易，被告 Ford Motors 不能继续合法地使用相同的的名称销售汽车。双方当事人在类似的领域从事交易行为，因此很容易让公众将两个汽车生产商弄混，并与 Granada TV 联系在一起。

请将上述案例与下面的案例进行比较：

NAD Electronics v NAD Computer Systems（1997）

法院认为：公众很可能对使用 NAD 的两家公司产生疑惑。原告生产高质量的音响设备，被告则是电脑制造商。因此，它们的相关产品存在相似性，原因在于很多电脑系统中都包括 CD 播放机和扬声器。它们的产品很可能在同一个零售点同时销售。

（e）必须造成损害或具有足以造成损害的可能性。下列任何一项都可以作为可诉损失的证据：

1. 由于顾客以为被告的产品是原告生产的，原告遭受的销售损失；
2. 商誉的损失：被告的商品是劣质的，并且人们将此与原告联系起来；

3. 原告商品的独特性被破坏，或其地位被被告的行为削弱。

Taittinger SA v Allbev Ltd（1993，CA）

法院认为：欧共体法律规定"香槟"用于法国香槟地区生产的葡萄酒，限制其使用，这使得该名称具有鲜明的特征。被告销售一种名叫"接骨木花香槟"的非酒精饮料，不可避免地导致香槟这一名称的独特性受到破坏。

请注意，注册商标的保护与假冒诉讼的关系。

如果某种产品在销售时印上了注册商标，商标所有权人要主张对方构成侵权，只需要证明：

1. 相关产品已使用注册商标；

2. 被告的行为符合1994年的《商标法案》中规定的侵权。

商标一旦注册就受到保护，即使该产品尚未印上商标。因此，依据注册商标主张权利，要比提起假冒的诉讼更加容易。然而，关于假冒的诉讼可以针对没有注册商标保护的相关产品。并非所有的商标都具有足够的可辨识性而符合注册商标的要求。不构成对商标交易的侵权行为，可能产生假冒的诉讼。

生活实例

霍勒斯拥有Hamelin有限公司的股份，该公司生产一种精巧的捕鼠器。捕鼠器黄黑相间的包装上印有公司的注册商标，该注册商标是一个黄黑相间的老鼠穿得很像吹笛人，并且在吹笛子。霍勒斯最近看到一则广告，名为"吹笛诱饵"，图上是一个黄黑相间的鼓装着新品牌的捕鼠器和老鼠药。他将这一情况告诉公司的总经理塞西尔。于是塞西尔打算针对"吹笛诱饵"的所有权人提起商标侵权和假冒的诉讼。

威尔弗雷德的商品的包装和名称似乎都没有让人们认为两种产品都是塞西尔生产的，也没有让威尔弗雷德利用塞西尔现有的声誉来促进类似产品的销售，威尔弗雷德辩称其包装上并没有画老鼠，并且使用的是自己的名字。由于跳舞的老鼠图案是商标的关键部分，这将导致商标侵权诉讼的败诉。但是，两种产品的外观的确非常类似，这将构成假冒诉讼的有力依据。

为了胜诉，塞西尔需要证明，因为威尔弗雷德的行为，其实际上存在失去交易的危险。其顾客受到迷惑也是有力的证据（例如，有人订购老鼠药）。两种产品销售的地理位置也是相关因素。如果塞西尔的产品在全英国享有商誉，威尔弗雷德就不能抗辩其商品只在国内的某一地区销售。有关损失的证据也至关重要。除非塞西尔能证明已经遭受损失，或者有可能因威尔弗雷德的销售策略损失部分销售额，否则他将败诉。

26.1.1 互联网上的假冒

如果你有一个网站，那么你可以通过在互联网服务提供商处注册域名的方式，获得一个专属域名的使用权。然而，如果该网站和另一家企业的名称非常类似，并且另一家企业尚未注册该地址，公众可能将两者弄混，那么你可能要承担假冒的责任。在Marks & Spencer plc v One in a Million Ltd（1998）案中，被告注册了 marks&spencer. co. uk 域名，然后提出将其卖给原告。法院认为被告构成假冒的威胁。原告获得一项禁令，可以要求被告将该域名转给自己。

26.2 恶意中伤

与假冒一样，**恶意中伤**（malicious falsehood）诉讼保护原告公司免受错误陈述对其商誉和声誉的损害。

原告必须证明以下事实：

1. 被告发表和原告业务相关的错误陈述。该陈述必须是不真实的，并且有可能导致原告业务的损失。这可能是对原告商业信誉的明示攻击，但一个明显善意的不真实陈述也有可能导致有关责任的产生。

Ratcliffe v Evans（1892）

被告在当地的报纸上错误地声称，原告已经停止在某一特定地址从事交易活动。他明知这是不真实的，但希望能使得原告放弃其商业住所。

法院认为：被告应承担责任，原因在于该错误陈述有可能减少原告的顾客。

行为也可以构成一种陈述。

Wilts United Dairies Ltd v Thomas Robinson & Sons Ltd（1958）

在战争中，原告生产的炼乳由政府购买和储存。很多年以后，炼乳的质量有所下降，被出售给被告，双方约定仅将其用于饲养动物。但被告将其作为人们的食物进行销售。

法院认为：被出售的劣质炼乳让人们认为这就是原告产品的正常标准，因此，被告应当承担恶意中伤的责任。

2. 该损失必须是可以合理预见的。被告必须可以合理预见到原告产品的潜在消费者可能受到影响。与广告相比，被告如果仅吹嘘其产品优于原告的产品，可能不需要承担责任。在 White v Mellin（1895）案中，法院认为被告自行销售原告的产品，并在该产品上贴上标签，标明此类产品不如自己的产品质量好。法院认为被告无须承担法律责任。

如果普通的商业行为构成侵权，那么被告需要承担责任。在 De Beers Products Ltd v International General Electrics（1975）案中，有关原告器械精确度、看似很有分量并得到一些似是而非的参考资料和科学数据支持的报告，构成恶意中伤。

3. 该陈述必须出于**恶意**（malice）。被告在做陈述的时候，要么知道其是错误的，要么不关心其真假，或者明知其是真实的，但出于给原告造成损失的目的而作出该陈述。善意作出的非真实陈述不承担责任。

4. 原告必须遭受了损害结果。总体顾客人数的减少足以构成证据。

恶意中伤：故意或过失的陈述导致商业利益损失的行为。

恶意：造成他人损害的故意或不计后果的意图。

请注意，恶意中伤和假冒的关系如下：

1. 可能存在双重责任。如果假冒销售伪劣产品，也构成对原告生产劣质产品的暗示，可能构成恶意中伤。

2. 假冒诉讼中的双方当事人必须存在竞争关系。假冒诉讼限于双方当事人从事竞争业务的情形。恶意中伤则可以发生在任一被告攻击另一原告商业声誉的情形下。

如果原告有选择的余地，那么假冒的诉讼更容易胜诉。在恶意中伤诉讼中，很难证明恶意和虚假性这两个胜诉的关键因素。

26.3 违反保密协议和对隐私的保护

这部分法律给予个人和商业生活中的隐私一些保护。如果一方当事人告知另一方当事人相关信息，那么另一方当事人负有不将该消息告知其他人的法定义务。传统的**违反保密协议**（breach of confidence）的责任，只有当下列标准都得到满足时才成立：

1. 原告明示或暗示地将保密消息告知他人。

2. 双方当事人之间存在信赖关系，或因此建立了信赖关系。从相关条件可以明显看出该信息属于私人消息，并且保密人对消息保密被认为是值得信赖的。

3. 保密人使用该信息或将消息传递给第三人。

4. 给原告造成了损害结果。

然而，20世纪末以来，一方面由于《人权法案》的实施，违反保密协议的严格标准在涉及证明信赖关系方面有所放松。（参见 Campbell v MGN Ltd（2004，HL）案，稍后介绍。）在 Max Mosley v News Group Newspapers Ltd（2008）案中，伊迪法官认为，即使不存在保密关系，只要原告能合理期待其隐私应当受到尊重，法律也保护隐私权。违反保密协议的范围的发展，使得隐私的保护范围更宽，下面的案件可以清楚地说明这一点。

26.3.1 什么是保密信息

很难定义什么信息是保密信息：这是个案中的事实问题，应由法院客观决定。个人信息受到保护。在 Stephens v Avery（1988）案中，原告S夫人将她以前与T夫人发生性关系的细节告诉了被告A夫人。因为T夫人最近被其丈夫谋杀，这一信息变得非常有新闻价值；A夫人将这个故事泄露给报社，被法院认为违反了保密协议。2007年，法院颁发了一项禁令，保护查尔斯王子记录其王室旅行账目的私人日记不被《星期日报》公开发表（HRH Prince of Wales v Associated Newspapers Ltd（2007）案）。

在业务范围内，保密信息包括不受成文法保护的交易秘密，例如，与原告业

违反保密协议：当从另一方获取信息，并在相关条件下该消息具有保密性时，将信息泄露给第三方。

务相关的发明计划或工业生产工艺。这可能包括不受著作权保护的思想和信息；也可能包括有竞争倾向的投标项目在提交之前的信息，此类信息的泄露可能会导致原告失去该合同。例如，在 PSM International v Whitehouse & Willenhall Ltd（1992）案中，图纸、报价和商业计划都被认为是保密信息。

此处衡平法原则具有很大的影响力；在决定被告是否要承担责任时，关于保密或公开的道德评价以及公共利益都是相关的考量因素。然而，即使是应当被认定为保密的信息，一旦进入公共领域就会失去保密性。

Attorney-General v Guardian Newspapers（No. 2）（1990）

（间谍案）一名前特勤局人员出版了回忆录，违反了其劳动合同中的保密条款。这一信息在法律上被认定为具有保密性，因为它涉及国防安全。

法院认为：《卫报》公开了书中的细节，不承担违反保密义务的责任，由于该书已经公开出版并且在国外的媒体上被评论过，因此保密义务不复存在。

26.3.2　保密义务何时产生

这将取决于当事人双方之间关系的本质和法定义务。这种关系可能产生于非正式的请求、法律的实施或者合同条款。

非正式的形式

非正式的保密义务存在于朋友、家庭成员以及同事、雇主以及曾经的雇员之间。保密性可能需要由当事人自行判断，或者由该信息的本质以及所有的相关环境决定。最近有关媒体的案件表明，不要求当事人之间存在个人的或商业的关系，只要公开的信息明显具有保密性即可。（见前面的 Mosley v News Group Newspapers 案。）

法律的实施

过去，法律的实施产生的保密义务，只有在当事人（例如，律师和客户、医生和病人）之间存在类似委托关系时才产生。在这种关系中，自然而然存在一种保密义务。无论当事人之间是否订立了合同，该委托关系都存在。根据法律援助计划，国家卫生服务局（National Health Service）的医生与其病人或律师与其客户之间存在委托关系。

然而，在 20 世纪，法院认为委托关系并不是必要的。这扩大了违反保密义务侵权行为的范围，赋予过去无法起诉的原告更多的隐私权。在 A-G v Guardian Newspapers（No. 2）（1990，HL）案中，基思法官认为，“违反保密义务仅限于侵犯隐私权……法律在这个领域想要保护的是隐私权”。潜在地，这使得任何人在其私人生活被第三人未经同意就公开时，都有权起诉。

每个案件最终都会变成实际问题，并非所有违反保密义务的行为都是可诉的，无论该信息的公开会使原告多么尴尬。

A v B，sub nom Garry Flitcroft v Mirror Group Newspapers Ltd（2002，CA）

一个足球职业运动员发生了一夜情，想要获得一项禁令，阻止该妇女向报社披露这件事。其申请被法院驳回。

法院认为：此处并没有违反保密义务。本案包含公共利益的因素，并且是相关的当事人想要公开该信息。法院不认为短暂的性关系具有保密性。在这类案件中，法院不需要采用技术手段进行解释，而是需要根据特殊的事实平衡各方利益。

尽管法院不愿意让名人使用违反保密义务这一方式，不公平地压制损害其名誉的真实信息公开，但是依然给予了他们一些有限的保护，以避免超出公共利益之外的、不必要的非真实信息被公开。并非所有公众认为有趣的事情都被认为符合公共利益。

Campbell v Mirror Group Newspapers Ltd（2004，HL）

法院认为：由于坎贝尔之前没有主张吸毒的信息不真实，《每日镜报》关于她吸毒并且寻求戒毒治疗的报道不构成违反保密义务。然而，她离开一个匿名禁毒会议现场的照片以及其吸毒史的详情不属于公共利益的范围，因而她可以就这些报道造成的损害获得赔偿。

关于名人隐私权的保护范围存在争议，即使是法官之间也可能存在分歧。这在有关迈克尔·道格拉斯和凯瑟琳·泽塔琼斯的一系列案件中表现得非常明显。

Douglas and Another v Hello! Ltd（No. 3）（2007）案结束了12起案件的传奇，引发该传奇的是2000年一组由 *Hello* 杂志发表的道格拉斯和泽塔琼斯婚礼的“爆炸性”照片，侵犯了 *OK* 杂志从道格拉斯处以100万英镑购买的独家版权。

2000年，上诉法院认为（Douglas and Another v Hello! Ltd（2001，CA）案），这一违反保密义务的案件存在争议，取消了之前高等法院发出的禁令，允许 *OK* 杂志公开发表那些照片，将其权利完全让与隐私权的保护，这也是此类情形下其应当正常享有的。

之后出现了至少有9起相关案件，直到上诉法院在2005年作出的一项判决（Douglas and Another v Hello! Ltd（2005，CA）案）支持了高等法院的判决，考虑到该照片确实与私人生活相关，因而属于违反法定保密义务的保护范畴，判给道格拉斯14 760英镑的损害赔偿。然而，考虑到排他性的合同并没有赋予 *OK* 杂志关于照片的任何财产性利益，因而它并没有遭受违反保密义务的损失，于是取消了给它的100万英镑的赔偿。

OK 杂志上诉到上议院（Douglas and Another v Hello! Ltd（No. 3）（2007）案），最终以3∶2的多数胜诉，上议院判决 *OK* 杂志遭受了针对商业信息的违反保密义务的损失。由于道格拉斯将独家公开发表照片的权利出售给 *OK* 杂志，因而该照片具有保密性。这一信息受到法律保护，由于其具有商业价值，道格拉斯对其具有充分的控制，因而使得第三方具有保密义务。霍夫曼法官评论道：“成为名人或公开出版有关名人的杂志都是合法行为，我找不到任何理由将其排除在法律的保护之外，法律的保护自然包括关于保密义务的保护。”

值得思考

作为 Douglas and Another v Hello Magazine Ltd and Another（2007）案中

两名持异议的法官之一，沃克法官声称，反保密义务的法律不应当具有特殊的排他性："道格拉斯同意将其婚礼的照片发表，收取一定的费用，那么他们要严格控制照片的挑选。"

你如何看待这一有争议的判决？

参考答案见书末的附录。

合同

在商业交易中，保密条款十分常见，比如在顾问合同中以明确的条款作出规定，在其他可能接触到保密信息的服务合同中也是如此。这种保密条款也可能出现在服务合同中，作为善意、诚信、保密的义务（见第 17 章）。其要求雇主和雇员都不能将彼此的保密信息告诉外人。

Lady Williams Archer v Williams (2003)

威廉斯女士被聘用为拉蒂·阿彻（杰弗里·阿彻的妻子）的私人助理，根据合同规定，她要秘密进行工作。在合同终止后，被告人将其受拉蒂·阿彻雇佣的详情告诉了《星期日报》。之后，该报纸发表了一篇文章，声称拉蒂·阿彻做过整形手术。

法院认为：应当颁发一项禁令，阻止威廉斯女士公开发表雇佣期间直接从原告那里获取的信息。公开这种在受雇佣过程中获取的敏感个人信息违反了公共利益。

受雇佣的性质对于决定其是否具有保密性至关重要。威廉斯女士的合同属于私人的服务合同。商业合同中的信息具有保密性很难证明，因此考虑到雇主所有的商业行为，保密条款不能给雇主提供完全的保护。因此在 Faccenda Chicken v Fowler（1986）案中，为帮助原告提高商业竞争力，被告（曾为原告的雇员）为原告整理了顾客名单以及货车行驶路线，法院认为这些不是保密信息。

Tillery Valley Foods v Channel Four Television (2004)

Tillery 给公共服务市场生产和提供商品。第四频道（Channel Four）的一名记者冒充 Tillery 的工人进入工厂。结果该节目中有在工厂秘密拍摄的不符合卫生和规格标准的内容。

法院认为：雇员在工作场所的拍摄本身不违反保密义务，除非其公开了保密的信息。Tillery 无法证明秘密拍摄的资料中涉及保密信息。概括性禁止雇员公开其在工作中获取信息的条款，不能给雇主提供帮助，原因在于雇员并没有公开保密信息。

即使是特定的保密条款，也可能难以限制交易的内容（见第 9 章）。保密义务的违反可能产生于非违约的场合。

26.3.3 何种损害可起诉

原告必须证明违反保密协议给自己造成了损害。这种损害可能是经济损失，法院承认，隐私的泄露也包括在损害范围之内。

26.3.4 公共利益的抗辩

正如前文中 Flitcroft 案和 Campbell 案清楚表明的，如果被告能证明其出于公共利益有义务公开保密信息，那么不承担责任。这一抗辩不仅仅适用于涉及名人的案件。在 W v Edgell（1990）案中，一名医生告知精神健康复核法庭，其病人有心理变态的倾向，法院认为其不承担违反医生和病人之间保密义务的责任，原因在于公开这一信息是出于公共安全的考虑。

26.3.5 1998 年的《人权法案》的影响

《欧洲人权和基本自由公约》（European Convention on Human Rights and Fundamental Freedoms）第 8 条规定了隐私和家庭生活受到尊重的权利，因此根据 1998 年的《人权法案》可以提起针对这一权利的诉讼，当被告是公共机构时，这可以作为对违反保密义务的替代诉讼。第 8 条规定，公共机构对个人隐私的侵犯，除非符合下列条件才能得以正当化："在民主社会确保国家安全、公共安全和国家的经济福祉，以及阻止犯罪、保护他人的健康、道德权利和自由"是必要的。因此，法院作为"公共机构"，必须平衡原告的权利和被告的言论自由，以及公众接受该信息的利益。

法院作为公共机构，受到《欧洲人权和基本自由公约》的约束。这意味着在每个案件中，不仅仅是根据《人权法案》提起诉讼，根据《欧洲人权和基本自由公约》第 8 条，只要案件中出现了相关的问题，法院都有义务确保审判的公正。在 Douglas and Another v Hello Ltd（2001，CA）案中，上诉法院认为《欧洲人权和基本自由公约》要求英国法律尊重隐私权，并且支持依据这一理由提起的诉讼。1998 年的《人权法案》貌似总是影响侵犯隐私权的案件，法院必须在第 8 条（隐私权）和第 10 条（信息自由）的要求之间寻求平衡。

下面的案例很好地说明了法院如何平衡当事人各方利益。

Murray v Big Pictures UK Ltd（2008，CA）

默里是罗林的儿子，针对高等法院驳回其主张的判决提起上诉，他主张一个摄影机构偷偷在街上拍摄其照片，并将照片出售给《快报》（Express Newspapers），此行为侵犯了其隐私权。高等法院认为，由于该照片是在公共场所拍摄的，并且记录的是当时的行为，根据《欧洲人权和基本自由公约》第 8 条，其隐私权并没有受到侵犯。

法院认为：该上诉不应当被驳回。

在判断被告人的行为是否违反第 8 条时，必须先回答两个问题：

1. 是否存在合理期待的隐私权？这必须在客观考虑案件的相关事实之后进行判断，相关事实包括原告的性质、原告的行为以及被告获取信息的方式。

2. 如果存在合理的期待，那么必须对原告的隐私权和被告的公开权进行平衡。

可能有抗辩称默里作为名人的孩子，可以被合理期待不受媒体追捧，原因在于普通父母的孩子不会被类似对待。事实表明，孩子应当受到保护，不应受到不必要的媒体关注。之后，默里有权继续其诉讼。

（也可以参见前面的 Douglas and Another v Hello Ltd（2001，CA）案；A v

B，sub nom Garry Flitcroft v Mirror Group Newspapers Ltd（2002）案；Campbell v Mirror Group Newspapers Ltd（2004）案。）

结论

因此，在与隐私相关的案件中总是存在潜在的矛盾，即原告的隐私权和被告的信息自由之间的矛盾。可能有人辩称，名人“炒作”的案件可能更多地涉及名誉管理，而非隐私保护，因为原告实际上更加关心其收入的损失而非其隐私受侵犯。然而，这类案件中通常是小报纸的反抗最大，这些报纸最喜欢用耸人听闻的字眼描述这类故事以提升销量，甚至用侵略性的手段达成目的。此处的动机通常更多地是出于挣钱的目的，而并非将相关信息恰当地告知公众。即使已经有禁令，无论被告人是谁，只要能证明争议的存在，就可以使用“超级禁令”来阻止媒体的报道，尽管申请禁令通常会失败、上诉会被驳回，并且禁令即使发出，其有效期也很短。《纽伯格报告》（Neuberger Report）在 2011 年发布的报告称，出于司法公开的利益考虑，司法部应该每年整理此类申请的数目，以使该数目能够为人所知。它还评论道，在申请被受理之前，相关的媒体应当知晓，因而所有利益相关者可以提出异议。

26.4　针对假冒、恶意中伤和违反保密协议的救济

遭遇三种侵权行为都可以获得下列救济：

1. 禁令：阻止信息公开或要求被告交出相关商品和文件。

2. 损害赔偿：赔偿原告的损失和遭受的损害。

3. **返还获利**（account for profits）：被告可能被要求交出其违法行为获得的利润。

返还获利：司法救济要求被告交出因其违法行为所获的利润。

本章小结

1. 假冒

被告有以下行为之一：

（a）被告使用和原告类似的特殊方式销售类似的产品或服务；

（b）被告使用错误的描述，将原告产品的绝对特征用于自己的产品；

（c）将原告的产品当作被告自己的产品；

（d）被告错误地声称原告将为被告的产品进行担保。

原告必须证明：

（a）被告作出了错误陈述；

（b）该陈述发生在交易过程中；

（c）该陈述必须是针对原告的顾客作出的；

（d）可以合理预见到将会或已经给原告造成损害。

2. 恶意中伤

原告必须证明：被告恶意发表与原告的业务有关的错误声明，导致可以合理预见的损害。

3. 违反保密义务

原告必须证明：被告知晓保密信息，并

受到信赖，仍将此信息告诉第三方，给原告造成损害。

公共利益可以作为抗辩。

4. 救济

禁令、损害赔偿、利润赔偿。

课后测验

1. 在下列情形下可能发生哪种侵权行为？

(a) 罗卡尔告诉资深发明家多格，他打算发明一种声控开罐器。多格于是申请了该项目的专利。

(b) 怀特是一名专业摄影师，他发现伦迪使用自己作品的样品获得摄影佣金。

(c) 费尔里斯勒是一名歌剧演员，他发现对手普利茅斯告诉比格特哈特，费尔里斯勒喜怒无常并且不值得信赖，导致比格特哈特在最后一刻取消了签约。

2. 要主张被告违反保密义务，原告必须证明什么？

3. 恶意中伤的受害人有哪些获得救济的方式？

4. 为什么当事人应该寻求注册一个商标，而不是依赖于普通法对于假冒主张保护？

参考答案见书末的附录。

深入阅读

以下判例对于你在本章所学的法律的形成提供了重要的示例。它们是说明诉讼中法律的第一手资料，并且能给你提供更多的事实细节，同时帮助你理解法律，以及了解法官是如何作出决定的。

请尝试在判例汇编中查找这些判例，或者通过数据库获取，例如，Bailli（www. bailii. org/databases. html）。你可以从大学图书馆获取 LexisNexis 和 Westlaw，或者从判例书中找到摘录。

A v B，sub nom Garry Flitcroft v Mirror Group Newspapers Ltd [2002] 2 All ER 545

Douglas and Another v Hello! Ltd and Another [2007] 2 WLR 920

NAD Electronics v NAD Computer Systems [1997] FSR 380

Wilts United Dairies Ltd v Thomas Robinson & Sons Ltd [1958] RPC 94

网络学习

请登录 www. carter-ruck. com/。这一网站属于一个知名的律师事务所，其案例库包含了大量的媒体和个人隐私案件。点击 “Publications”，以获得关于隐私和违反保密协议的可阅读的材料。你也可以选择浏览 “Recent Cases”。新闻版块也值得一看。

课后作业

在何种程度上可以说 1998 年的《人权法案》的实施扩大了违反保密义务诉讼的范围？

附录 值得思考及课后测验参考答案

"值得思考"参考答案

参考答案的主要作用在于引起你的思考并激发讨论，而不是测试你对学习内容的掌握程度，因此你给出的答案无所谓正确与错误。

□ 第3章

这里存在很多的可能性，最明显的是一个案件很可能因为太久远而无法反映当下的社会态度。在 British Railways Board v Herrington（1972）案中，一名非法闯入他人住宅的儿童被通电的轨道严重击伤，上议院将此案与之前 Robert Addie & Sons Ltd v Dumbreck（1929）案的判决区分开来，其目的在于增加不动产所有者对闯入者的注意义务，这样的判决反映了 20 世纪末人们对人道主义越来越重视。

有时，上议院也会承认，之前的司法判决会产生误导。R v Shivpuri（1986）案就不再遵循 Anderton v Ryan（1985）案的判决，后者对企图犯罪进行了成文法解释，并广受批评。布里奇法官认为，这是一次严重的但之后被迅速纠正的错误。

□ 第4章

在双方地位、权力平等的情况下，诉讼外解决会起到很好的效果。但是，在很多人身伤害或消费者问题的案件中，被告大多是保险公司或大型企业，而原告除非获得顶级的法律援助，否则大多会被迫接受与法院的赔偿判决相比极其不利的处理方案。具体到小型诉讼，原告通常没有代理人，而且只能得到非常有限的法律建议。这类案件的原告唯一的优势在于，至少可以获得金钱赔偿，如果案件起诉到法院，他们仍有败诉的可能。

□ 第5章

邮件规则被发展为，在远距离签署合同时，禁止不确定性的出现。在议价过程中，原先的承诺必须具有确定性，以确保合同当事人不会在之后的邮件中改变想法。一旦信函被寄出，要约人任何想要撤回要约的尝试都会被视为违约。

□ 第6章

在 Stilk v Myrick 案中，可以发现潜在的胁迫因素。同时，这一案件的判决发生在公众都对海上暴动非常恐惧的时期，因此，法庭倾向于对水手采取强硬态度。威廉斯先生没有施加任何威胁；事实上，关于条款被修改的建议似乎来自罗费先生，他希望避免来自第三方（住房协会）的制裁。当事人变更合同并执行符合这一行业的商业惯例。判决也符合具有类似事实的案件，即缺少对价没有遭受质疑，而且结果可能取决于是否存在经济胁迫（参见第8章）。

□ 第7章

首先，记住这些规则来自《欧共体指引》，并反映了利用宽泛的用语来实现目的解释的欧共体立法的实践，这是非常重要的。

其次，规范的用语无法对消费者给予帮助。尽管其可以帮助推广用语并使其更加明确，但其不能囊括所有立法可能包括的情形。因此，不公平的情况就很有可能发生。

□ 第8章

此处合同变为不能履行。考虑到这不是由于卖方的过错所导致，因此合同被认为因情形变更而被解除（参见第10章）。

□ 第9章

将拥有最基本功能的手机卖给未成年人这一合同是否有效，存在一定争议，特别是在合同当事人的年龄问题上存在一定瑕疵，因此，过高的价格会引起质疑。但是，儿童购买炫目昂贵的玩具则被认为不用满足相应的年龄要求。

提供一个月手机服务的合同被认为是持续性合同，因此未成年人可以在任何时间撤销合同。你会发现手机公司在这一问题上显得十分明智，他们拒绝跟任何不满18岁的人签订这类合同。

□ 第10章

贝斯威克女士可以根据1999年的《合同（第三方权利）法案》起诉约翰，

原因在于约翰和彼得之间的合同是为了贝斯威克女士的利益而订立的（参见第 6 章）。

□ 第 11 章

莱因可能会辩称其与脱衣舞者订立的合同是违法且无效的，因为这会导致不道德的两性关系，因此其没有支付义务（参见 Pearce v Brooks 案）。但是，实践中不可能这样操作，因为通常脱衣舞者都会鼓励顾客这么做，并从中直接获利。很多潜在的违法合同因为双方的合意而很难被质疑。

□ 第 12 章

这里实际上包含两份合同。"买一送一"公告构成了单方要约，顾客通过订立购买产品的合同作出承诺。在商家提交第二件产品时，合同就变成了一份抵押合同。购买第一件商品的行为，导致了产生第二份合同的对价。

□ 第 13 章

在大部分商品销售合同中，卖方通常不是商品生产方，因此对维修的详细知识并不了解，因此也就不能期待其提供有用的信息。但是，将维修和销售分成两个独立的整体也是有意义的，在作出更换决定之前，直到维修结束并经买方试用为止，销售过程才正式结束。

□ 第 14 章

派珀先生可以对医院的过失行为提起诉讼，因为医院对他负有注意义务。他可以针对医院安装假肢时对其造成的损害进行起诉，因为医院未尽到相关注意义务。

□ 第 15 章

根据 Hambrook v Stokes 案确定的规则，标准的间接受害人必须亲眼目击相关事故，而不是从第三方那里得知有关消息。因此，在 Alcock 案中，上议院确认了这一原则。这是第一个由大量观众通过电视目击到数百人受伤的案件。有关负责人认为，电视中出现的受害人无法被充分辨认。也许案件本身还着重考虑了媒体言论自由的相关公共政策以及排除司法对媒体干预的必要性问题。

□ 第 16 章

首先，在可能面对大量无法确定的雇员时，替代责任提供了一名可确定的被告。其次，一般来说，雇主的经济地位更高，能比雇员更好地满足诉讼的要求，因此雇主必须确保对这些损失负责。

□ 第17章

反应敏捷的同学可能会问，里德女士为什么不根据1957年的《土地占有人责任法案》，以建筑物占有人的身份对土地所有权人进行起诉？此处，里德女士在具有起诉理由时，还需要确定建筑物的占有人，而相关法规明确指向了雇主。进一步分析，根据1957年的《土地占有人责任法案》，占有人的义务是尽到合理注意义务以确保合理的安全。法律要求雇主“确保”安全，这等于规定了一个较高级别的义务。而且，起诉雇主违反成文法比起诉其违反普通法的不可移转义务更具有优势，普通法中，需规定雇主应给予合理注意，如果雇主不能了解电梯的情况但给予了合理注意，其责任就可能免除。

□ 第18章

Serco明显属于公共机构，因此根据有关义务（1998年的《人权法案》），其行为必须符合《欧洲人权公约》。雷德芬先生可能会基于第10条（言论自由）进行申辩，即有权保留自己观点。但是，他不能在工作中表达有关意见。

与大部分宪法权利一样，这样的处理不是绝对的，有时也会对公共安全利益加以限制。Serco毫无疑问引发了争议，但是，考虑到雷德芬确实在工作中与其他人建立了不错的关系，解雇雷德芬可能会被认为不太恰当。我们中的大多数人（包括作者）对英国国家党都心怀恐惧，但在本案的具体条件下，阻止其成员养家糊口则显得过于极端了。

□ 第19章

名誉权/泄密诉讼通常会导致信息被泄露给公众，而且通常也很难胜诉。

诉讼通常伴有很大压力，而且对于被告来说，成本远远大于可能得到的收益。因此，除非你十分需要资金，比如车祸后丧失工作或养家能力，否则，避免进入相关程序或者避免进入诉讼程序是明智的。

□ 第20章

有限责任可以促进投资。这对于企业有利，因为其给予投资人在实质上等同于赌博的投资——“你的投入可能赚钱也可能亏损”——以相应的保障。

有限责任的历史悠久、形式多样，有时也会令人失望。但有时，对可疑和灾难性后果的特定保护通常由有限责任来承担，这就催生了1844年的《风险股票法案》(Joint Stock Act)，其规定了公司的登记体系，并禁止了有限责任。但是，在灾难性的经济萧条出现后，公众认为应当对此问题进行重新思考，并在1855年通过了《有限责任法案》(Limited Liability Act)，重新确立了有限责任规则，同时也对其作出了一定程度的限制。

□ 第 21 章

公司的组织形式近年来日趋简化，随之而来的是政府对小型企业的着力帮扶。但是，这确实使得欺诈的机会有所增加，特别是购买“壳公司”变得越来越容易且成本更低。

在谷歌上搜索一下，你会发现数百家准备提供帮助的公司，有时费用只需要 30 英镑。我们听说了太多公司的设立只是为了欺诈，这给了违法者获得利益的机会。他们可以取消交易、不留痕迹地销售或者在遇到情况时以有限责任来逃避惩戒。

□ 第 22 章

这一改革明显地反映了《公司法》背后的政策，而该法案的目的在于简化公司企业的交易流程并给予管理层更大的灵活性。这在公司起草章程时是不太重要的一点，因为其不必然包含这类许可。规则的放松导致股东投票权方面因平等问题而产生一定争议。

□ 第 23 章

接受更低出价的投标的决议有时是公平的，特别是在质量满足第 172 条第 1 款的规定的情况下。董事必须考虑他们的决定的长期效果及其会对雇员造成何种影响。也许更低价格的投标从长期来看对公司更为有利。2006 年的《公司法》作出的唯一改变是明确规定了作出决议的标准。

□ 第 24 章

两步测试会成为有力的过滤器。如果董事同时也是主要股东，他们将会互相支持以对抗少数股东。最终，考虑到股东可能是一家公司，因此存在这样的可能性，即迫于威胁，董事会可能会依赖机构的支持及其对董事会所面临困境的同情。

实践中，考虑到公司的内部机制是为了给董事提供更好的保护，因此，与 Foss v Harbottle 规则相比，2006 年的《公司法》可能不会更好地保护少数股东。根据第 11 章的程序，最终得到更好保护的是董事而非公司的利益。

□ 第 25 章

如果照片是在公共场所拍摄的，法律通常只将此视为路过的摄影师的个人行为。这种行为也许会激怒某些感觉隐私被侵犯的人，但在大多数情况下，对此类行为进行限制不符合《欧洲人权公约》的有关内容（言论和信息自由）。但据称，狗仔队经常会滥用这一规则。摄影师对私人住所进行拍摄，在某些情况下，会侵犯他人隐私（参见第 26 章）。

□ 第26章

我们生活在一个名人与“交易”密切相关的年代（霍夫曼法官在实际案件中的表述），因此，在这样的语境下，将其具体的“产品”（如婚礼）视为一个市场化的产物也是合理的。不出名的我们，可能会愿意对在那些场合给我们摄影的人进行一定程度的控制。也许道格拉斯认为，由于他们的婚礼将吸引大量媒体的关注，而将婚礼的报道权独家出售给某一家杂志也许会适当减少对当天婚礼的干扰。这些合理的期望理应得到法律的保护。在关注一个法律问题时，我们力争摈弃偏见来看待问题，特别是不能认为，泽塔·琼斯应该振作精神，不再担心她那张被违法拍到的自己大口吃蛋糕的照片进入公众的视野。

OK 杂志的确为独家拍摄婚礼支付了100万英镑，而且，它也有正当理由认为，那些想看到婚礼照片的人会购买 *Hello* 杂志，从而使自己遭受一定损失。可以说，这些新闻毫无疑问会影响 *OK* 杂志的销售量，即便在其首先公布照片的情况下。同样，我们更需要考虑其中涉及的法律原则。

“课后测验”参考答案

□ 第2章

1. 资源：国家；范围：地理界限内；执行：由国家的管理人员强制执行。
2. 通过限制、威慑以及禁止对社会进行补偿和保护。
3. 对被告造成的损害进行赔偿；可能与其相同的救济方式是令被告改变行为。
4. 斯帕罗可能因为酒后过失驾驶而被起诉。他还可能因为对芬奇的过失行为以及违反与雷恩的合同而承担责任。

□ 第3章

1. 欧洲法、议会立法、判例法。
2. 规则可以立刻生效，其目的在于统一性。指引要求国家进行立法，其目的是各国之间的立法和谐。
3. 初次阅读和二次阅读；送审和报告阶段；三读阶段；移交国会；重复相关程序；王室确认。
4. 包括以下四种：枢密院君令、法定文件、欧盟法的实施细则以及地方性法规。
5. 文义解释：对成文法语句进行字面意思的解释；补漏解释：目的性方法。
6. 一般用语的意思来自之前用语的特定意思。
7. 判例如果是由目前能够作出生效判决的法院作出的，那么依然具有强制力。

8. 判决理由具有约束力。附带意见通常只具有说理作用。

9. 其判决仅具有说理作用，尽管其成员由法官组成。

10. 原告声称依据《欧洲人权法案》，其权利受到公告管理部门的侵害。

□ 第4章

1. (a) 刑事法院；(b) 上诉法院刑事分庭；(c) 刑事法院/王座分庭分院；(d) 郡法院；(e) 高等法院：王座分庭；(f) 劳动法庭；(f) 郡法院。

2. 冻结禁令可以防止被告将财产转移至海外或进行隐匿。

3. 仲裁：仲裁员的判决具有约束力。和解：和解人只是提供一种解决问题的办法。调解：双方依据自己的意愿达成一致。

4. 法庭的组成人员中包括特定领域的专业人士。虽然不如法院体系正式，但成本更低（但通常不提供法律援助），更快捷，而且也不一定受到之前判例的约束。法庭系统有较大的自由裁量权。

□ 第5章

1. (a) 不存在：要约邀请；(b) 不存在：要约邀请；(c) 存在：单方；(d) 不存在：缺少信息传递；(e) 埃丝特提出的反要约；(f) 不存在：要约撤回。如果保罗了解交易。

2. (a) 不存在：附条件；(b) 不存在：没有信息送达；(c) 存在：如果邮寄规则适用；(d) 不存在，没有信息传递。

□ 第6章

1. (a) 道德约束：过去的对价；(b) 法律约束：充足的非相关；(c) 道德约束：已经存在的合同义务；(d) 法律约束：Pinnel 案的例外；(e) 如果平克打算否认，那么可以依据 High Trees 规则提出抗辩。

2. 1999 年的《合同（第三方权利）法案》可以帮助格雷，因为合同是基于他的利益订立的。

□ 第7章

1. 条件：主要条款，善意方可以否定该条款并主张损害赔偿。担保：次要条款，仅能主张损害赔偿。

2. 指合同可能以多种方式被违反，被严重违反的合同应认定为无效。

3. (a) 可以，如果消费者在签订合同前可以看到；(b) 可以，无论签订人是否阅读或理解；(c) 不可以，合同在前台时就签订了；(d) 不可以，太晚了，合同已经签订。

4. 如果合理，过失行为导致财产损害的责任可以被排除。

5. 在商品销售或供应合同中，成文法暗含的违反条件条款的责任不能被完全排除。违约责任在合理的情况下可以被排除。

6. 1977年的《不公平合同条款法案》对非消费者也提供保护，但是仅仅适用于排除合同责任或非合同公告的情形。1999年的《消费者合同条例》则只保护消费者，其必须是合同的一方当事人，任何合同条款，如果被认定为不公平，对于消费者都不具有约束力。

□ 第8章

1. (a) 可撤销；(b) 无效；(c) 可撤销；(d) 可撤销；(e) 无效。

2. (a) 虚假陈述；(b) 对主体认识错误；(c) 虚假陈述、对身份认识错误；(d) 不正当影响。

□ 第9章

1. 为实现非法目的（与法律规定相冲突）而订立的合同是完全无效的。财产通常不能返还。隔离原则是可行的。如果合同仅仅是与公众利益相冲突，此时财产是可以要求返还的，隔离规则也可以适用于相应无效的条款。

2. (a) 构成犯罪；(b) 不正当的性关系；(c) 对国际关系造成危险。

3. (a) 必需品：但需要支付合理的价款；(b) 非必需品：合同没有强制力；(c) 具有强制力，如果是为了他的利益；(d) 不具有强制力，此处不存在合同债务。

□ 第10章

1. (a) (i) 可以，不可分合同。(ii) 可以，接受部分履行。(b) 可以，阻止全面履行。

2. 尚布雷构成预期违约。这将赋予利嫩撤销合同的权利，但是他并没有行使这一权利。但是，由于汽车毁损，这一权利不复存在。如果汽车在合同订立前就毁损，那么合同因为当事人没有意识到商品不复存在的错误而无效。

3. 遥远程度：对可起诉的损害赔偿数额加以限制。损害数额：被告应当赔偿的可起诉的损害赔偿的总额。

4. 法院不会对劳动合同或者其他需要持续监管的合同要求特定履行。无条件履行：一般不会赋予合同，除非被认为对双方当事人都公平。

□ 第11章

1. (a) 实际明示授权；(b) 实际默示授权。

2. 有法定付款义务。斯塔博德没有通知 Compass 已解雇波特，因此其不能否认波特的表见授权。

3. 如果第三方希望通过私人代理签订合同。

4. 当原则同意/交易实践/日常任务不要求具有特定技能之时。

5. 当存在不可撤销代理权/持续性代理权/持久性代理权之时。

□ 第 12 章

1. 合同：有确定的商品标的，所有权即时转移。协议：没有确定的商品标的，在商品确定后所有权才可以转移。

2. 因为商品的所有权直到每一期款项全部缴清，同时占有人明示购买意思后才会转移。

3. 他们均可以根据 1979 年的《商品销售法案》主张相对人违反了默示条件条款并拒绝接受商品，同时他们也都可以要求对方作出损害赔偿：(a) 商品与描述不符（第 13 条）；(b) 不符合质量要求（第 14 条第 2 款）或与购买目的不符（第 14 条第 3 款）；(c) 毛毯与样品不符（第 15 条）；(d) 商品与购买目的不符（第 14 条第 3 款）。

□ 第 13 章

1. (a) 第 18 条规则 2：雕刻完成，同时博兰表示表已经准备好；(b) 规则 5：煤炭必须被确定化，如被打包或执行其他针对博兰来说不可撤销的标准。

2. 针对所有权保留条款的特定化。如果语言合适，其可以要求卖方，商品由买方进行隔离保存；还可以赋予卖方销售由买方生产的商品并获取利润的权利，其中也包括被明确的卖方的商品。

3. 承诺不容否定；由代销商销售商品；所有权可撤销；由占有该标的的买方或销售方卖出；由分期付款的私人买主卖出。

4. 如果风险转移给了伯纳姆，他就要对商品的毁损负责，因此，Pemberton 有权要求支付。根据第 20 条，风险随所有权转移，但是合同当事人可以达成相反的协议。商品交付承运人：这将会导致所有权绝对地转移给伯纳姆。

5. 履行时间：合同的条件之一，如果没有准时履行，买方可以将合同撤销。

6. 在买方告知卖方/没有及时发出拒绝通知/处置商品是侵犯了卖方的权利之时。

7. 如果卖方违反了默示条件（第 12～第 15 条）/履行没有完成（第 30、第 31 条，在第 30 条 A 款提及）。该权利在“承诺”后不复存在。首先必须有合理的时间检查商品（第 35 条第 5 款）。

8. (a) 重新销售；(b) 停止交易。

□ 第 14 章

1. 义务、违反义务的行为以及造成了伤害。

2. 合理的可预见性、近因、公正及原因。

3. 时效、第三方介入。

4. 巴兹尔可以基于合同权利对抗 Tarragon。巴兹尔和罗斯玛丽同样有权根据《消费者保护法案》对 Marjoram 的过失行为起诉。

5. 责任：过失侵权责任；过错：1987 年的《消费者保护法案》。严格：被告：过失侵权：生产者；1987 年的《消费者保护法案》：生产者/制作组/进口者/提供者。财产损害：根据1987年的《消费者保护法案》，赔偿限制在275英镑，对于过失侵权责任没有限制。

□ 第15章

1.（a）存在注意义务：过失陈述（Hedley Byrne v Heller案）；（b）不存在注意义务：纯粹经济损失（Muirhead v Industrial Tank Specialities案）；（c）存在注意义务：精神惊吓（Alcock v Wright案）；（d）不存在注意义务：损害由第三方造成（Smith v Littlewoods Organisation案）。

2. 合理的注意。

3. 作为远距离损害规则的例外，该规则使得被告需要对自己的过失造成原告的人身伤害负责，即使这种伤害的是由于原告的特殊体质甚至是无法预测的身体状况造成的。

□ 第16章

1.（a）影响高速公路，妨害公共安宁：不可替代责任；（b）根据1957年的《占有人责任法案》，如果公告充分可以免除责任；（c）李米斯沃特是一名闯入者（1984年的《占有人责任法案》），莱斯特可能承担责任，原因在于他本可以轻易防止那名儿童进入储藏室，同时也可以预测在孩子正常到店的情况下，李米斯沃特很可能出现；（d）妨害私人安宁。

2. 如果温斯利德尔的头部遭受伤害，那么切希尔可以主张共同的过失侵权。

3. 雇主对于雇员因为工作导致的侵权行为承担替代责任。通常没有针对独立合同工的侵权责任，除非雇主的个人责任是不可替代的。

□ 第17章

1. 雇主需要负责向雇员支付保费、病假补贴以及所得税退税。但雇主不需要对独立合同工承担相应的责任，独立合同工无权提起不公平解雇或裁员起诉。根据1974年的《工作健康与安全法案》，雇主需要向独立合同工承担的义务也少于向雇员承担的义务。

2.（a）良好信赖：与Juniper公司的利益产生冲突；（b）缺少合理注意和技能；（c）良好信赖：不应当获得利润。

3. 普通法义务：称职的雇员以及安全的工作系统。同时依据1974年的《工作健康与安全法案》，此处还应承担相应的刑事责任。

4. 预防、改进/禁止公告。

□ 第18章

1.（a）安特洛普可以根据2010年的《就业法案》认为自己在工作中受到了区别对待，原因在于其具有受保护特征的性别；巴克可以根据2010年的《就业法案》第11条，根据直接与歧视有关的规定（第13条），提起性别歧视之诉，除非职业资格（附表 9 第 1 段）规则适用。

2. 直接：对于劳动机会进行了明显的限制，导致根据 2010 年的《就业法案》具有受保护特征的人受到了不公平的对待；间接：具有受保护特征的人不可能履行相应的义务。

3. 种族或性别被认为是职业资格的重要组成部分，是因为雇主能够证明这些对于工作是不可或缺的并有合理适当的回应。

4. 拉比特女士在产假期间受到了不公平对待（第 18 条第 2 款）。她有权获得公平赔偿，并可以根据《就业法案》第 74 条起诉。黑尔女士可以提起二次侵害之诉（第 27 条），因为她鼓励拉比特女士履行自己的权利并有可能遭受不公平裁员。

□ 第 19 章

1. 违法解雇：违法劳动合同；没有合格的劳动期间；依据普通法向法院起诉；救济方式包括法院确定的损害赔偿。不公平解雇：雇主没有必要违反劳动合同；一年的持续雇佣期；成文法权利；在劳动法庭起诉；由成文法规定的赔偿，也可以采取复职或重新雇佣等救济手段。

2. （a）缺少相应的资格；（b）错误行为；（c）过失/无能力；（d）行为，除非其表明莱因洛确实适合此工作。

3. （a）不能裁员：他不是被解雇的；（b）如果合同条款要求雇员同意更换工作地点，那么不构成裁员；否则，距离太过遥远就会不合理。

4. 公平选择程序、警告、咨询程序、提供复职。

□ 第 20 章

1. 依据特许、法律规定以及注册方式。

2. （a）公司股东的财产责任被限制在其投资范围内；（b）一旦成立，公司持续存在，除非经过特定程序终结；（c）至少两名股东。

3. 成立合伙以盈利为目的。

4. （a）如果 T 是表面上的负责人，那么合伙人共同受到约束；（b）所有合伙人对合伙债务承担法律责任。

5. 公众公司应当具有以下特征：特定的备忘录、有限责任、名称中有 plc 后缀，并且至少拥有 50 000 英镑注册资本，至少要支付 25%。任何其他公司都是私人公司。

□ 第 21 章

1. 备忘录及章程、董事及公司秘书有关信息、注册办公场所地址、法定股本、具体的责任形式、法定声明。

2. 公司可能会受到超出其经营目标的合同条款的约束。

3. 这一决议必须经公司股东会议投票：75%的多数人同意。同时，需要进行相应的变更登记。

4. 登记备忘录仅仅是公司发起人具有设立公司意图的证据，不再是公司章程的组成部分。

5. 需要经公司股东大会投票，需要75%的多数人同意。

□ 第22章

1. 发行资本：通过发行股票获得潜在的利润；已催缴资本：通过发行股票获得资金。

2. 作为短期募集资本的方式。

3. 没有有价值的对价/法院批准减少资本/法院命令/罚没股份。

4. (a) 公司没有分红的义务。(b) 公司章程对投票权进行定义：并非所有股东都必然拥有投票权。优先股股东在这方面不享有特权：他们享有的是优先受偿权，但没有投票权。(c) 在公司破产时，任何股东都会失去全部或部分的投资：他们的受偿顺序在公司债权人之后。如果公司章程特别规定，优先股股东先于普通股股东受偿。(d) 布拉斯实际上将自己的钱借给了公司，并由公司资产加以担保，因此，他可以收回投资。

□ 第23章

1. Bombazine 享有代理权利：2006年的《公司法》第39条。

2. (a) 1986年的《破产法案》第214条；(b) 2006年的《公司法》第172条1款。

3. 科顿：根据2006年的《公司法》第177条，他宣布对一项已提出的交易感兴趣，这一行为违反了他的义务：合同可撤销。

4. (a) 特威德没有资格；(b) 丹尼姆没有资格，除非其获得许可；(c) 特威斯特的健康状况使得公司有权将其辞退。

□ 第24章

1. 公司全体股东大会：所有股东参加。

2. (a) 年度股东大会；(b) 资本减少严重；(c) 股东提出要求；(d) 法院命令；(e) 辞退审计师。

3. 公司决议要求公司于会议开始前21天发出特别公报。蒂坦可以在会议上发言或将其申辩意见发给全部股东。决议必须得到通过（普通多数）。

4. (a) 根据第98条：至少50%的股东或持有5%股份的股东同意，可以向法院提出申请；(b) 第11章第994条规定的程序：如果他可以证明不公平损害的成立，可以申请商业、革新与技术部进行调查。

5. 派生的含义：股东的行为是为了公司的利益。起诉权由公司拥有的权利派生而来。

□ 第25章

1. (a) 享有著作权：如果具有书面形式；(b) 不享有著作权：因为没有完

整的形式；(c) 雇主拥有著作权；(d) 如果具有足够的原创性，则享有著作权。如果是工作时碰巧完成的，雇主拥有著作权。

2. 拥有著作权：针对绘画和雕塑（如果是艺术品）的设计。根据 1988 年的《著作权、外观设计和专利法案》，其还享有设计权。可能还享有设计注册权：依据 1949 年的《注册设计法案》。

3. (a) 新颖的、发明性的步骤、能够在工业上应用；(b) Fulmar 拥有专利，普芬可能得到赔偿。

4. (a) 如果具有足够的可辨识度，其可以进行注册：因为图表是可以注册的；(b) 如果太相似就不能注册；(c) 如果未经司法程序包含皇家认证的商标，不能注册。

□ 第 26 章

1. (a) 泄密；(b) 假冒；(c) 恶意中伤。

2. (i) 泄密；(ii) 双方存在信赖关系；(iii) 保密人或第三方使用信息；(iv) 导致损害。

3. 损害赔偿、禁令、返还获利。

4. 可以获得更多的保护：此处不需要善意的存在。举证更容易。

中国人民大学出版社工商管理类翻译版教材

序号	书名	作者	定价	出版年份	ISBN 978-7-300-
(一）工商管理经典译丛					
1	管理学（第11版）	罗宾斯（Stephen P. Robbins）	69	2012	15795-5
2	罗宾斯《管理学（第11版）》学习指导	罗宾斯（Stephen P. Robbins）	35	2013	17932-2
3	管理学（精要版第9版）	孔茨（Harold Koontz） 韦里克（Heinz Weihrich）	58	2014	18405-0
4	管理学（第3版）	贝特曼（Thomas S. Bateman）	58	2014	20098-9
5	商学精要（第8版）	埃伯特（Ronald J. Ebert）	55	2013	17581-2
6	管理经济学（第4版修订版）	彼得森（H. Craig Petersen）	69	2009	11367-8
7	管理经济学（第11版）	赫斯切（Mark Hirschey）	69	2008	09287-4
8	组织行为学（第14版）	罗宾斯（Stephen P. Robbins）	72	2012	16663-6
9	组织行为学（第9版）	格林伯格（Jerald Greenberg）	75	2011	13603-5
10	战略管理：概念与案例（第10版）	希特（Michael A. Hitt）	59	2012	16621-6
11	战略管理：概念与案例（第13版·全球版）	戴维（Fred R. David）	68	2012	15855-6
12	战略过程：概念、情境、案例（第4版）	明茨伯格（Henry Mintzberg）	69	2012	16331-4
13	人力资源管理（第12版）	德斯勒（Gary Dessler）	79	2012	15723-8
14	会计学（第8版）	亨格瑞（Charles T. Horngren）	79	2010	12543-5
15	公司理财：核心原理与应用（第3版）	罗斯（Stephen A. Ross）	76	2013	18161-5
16	项目管理：管理新视角（第7版）	梅雷迪思（Jack R. Meredith）	78	2011	12977-8
17	MBA运营管理（第3版）	梅雷迪思（Jack R. Meredith）	49.8	2007	08650-7
18	运作管理（第10版）	海泽（Jay Heizer）	89	2012	14890-8
19	运作管理（精要版第3版）	蔡斯（Richard B. Chase）	59	2014	18408-1
20	供应链管理（第5版）	乔普拉（Sunil Chopra）	65	2013	16974-3
21	市场营销原理（第13版）	科特勒（Philip Kotler）	65	2010	11854-3
22	营销管理（第14版·全球版）	科特勒（Philip Kotler）	79	2012	15310-0
23	营销管理（第13版·中国版）	科特勒（Philip Kotler）	75	2009	10459-1
24	管理信息系统（精要版·第9版）	劳东（Kenneth C. Laudon）	59	2012	16254-6
25	质量管理与质量控制（第7版）	埃文斯（James R. Evans）	65	2010	12027-0
26	数据、模型与决策（第4版）	埃文斯（James R. Evans）	59	2011	13605-9
27	电子商务导论（第2版）	特伯恩（Efraim Turban）	59	2011	13747-6
28	电子商务——商务、技术与社会（第7版）	劳东（Kenneth C. Laudon）	72	2014	18478-4
29	商务与经济统计学（精编版第5版）	威廉斯（Thomas A. Williams）	69	2014	19503-2
30	商务统计学（第5版）	莱文（David M. Levine）	65	2010	12492-6
31	管理沟通——以案例分析为视角（第4版）	奥罗克（James S. O'Rourke）	49	2011	12920-4
32	商务谈判（第5版）	汤普森（Leigh L. Thompson）	55	2013	17837-0
33	管理思想史（第6版）	雷恩（Daniel A. Wren）	62	2012	14821-2
34	企业管理研究方法（第10版）	库珀（Donald Cooper）	79	2013	17645-1
35	商业伦理：概念与案例（第7版）	贝拉斯克斯（Manuel G. Velasquez）	52	2013	17376-4
36	企业伦理学——伦理决策与案例（第8版）	费雷尔（O. C. Ferrell）	49	2012	16016-0
37	职业生涯发展与规划（第3版）	里尔登（Robert C. Reardon）	39	2010	11843-7
38	商业法律环境（第4版）	库巴塞克（Nancy K. Kubasek）	69	2007	08187-8
39	基础统计学（第4版）	拉森（Ron Larson）	52	2013	18479-1
40	商法（第7版）	亚当斯（Alix Adams）	59	2014	20311-9
(二）工商管理经典译丛·市场营销系列					
1	市场营销学（第9版）	阿姆斯特朗（Gary Armstrong）	65	2010	12524-4
2	市场营销学基础（第18版）	佩罗（William D. Perreault，Jr.）	65	2012	15644-6
3	营销管理（第5版·全球版）	科特勒（Philip Kotler）	39	2012	15367-4
4	营销管理（亚洲版·第5版）	科特勒（Philip Kotler）	75	2010	11369-2
5	营销管理：知识与技能（第10版）	彼得（J. Paul Peter）	65	2012	15751-1
6	战略营销：教程与案例（第11版）	凯琳（Roger A. Kerin）	65	2011	13868-8

7	战略品牌管理（第 3 版）	凯勒（Kevin Line Keller）	72	2009	10655-7
8	服务营销（第 6 版）	洛夫洛克（Christopher Lovelock）	68	2010	12155-0
9	消费者行为学（第 10 版）	所罗门（Michael R. Solomon）	68	2014	18249-0
10	消费者行为学（第 10 版）	希夫曼（Leon G. Schiffman）	65	2011	13608-0
11	消费者行为学案例与练习（第 2 版）	格雷厄姆（Judy Graham）	20	2011	14211-1
12	营销调研（第 6 版）	伯恩斯（Alvin C. Burns）	55	2011	13336-2
13	营销渠道（第 7 版）	科兰（Anne T. Coughlan）	59	2008	09525-7
14	营销渠道：管理的视野（第 8 版）	罗森布洛姆（Bert Rosenbloom）	68	2014	18654-2
15	网络营销（第 5 版）	斯特劳斯（Judy Strauss）	55	2010	12425-4
16	网络营销实务：工具与方法	米列茨基（Jason I. Miletsky）	45	2011	12687-6
17	广告学：原理与实务（第 9 版）	维尔斯（William Wells）	75	2013	17868-4
18	广告与促销：整合营销传播视角（第 9 版）	贝尔奇（George E. Belch）	78	2014	19002-0
19	组织间营销管理（第 10 版）	赫特（Michael D. Hutt）	59	2011	13027-9
20	零售管理（第 11 版）	伯曼（Barry Berman）	79	2011	13093-4
21	专业化销售：基于信任的方法（第 4 版）	英格拉姆（Thomas N. Ingram）	48	2009	11219-0
22	销售管理（第 9 版）	科恩（William L. Cron）	48	2010	11849-9
23	销售管理——塑造未来的销售领导者	坦纳（John F. Tanner Jr.）	48	2010	11767-6
24	营销战略与竞争定位（第 5 版）	胡利（Graham Hooley）	65	2014	18597-2
25	基于 Excel 的营销调研（第 3 版）	伯恩斯（Alwin C. Burns）	58	2014	18621-4

（三）工商管理经典译丛·会计与财务系列

1	会计学：管理会计分册（第 23 版）	里夫（James M. Reeve）	36	2011	13552-6
2	会计学：财务会计分册（第 23 版）	里夫（James M. Reeve）	65	2011	13783-4
3	会计学原理（第 19 版）	怀尔德（John J. Wild）	65	2012	14820-5
4	成本与管理会计（第 13 版）	亨格瑞（Charles T. Horngren）	79	2010	12594-7
5	中级会计学（上、下册）（第 12 版）	基索（Donald E. Kieso）	168	2008	09457-1
6	高级会计学（第 10 版）	比姆斯（Floyd A. Beams）	69.8	2011	14636-2
7	审计学：一种整合方法（第 14 版）	阿伦斯（Alvin A. Arens）	72	2013	16828-9
8	公司理财	伯克（Jonathan Berk）	89	2009	11220-6
9	中级财务管理（第 8 版）	布里格姆（Eugene F. Brigham）	69	2009	10427-0
10	财务报表分析（第 10 版）	苏布拉马尼亚姆(K. R. Subramanyam)	59	2009	10826-1
11	跨国公司财务管理基础（第 6 版）	夏皮罗（Alan C. Shapiro）	59	2010	11779-9

（四）工商管理经典译丛·运营管理系列

1	运营管理：创造供应链价值（第 6 版）	拉塞尔（Roberta S. Russell）	59	2010	11613-6
2	运营管理：供需匹配的视角（第 2 版）	卡桑（Gerard Cachon）	55	2013	17106-7
3	供应链设计与管理（第 3 版）	辛奇－利维（David Simchi-Levi）	55	2010	11614-3
4	当代物流学（第 9 版）	墨菲（Paul R. Murphy）	49	2009	10975-6
5	物流管理与战略——通过供应链竞争（第 3 版）	哈里森（Alan Harrison）	39	2010	11612-9
6	项目管理：流程、方法与经济学（第 2 版）	施塔布（Avraham Shtub）	69	2007	08677-4
7	IT 项目管理（第 3 版）	马尔海夫卡（Jack T. Marchewka）	49	2011	13481-9
8	质量管理：整合供应链（第 4 版）	福斯特（S. Thomas Foster）	59	2013	17142-5
9	供应管理（第 8 版）	伯特（David Burt）	68	2012	15794-8

（五）人力资源管理译丛

1	人力资源管理：赢得竞争优势（第 7 版）	诺伊（Raymond A. Noe）	79	2013	17773-1
2	人力资源管理基础（第 2 版）	德斯勒（Gary Dessler）	65	2014	19505-6
3	薪酬管理（第九版）	米尔科维奇（George T. Milkovich）	68	2008	09561-5
4	战略薪酬管理（第五版）	马尔托奇奥（Joseph J. Martocchio）	49	2010	11213-8
5	绩效管理（第 3 版）	阿吉斯（Herman Aguinis）	45	2013	18106-6
6	雇员培训与开发（第三版）	诺伊（Raymond A. Noe）	45	2007	08186-1
7	国际人力资源管理（第 5 版）	赵曙明 道林（Peter J. Dowling）	45	2012	14734-5
8	组织行为学（第六版）	克赖特纳（Robert Kreitner）	78	2007	08573-9

9	组织中的人际沟通技巧（第3版）	杰纳兹（Suzanne C. De Janasz）	49	2011	13824-4
10	谈判与冲突管理	科尔韦特（Barbara A. Budiac Corvette）	39.8	2009	10388-4

（六）工商管理经典译丛·国际化管理系列/国际商务经典译丛

1	国际贸易（第15版）	普格尔（Thomas A. Pugel）	49	2014	19001-3
2	国际金融（第15版）	普格尔（Thomas A. Pugel）	42	2014	19329-8
3	全球商务	彭维刚（Mike Peng）	65	2011	12819-1
4	国际商务（第9版）	希尔（Charles W. L. Hill）	75	2013	10660-1
5	国际商务谈判	塞利奇（Claude Cellich）	42	2013	18404-3
6	全球营销学（第4版）	基根（Warren J. Keegan）	69	2009	10662-5
7	国际企业伦理（第2版）	克兰（John M. Kline）	39	2013	18089-2
8	跨文化商务沟通（第6版）	钱尼（Lillian H. Chaney）	42	2014	19139-3

（七）管理科学与工程经典译丛

1	数据、模型与决策（第10版）	泰勒（Bernard W. Taylor Ⅲ）	78	2011	14005-6
2	管理科学（第2版）	劳伦斯（John A. Lawrence）	75	2009	10318-1
3	管理信息技术（第5版）	图尔班（Efrain Turban）	69	2009	10976-3
4	制造计划与控制（第5版）	沃尔曼（Thomas E. Vollmann）	69	2009	09952-1
5	创新管理——技术变革、市场变革和组织变革的整合（第4版）	蒂德（Joe Tidd）	59	2012	15657-6
6	工程经济学（第5版）	帕克（Chan S. Park）	75	2012	16014-6
7	管理信息系统（第15版）	奥布赖恩（James A. O'Brien）	65	2012	16779-4
8	管理信息系统案例（第4版）	米勒（M. Lisa Miller）	49	2013	18076-2
9	现代数据库管理（第10版）	霍弗（Jeffrey A. Hoffer）	68	2013	17076-3
10	知识管理：一种集成方法（第2版）	贾夏帕拉（Ashok Jashapara）	48	2013	17172-2
11	管理科学	史蒂文森（William J. Stevenson）	55	2013	17681-9
12	现代系统分析与设计（第6版）	霍弗（Jeffrey A. Hoffer）	69	2013	15844-0

（八）工商管理经典译丛·简明系列

3	创业学（亚洲版）	弗雷德里克（Howard H. Frederick）	55	2011	13506-9
2	战略管理	韦斯特三世（G. Page West Ⅲ）	45	2011	13607-3
3	战略管理精要（第5版）	亨格（J. David Hunger）	45	2012	15161-8
4	管理学（第8版）	舍默霍恩（John R. Schermerhorn）	50	2011	14220-3
5	管理学原理（第6版）	罗宾斯（Stephen P. Robbins）	62	2009	09989-7
6	创业学（第2版）	卡普兰（Jack M. Kaplan）	48	2009	09957-6
7	商务沟通——数字世界的沟通技能（第12版）	伦茨（Kathryn Rentz）	49	2012	15331-5

（九）工商管理经典译丛·旅游管理系列

1	旅游学（第10版）	格德纳（Charles R. Goeldner）	65	2008	09156-3
2	旅游服务业市场营销（第4版）	莫里森（Alastair M. Morrison）	54	2012	16351-2
3	饭店经营管理（第2版）	海斯（David K. Hayes）	52	2013	17035-0
4	饭店业战略管理（第3版）	奥尔森（Michael D. Olsen）	45	2013	18013-7
5	饭店前厅管理（第5版）	巴尔迪（James A. Bardi）	49	2014	18628-3
6	休闲与旅游研究方法（第3版）	维尔（A. J. Veal）	48	2008	09019-1

（十）工商管理经典译丛·创业与创新管理系列

1	中小企业创业管理（第3版）	卡茨（Jerome A. Katz）	75	2012	14271-5
2	创业学（第9版）	库拉特科（Donald F. Kuratko）	52	2014	20022-4

（十一）其他教材

1	组织行为学经典文献（第8版）	奥斯兰（Joyce S. Osland）	65	2010	12919-8
2	战略管理：解决战略矛盾，创造竞争优势	德威特（Bob de Wit）	39	2008	09299-7
3	案例学习指南：阅读、分析、讨论案例和撰写案例报告	埃利特（William Ellet）	39	2009	10202-3

图书在版编目（CIP）数据

商法：第7版/（英）亚当斯著；罗晓强译．—北京：中国人民大学出版社，2014.12
（工商管理经典译丛）
书名原文：Law for business students，seventh edition
ISBN 978-7-300-20311-9

Ⅰ.①商… Ⅱ.①亚… ②罗… Ⅲ.①商法—高等学校—教材 Ⅳ.①D913.99

中国版本图书馆CIP数据核字（2014）第276440号

工商管理经典译丛
商法——商科学生用（第7版）
阿历克斯·亚当斯 著
罗晓强 译
Shangfa——Shangke Xuesheng Yong

出版发行	中国人民大学出版社		
社　址	北京中关村大街31号	邮政编码	100080
电　话	010－62511242（总编室）		010－62511770（质管部）
	010－82501766（邮购部）		010－62514148（门市部）
	010－62515195（发行公司）		010－62515275（盗版举报）
网　址	http://www.crup.com.cn		
	http://www.ttrnet.com(人大教研网)		
经　销	新华书店		
印　刷	北京东君印刷有限公司		
规　格	185 mm×260 mm　16开本	版　次	2014年12月第1版
印　张	29.5 插页2	印　次	2014年12月第1次印刷
字　数	670 000	定　价	59.00元

PEARSON ALWAYS LEARNING

尊敬的老师：

您好！

为了确保您及时有效地申请培生整体教学资源，请您务必完整填写如下表格，加盖学院的公章后传真给我们，我们将会在2～3个工作日内为您处理。

请填写所需教辅的开课信息：

采用教材			□ 中文版 □ 英文版 □ 双语版
作　者		出版社	
版　次		ISBN	
课程时间	始于　年　月　日	学生人数	
	止于　年　月　日	学生年级	□ 专科 □ 本科1/2年级 □ 研究生 □ 本科3/4年级

请填写您的个人信息：

学　校			
院系/专业			
姓　名		职　称	□ 助教 □ 讲师 □ 副教授 □ 教授
通信地址/邮编			
手　机		电　话	
传　真			
official email（必填） （eg：×××@ruc. edu. cn）		email （eg：×××@163. com）	
是否愿意接受我们定期的新书讯息通知：　□ 是　□ 否			

系/院主任：_____________（签字）

（系 / 院办公室章）

_______年___月___日

资源说明：

—常规教辅资源（PPT、教师手册、题库等）：请访问 www. pearsonhighered. com/educator（免费）

—MyLabs/Mastering 系列在线平台：适合老师和学生共同使用，访问需要 Access Code（付费）

100013　北京市东城区北三环东路36号环球贸易中心D座1208室

电话：(8610) 57355169　　传真：(8610) 58257961

Please send this form to：Service. CN@pearson. com

Website：www. pearsonhighered. com/educator

教师教学服务说明

中国人民大学出版社工商管理分社以出版经典、高品质的工商管理、财务会计、统计、市场营销、人力资源管理、运营管理、物流管理、旅游管理等领域的各层次教材为宗旨。

为了更好地为一线教师服务，近年来工商管理分社着力建设了一批数字化、立体化的网络教学资源。教师可以通过以下方式获得免费下载教学资源的权限：

在“人大经管图书在线”（www. rdjg. com. cn）注册，下载“教师服务登记表”，或直接填写下面的“教师服务登记表”，加盖院系公章，然后邮寄或传真给我们。我们收到表格后将在一个工作日内为您开通相关资源的下载权限。

如您需要帮助，请随时与我们联络：

中国人民大学出版社工商管理分社

联系电话：010-62515735，62515749，82501704

传真：010-62515732，62514775　　　　电子邮箱：rdcbsjg@crup. com. cn

通讯地址：北京市海淀区中关村大街甲59号文化大厦1501室（100872）

教师服务登记表

姓 名		□先生　□女士	职　　称		
座机/手机			电子邮箱		
通讯地址			邮　　编		
任教学校			所在院系		
所授课程	课程名称	现用教材名称	出版社	对象（本科生/研究生/MBA/其他）	学生人数
需要哪本教材的配套资源					
人大经管图书在线用户名					
院/系领导（签字）： 院/系办公室盖章					